東海の古代③

尾張・三河の古墳と古代社会

赤塚次郎 編

目　次

序論　尾張・三河という領域と古墳時代を二分する出来事性について……赤塚次郎……1

第1部　尾張・三河における古墳の成立と展開の軌跡

「伊勢湾地方圏」の成立と解体……村木　誠……13
白山藪古墳の研究――特異な埋葬施設と豊富な副葬品をもつ前期古墳――……深谷　淳……37
尾張における埴輪導入期の様相――高塚古墳への埴輪導入と地域社会の動態――……伊藤明良……60
古墳出現前後の三河……西島庸介……94
志段味古墳群からみた尾張の古墳時代……瀬川貴文……131
馬越長火塚古墳と後期首長墓の展開……岩原　剛……155

第2部　尾張・三河における産業の興隆と社会の変化

東山窯編年の諸問題……中里信之……189
須恵器・埴輪併焼窯からみた尾張地域の窯業生産……浅田博造……235
松崎遺跡と知多半島の土器製塩……早野浩二……263

三河湾三島の海部による海産物貢納……森　崇史……288
古代尾張国・参河国の手工業……古尾谷知浩……307

第3部　尾張・三河における古代寺院の出現と展開の諸相

尾張地域における古代寺院の動向……梶原義実……329
三河における古代寺院の成立——西三河を中心に——……永井邦仁……352

あとがき　369

序論

尾張・三河という領域と古墳時代を二分する出来事性について

赤塚次郎

はじめに

特に考古資料・モノの動きを把握する場合においても、「尾張」という捉え方はいささか問題が多い。なぜならば、それは伊勢湾沿岸部の地形を俯瞰すれば、直ちに見えてくる。すなわち伊勢湾は北に木曽の山並み、西に養老山、東に東部丘陵、そして南に伊勢の海とその間には広大な湿地帯が存在し、四方を取り囲まれた一つの自己完結した地形が存在する。言ってみればそこにはある程度閉ざされた時空域が存在したともいえる。そして木曽・長良・揖斐の木曽三川が流れ込み、犬山扇状地とその背後の発達した段丘面が入組む独特の風景が存在する。

しかしながらその場面は「美濃」「尾張」という二つの国に別れ、現在にいたるも愛知県と岐阜県という異なる行政単位で整理されている。このような行政的な枠組みが存在しない時代である弥生時代から古墳時代の文物の分布やその出土量などの基礎的な研究も、何故かこの極めて新しく創られた「領域」を基本に語られることが多いのが一般的である。しかしながら、やはり本来は閉ざされた時空域「濃尾平野」という捉え方が基本にあるべきであり、さまざまなモノ・ヒトの動きや文化の趨勢は、すべて濃尾平野という地域社会を基盤にした物語であると理解したい。その意味からして、むしろ「尾張」とはいったい何者なのかが、あたらめて問題となってくる。まずはこの点から少し整理しておくことにしよう。

前提として、弥生・古墳時代の日本列島では多様な部族社会が存在しており、さまざまな地域社会がほぼ独自に一つの領域をもつ「國」を作り上げていたものと想定している。やがて大きな歴史の動きの中で、あらたな枠組みを模索しつつ変貌していくのであり、伊勢湾沿岸部の部族社会も例外ではない。ただその外枠を形作っていたものは、まだまだ概念的な政治体制やそのシステムといったものではなく、風俗・風習等に基づいて地域社会が作り上げてきた、その地の習俗性にあると考えておきたい。

「野」という領域について

ここでは、文献史上の「国郡里」制を問題にしているのではない。そこに住まう地域社会が、自ずと認めた、あるいは感じていた強い領域的な意志が、いつ頃から生み出されていったのかを見てみたいという事である。「国造」という形や「評・郡」「屯倉」といった仕組みが、倭王権からの視点のみにより評価されるのは問題であるし、継体朝段階においてもなお揺れ動く倭王権の実態は、基本的には変化ない。したがってそれ以前の古墳時代を俯瞰するにあたり、政治的な枠組みがさも完成されたごとく語られている考古学論文は問題が多く、そこに暗々裏の了解が存在するのも不思議である。その傾向は現状においても解消されてはいない。

さて、結論から述べれば、「尾治」という領域の設定は、古墳時代中頃を大きく遡ることは難しいと考えることができる。それ以前においては、自然発生的な「郡的規模」を基本にした日常生活領域を基軸としたまとまりがぼんやりと存在し、それらは個々固有な名称を付けて呼び習わされていたものと思われる。後の「尾張国」全体を統合したような大地域名がこの時点で存在したとは言いがたい。

ただ、「野」「御野」という響きには魅力がある。濃尾平野の多くが「野」と呼ぶにふさわしい風景であった可能性が高い。ちなみに「野」とは「草や木の生えた広い平地・草原」、凹凸の少ない、どこまでも続くような広い土地を意味したのではないのかと思う。それはあるいは「御野」「科野」「毛野」と続く「野」の國々としての「古東山道」全体に共通する風景であったかもしれない。ところで濃尾平野を歩くと、現在の地名に○○野・○野と呼ぶ場所が非常に多い点は注目したい。古代からそれらは、あお野・おお野・かがみ野・まき野・かも野・むらく野……と通称されてきた。そうした地域が存在する。

弥生・古墳時代を境にし、日常生活に密着した庶民感覚の領域が目覚めはじめた。そのころから「野」と呼ばれた広大な濃尾平野の小地域単位が、地域の素材とその特性を生かして、興味深い産業が産声をあげはじめていた。そして独特の風土を形作って行く。同時にそれぞれの風土を前提とした守るべき地の神々が奉られ、その場面の一部は現代にまで繋がっていると考えておくべきであろう。

「尾治」という領域はいつ誕生したのか

「尾張国」領域内に存在する弥生時代の集落分布やその構成、特に土器の様式やその分布を詳細に眺めていくと、当然のように「尾治」という一つのまとまりは浮かび上がってこない。現状はさらに分断的であり、小地域単位で多様な状況が見えてくる。したがってもっと小さな領域、旧郡単位を基本とするようなまとまりが明確化してくるだけである。そこで視点を変えて主要大型古墳の分布やその趨勢、動向を俯瞰すると、面白い事がわかる。すなわち、濃尾平野山麓部に分布する大型古墳造営地が、ある時点から「名古屋台地」周辺部に移っていくかのような、見かけ上の動きが見えてくる。つまりは古墳時代前半期の主要な大型前方後円（方）墳の分布は濃尾平野山麓側から犬山扇状地北部域に分布する。ところがある時点から、これらの地域での古墳造営は衰退し、それに変わるがごとく名古屋台地周辺部に古墳造営ラッシュともいうべき興味深い現象がまきおこる。それはいったい何故であろうか。この点はすでにいくつかの論考で指摘した事であるが、この動きの背景には「尾張連」氏の登場とその活躍という歴史的出来事が存在し、こららの事象とうまく整合性が認められる。つまり、濃尾平野の大型墳造営地の見かけ上の大移動、山麓側から名古屋台地への動きには、ある一つの大いなる氏族の衰勢の歴史物語が潜んでいるのである。それは何時何処ともなく突然に登場し、その後に「尾張連」氏と呼ばれた一族にまつわる物語に集約されるといっても過言ではない。その象徴的存在が、名古屋市熱田に存在する東海地域最大の前方後円墳「断夫山古墳」であり、その被葬者が行ったであろう「尾治」の経営にある。具体的には、知多式製塩土器の発明や尾張型須恵器・尾張型埴輪といった独自ブランドの成立等に象徴される、革新的な最新技術の導入に特徴づけられるであろう。

言ってみれば、この時点、つまり五世紀になり濃尾平野という「野」の領域からまったく新しい別の領域が意図的に創造された。それが「尾治」という領域の核であると想定したい。まさに尾張連氏がこだわった庄内川と名古屋台地が織りなす空域であり、同時にその前史から続く犬山扇状地の部族社会の取り込みにある。したがって尾張国という歴史の開闢は、古墳時代五世紀と想定し、その後の律令制下までその影響が残存すると考えておきたい。尾張連氏の日常的なネットワーク、活躍の舞台、これを基本にしてやがて「尾張」という国の領域が確定していった。

矢作川と豊川

次に「三河」という領域はどう位置づければよいかを見ていこう。通常は以下のように考えられる事が多いようだ。現在の西三河地域を悠然と流れる矢作川、この水域を本来の「御河」と考え、豊川が流れる東三河地域は、その後の段階であらたに「御河」国に組み込まれていった。ちなみにそこには以前に「穂」と呼ばれた別な領域、部族社会が存在したと想定する研究者が多い。

本来の矢作川水系はその源である霊峰「猿投山」山麓地域とその下流域に区分できる。式内社猿投神社はヤマトタケルの兄とされる大碓命を祀るが、本来はやはり豊かな山塊と森を控えた山神がその主人公であろう。そして豊かな水とその恵みにより数多くの弥生・古墳集落が営まれ、彼らの祖霊が住まう聖なる山であったに違いない。まさに中流域である挙母盆地（現豊田市域）の集落遺跡は、安定した台地端部に立地し、猿投山を仰ぎ見る多様な部族社会の集合体が割拠する場面といってよい。一方でその下流域には乱流する矢作の河が存在し、幾多の水との戦いの場面が想定できる。また南は直接三河湾に面し、豊かな海の幸と海人が活躍する「ハズ」の世界が広がり、「海と河」が出会う場面でもあった。

さて、考古学的に遺跡や出土遺物を概観していくと、例えば弥生時代や古墳時代の前半期の土器様式からも、やはり矢作川水系と豊川水系とはまったく異なる領域である点は、誰が見ても明らかといえよう。特に弥生時代には、それぞれ別の中核的な様式、地域文化が存在した。一方でその後の古墳時代主要古墳の分布とその動向を見ていくと、特に古墳時代の前半期においては同様に、それぞれ各水系には別のまとまりが存在する。こうした遺跡と遺物の状況を俯瞰すると、どう見ても「三河」という大きな領域は浮き上がってはこない。具体的には複数の個性的な風土と風習を保持した集団が割拠した地域と位置づけた方がよい。

ではあらためて三河という領域をどうとらえ直せば良いのであろうか。

御河とはどの場面を意味するのか

古墳の分布において、尾張地域とおおむね同調できる動きと、そうではない動きとが存在する。まず同じような動きとして把握できるものは、五世紀をまたずに各水系単位の比較的小さな領域を意味するであろうまとまりが、ほぼ一斉に終焉していく点である。この点は類似しているが、問題はその後の動きが大きく異なる。尾張地域では新たに「名古屋台地」という中核的な分布域が明確に突出して位置づけらていくのだが、しかし三河地域にはそうした動きが見られない。どちらかというと拡散型で、中核的な地域が見えてこない。特に豊川水系では、その後にほとんど目立った大型古墳造営の動きが見て取れないのが興味深い。古墳時代前期に三〇～五〇メートルクラスの墳丘墓が集中的に展開した、豊川・下流域の前方後方墳造営主体はいったいどうなったというのだろうか。

「三河」での大型古墳を時代順に並べてみると、桜井二子古墳・正法寺山古墳・船山1号墳・馬越長火塚古墳となる。前二つが西三河で、後二つが東三河地域に存在し、点在的である。数基に及ぶ継続した大型古墳の造営地は存在しない。どうやら後の「三河」という大領域は、彼ら地域社会が認めた、あるいは自ら造り上げようと意図したものではないようだ。何らかの別な志向性が隠れているようにも思われる。したがって三河のそれぞれの大型古墳造営時期と場面には、単独でそれぞれ別々の意味する問題が内包されている。地域社会全体としての力強い動きは遥か彼方にある。

古墳の動向を中心として見て行く限り、以下のように整理できる。まずは矢作川である本来の「御河」という場面は、当地域内で唯一継続的かつ集落動向が明確に把握できるようになってきた、桜井二子古墳を中心とした古井遺跡群からの風景を起点として出発できるものと考えておきたい。それは矢作川下流域という事になるが、この地の意志すべてがこの地から発進されていくかというとそうではない。「三河」とは、いってみれば矢作河下流域「カワ」・中流域の「コロモ」、そして「ハズ」の海。豊河下流域「ホ」・中上流域「シダラ」、そして半島「アツミ」等という郡的規模が存在し、こうしたほぼ独立した地域社会の複数の集合体から成り立っている。これらを繋ぐ象徴的な存在物、あるいは神々は見えてこない。恣意的な領域である。律令下の「国」の多くは、実はこのパターンで構成されている。

なぜ、大型墳の造営が終焉するのか

さてここで、尾張・三河の動向で共通項を見て行こう。概観すると、西暦四〇〇年前後という時代が一つの画期であるように見えてくる。実はこの点は早くから指摘され、列島内各地でも同様な視点から整理されている。古墳時代を二分して前半期と後半期に大きく分ける仕組みは、このあたりから生まれた。ではそれは何故であろうか。従来の見解を整理すると、以下のようになる。

まず「倭王権」との関係を前提とした議論がある。今日の研究成果ではその趨勢をこの方向性が占めるようだ。その代表的な意見が都出論文に整理されている。ある一定の造営地が継続的に古墳を営む事例はほとんどなく、断続的にエリア内の小地域間を動く傾向がある。「盟主的首長の古墳が特定の首長墓系譜に固定していない」とし、「大王権力の周辺における政治的変動」が各地の首長系譜の断続と断絶とに連動すると考え、それはおおむね五世紀前葉・五世紀後葉・六世紀前葉に画期が存在すると言及されている。多くは倭王権との関係で、どの場面でどの王権の系譜と関係を持ったのか、あるいは持ち続けたかにより地域の首長墓が決定されていく。以上の考え方が多くの研究者に受け入れられているようだが、特にここで問題にしている時期、四〇〇年前後では大和盆地から河内平野へ大王墓・超大型古墳の造営が動いていくような見かけ上の動きが存在し、それを単に造営地のみの移動と考えるのではなく、そこに大きな政治的変動を予測するのであり、各地の地域社会も大きな影響を受けたと評価するわけである。ようするに造営地の移動はいかなる意味をもつかという事につきるのだが、各地の大型墳とその地域勢力の台頭を、すべて揺れ動く倭王権中枢部との関係に還元して整理することが一般的に理解されている。したがってどちらかというと、地域の自主的な動きという視点はやや等閑にされつつある。さてほんとうにそうであろうか、ここでは別の視点からそのあたりを見てみたい。そこでここでは「環境変動」というキーワードを介在させながら、別の評価を模索してみたい。

「大毛池田層」という場面

濃尾平野を調査すると、たびたび大きな洪水性の堆積層に出会う。その大規模なもの一つに「大毛池田層」と呼んだ堆積層が存在する。おおむね西暦四〇〇年前後と推定しているが、ここでいう古墳時代を二分するような造営地の大きな動きの画期と重なる時期でもある。巨大な洪水性の堆積層は、他にも豊田市南部の矢作川中流域でも確認でき、その時期には沖積面から台地上に各遺跡が一斉に移動するような現象も見られる。また、尾張地域の五条川水系においては、大規模な洪水性の堆積層が確認されている。北名古屋市の中之郷北遺跡などからは、地形をも変化させた大きな変動が予見できる。こうした遺跡の動向を踏まえて見ると、尾張・三河地域での古墳動向の大きな画期には、あるいは未曾有の大災害という出来事性が潜んでいたのではないだろうか。

例えば、洪水が頻発する時期が長く継続する時代が到来し、これまでの仕組みでは解決できないような地域社会の危機的な状況を作り出していったと考えるとどうだろう。一般的に指摘されているような古墳寒冷期の存在、その中で極度に作物が育たない事態に遭遇する、あるいは突然の害虫の大発生に壊滅的な打撃を受ける。水の流れが大きく変化し、泉や森が失われる。こうした衝撃的な出来事性が存在した可能性がある。

未曾有の大災害の時代に遭遇した民衆は、その打開に向けて動き出すことになる。しかしその解決策には選択肢は多く残っていない。一つは、その地をあきらめ新たな地を求めて移動していく。新天地への移動である。二つ目は今までの原理・仕組みを超えた新しい技術を導入して、まさに技術革新によりこの場面を克服する手段を手に入れる。ここでは特に後者の視点を重視したい。何故ならばその傍証となる考古資料が見られるからである。

それは、すなわち四〇〇年前後に韓半島から新しい技術が導入されることがわかっている。また名古屋台地や豊田市南部・矢作川中流域に新たに須恵器やカマド、鍛冶関係の新技術等が積極的に移植されていく点も指摘されている。こうした状況は、個々個別の現象ではなく、環境変動に伴う、列島各地の地域社会が求めたであろう「優れた技術革新」を志向する動きとして、あらためて評価し直す必要があろう。

まとめにかえて

以上、かなり概観的に見てきたが、まずは尾張・三河という領域は、実はまったく異なる歴史的経過を踏まえ、地理的な領域を形成していったと考えておきたい。しかしながらその経緯の中で、一つの画期が存在する。それは西暦四〇〇年前後に求めることができる。「大毛池田層」に代表されるように、この時期に未曾有の大洪水が多発し、各地の伝統的地域社会が壊滅的な打撃を受けていた可能性を推察したい。そして、この時代にはこれを乗り越える叡智と実行力が求められていた。尾張・三河の一部の地域社会は、この逆境に立ち向かうために、積極的に先進文化を取り入れ、技術革新を基本にしながら、それぞれの地域性をうまく活かし再生を試みた。名もなき英雄たちが活躍した時代ではないかと考えている。その担い手たちは、土木・産業に携わる技術者であり、新しい夢を伝える旅人であり、モノを運ぶ商人たちでもあった。そしてこの地に、その方向性が「佳し」として多くの民衆たちに受け入れられていった。倭王権が直接そこに介在する余地は極めて少ない。

そしてもう一つ、その知恵と技術を携えて登場する一族が濃尾平野に定着する。尾張連氏活躍のはじまりである。四〇〇年前後の濃尾平野を襲った恐るべき出来事性を克服する知恵をもった技術者とその指導者、英雄たちが、その地を築き上げていったものと考えたい。そしてやがてその末裔たちの中から断夫山古墳に象徴される、巨大前方後円墳を造営するチカラと富の動員を実現する。

さて、その来歴の証を、本書に掲載された若き研究者たちの意欲的な論考とその地道な調査研究成果に委ねることにしたい。

参考文献

都出比呂志　一九八八「古墳時代首長系譜の継続と断絶」『待兼山論叢』22

都出比呂志　一九九九「首長系譜変動パターン論序説」『古墳時代首長系譜変動パターンの比較研究』

赤塚次郎　二〇〇六「古墳文化共鳴の風土」『愛知県埋蔵文化財センター研究紀要』第7号

赤塚次郎　二〇一〇「東海地域における土器編年に基づく弥生・古墳時代の洪水堆積層（朝日T-SA層・大毛池田層）と暦年代」『考古学と自然科学』第61号

早野浩二・宮腰健司編　二〇〇六『島崎遺跡・伝法寺本郷遺跡・中之郷北遺跡』愛知県埋蔵文化財センター調査報告書第一三九集

第1部　尾張・三河における古墳の成立と展開の軌跡

「伊勢湾地方圏」の成立と解体

村木　誠

はじめに

古墳時代のはじまりに際し、尾張を中心とした地域も深く関わったと考えられるようになってきた。それにより、近畿地方より西の地域を中心として組み立てられてきた古墳時代像にも再検討が加えられている。古墳時代に先行する弥生時代終末期の尾張の状況を明らかにすることはますます重要になってきたといえるだろう。本稿もそうした状況に対応すべく、古墳時代に先立つ弥生時代終末期の尾張の状況、周辺の地域との関わり方を検討し、それが古墳時代のはじまりといかに関わるのかという点を議論したいと思う。

一　時間的・空間的枠組み

最初に、本稿の対象とする時間・空間について簡単に整理しておく。まず、古墳時代のはじまりについては、有力な見解の一つである、定型的な古墳の出現を指標とする立場に立ち、赤塚次郎の尾張平野の土器編年（赤塚一九九〇）による廻間Ⅱ式後半以降を古墳時代と呼ぶ。そして、廻間Ⅰ式からⅡ式前半までは弥生時代終末期と呼ぶ。なお、土器編年に関しては、尾張平野以外に言及する場合も、併行関係を検討した上、赤塚編年により記述する。

本論が主たる対象とする地域は、旧国名でいう尾張であるが、それに隣接する伊勢、美濃、三河なども必要に応じて取り上げる。そして、これらの地域を総称して、伊勢湾地方と呼ぶ。一方、尾張の内部では、様々なレベルでの小地域差が確認されている。本稿では、そうした小地域差を問題としないため、大きく北部の尾張平野と南部の台地・丘陵部（尾張台地部）に分ける。そして、尾張平野部を更にその北部と、台地部に近い南部に分けておきたい。

二　弥生時代後期〜終末期の日本列島

尾張の弥生時代終末期の状況を具体的に検討する前に、弥生時代後期から古墳時代初頭の日本列島がいかなる状況にあったと理解されているのかを概観しておこう。説明するまでもないが、弥生時代後期から古墳時代の尾張について考える上では、汎日本列島的な視点が不可欠であると考えるからである(1)。

定型化した古墳が出現する直前の時代には、西日本の各地において、顕著な墳墓が築かれている。それらは、近接地域の同様な墳墓と共通する形状や祭祀を持っており、その築造者間でそれを共有するような関係が築かれていたことがうかがえる。例えば、吉備や出雲などでは、「王墓」ともいわれるような顕著な墳墓が築かれ、その墓と共通の祭祀が行われた墳墓がかなりの範囲に広がっている。こうした状況に対し、その祭祀を共有するような範囲に、何らかの政治的なまとまりが形成されたことが論じられている(2)。

墳墓祭祀を共有する範囲の解釈についてはまだ議論の余地があろう。また地域によっては、内部での社会の構成について十分な情報の蓄積が進んでいないところもある。しかし、これらの地域内部では、大規模な墳墓の被葬者を中心とする階層的な秩序を伴っていることが推測されており、こうした地域ごとのまとまりは、内部に秩序を伴う、いわゆる政治的なまとまりであるとみなされることが多い。

本州において、このようなまとまりが成立するのは弥生時代後期になってからであると思われるが、そうした背景には、鉄器を中心とした物資の広範囲に及ぶ流通の存在と、それとも密接に関連するが、朝鮮半島・中国大陸との交渉によって、様々な情報やシステムが流入したことがあるとされている。そうしたもの・情報との接近の度合いによって階層的な格差が生じ、その上位者間の関係を基本とするまとまりが築かれたとも考えられている。弥生時代後期から終末期の西日本は、広域に及ぶものや情報の流通の活発化を背景として、各地で地域的な政治的まとまりが築かれるようになっていたとまとめてよいだろう。

一方、尾張より東に目を移すと、西日本で見たような顕著な墓は見られず、対照的な面が見られる。少なくとも西日本と同様な説明によって政治的なまとまりが築かれていたというのは難しい。しかし、東日本においても、例えば土器の類似などから、西日本からものや情報、あるいは人が移動したことがわかる事例も多く、東日本に及ぶ列島規模のものや情報の流れがあったこともうかがえる。近年、東日本で出土例が増加している金属器からも、そうした広範囲の流通を認めることができるだろう。

弥生時代後期～終末期は、中国大陸や朝鮮半島との接触を背景として、列島規模でものや情報の流れが活発化した時期であり、西日本の各地では、それを一つの契機として、政治的なまとまりが形成される。一方、東日本では、そうしたものや情報に触れつつも、西日本ほど顕著なまとまりが形成されていない。中国大陸や朝鮮半島などとの接触が社会の変化を促した要因の一つである以上、このような東西の違いは重要であると思われる。こうした背景のなかで、東西日本間の中央に位置する伊勢湾地方が、いかなる社会を築いたかを考えることが本論の趣旨である。

三　「東海系文化」とは何であったか

上述の列島西部の状況を見たとき、弥生時代後期から終末期の伊勢湾地方にも何らかのまとまりが存在したのか、という点がまず問題となろう。そして、それに対する答えの一つとして、「東海系文化」を共有するまとまりの存在が指摘された(3)（赤塚 二〇〇九）。すなわち、尾張を中心とする伊勢湾地方には、前方後方形の墳墓やS字状口縁台付甕（以下S字甕）など、東日本の各地に広がるような特徴的な遺構・遺物が分布しており、それらから伝統的な生活習慣を共有する「東海系文化」の存在が導かれる。そして、その文化を共有するまとまりが、政治的まとまりの原形となったとするものである。つまり、「東海系文化」の存在を基礎として、伊勢湾地方における政治的なまとまりの成立が論じられ、そして尾張はその中心であると理解されてきたのである（図1）。

しかし、後に見るように、これらの「東海系」とされる遺構・遺物は必ずしも伊勢湾地方に均一に存在しているわけではなく、「文化」の語を「考古学的型式の一定の組合せ」（チャイルド 一九八一）と定義するならば、「東海系文化」の分布域は伊勢湾地方全体に及ぶものではなく、ごく限られた範囲となる。また、確かに「東海系」の遺構には、前方後方形の墳墓も含まれているため、西日本各地と同様な説明が可能かもしれないが、現時点では墳墓の状況から、伊勢湾地方内部の政治的な関係を導けるほど実態の解明は進んでいない。

「東海系文化」を前提的に措定する視点は、遺構・遺物の組み合わせでは必ずしも均質とはいえない伊勢湾地方内の各地域の関係を曖昧にする。「文化」と政治的まとまりの関係についても検討は及んでおらず、「東海系文化」は、伊勢湾地方を単位とするような政治的なまとまりの存否を考える上では有効な根拠とはなりえないのではないだろうか。もちろん、そのことは「東海系」の遺構・遺物の重要性を損なうものではない。「東海系」遺構・遺物の分布の結果としての「東海系文化」ではなく、むしろその分布にいたる過程・動態に、伊勢湾地方内部における小地域間の

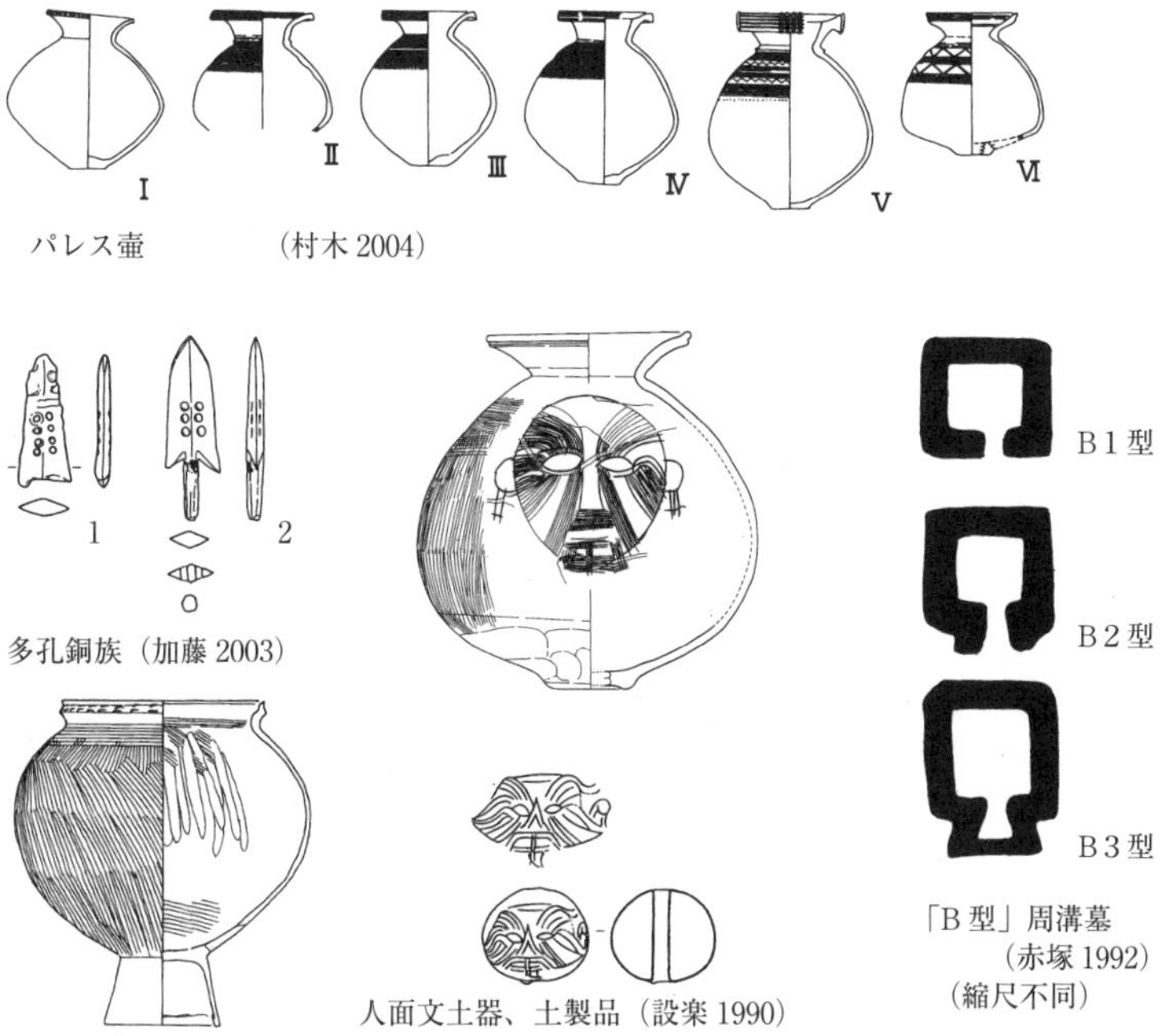

図1 「東海系」遺構・遺物(村木 2008 改変)

関係を検討する手がかりがあるのではないかと考える。そして、そうした地域間の関係からそのまとまりの形成を論じていくという手続きが必要である。

以下では、個々の遺構・遺物の時間的・空間的変化の動向を概観する。それぞれの遺構、遺物に関しては、数多くの先行研究があり、また以前まとめたことがあるため、ここでは概略を述べるにとどめる[4]。

四 「東海系」遺構・遺物の動向

ここで取り上げる「東海系」遺構・遺物は前方後方形の墳墓、S字状口縁台付甕、パレススタイル壺（以下パレス壺）、多孔銅鏃、人面文土器である。これらは、いずれも弥生時代終末期には尾張平野を分布域としているが、尾張平野で誕生したと思われるものはない。そして、尾張平野に分布するようになる過程から、大きく三つに分けることができる。

伊勢から尾張平野へ

Ｓ字甕と前方後方形の墳墓は、いずれも廻間Ｉ式前半には伊勢を中心に分布しているが、Ｉ式末からⅡ式になるとその分布が尾張平野北部へと広がっているという点で共通している。例えば、Ｓ字甕は廻間Ｉ式初頭頃、伊勢において誕生したと見られ、誕生後間もないうちは伊勢を中心に分布し、尾張へは少量がもたらされていたことが知られている（早野　二〇〇〇）。その後、廻間Ｉ式後半の尾張においてもＳ字甕が主たる甕として用いられることになる。しかし、このＳ字甕Ａ類も、伊勢湾地方全体で普遍的に用いられたのではなく、伊勢と尾張平野部以外ではかなり少ない。

前方後方形の墳墓は、一辺の中央が途切れる形の方形周溝墓（図１・B1型）が変化を遂げたものであると理解されているが、このB1型も弥生時代後期には伊勢に多く、尾張をはじめとするより東の地域へともたらされる。そして、その完成された姿が、尾張平野北部の西上免遺跡例である。

この二つに関しては、重要な共通点がある。それは、その形態は別として、対応するものが広く西日本各地に存在することである。すなわち、Ｓ字甕は「薄甕」（石野一九八八）の一つであり、また前方後方形の墳墓は、突出部の付く墓の一つである（寺澤　二〇〇〇）[5]。

尾張台地部から尾張平野北部へ

「東海系」といわれるもののなかでも、パレス壺や多孔銅鏃は、弥生時代後期には尾張南部を中心に分布していたものであるが、弥生時代終末期には尾張平野北部から美濃を主たる分布域とするようになる。

パレス壺とは赤彩と文様によって飾られた壺であり、弥生時代後期に出現する。口縁形態と文様によりⅠ～Ⅵに分類している（村木　二〇〇四）。弥生時代後期から廻間Ｉ式期のパレス壺Ⅰ～Ⅳは、尾張平野南部から台地部にかけて多く見られる。一方、胴部に鋸歯文を持つパレス壺ⅤおよびⅥは弥生時代終末期に多く見られるが、それ以前のものとは分布傾向を異にし、尾張平野北部から美濃にかけての地域での出土量が多い。パレス壺は伊勢湾地域の全域で出土するわけではなく、伊勢や三河といった地域では出土量は少ない。パレス壺はS字甕と同様に伊勢湾地方を代表する土器のようにいわれるが、この両者は分布の点では異なっており、また、東日本への広がりという点でもS字甕よりはるかに少ない。東日本での分布状況の違いは、それぞれの土器の、列島規模で見たときの普遍性の違いを反映していよう。

多孔銅鏃にはいくらか形態にバラツキがある。ここでは、銅鏃自体の形態についてはおいて、銅鏃に複数の孔をあけるという行為に注目した分類として多孔銅鏃の語を用いる。銅鏃の穿孔は、実用とは直接には関わらないため、その背景には何らかの意図の共有があったと見られるからである。

現在までの資料から判断する限り、尾張台地で廻間Ⅰ式代の相対的に古い時期の出土例が多い。尾張平野北部においてもいくらかの出土事例が知られているが、これらは弥生時代終末期から古墳時代初頭に属しており、相対的に新しいと思われる。つまり、尾張台地部で誕生し、尾張平野北部へと分布の中心を移したと見られる。

この多孔銅鏃も伊勢湾地方全体に広がっているわけではなく、尾張を中心に分布している。伊勢や三河では、志摩半島や渥美半島の特定の遺跡を除いてはほとんど分布していない。

尾張平野と三河

以上に述べたものとは異なった分布を示す遺物に人面文を施した土器を挙げることができる。これは、尾張平野と三河の関係を物語る資料である。人面文は、備讃地方で発生し、尾張周辺にもたらされている（設楽 一九九〇）。伊勢湾地方では、廻間Ⅰ式からⅡ式の濃尾平野から西三河にかけて分布している。一方、伊勢には分布が少ない。確認できる資料数も限られており、こうした分布をどのように評価するかは難しいが、石黒立人が述べるように、濃尾平野と西三河との間に「近接した関係」（石黒 二〇〇六）を想定することもできよう。その一方で、伊勢にほとんど分布していない点も重要である。人面文も西日本との関連を持つものであるが、S字甕などとは分布の傾向を異にしている。

整　理

「東海系」遺構・遺物はそれぞれに異なった分布をしており、伊勢湾地方全体に及ぶものはほとんどない。ただし、いずれもが尾張平野北部には分布する。そして、それも尾張平野北部で誕生したものはなく、他の地域で生まれたものが尾張平野北部へと分布を広げたり移動したりしている。その結果、様々な遺構・遺物の分布が尾張平野北部で重なっている。

これらの「東海系」遺構・遺物の分布の時間的動向に関しては、大きく二回の画期がある。まず第一は、廻間Ⅰ式期前半である。この時期にはS字甕の出現、パレス壺Ⅳの増加とⅤの出現、多孔銅鏃出現などが挙げられるだろう。また、B1型の方形周溝墓が伊勢から尾張等へと広がるのもこの時期である。二つ目の画期は、廻間Ⅰ式末からⅡ式の前半にあたる時期で、この時期にこれらのすべてが尾張平野北部を分布域として持つようになる。S字甕は尾張平野北部で主たる煮沸具の位置を占めるようになり、外部に対しても波及していく。前方後方形の墳墓も、西上免遺跡例のように確立した姿を示す。

つまり、「東海系」遺構・遺物は、それぞれ異なった来歴を持つものであるが、二回の画期をへて尾張平野北部へと集まり、確立するという共通性を示す。

五　伊勢湾地方圏

「東海系」遺構・遺物のそれぞれの分布の変化には、それぞれ固有の事情もあったであろうが、各地域と尾張平野北部との関わりの緊密化のなかで尾張平野北部へともたらされたことは確かであろう。そうだとすれば、各種の遺構・遺物の分布の変化は、尾張平野北部が特定の地域だけでなく、伊勢や三河という伊勢湾地方の各地とそれぞれ密接な関係を取り結んだ結果であると解釈できるだろう。そして、様々なものが尾張平野北部へと集中する様子から、尾張平野北部の求心力を読み取ることもできるのではないだろうか。つまり、中心としての尾張平野北部が確立したことの反映として理解できるのではないだろうか。このように考えるならば、伊勢湾地方は、「東海系文化」を共有するまとまりとしてではなく、尾張平野北部という中心を共有する地域のまとまりとして理解できる。こうしたまとまりを以前、「伊勢湾地方圏」と呼んだが本論でも踏襲しておく。地理的区分ではなく、秩序を伴うまとまりとしての「伊勢湾地方」というのはここで生まれたと見るのがふさわしい。以下では、弥生時代終末期に尾張を中心として形成されたと見られる伊勢湾地方圏について、その成立の経緯に焦点をあてつつ検討していきたい。

伊勢湾地方圏の成立

先に述べた様々な変化を尾張を中心としてみると、第一の画期の特徴は、S字甕のように西日本からのものや情報が伊勢を経由してもたらされるようになることと、パレス壺のように尾張における独自性が明確化することとまとめることができる。これは表裏の関係にあるだろう。

それに対し、第二の画期は、第一の画期を端緒として始まった変化が進展し、尾張平野北部という中心が明確化した時期であるということができる。そして、その状況から導かれるのが伊勢湾地方圏である。

こうした変化は、一連の過程と見た方が良いが、それがなぜ生じたのかに関しては、そのはじまりである第一の画期の直前の状況が検討材料となろう。第一の画期に先立つ時期には、伊勢湾沿岸の各地に環濠集落が築かれており、社会における何らかの緊張状態があったことが推測できる。その緊張の結果が、地域間の関係に変化をもたらした可能性が考えられるのである。

環濠集落から読む伊勢湾地方圏の成立

弥生時代後期から終末期にかけての時期、尾張だけでなく伊勢から西遠江という広い範囲にわたって伊勢湾沿岸に点々と環濠集落が築かれた。これらの環濠集落は、時間的に近接して築かれ、また立地にも共通性が認められるため、背景を同じくする一連のものと見られる。

立地に関しては、伊勢湾に面した地点、特に台地や丘陵の先端に近い地点という共通点がある。逆に、美濃や尾張の内陸部では検出事例が少ない。また、環濠の時期に関しても、弥生時代後期に掘削され、廻間Ｉ式期のはじめには埋まりはじめるという共通した特徴を示す。そして、尾張の環濠集落では、かなり大規模な、Ｖ字形の断面を持つ濠が掘削されており、防御性を高めた集落であることは間違いない。

加えて、これらの環濠集落における遺構の変遷をたどると、この環濠集落期が尾張の社会において大きな変革期として意識された可能性が想定できる。

例えば、見晴台遺跡では、環濠の掘削に先立ち、弥生時代後期初頭から中ごろまでの方形周溝墓が数基築かれている。これらは環濠掘削前に営まれた集落内の、限られた人のみが葬られた墓と見られるが、このうちの一基は環濠掘削に際して破壊されている。破壊された墓についてはあまり情報がないものの、それに隣接し、同一の墓域にある方形周溝墓からは、環濠埋没期の廻間Ｉ式期に下る残りのよい土器が数個体出土している。これらの土器は、墓に対する供献土器と思われ、この時期まで墓として意識され、供献の対象として認識されていたことがわかる。つまり、この墓域は、環濠によって一部破壊されたとしても墓域として否定されたわけではない。むしろ、環濠によって壊されても墓として認識されたこと、環濠に壊された墓域という景観が長く維持されたことに積極的な意義を見出すべきであろう。そうした景観は、その居住者にとって、この環濠集落を生んだ社会的な緊張とそれに対する対応についての記憶を深く刻むことになったであろう。

また、環濠埋土から、完全な形の土器がしばしば出土し、単なる使用後の土器廃棄ではなく、何らかの祭祀的な行為が行われた可能性が指摘されてきた。環濠埋土から出土する土器が、何らかの祭祀的な行為に用いられたとする明確な根拠は今のところない。それゆえ、環濠が不要となった後に、生活残滓を捨てる場として環濠の跡が利用されたという解釈も十分可能である。しかし、ほとんど全体が残るような残存度の高い遺物が集中する地点に関しては、やはり何らかの意図があったのではないかと考える。環濠が徐々に埋まりつつも、その痕跡を長くとどめていたことも合わせて考えると、環濠の跡に土器を埋めるという行為には、環濠が記憶を伝えるモニュメントであるという意識が伴っていたのではないかと思われる。環濠は、きわめて大規模な遺構であり、不要となった後も長期にわたりその存在の痕跡を残す。そのため、その居住者に対し、その集落の記憶・歴史を伝えるモニュメントの役割を果たしたのではないだろうか。

ここでは素描にとどまったが、環濠は、記憶を伝える場として、一つの資源として利用されたのであり、環濠集落が築かれたこの時期が、大きなターニングポイントとして意識されたことを示していよう。

環濠集落期の評価

以上のように、伊勢湾に沿って分布する環濠集落は、きわめて限られた時期、限られた場所に築かれたこと、そしてこの環濠集落期が、この地域の社会にとって大きな変化のときとして意識されていたことがわかる。

これらの環濠集落が築かれた背景として、これまでの研究では様々な理由が考えられてきた。例えば「東海内部に起因した出来事性を基本にして」「山中式土器及びその影響によって」「その受容を巡る葛藤に起因する」（赤塚一九九六：二二頁）と主張されたことがある。また、文献に記され、西日本で生じたとされる「倭国大乱」と関連させつつ、「争乱の影響を間接的に受けつつも、平和裏のうちにむしろ予防防備策として設置された可能性が高い」（加藤一九九六：四七頁）ともいわれた。しかし、これらの論は、伊勢湾岸に集中するという立地や、環濠集落期の前後の変化を十分に説明していない。

環濠集落が築かれた背景を考える上で考慮すべき事象は、伊勢湾に面した地域に集中的に分布することに加え、「東海系」遺構・遺物に見られるように、環濠集落期以降には伊勢→尾張というもの・情報の流れが顕著になることである。そしてこれらを矛盾なく解釈するならば、この時期の社会の緊張は、伊勢湾の海路を巡って生じたものであった可能性が高い。

弥生時代後期には、金属器をはじめ、様々なものや情報が日本列島内を広範囲にわたって移動した。このときの経路を、西日本から伊勢湾地方へといたるルートを中心に見ると、大きく近畿地方北部から近江、美濃を経由して尾張にいたる北回りのルートと、近畿地方南部から伊賀・伊勢を経由して、東三河・遠江へといたる南回りのルートが想定される（例えば鈴木　一九九七）。そして、これらのルートは伊勢湾地方内では一元化されることなく、それぞれ別々に東日本までつながっていたと思われる。

しかし、環濠集落期以降になると状況が変化する。南回りルートの要衝である志摩半島とその対岸の渥美半島に、パレス壺、多孔銅鏃など、尾張に起源をもつ「東海系」の遺物が点的に認められる（図２）。このことは、南回りルートに対しても尾張の集団が関与しはじめたことを意味していよう。環濠集落期以降、尾張が南回りルート上に位置する伊勢や三河に対する影響力を強めたことにより、その結果として、伊勢から尾張へというものや情報の流入が顕著となったのであろう。つまり、伊勢湾の海路を巡っての争いが終わった廻間Ⅰ式期以降には、伊勢湾地方を通る東西日本間の流通経路がいずれも尾張を経由するようになり、いわば尾張において接合されたと見られる。

ではこのことの意義はどこにあるのだろう。弥生時代後期以降、日本列島内でのものや情報の流通はかなり広域的、活発に行われた。しかし、やはり列島全体が一様というわけではなく、基本的には様々なものや情報の入手・蓄積には、西日本と東日本の間にいくらかのギャップがある。そしてまさにそのことが、西日本と東日本の間でさまざまなものや情報が移動する契機となったと見られる。伊勢湾地方はその中間地点にあって、それぞれを媒介する役割を担いえたのである。そしてその媒介者の役割は、その流通をコントロールすることで大きくなろう。西日本から伊勢湾地方へと先進的な文物がもたらされるルートの二つに対して共に関与することで、尾張平野北部の集団はその流通をコントロールできるようになったのではないだろうか。

以上のように、「東海系」遺構・遺物の第一の画期は、伊勢湾を巡る流通の経路を巡っての争いの結果、尾張平野北部の集団が、流通をコントロールできるようになったことを示していると考えられよう。そうしたもの・情報の流れに対するコントロールを獲得した結果、尾張が中心性を確立したのが第二の画期といえるであろう。こうして伊勢湾地方圏は成立したと思われる。

東日本を中心にいわゆる「東海系」遺構・遺物が多く見られるのはこの第二の画期以降であり、その評価は尾張が東西日本間のものや情報の流れや移動に際して果たした役割に沿って考えられるべきであろう。すなわち、東西日本間の流通の媒介者としての活動が反映していると思われる。

六　伊勢湾地方圏の評価

政治的まとまりとしての伊勢湾地方圏

伊勢湾地方圏と呼んだまとまりは、その範囲全体が相互に関係を持つものではない。尾張平野北部を中心として、その中心からの影響力が及ぶ範囲として理解すべきものである。その具体的な範囲としては、伊勢・美濃・西三河が

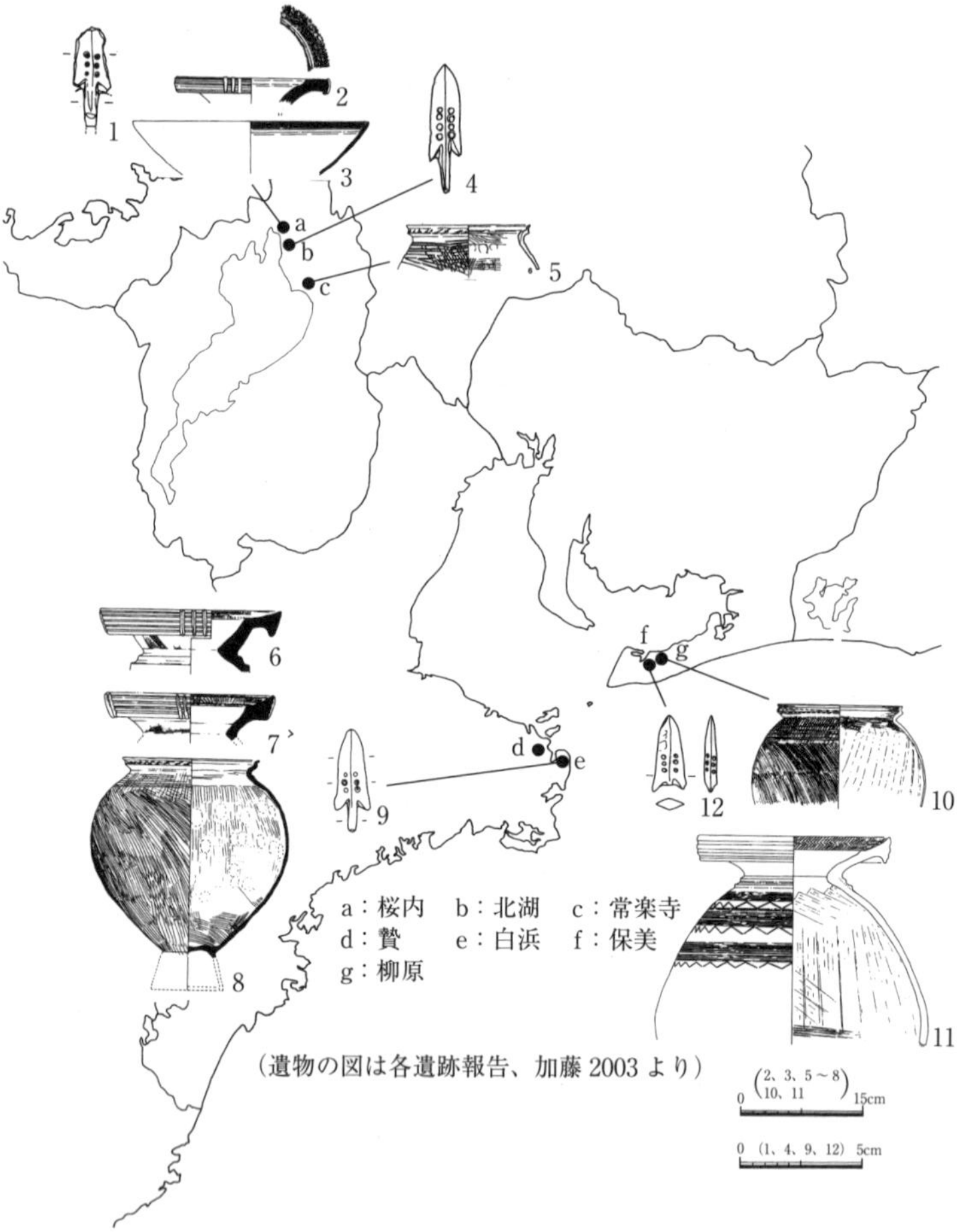

（遺物の図は各遺跡報告、加藤 2003 より）

図2　南北ルート上の「東海系」遺物(村木 2008 改変)

挙げられる。先に見たとおり、伊勢湾地方圏にとっての流通の要衝に多孔銅鏃などが出土することを参照すると、北西側では近江北部までが範囲となろう。多孔銅鏃は、北東側内陸部の美濃中濃部での出土も知られている。武器と見られる多孔銅鏃の分布は、その起源地である尾張の直接的な影響が及んだ地域を示しているとすれば、概ねこの範囲が伊勢湾地方圏の範囲ということになろう。

伊勢湾地方圏は、尾張平野北部という中心を持っており、秩序を伴った政治的なまとまりであると考える。では、物や情報の流れをコントロールすることがどのように階層的な秩序の形成・維持へと結びついたのであろうか。鉄器のような実用的な利器の場合、権力の形成に果たした役割は十分に想像がつく。また、おそらくこの時期にもたらされたであろう知識や情報も、階層的な秩序を形成し、維持していく上で重要であったであろう。流通をコントロールできることには、そうした「実用的」な効果が大きいことは言うまでもないだろう。そして、それに加え、自らの社会の外部と接触し、遠隔地からもたらされるもの・情報を入手し、管理すること自体がその管理者の権威を高める働きをしたと思われる（Helms 1993）。つまり、尾張の集団は、東西日本間のもの・情報の媒介者としての立場を確立することで、経済的、軍事的な力を確立しただけでなく、権威をも獲得したと思われる。このことが尾張を中心とする伊勢湾地方圏の秩序の形成と維持へと導いたのであろう。

伊勢湾地方圏の実態

では、政治的なまとまりとしての伊勢湾地方圏の実態としてはどのようなものであったのだろうか。尾張の状況を整理し、尾張がその中心であるとみなしえるのかを検討しておこう。

まず集落に関してである。以前尾張全体を概観したことがあり、現時点でも傾向としては大幅な見直しは必要ないだろう。個々の遺跡の内容についてはまだわからない点も多いが、遺跡動向としては、弥生時代後期には、尾張平野南部から尾張台地上に遺跡が多く見られ、一方終末期の廻間Ⅰ式後半からⅡ式になると尾張平野でも北部に遺跡が多く見られる。遺跡数の増加を、人口の増加、人間活動の活発化とみなすことは可能であり、尾張平野北部の中心性を示している可能性がある。

個々の遺跡を見ると、例えば八王子遺跡のように特殊とも思われる遺構もある。しかし、その具体像は明らかではない。また集落間の階層的秩序という点でも、例えば赤塚が説くように、八王子遺跡を含む一宮市の「萩原遺跡群」が他と比べて大規模な遺跡である可能性はあるが、集落群の動向が把握できないため評価が困難である。

一方、尾張台地部の集落は、環濠集落が築かれた遺跡で継続している例が多い。集住という点は認められるものの、集落内部の分化は認めにくい。ただし、先に見たように、環濠が資源として利用された可能性を考えると、全く均質な集落であったとは考えられない。

出土遺物という点でも、先述の八王子遺跡の出土遺物は特徴的ではあるものの、遺構と同様、比較できる資料が少ないため、それだけで何らかの中心であることや階層的に上位であることを示すものとは決めかねる。現時点では、中心となる集落の存在は明らかではないといわざるを得ないだろう。

では墓に関してはどうだろうか。先にいくらか検討したが、B1型の方形周溝墓は伊勢湾地方の各地で見られるものの、これはコーナーが途切れる方形周溝墓とどのような関係にあるのかわからず、評価が難しい。また、前方後方形の周溝墓B2、B3については伊勢湾地方でもそれほど数多くは見つかっていない。丘陵上に築かれた墳墓のなかには前方後方形が想定されているものもあるが、形には異論があるものも多い。これまでのところ見つかっているなかでは、西上免遺跡の前方後方形の墳墓が規模の点では最も顕著なものである。ただし、これも一般的な集落の墓域のなかにあり、その評価は難しい。このような墳墓を評価するための材料がまだ不足しているといわざるを得ない。

このように、伊勢湾地方圏の中心であると見た尾張においては、遺構の状況から社会が階層的に分化した状況を確認することは難しい。以前述べたことであるが、土器様式の点では、弥生時代後期から古墳時代初頭という時期が階層分化の時期であることが推測できる（村木　二〇〇四）。

また、尾張平野が伊勢湾地方圏の中心であるとするためには、伊勢や三河といった周辺の地域との比較も必要となる。集落に関しては、これまでのところ規模や出土遺物の点で尾張の優位性を示すデータは得られていないといってよいだろう。すなわち、集落の特徴からすると、必ずしも尾張が伊勢湾地方圏の中心であると判断できる根拠はないといわざるを得ない。

墓に関しても現状では、二世紀後半以降各集落の共同墓地に前方後方形の墳墓が築かれ、三世紀前半には集落の首長墓として前方後方墳が広く見られるという認識（赤塚 二〇〇五）を私は持つことができない。

弥生時代終末期に成立を想定した伊勢湾地方圏であるが、今の時点で確実にいえることは、様々なものや情報が尾張平野北部へと集約されるようになったこと、その尾張平野北部では遺跡数も増加し、活動が活発化したことである。そしてそのような尾張平野北部からもたらされた遺物が、伊勢湾地方内の東西日本間の流通経路の要衝に見られ、そのあたりまでは尾張平野北部の影響力が及んだと見られることも指摘できる。現時点では、中心である尾張平野北部の状況は明らかではなく、またこれらの地域間の関係が具体的にどのようなものであったかを明らかにすることは難しい。

現在までのところ、伊勢湾地方圏という政治的まとまりについては、状況証拠から、尾張平野北部を中心としていたことが推測できるに過ぎない。その中心と周辺地域の間に築かれた秩序に関して、私たちはすべてにおいて尾張平野北部が中心であると考えがちである。しかし、必ずしもすべてが一様に階層付けられるわけではない政治的なまとまりとしてのヘテラルヒーという概念（Crumly1995）も提唱されており、伊勢湾地方圏内の諸地域の関係を考える上で示唆的である。

「狗奴国」論とのかかわり

本論で伊勢湾地方圏と呼んできたまとまりとは根拠が異なるものの、伊勢湾地方に何らかの政治的まとまりの存在を想定する意見は多く、それは中国の文献に記された「狗奴国」に比定されることがある。ここでは、「狗奴国」に関連した問題を取り上げる。もちろん、「狗奴国」というのは文献に見られる名称であって、現時点で考古資料に基づいてその所在地を論じても結論は期待できない。しかし、これを巡る議論にはきわめて興味深い点があるため、簡単に触れておこう。

「狗奴国」を尾張周辺に比定したのは、田辺昭三を嚆矢としよう（田辺　一九六八）。そして近年では、赤塚次郎や白石太一郎らがそのような議論を展開している。田辺昭三は、邪馬台国を畿内中心部に比定した上で、狗奴国はその隣接地であるとする。そして、近畿地方の東に位置する濃尾平野を中心とする地域には、近畿地方とは異なった特徴を持つ土器が用いられ、そしてその分布域が広いことから、大きな「政治勢力」の存在を考えた。田辺はこのように、狗奴国の所在地を伊勢湾地方と考えた。これ以上の根拠は示されておらず、その後の論の展開もなかった。

田辺の後、伊勢湾地方では「狗奴国」についてはほとんど論じられることはなかったが、近年になって弥生時代終末期から古墳時代初頭の伊勢湾地方に「狗奴国」が存在したとする論が目立つようになってきた。ここではそうした論のなかで、「東海系」遺構・遺物の研究を精力的に進めてた赤塚次郎の論を取り上げたい。

すでに検討したとおり、赤塚の論では伊勢湾地方に、「東海系文化」を共有するまとまりがあったとされ、それが政治的なまとまりの基礎であるとされる。そして、この「東海系文化」は東日本の各地に広く受け入れられている。一方、西日本では、前方後円形の墳墓、庄内型といわれる甕をもつ大阪湾沿岸地域の文化が広がっていた。赤塚は、ちょうど三世紀前半頃に見られるこの状況を文献に記された状況と対比させ、前者を「狗奴国とその仲間たち」、後者を「邪馬台国とその仲間たち」に比定する。こうした議論については、「東海系文化」なるものの存在、仮にそれが存在したとしても、どのように秩序が形成され、維持されたのかといった政治的な性格についての議論を欠いていることはすでに指摘したのでここでは繰り返さない。ここでは、伊勢湾地方を「狗奴国」に比定し、西日本と対比的に見る議論についてみておきたい。

「狗奴国」を巡る議論においては、西日本諸地域に対する、伊勢湾地方や東日本の独自性が強調される。確かに、伊勢湾地方から東日本へ広がるものは、伊勢湾地方に特有の特徴を持っており、その独自性や西日本との違いが際立つものもある。しかし、S字甕が「薄甕」の一つであり、また前方後方形の墳墓が、突出部を付加した墓であったように、その背景にある思想は西日本と共通であり、西日本からの情報なしにはありえない性格のものである。この点で、伊勢湾地方や東日本の独自性を強調すると同時に、それらが汎西日本的な特徴を持っていることも注意されてよいだろう。

本論では、伊勢湾地方と東日本の関わりについては、ものや情報の流通という点を重視した。様々な遺構・遺物の波及はそうしたことに関連しているのであり、伊勢湾地方を中心とする東日本規模のまとまりを想定する必要はない。そして、汎西日本的な性格のS字甕と尾張に起源するパレス壺を対比したとき、東日本諸地域で定着するのが、前者であることを考えるとわかるように、東日本で受け入れられたのは単なる「伊勢湾地方的」なものではなく、伊勢湾地方からもたらされた汎西日本的なものであったように思われる。

また、「狗奴国」を巡る議論の特徴としては、これまでの弥生時代終末期から古墳時代の日本列島の状況を近畿地方（「畿内」）中心に見る姿勢からの脱却を目指している点が挙げられる。この点については共感する。しかし、伊勢湾地方に生まれた政治的まとまりの性格を論じることなく、それが東日本に受け入れられたとする議論は、単に近畿地方を伊勢湾地方に置き換えただけではないのか、という点が疑問として残る。

このように、「狗奴国」を巡る議論は、文献の記載と対比できる可能性がある点で重要な意味を持っていると思われるが、まだ残された問題も多い。

七　伊勢湾地方圏その後

さて、以上まで弥生時代終末期の伊勢湾地方における政治的まとまりの成立について論じてきた。本論の課題としてはこの弥生時代終末期から古墳時代初頭に想定した伊勢湾地方圏が、定型的な古墳が築かれた時代にどのように関わっていくのかという点が残されている。

近年では、古墳時代の始まりに伊勢湾地方も深く関わったとする認識が一般化し、先に見た「狗奴国」を巡る議論とも絡み、次のような議論がある。すなわち、伊勢湾に所在し、東日本に大きな影響を持った「狗奴国」は、近畿地方に所在したとされる「邪馬台国」を中心とするまとまりとの争い（『魏志』に見られる邪馬台国と狗奴国の争いに対比される）を経て統合され、「ヤマト政権」が誕生したとするものである。例えば白石太一郎は、古墳時代のはじまりに関して、次のような二段階説を採る。すなわち、最初に濃尾平野を中心として東日本に「狗奴国連合」が形成され、その後西日本の「邪馬台国連合」との合体によって初期ヤマト政権が成立したとする（白石　一九九九）。

繰り返しになるが、伊勢湾地方に存在したまとまりが、「狗奴国」に比定できるのかどうかは私にはわからない。伊勢湾地方と近畿地方の間で、何らかの争いがあった考古学的な証拠も今のところない。さらに、伊勢湾地方に由来する「東海系」遺構・遺物が東日本に分布することも、必ずしも政治的まとまりの存在を示すものではないことはすでに述べた。そのため、あえてこれらの議論には触れず、本論で行ってきた議論に基づいて考えることにしたい。

本論では、日本列島を東西に貫くような流通の存在を重視し、弥生時代終末期には、それをコントロールすることで尾張平野の集団は大きな力を得たと考えた。そしてその力を背景として、伊勢湾地方に自らを中心とする政治的まとまりを形成したとした。ではその集団の権力と権威の源泉は、古墳時代になりどのように変化したのであろうか。

古墳時代の始まりは、大和において巨大な前方後円墳が築造され始めることをもって定義されるのは大方の認めるところであろう。近年では、この巨大古墳を生み出した背景にある近畿地方を中心とするまとまりの形成は、やはり、鉄をはじめとする先進的文物の流通を把握したことにあるとする考えが有力である（例えば白石 一九九九）。そして、この大和を中心とする近畿地方の勢力は、単に西日本の流通を把握しただけでなく、東日本への窓口としての役割も果たしたこともすでに多くの論者が述べるとおりである。

このような近畿地方の性格を明瞭に示し、また伊勢湾地方との関連を考える上で重要になるのが纏向遺跡である。この遺跡はきわめて大規模な遺跡であり、巨大な前方後円墳を生み出した近畿地方南部の政治権力の都とも目される遺跡である。この遺跡では、東西日本各地からもたらされた土器などがきわめて多く出土しており、もの・情報が集積された地であることを示している。この状況から見て、古墳時代の東西日本間のものや情報の流れに関しては、纏向遺跡を中心とする近畿地方南部がその中心を占めたことは間違いない。そうであるならば、東西日本間の流通のコントロールを権威・権力の源泉としていた伊勢湾地方圏という存在は、その役割が変化したと考えざるを得ないだろう。すなわち、伊勢湾地方圏の意義は低下し、近畿地方に取って代わられたと見ることになろう。

こうした状況のため、日本列島全体で見たとき、伊勢湾地方圏と呼んだまとまりは古墳時代にはあまり意味を持ち得なかったと推測される。もちろん、例えばＳ字甕をはじめとする土器などには伊勢湾地方共通のものも多く見られる。おそらく日常的な情報が広がる範囲としての伊勢湾地方というまとまりは当然存在したであろう。しかし、それは、伊勢湾地方が何らかの自律的な秩序を持っていたことを示すものではない。また、東海系文化の特徴とされた前方後方墳も、加納俊介の教示によると、必ずしも伊勢湾地方で突出して多いというわけではない。前方後方墳は、伊勢湾地方の内部でも一律に分布しているわけではなく、前方後円墳も数多く築かれているため、伊勢湾地方でまとまりが維持された根拠にはなりにくい。

巨大な前方後円墳が築かれる頃には近畿地方南部が、東西日本間の結節点という位置を確立したことによって、伊勢湾地方圏というまとまりはその役割や意義を失っていったと考えられる。地理的な区分ではなく、政治的なまとまりとしての伊勢湾地方圏は、弥生時代終末期に生まれ、そして古墳時代に入るとその意義を失っていった、ごく限られた時期にのみ意味を持った政治的まとまりであったのではないだろうか。

おわりに

本論では、弥生時代終末期の尾張の状況を検討し、それがいかに古墳時代の開始期の状況と関わるかを論じてきた。弥生時代終末期の尾張が、伊勢湾地方の中心として、東日本に大きな影響を及ぼしたことは確かである。しかし、それは尾張独自の力によるというよりは、東西日本間の関係のなかで理解すべきことであると思われる。本論でも述べたとおり、古墳時代のはじまりを考えるためには、より広い地域を視野に入れることが必要であろう。

註

（1）ここで概観する東西日本の状況については、地域ごとに膨大な研究史がある。本論の記述はそれらに学んだものであり、本来明記すべきものである。しかし、本論では個別の研究には触れることができず、また紙幅の都合もあるため、代表的なものとして（松木他二〇〇二）を挙げておく。

（2）「政治的」の語は、十分な検討もないまま用いられがちな語である。本論では「政治的まとまり」とは、「階層的な秩序を伴ったまとまり」であると定義しておこう。

（3）「東海系文化」研究の第一人者である赤塚の研究は膨大であり、すべてを挙げることは難しい。ここでは参考文献として、そうした研究がまとめられた書を挙げておく。

（4）紙幅の都合もあり、それぞれについて具体的なデータや論拠等を示すことが難しいため、（村木二〇〇八）を合わせて参照いただきたい。なお、本論は（村木二〇〇八）を基礎として、そこで提出した「伊勢湾地方圏」の性格を具体的に検討し、後の時代とのかかわりを論じるものである。

（5）こうしたパターンについて、「共鳴」（赤塚一九九〇）という用語で説明されることも多い。便利な語ではあるが、なぜそのような現象が生じたのかという説明にはならない。

（6）「狗奴国」を巡る議論については、加納俊介からきわめて多くの教示を得た。

参考文献

赤塚次郎　一九九〇　「考察」『廻間遺跡』愛知県埋蔵文化財センター調査報告書第10集　（財）愛知県埋蔵文化財センター　五〇―一三一頁

赤塚次郎　一九九二　「東海系のトレース」『古代文化』第44巻第6号　（財）古代学協会　三五―四九頁

赤塚次郎　一九九六　「前方後方墳の定着―東海系文化の波及と葛藤―」『考古学研究』第43巻第2号　考古学研究会　二〇―三五頁

赤塚次郎　二〇〇五　「邪馬台国問題」『ドイツ展記念概説　日本の考古学　上巻』　奈良文化財研究所編　学生社

赤塚次郎　二〇〇九　『幻の王国・狗奴国を旅する―卑弥呼に抗った謎の国へ―』　風媒社

石黒立人　二〇〇六　「伊勢湾周辺地域の人（黥）面線刻をめぐる二、三の問題」『原始絵画の研究　論考編』　六一書房　二七三―三〇〇頁

石野博信　一九八八　「古墳時代前期の薄甕と厚甕」『網干善教先生画華甲記念論文集』　網干善教先生華甲記念会　二一一―二四頁

加藤安信　一九九六　「伊勢湾地域の弥生時代後期社会」『伊勢湾と古代の東海　古代王権と交流4』　名著出版　二一一―四五頁

加藤安信　二〇〇三　「銅鏃・その他青銅製品・鉄製品」『愛知県史　資料編2考古2弥生』　愛知県　七八〇―七八五頁

設楽博己　一九九〇　「線刻人面土器とその周辺」『国立歴史民俗博物館研究報告』第25集　国立歴史民俗博物館　三一―六九頁

白石太一郎　一九九九　『古墳とヤマト政権―古代国家はいかに形成されたか―』　文藝春秋

鈴木敏則　一九九七　「東海地方の弥生銅鏃」『古文化論叢―伊達先生古稀記念論集―』　伊達先生古稀記念論集刊行会　一二一―一四一頁

田辺昭三　一九六八　『謎の女王　卑弥呼』　徳間書店

田中新史　一九八四　「出現期古墳の理解と展望―東国神門五号墳の調査と関連して―」『古代』　第77号　早稲田大学考古学会　一―五三頁

チャイルド,V.G（近藤義郎訳）　一九八一　『考古学の方法』　河出書房新社

寺澤薫　二〇〇〇　『王権誕生』日本の歴史第02巻　講談社

早野浩二　二〇〇〇　「S字甕の履歴（1）―伊勢湾沿岸地域における出現から定着まで―」『S字甕を考える』　東海考古学フォーラム三重大会事務局　二九―三八頁

松木武彦他　二〇〇二　「岡山例会第5回シンポジウム　三世紀のクニグニ」『考古学研究会例会シンポジウム記録3　三世紀のクニグニ・古代の生産と工房』　考古学研究会

村木誠　二〇〇四　「人を序列化するしくみ―パレススタイル土器群の検討―」『考古学研究』第51巻第2号　考古学研究会　五五―七五頁

村木誠　二〇〇八　「伊勢湾地方の地域的特質―弥生時代後期における東西日本間の関係を中心に―」『日本考古学』第26号　日本考古学協会　一―二二頁

Crumly, Carole, L. 1995 Heterarchy and the Analysis of Complex Societies. *Heterarchy and the Analysis of Complex Societies*. Archaeological Papers of the American Anthropological Association No.6 pp.1-5

Helms, Mary M. 1993 *Craft and Kingly Ideal : art,trade, and power*. The university of Texas press

白山藪古墳の研究——特異な埋葬施設と豊富な副葬品をもつ前期古墳——

深谷　淳

本稿の目的

尾張の前期古墳の分布をみると、北部の犬山扇状地（犬山市・小牧市など）と、東部の庄内川中流域（名古屋市守山区・北区・春日井市）に多くの古墳が確認できる。近年、後者の庄内川中流域に分布する前期古墳が、整備を目的として相次いで発掘調査され[1]、多くの新事実が明らかになった。それにより、庄内川中流域への古墳祭式波及の様相、庄内川中流域に前期に古墳を築いた各集団の性格などを議論することが可能になりつつある[2]。

その庄内川中流域の前期古墳のなかで、唯一埋葬施設内の発掘調査がおこなわれているのが、名古屋市北区味鋺《あじま》地区と春日井市味美《あじよし》地区に広がる味美古墳群の白山藪古墳（図1）である。白山藪古墳は一九五〇年に発掘調査され、他に例のない土師質の塼を用いた粘土槨から、三角縁神獣鏡を含む銅鏡三面、多量の武器などの副葬品が出土し、一九七七年に報告書が刊行された。残念ながら、一九五〇年代後半に古墳は滅失している。白山藪古墳は近畿地方の前期古墳などとの時期的関係を検討する材料に恵まれていることから、尾張の古墳を編年する上で、基準となりうる古墳と評価できるとともに、豊富な副葬品と特異な構造の埋葬施設をもつ古墳の性格が注目される。

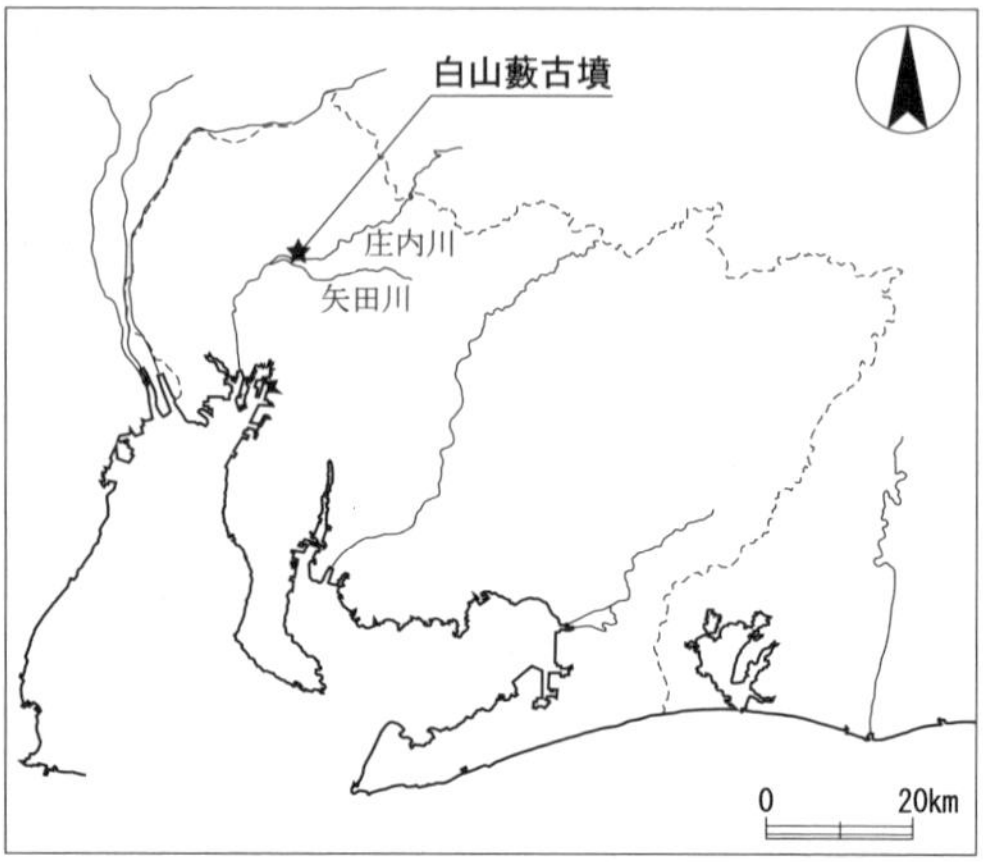

図1　白山藪古墳の位置

本稿は、尾張の前期古墳の特質を論じる上で重要な位置を占める白山藪古墳を採り上げ、その基本的情報について再検討をおこない、築造時期、被葬者とその帰属集団の特徴を明らかにすることを目的とする。

一　基本的情報の再検討

立地・周辺の古墳

味鋺・味美地区は、庄内川中流域の下位右岸、庄内川と八田川の合流地点の北に位置する。北側の低位段丘面が味美地区、南側の、低位段丘面縁辺部から沖積地（自然堤防・後背湿地）にかけてが味鋺地区である。

白山藪古墳は味鋺地区の自然堤防上に立地していた。一九三五年の耕地整理にともなう道路建設などにより古墳周辺の地形は大きく改変されたが、それ以前、古墳が位置した南北九〇メートル×東西五〇メートルの微高地上は藪（通称オハクサ藪）になっていた。

味鋺地区には、白山藪古墳のほか、墳長一〇〇メートルを超す前方後円墳であったとされる味鋺大塚古墳、尾張型埴輪をもつ五世紀末〜六世紀前半築造の岩屋堂古墳など、かつては俗に百塚と言われるほど多くの古墳が存在した(3)。しかし、現在はすべて消滅している。一方、味美地区には五世紀後葉から六世紀中葉にかけて造営された大型・中型前方後円墳の白山神社古墳、味美二子山古墳、味美春日山古墳などが残る(4)。味美古墳群は、味鋺地区で造営が開始され、その後五世紀後葉になって味美地区にも墓域が拡大していったと考えられる。

発掘調査とその後のあゆみ

一九五〇年　旧楠村村民が墳丘を削って土採りをしていたところ、埋葬施設の一部が露出し、それが契機となって、南山大学人類学研究所（調査主任　中山英司）により埋葬施設の発掘調査がおこなわれた。

一九五七年　中山英司が『名古屋市楠町誌』に発掘調査成果の概要を報告(5)（以下、中山報告）。

一九六五年　吉田章一郎が、雑誌『アカデミア』において、白山藪古墳の埋葬施設について検討(6)。

一九七七年　発掘調査から二七年を経て、南山大学人類学研究所が報告書(7)（以下、南山大報告）を刊行（執筆　伊藤秋男・高橋信明）。

二〇〇五年　赤塚次郎が、四獣形鏡・内向花文倭鏡の新規実測図を『愛知県史』(8)に掲載。

二〇〇七年　安藤義弘が、白山藪古墳の墳形、塼などについて検討(9)。塼の新規実測図を掲載。

二〇〇八年　瀬川貴文が、『新修名古屋市史』(10)において、それまで未図化であった埴輪・「須恵器」(11)の実測図を提示し、観察所見を記述。

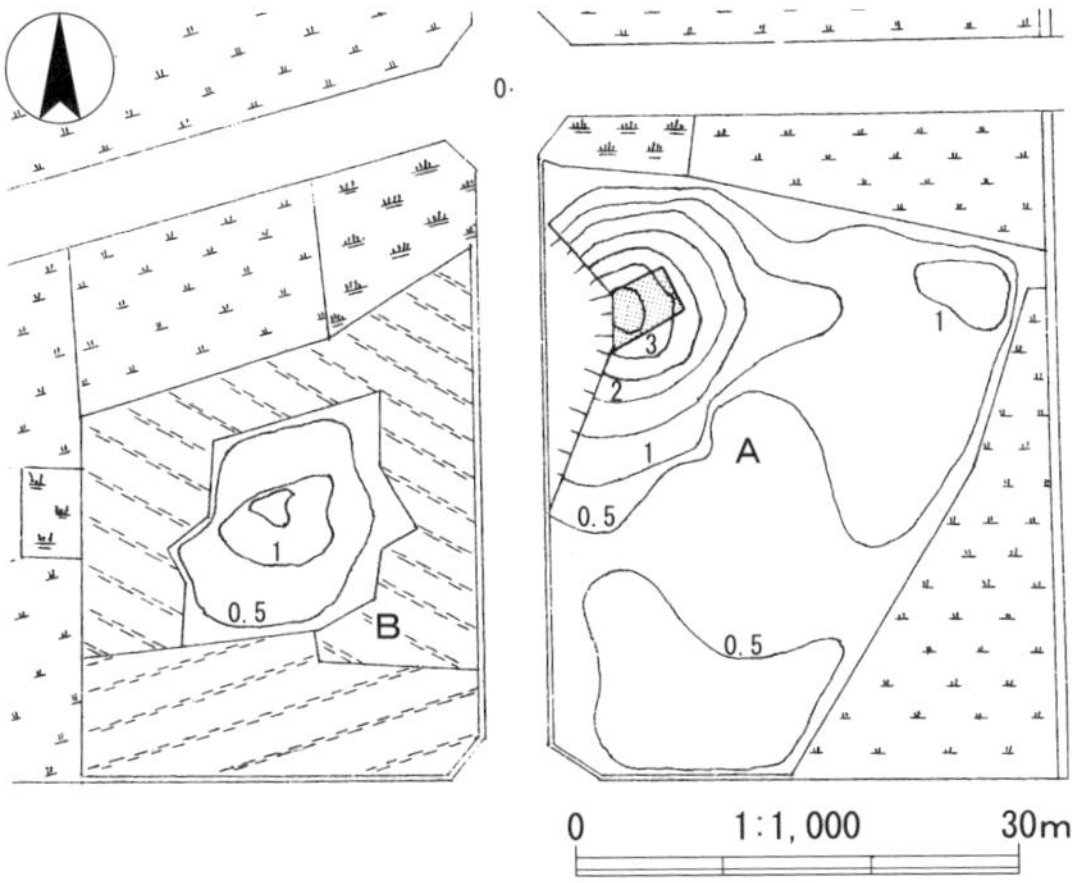

図２　地形測量図（安藤義弘「中山英司と愛知の遺跡　白山藪古墳」（『伊藤秋男先生古希記念考古学論文集』同刊行会　二〇〇七）より引用・一部改変）

墳丘

南山大報告では、発掘調査時に作成された地形測量図（図2）を提示し、墳形を円墳とする説と、前方後円墳とする説の両者があることを紹介している。前方後円墳説は、埋葬施設がみつかったAの部分を後円部、そこから西に三〇メートル離れたところにあるBの高まりを前方部の一部とみなすもので、円墳説は、Bを自然の隆起、もしくはAとBはそれぞれ独立した墳丘と考えるものである。現在は、前方後円墳とする見方のほうが有力になっている。

しかしながら、一九三五年の耕地整理の前に、当地を調査した小栗鉄次郎は「籔中に一圓墳あり」と記述していること[12]、安藤義弘が聞き取りをおこなった地元の古老は、一九三五年より前「藪の中には小高い山は一つしかなかった」と記憶していること[13]からすると、墳形は円墳であった可能性が高く、安藤が述べるように、Bの高まりは微高地が整地されずに残存した一部と判断する[14]のが妥当なように思われる。

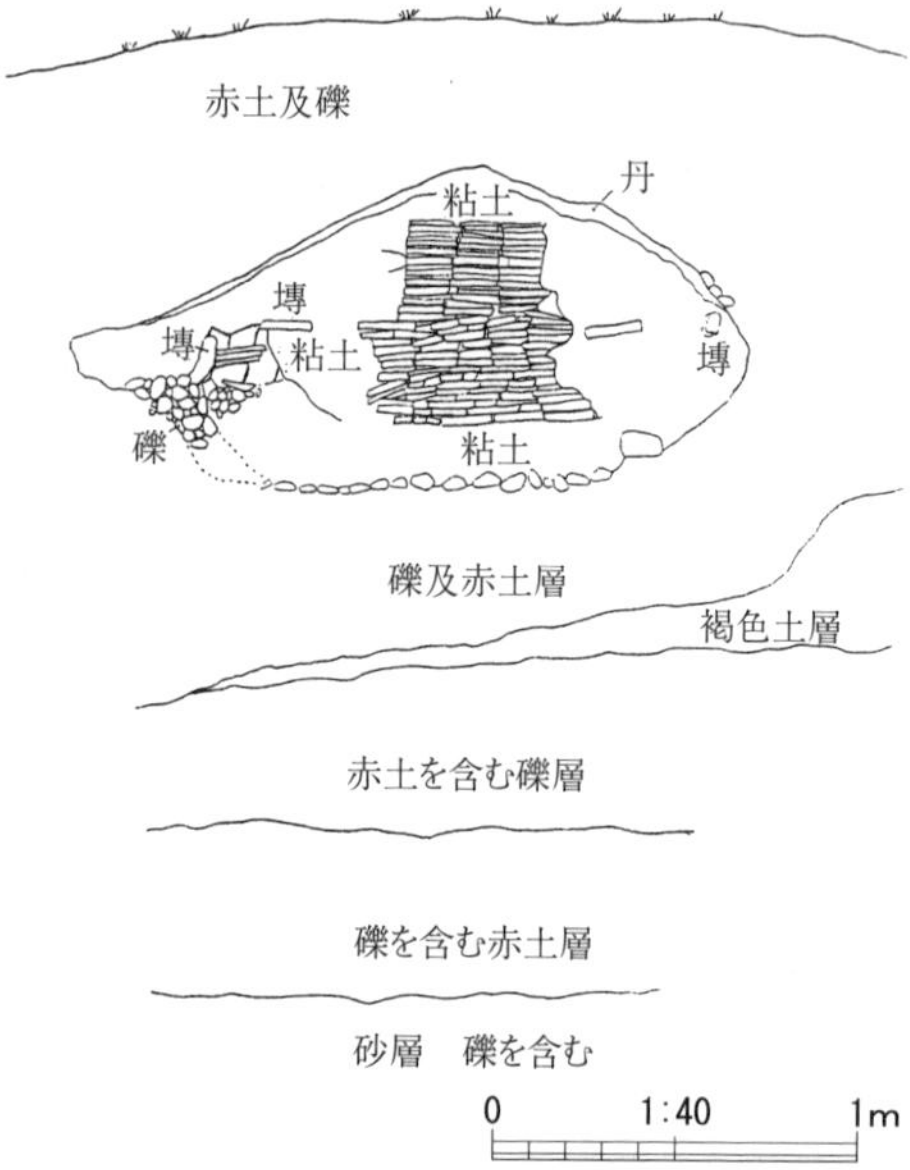

図3　墳丘土層断面図（中山英司「白山藪古墳の発掘」（『名古屋市楠町誌』　同刊行会　一九五七）より引用・一部改変）

図3は土採りがされた墳丘西側の土層断面図である。白山藪古墳の南東に広がる味鋺B遺跡の発掘[15]・試掘調査における土層の所見から、最下層の砂礫層が地山で、それより上は墳丘盛土と考えられる。図より墳丘盛土の高さ（墳丘高）は約二・六メートルで、図2の墳丘部分（A）の等高線から逆算すると、地形改変前の微高地上面のレベルは一メートル程度となる。したがって、一メートルの等高線が描く円の大きさ約一八メートルをおおよその墳径と考えることができる。

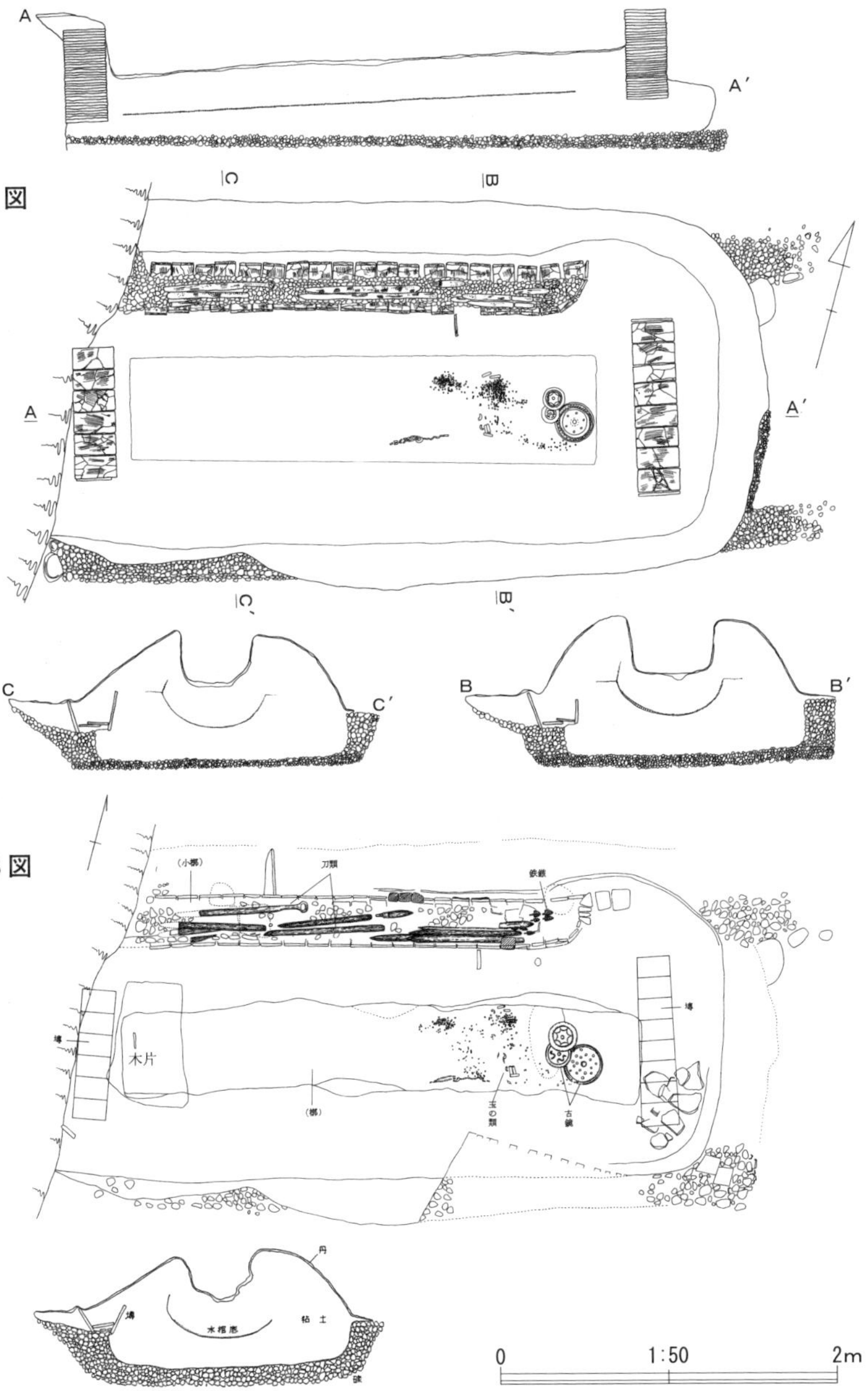

図４　粘土槨(伊藤秋男・高橋信明『白山藪古墳発掘調査報告』(南山大学人類学研究所　一九七七)・中山英司「白山藪古墳の発掘」(『名古屋市楠町誌』　同刊行会　一九五七)より引用・一部改変)

埋葬施設

既往の文献等で示されている粘土槨の実測図には、大きく二種類のものが存在する。一つは、発掘調査直後に南山大学人類学研究所が文化財保護委員会に提出した「埋蔵文化財調査発見の概要」、吉田章一郎論文、南山大報告に掲載されている図（図４上。図示したのは南山大報告のもので、以下、A図と呼ぶ。）[16]、もう一つが中山報告の図（図４下。以下、B図と呼ぶ。）である。A図とB図は、埋葬施設の構造に関わる重要な部分で表現が大きく異なるが、この点については後で検討することとし、まずは粘土槨の構造、副葬品配置の概要を述べておく。

ほぼ東西方向に主軸をとる粘土槨で、西端は墳丘の土採りにより壊されている。平面長方形の墓壙の底面には礫敷がほどこされ、墓壙の南北の斜面沿いにも礫が積み上げられる。南北の帯状に積み上げられた礫の間に、その上面の高さまで棺床粘土がほどこされる。木棺はマツ製の割竹形木棺で、棺身底のレベルは東側のほうが高いことから、被葬者の埋葬頭位は東側の可能性が高い。木棺の東西には、棺床粘土の上から土師質の塼による壁体（塼壁）が構築される。棺側粘土がほどこされるのと同時に、木棺の北側には、棺と平行する細長い副葬品埋納施設が設けられる。埋納施設は、墓壙北側斜面沿いに積み上げられた礫と棺床粘土の上に、塼を立て並べて囲むことで形づくられており、中に副葬品が配置されたのち、塼で蓋がされる。そして、木棺・塼壁・副葬品埋納施設を密封するように、分厚い被覆粘土がほどこされる。以上述べてきた白山藪古墳の粘土槨の各部分のうち、基底部構造はヌク谷北塚古墳[17]、木棺と副葬品埋納施設の位置関係、および埋納施設の平面形は、新沢五〇〇号墳[18]の粘土槨に類似する。

副葬品は、木棺内に銅鏡と玉類、副葬品埋納施設内に武器・工具が納められていた。棺内の銅鏡は、棺の東端近く、被葬者の推定頭部付近に三面がまとめて置かれており、すべて鏡背面を上に向けていた。岩本崇は三角縁神獣鏡出土古墳において、被葬者に接して鏡が配置されている場合、鏡背面を上にしている事例が多く、かつ列島の広範囲にみられることを指摘している[19]。三角縁神獣鏡の鏡面には織物が付着していたことから、銅鏡は布袋に入れられていた可能性がある。副葬品埋納施設の武器の配置状況は、切先を東に向けた矢が東側にまとめて置かれており、大刀・鉄剣は切先を西に、ヤリは切先を東に向けていた。

さて、粘土槨の構造に関して、A図とB図の違いから問題となるのは、木棺と塼壁の関係である。A図を掲載する吉田論文、南山大報告は、木棺と東西塼壁のあいだには隙間があると述べ、A図平面図の木棺と塼壁は少し離れている。南山大報告は塼壁の機能について、「塼壁をもって槨室の小口壁とし、その側壁の部分には木材を積み重ねるとともに、天井部にも同じ木材を横架することによって、一つの墓室を構成した」と推測している。一方で、B図を載せる中山報告は木棺と塼壁の関係には言及していないが、B図平面図の木棺と塼壁は、東側については接している。

両図の違いが何に起因するのかを明らかにするため、調査参加者の紅村弘の日誌、および中山報告をもとに、調査時の木棺痕跡の検出過程を整理する。

①　被覆粘土上面の中央で、木棺の腐朽にともなう東西に長い陥没を検出した。

②　陥没内の土を除去していくと、陥没部分の両端で塼壁の内面があらわれた。

③　落ち込んでいた被覆粘土を除去し、棺身内面に塗布されていた赤色顔料を検出した。その際、西側の塼壁から約八センチ離れたところで、木棺主軸に直交する細長い木片がみつかった。[20]

②の陥没部分の両端が塼壁内面と一致していたことは、A図縦断面図や調査写真からも明らかである。注目されるのは、③の調査日に、紅村が日誌に描いている木棺と塼壁の概略図で、木棺と塼壁のあいだには東側で二～三センチ、西側で九センチの隙間があると記されている。この間隔は、A図の縦断面図の、棺身内面に塗布されていた赤色顔料の両端と塼壁とのあいだの距離にほぼ一致しており、紅村の日誌の「粘土と粘土との間にうすい丹と黄色の層が有りそれをたどって行くと見事に木棺の舟形の湾曲が出るので有る。」との記述と合わせて考えると、紅村は、赤色顔料の塗布範囲と木棺規模が一致すると判断していた可能性が高い。なお西側塼壁との間隔から、木棺主軸に直交する木片の出土位置と、赤色顔料の塗布範囲の西端は同位置であることがわかる。以上から、A図平面図に表現されている木棺は、紅村の見解をもとにした木棺の推定復元図、B図平面図のそれは、実際の検出時の実測図で、木棺と塼壁の[21]

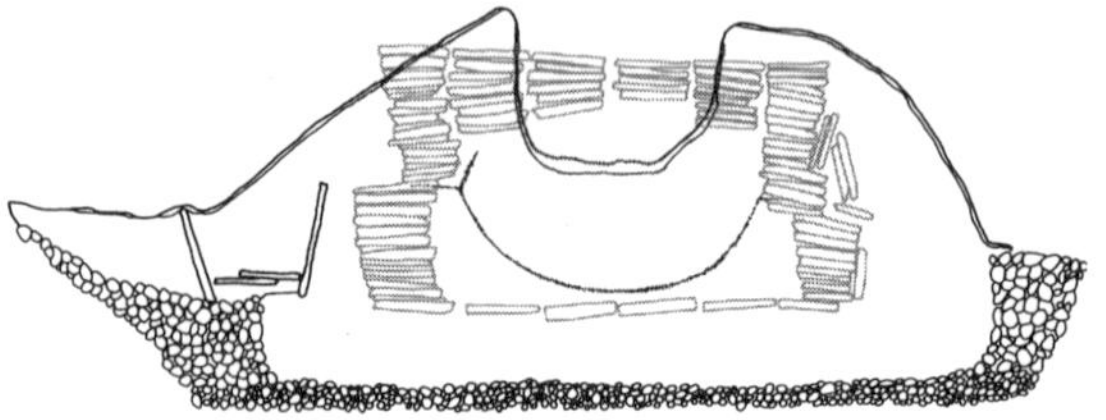

※薄い線が塼壁立面概略図で、中央部分の塼積みの表現は省略されている。

0　1:30　1m

図５　木棺と塼壁の関係（伊藤秋男・高橋信明『白山藪古墳発掘調査報告』（南山大学人類学研究所　一九七七）より作成）

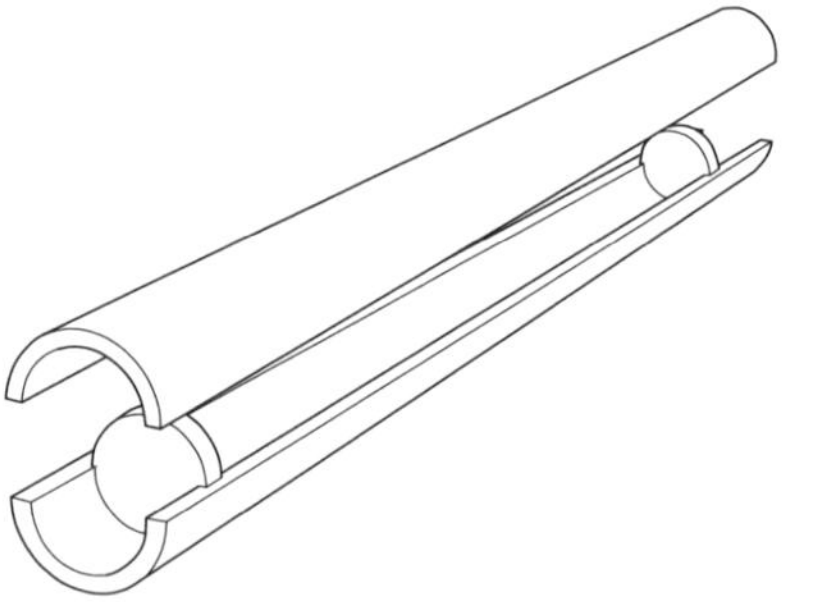

図６　割竹形木棺Ｂ類模式図（岡林孝作「木棺」（『日本考古学協会二〇一〇年度兵庫大会　研究発表資料集』　同実行委員会　二〇一〇）掲載の図を一部改変して再トレース）

関係についての吉田論文、南山大報告の記述は、紅村の所見を踏襲したものと考えられる。

それでは、木棺と塼壁の関係に対する紅村弘の理解は正しいのであろうか。筆者は木棺の両端と塼壁は接していたと考える。先述した、木棺の腐朽により生じた陥没の両端が塼壁の内面に一致することは、そう判断する根拠の一つであるが、加えて塼壁の構造がもう一つの根拠となる。遺存状態が良かった西側の塼壁をみると、立面形は凸字形を呈し、ほぼ半分の高さを境に上下で幅、塼の積み方が異なる[22]（図３）。西側の塼壁の立面概略図と、粘土槨の西側の横断面図を縦断面図を参考に重ねる（図５）と、塼壁の幅、塼の積み方が変化する高さと、木棺の棺身と棺蓋の境の高さがほぼ一致し、木棺の設置と塼壁の構築がきわめて密接な関係にあったことがわかる。

ここまでの検討から、白山藪古墳の割竹形木棺は、両端が貫通して開放された形状のもの（岡林孝作分類割竹形木棺Ｂ類〔貫通式〕[23]・図６）で、塼壁は木棺の端部を閉塞することを意図して構築されたものと推断する。割竹形木棺は長さ約三・〇五メートルを測り、西側の塼壁からわずかに離れた位置にあった木棺主軸に直交する細長い木片は、棺身・棺蓋とは別材の小口板の一部で、紅村が木棺の両端と判断した位置は、小口板がはめ込まれていた位置にあたると考える。小口板に挟まれた空間は長さ二・七五メートルで、その部分の棺身内面に赤色顔料が塗布されていた。塼壁は、棺身と棺蓋の設置に合わせて、二段階に分けて積み上げられたと推測する。

出土遺物

出土遺物を埋葬施設の副葬品と、その他の遺物に分けて、左記に一覧を示す。

〈副葬品〉

銅鏡　三角縁神獣鏡一・四獣形鏡一・内行花文倭鏡一

玉類　勾玉三・管玉三一・棗玉四・算盤玉一・丸玉五・ガラス小玉六〇〇以上

武器　素環頭大刀一・大刀三以上・鉄剣・ヤリ（鉄剣・ヤリ合わせて一六）・矛一・鉄鏃一〇

工具　鉄斧二・刀子四以上・鉇か一

〈その他の遺物〉

塼五五五・埴輪二・「須恵器」一

副葬品の大部分は京都国立博物館（以下、京博）に、副葬品の一部とその他の遺物は南山大学人類学博物館（以下、南山大）に所蔵されている。本稿作成にともない出土遺物の資料調査をおこなったところ、これまで鉄剣として一括されていたもののなかにヤリが含まれること、および刀子、鉇の茎部と思われる鉄器の存在を新たに確認した。(24)以下、各遺物（図7〜9）について説明を加えるが、今回の資料調査で新たな所見が得られたものを重点的に述べる。

三角縁神獣鏡　京都大学考古学研究室の三角縁神獣鏡目録(25)の一三一番に該当する波文帯三神三獣鏡で、いわゆる舶載鏡に属する。神獣鏡表現は岸本直文の分類(26)の表現⑩。

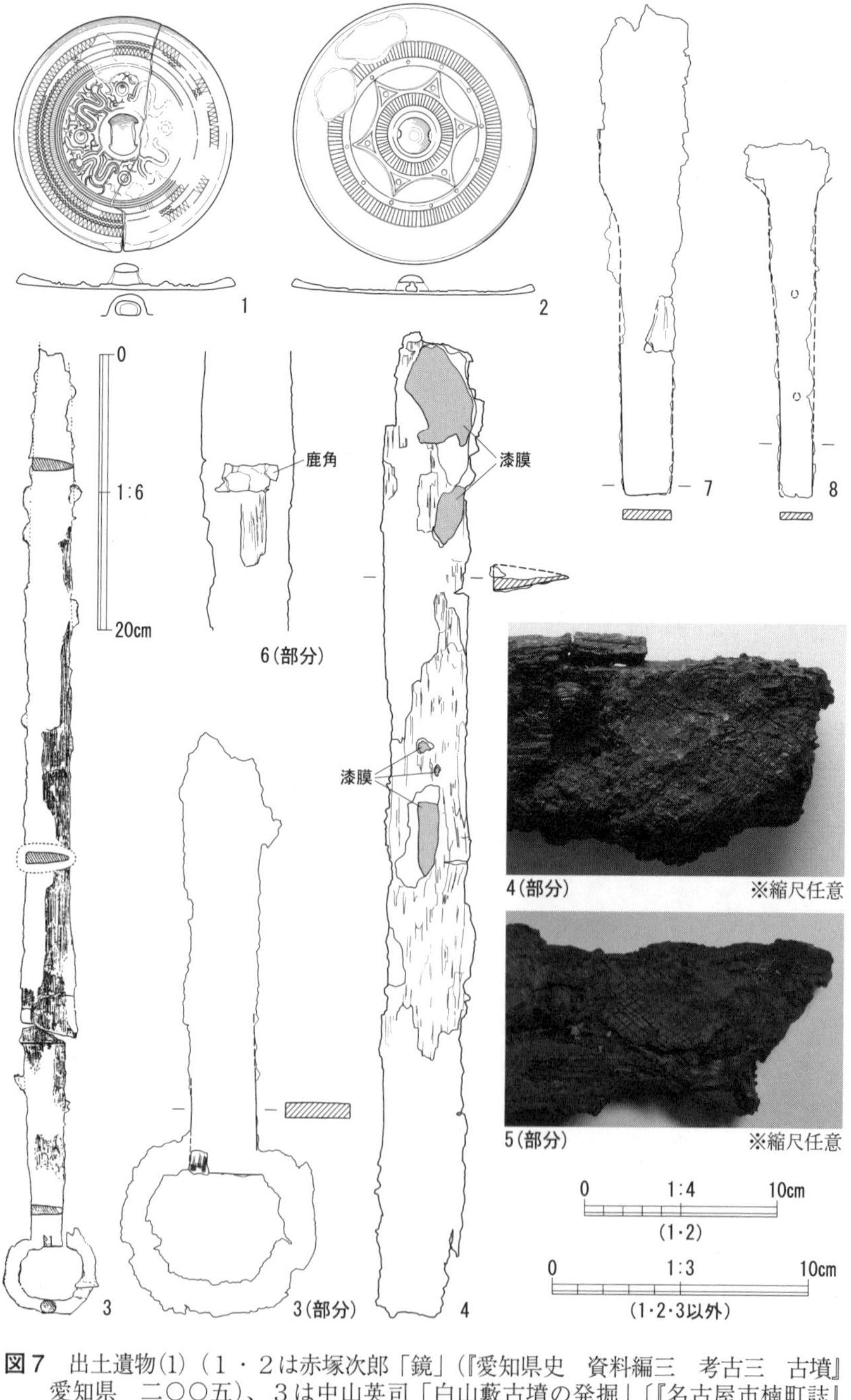

図７　出土遺物(1)（１・２は赤塚次郎「鏡」(『愛知県史　資料編三　考古三　古墳』愛知県　二〇〇五)、３は中山英司「白山藪古墳の発掘」〔『名古屋市楠町誌』同刊行会　一九五七〕より引用。そのほかは筆者作成・撮影。）

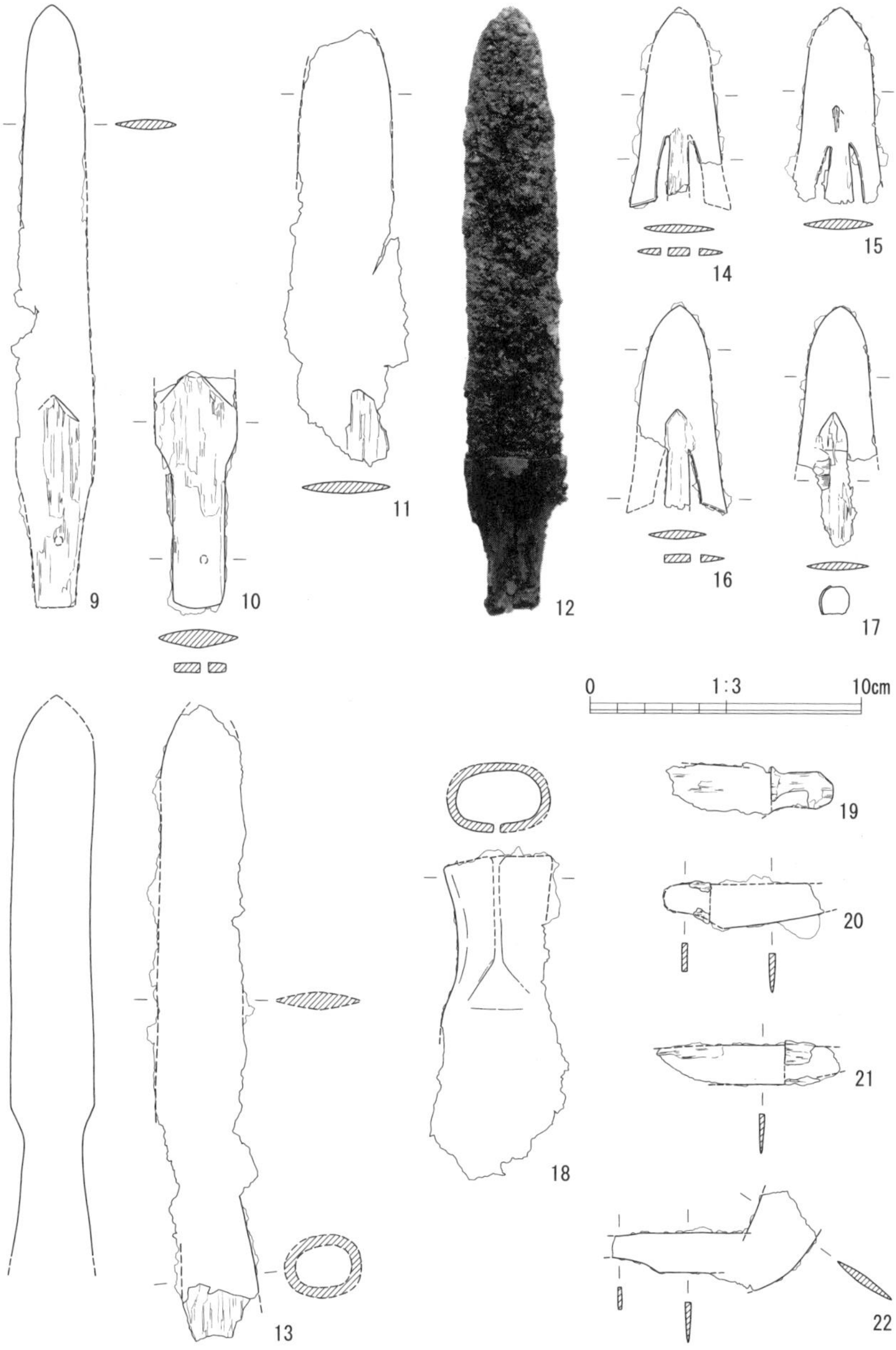

図 8　出土遺物(2)（12 は南山大学人類学博物館所蔵写真、そのほかは筆者作成）

四獣形鏡（１）　小型鏡[27]。蛇形の獣像を配し、外区文様は縁部から順番に鋸歯文＋複波文＋鋸歯文の構成をとる。獣形文鏡を四つの類型に分けた赤塚次郎は、本鏡を特殊な文様をもつⅣ類の小松原鏡系に位置づけている[28]。

内行花文倭鏡（２）　小型鏡。鈕区に四葉座はない。内区の花文の弧数は六で、弧間に山形文を配する。

玉　類　勾玉三の内訳は翡翠製か一、琥珀製二で、琥珀製の一つは丁子頭。管玉は緑色凝灰岩製を中心とし、棗玉四は瑪瑙製一と琥珀製三、算盤玉と丸玉はすべて琥珀製。ガラス小玉は引き伸ばし法による淡青色・小型のものが大多数を占め、次いで引き伸ばし法による紺色・大型のものがあり、そのほか巻き付け法による紺色のものが一点確認されている[29]。淡青色・小型のものはソーダ石灰ガラス製である。

素環頭大刀（３）　身部と、茎部～環頭部が分離した状態で出土した。身部は現在劣化が進み、元の形状をとどめていない。現状の茎部～環頭部の実測図と、中山報告に掲載されている実測図を示した。環頭部の造りは、茎部と環頭部が一体の共造りで、環体の端部は刃側にあると思われる。環頭部の平面形は楕円形。茎尻に布が付着している。

大　刀　４（京博所蔵）は、中山報告において「方頭大刀」の名で実測図が掲載されていたもの。身部は幅二・九センチを測り、鞘の木質が付着している。さらに木質の表面には斜格子文を形づくる糸巻きと、その上に塗られた漆の膜が部分的に認められ、それらは鞘の表面の装飾と考えられる。糸は約一・五ミリの間隔で巻かれており、一つの菱形の大きさは長軸二ミリ・短軸一ミリ程である。５（南山大所蔵）は、４と同様の斜格子文の糸巻き＋漆膜が表面に付着しており、同じ大刀の破片と考えられる。６（京博所蔵）はいわゆる鹿角装大刀で、関付近に鹿角製鞘口装具と柄木がわずかに残存する。茎部長約一七センチ・身部幅約三・二センチを測り、茎尻の形状は一文字尻。

鉄　剣　一九五〇年代に撮影された写真には、比較的遺存状態の良い鉄剣が複数確認できるが、現在それらはサビ割れ等により劣化が進み、本来の形状をとどめるものはほとんどない。関・茎部の形状がわかる二点（京博所蔵）を図示した。７は茎部長一一・五センチを測り、関・茎部の形状は池淵俊一の分類[30]の斜角関・直茎ｃに該当する。茎部の目釘孔が一個確認できる。８は、関・茎部の形状が斜角関・細長茎で、茎部に目釘孔が二個認められる。

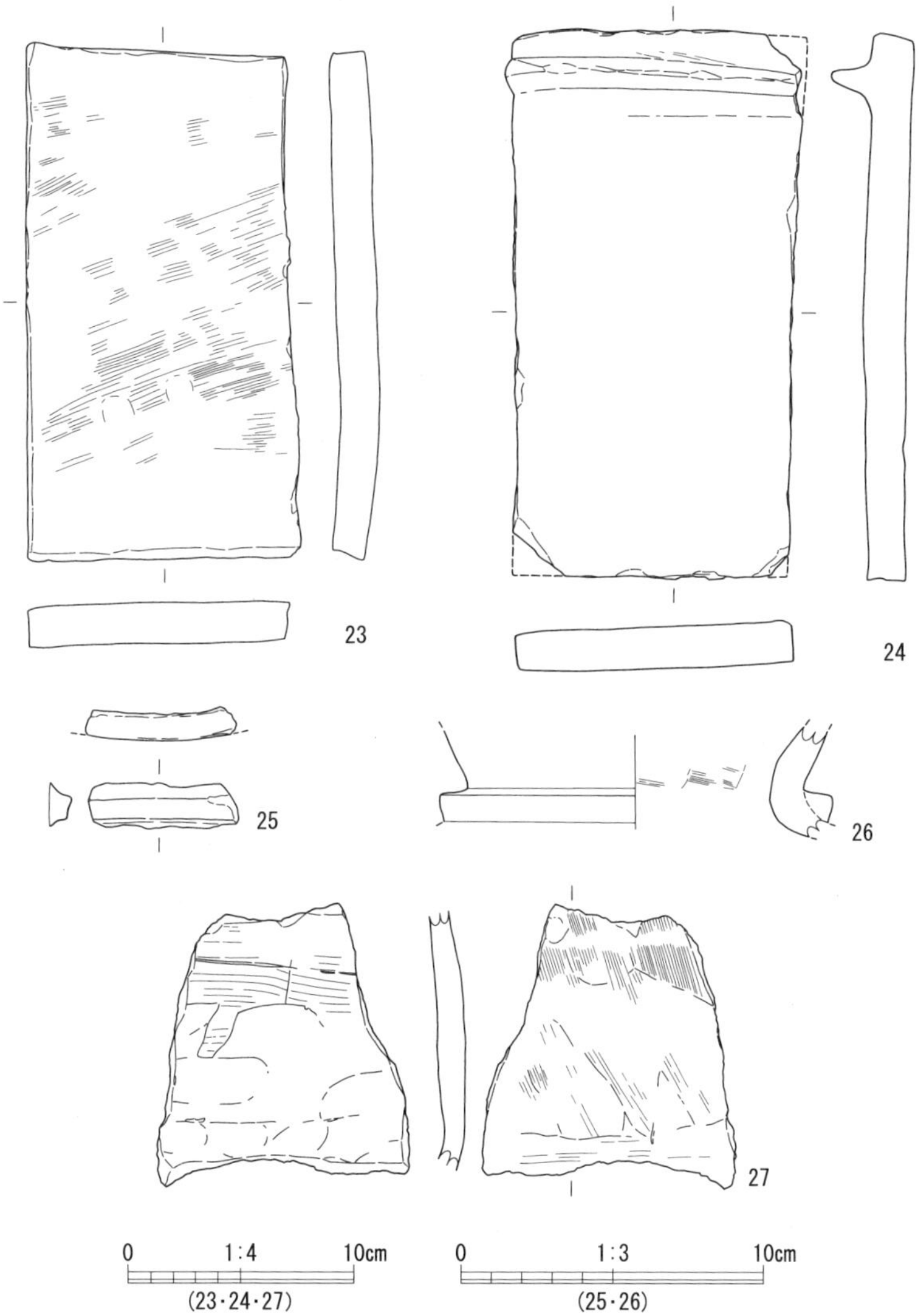

図９　出土遺物(3)（筆者作成）

ヤ　リ　９（京博所蔵）は全長二一・五センチ・身部長一七センチ・茎部長四・五センチを測る。関・茎部の形状は池淵俊一の分類[31]のナデ角関ｂ・直茎ｂに該当する。茎部には目釘孔が一個確認できる。柄縁の形状は山形を呈する。10（南山大所蔵）は茎部長五・九センチを測り、関・茎部の形状は斜角関・直茎ｂ。茎部には目釘孔が一個認められ、茎尻は丸みを帯びる。柄縁形状は山形。11（京博所蔵）は、一九五〇年代撮影の写真にみえる状態に比べ、サビ割れが進み、遺存状態が悪くなっている。９・10に比べ、身部は幅広である。写真からは関の形状は斜角関と思われる。一九五〇年代に撮影された写真にある12は、現存する資料のなかにそれと同じものを識別することができないため、写真をもとに所見を述べる。全長は約二一・五センチで、身部はやや幅広。関・茎部の形状はナデ角関ａ・直茎ｂか。柄縁の形状は一直線を呈する。

矛（13）　現在の状態の実測図を右に、一九五〇年代に撮影された写真から作成した外形図を左に示した。写真撮影後から現在までの間に、身部と袋部の境が折れ接合されてはいるが、身部の中軸線に対し袋部はずれて傾いてしまっている。身部長は推定一四・七センチ、身部幅は三・一センチを測る。身部は剣身に類似した形状で、断面は菱形を呈する。身部と袋部の境には明瞭な関を有する。袋部の断面は楕円形と推定され、内面には木質が付着している。

鉄　鏃（14～17）　同形・同大の平根系の短茎鏃のみで構成される。鏃身長は七・一～七・四センチ。鏃身部の平面形は長三角形で、切り込みの深い腸抉をもつ。腸抉は端部に向かってわずかに外反し、端部は刀の切先のような形状を呈する。川畑純の分類の短茎長三角Ａに該当する[32]。根挟みは先端が尖り、形状は川畑の分類の圭頭式に該当すると思われる[33]。根挟みの基部には樹皮が巻きつけられている。

白山藪古墳の鉄鏃と形状・大きさがほぼ共通するものとして、紫金山古墳[34]、和泉黄金塚古墳[35]の鉄鏃があるが、特に紫金山古墳のⅧ群―一の鉄鏃は類似する。

鉄　斧　有袋鉄斧で、肩のないものと弱い肩をもつものがある。弱い肩をもつもの（18）は、袋部の合わせ目の刃側への開きが八の字形で、袋部の断面形は楕円形を呈する。

刀　子（19〜22）　関は刃関式で、20と22の関の形状はナデ角。19・20の茎尻の形状は栗尻。茎部長が計測できるものが二点あり、19は二・三センチ、20は一・七センチである。身部幅は一・二〜一・六センチ、茎部幅は〇・八〜一・三センチを測る。渡邊可奈子は20のような茎部長が二センチ未満のものについて、ミニチュア品の可能性を指摘している。(37)

塼　平面長方形で薄い板状のもの（23）と、それに一本の突帯が短辺に平行して貼り付けられているもの（24）とがある。安藤義弘の整理によれば、前者と後者の数量の比率は約六：一で、使用場所別では、木棺両端の塼壁が約九：二、副葬品埋納施設が約七：三で異なる。(38)平均的な大きさは、長辺約二三センチ・短辺約一二センチ・厚さ約一・八センチである。一枚の塼は、大きな粘土板をヘラ状工具で切り離して形づくられているが、23は実測図の裏面側から工具で切り込みをいれ、引き離している痕跡が側面に観察できる。上（下）面の調整はハケメ調整とナデ調整が大半を占める。色調は淡橙色、淡黄色を呈し、胎土は砂粒をあまり含まない精良かつ均質な土である。焼成は黒斑が認められることから、野焼き焼成で、焼き上がりは土師質ではあるが、やや硬質である。

埴　輪　25は墳頂部出土の突帯の破片。突帯側辺で復元した径は約二三センチと小さく、突帯が細いことと合わせて考えると、通常の円筒埴輪ではなく、形象埴輪の突帯の可能性もある。26は朝顔形埴輪の頸部〜肩部突帯の破片で、墳丘東部トレンチ出土。頸部基部径は一一センチ。頸部内面にハケメが認められる。

「須恵器」（27）　粘土槨墓壙底にほどこされた礫敷の南東部分より出土したとされる。(39)大きさは縦一一・五センチ×横一一センチで、器厚は〇・九〜一・二センチ。外面は、上位〜中位はやや斜め方向の板ナデ、下位は横方向の板ナデがほどこされている。横方向の板ナデを斜め方向の板ナデが切っているように見える。内面は、中位〜下位は指頭圧痕、横方向のナデが、上位は指押さえ・ナデのあとにほどこされた横方向の板ナデが認められる。外面の板ナデとは使われている板状工具が異なる。内面下位には粘土紐接合痕が確認できる。色調は灰褐色で、焼成は良好で硬質、胎土はやや粗く、白色砂粒が混じる。

二　築造時期

出土遺物の年代観、白山藪古墳と埋葬施設の構造が共通する部分がある古墳の時期をもとに、白山藪古墳の築造時期を推定する。

具体的な検討にはいる前に、古墳時代前期の時期区分を整理しておく。古墳時代の開始は三世紀後半の、箸墓古墳を代表とする定型化した巨大・大型前方後円墳の出現を指標とし、前期と中期は四世紀後葉の帯金式甲冑の出現をもって区分する(40)。中期初頭の代表的な古墳には、津堂城山古墳・和泉黄金塚古墳・石山古墳などがある。前期は、三角縁神獣鏡、埴輪の編年から、四つの時期に分けられる(41)。まず、仿製三角縁神獣鏡の出現を境として、大きく前後に分け、さらに前半部分は舶載三角縁神獣鏡の波文帯鏡群の出現(42)、後半部分は川西宏幸による円筒埴輪編年(43)のⅡ群の埴輪、高橋克壽のいう斉一的な鰭付円筒埴輪(44)の出現を指標に前後に分ける。本稿では、以上のように区分した四時期を、古いほうから順に前一～四期と呼ぶ。

はじめに出土遺物の年代観から整理していくが、白山藪古墳の既往の報告・論文などにおいて築造時期を推定する主たる根拠にされることが多かった「須恵器」は、本稿では築造時期を検討する材料として扱わない。なぜならば、①管見では、同じ特徴（調整手法など）をもつものが須恵器、陶質土器ともに認められず、それ単独で具体的な時期を比定することが困難である、②出土状況について詳細な記録がなく、古墳築造時のものではない可能性を完全に否定できないためである。

三角縁神獣鏡　前二期の指標とした波文帯鏡群に属する。したがって、同期以降に古墳に副葬されたことになる。

四獣形鏡　本鏡は、下垣仁志の系列区分の半肉彫系列群に含まれるが、下垣は同系列群において本鏡のような外区文様が鋸歯文＋複波文＋鋸歯文のものは、Ⅳ段階（本稿の前四期）に多くなると指摘している(45)。

内行花文倭鏡　下垣仁志は、本鏡のように四葉座をもたないものをB式と呼び、Ⅲ段階（本稿の前三期）以降に位置づける。また、弧間の山形文を検討した赤塚次郎は、本鏡の山形文を最も時期が下るタイプとし、前期末に置く。(46)

鹿角装大刀　鹿角装大刀は中期に普及する。現段階では、前四期の園部垣内古墳の「有樋鉄刀」(47)が最も時期がさかのぼる事例と考えられる。

鉄　剣　図示した二点は、池淵俊一の編年の直茎ｃグループと、細長茎グループに属する。池淵は、直茎ｃグループは前期後半（本稿の前三期）に事例が増え、中期中葉まで存続するとし、細長茎グループは前期をとおして存続し、前期末に消滅すると述べる。(48)

ヤ　リ　柄縁の形状が山形のものと直線状のものの両者が認められる。同一古墳におけるヤリの組み合わせを検討した豊島直博の編年を参照する(49)と、山形柄縁と直線状柄縁の組み合わせは、前期末を下限とする。

矛　身部の形状が剣身に類似し、明瞭な関を有するのが特徴で、袋端部の形状は不明だが、高田貫太の編年(50)のⅠ期前半（前期）に該当すると思われる。前期において、矛を副葬する古墳は前四期から増加する。

鉄　鏃　川畑分類短茎長三角Aの鉄鏃は、前期から中期初頭にかけてみられる。なお、白山藪古墳のものと最も形状が近い短茎長三角Aの鉄鏃が出土している紫金山古墳は前三期に位置づけられる。

埴　輪　尾張において埴輪が出現するのは前四期からで、中社古墳・南社古墳の埴輪が最も時期がさかのぼる。(51)白山藪古墳の埴輪は、同じ庄内川中流域に位置する中社・南社古墳の埴輪に比べ、突帯の突出度合いが低く、前四期後半以降のものとみるのが適当と思われる。

埋葬施設の構造　白山藪古墳と同じく副葬品埋納施設をもつ粘土槨で、木棺と埋納施設の位置関係や埋納施設の平面形が似る新沢五〇〇号墳は前四期前半、基底部構造が共通するヌク谷北塚古墳は前四期後半に位置づけられる。

以上の検討を総合すると、白山藪古墳の築造時期は、中期初頭に下る可能性を含みつつも、前四期後半＝前期末に置くのが妥当と考える。よって、前二期を製作時期とする三角縁神獣鏡は長期保有・伝世(52)されたものとみられる。

三　被葬者とその帰属集団の特徴

まず被葬者の階層的位置について、推定径約一八メートルの小型の円墳にもかかわらず、舶載三角縁神獣鏡一面、倭製小型鏡二面の計三面の銅鏡を有することが注目される。味鋺地区にあった多数の古墳は早くに消滅したため、白山藪古墳と同時期の古墳は知られていないが、味鋺地区の寺社には白山藪古墳と同時期あるいは近い時期の複数の銅鏡、琴柱形石製品が所蔵されており[53]、それらは同地区の滅失古墳から出土したものと推定されている[54]。こうした遺物の存在や、墳丘規模が小さいことを考慮すれば、白山藪古墳の被葬者を、三角縁神獣鏡の副葬をもって、味鋺地区とその周辺を本拠とした集団（以下、味鋺集団と呼ぶ[55]。）の首長とみるのは早計であり、首長もしくはそれに次ぐ有力者と幅をもたせて考えておくのが穏当であろう。

続いて被葬者の性格に関して、前期では有力古墳からの出土が目立つ素環頭大刀・矛を含む多量の武器が棺外の副葬品埋納施設に配列されている一方で、同時期の多くの古墳に認められ、被葬者の司祭者的性格を象徴するものと評価される腕輪形石製品をもたないことは[56]、白山藪古墳の被葬者が軍事的役割を担う人物であったことを示唆する。大量の武器を、被葬者をおさめた棺・槨から独立した副葬品埋納施設に配置する副葬形態は、前三期築造の大和盆地東南部の大首長墓メスリ山古墳を嚆矢とし[57]、前四期前半には盆地南部の新沢五〇〇号墳でも採用される。白山藪古墳に、大和盆地東南部を起源とする武器の副葬形態が導入されている背景には、大和盆地東南部勢力の首長層と味鋺集団の上位層が軍事的側面で深く結びついていたことが想像され[58]、そうした関係は、白山藪古墳に副葬されていた前二期の舶載三角縁神獣鏡から、前期中葉には成立していた可能性がある。

最後に、土師質の塼が粘土槨の構築部材として製作・使用されていることが、被葬者の性格とどう関わるのかという問題に言及する必要がある。白山藪古墳の塼は、発掘調査時から朝鮮半島・中国大陸の墓塼とのつながりが指摘されていたが、[59]一九六五年に吉田章一郎は半島・大陸からの影響のもと、列島内でつくられたものと明快に述べ、[60]白山藪古墳の被葬者がそれらの地域と密接な関係をもつ人物であったのではないかとの踏み込んだ見解を提示した。

白山藪古墳の塼と、近年考古学的な検討が進んだ楽浪・帯方郡域の塼室墓の塼（以下、楽浪・帯方墓塼）を比較すると、製作方法については、白山藪古墳のものは成形技法が粘土板切り離し、上（下）面の調整がハケメ・ナデ調整、焼成が野焼きであるのに対し、楽浪・帯方墓塼は型成形、タタキ調整、窯焼成と異なる。[61]一方、平面形は、楽浪・帯方墓塼が長辺三〇センチ前後・短辺一四センチ前後であるのに対し、白山藪古墳は長辺約二三センチ・短辺約一二センチとやや小型であるが、長辺と短辺の比率は近い値を示し、[62]白山藪古墳の塼が、朝鮮半島や中国大陸のそれと無関係に製作されたものとは考えにくい。列島内に類例がないことと合わせて考えれば、半島・大陸の墓塼を直接模倣して、在地の製作技法によりつくられたものと判断するのが妥当である。

白山藪古墳の塼は、貫通式の割竹形木棺の開放された端部を塞ぐ壁体、および副葬品埋納施設を形づくるために使用されている。貫通式の割竹形木棺の端部は、一般的には木板や粘土で閉塞され、[63]副葬品埋納施設は新沢五〇〇号墳では細長い木板あるいは木箱が用いられたと推測されている。したがって、朝鮮半島・中国大陸に起源をもつ塼が、白山藪古墳の粘土槨に使用されていることには特別な意味があったと思われ、被葬者あるいは味鋺集団の独自性を具現するものであった可能性が高い。

以上述べてきたことと、文献史学を中心に明らかにされてきた四世紀代の倭王権の対外活動の情勢から[64]大胆に想像すると、白山藪古墳の被葬者は、大和盆地東南部勢力ら倭王権の朝鮮半島における軍事的活動などに参加した、畿内周辺勢力の有力者の一人であったのではないだろうか。彼は傘下の兵士たちを率いて半島に渡海し、功績を挙げ、そうした生前の活動を顕彰するものとして、味鋺集団は朝鮮半島に由来する塼を製作し、埋葬施設に使用したと考える。朝鮮半島の墓塼の模倣には、それをよく知る人物、すなわち渡来人の関与があったと思われ、おそらく白山藪古墳の被葬者が朝鮮半島の人を連れ帰っていたのであろう。

註

（1）名古屋市守山区の白鳥塚古墳、尾張戸神社古墳、中社古墳、南社古墳、春日井市の高御堂古墳、天王山古墳。
（2）この問題については、機会を改めて検討したい。
（3）瀬川貴文「岩屋堂古墳・味鋺大塚古墳」（『新修名古屋市史　資料編　考古一』名古屋市　二〇〇八）
（4）浅田博造『味美二子山古墳』（春日井市教育委員会　二〇〇四）
（5）中山英司「白山藪古墳の発掘」（『名古屋市楠町誌』同刊行会　一九五七）
（6）吉田章一郎「白山薮古墳について―故中山英司教授の業蹟―」（『アカデミア』四五・四六合併号　南山大学　一九六五）
（7）伊藤秋男・高橋信明『白山藪古墳発掘調査報告』（南山大学人類学研究所　一九七七）
（8）赤塚次郎「鏡」（『愛知県史　資料編三　考古三　古墳』愛知県　二〇〇五）
（9）安藤義弘「中山英司と愛知の遺跡　白山藪古墳」（『伊藤秋男先生古希記念考古学論文集』同刊行会　二〇〇七）
（10）瀬川貴文「白山藪古墳」（『新修名古屋市　史資料編　考古一』名古屋市　二〇〇八）
（11）これまでの白山藪古墳の文献では須恵器とされているが、古墳築造時のものとすれば、後述する古墳の時期から陶質土器の可能性も考えられるため、便宜的に括弧付けで表記する。
（12）小栗鉄次郎「楠村大字味鋺付近の古墳及遺物」（『愛知縣史蹟名勝天然紀念物調査報告』第十三　愛知縣　一九三五）
（13）安藤義弘「中山英司と愛知の遺跡　白山藪古墳」（『伊藤秋男先生古希記念考古学論文集』同刊行会　二〇〇七）
（14）同右
（15）倉橋敦子・中島理恵『味鋺B遺跡調査報告書』（味鋺B遺跡調査会　一九九五）
（16）三つの文献の図は、細部で異なる部分があるが、基本的には同じ図とみなせる。
（17）北野耕平「国分ヌク谷北塚古墳」（『河内における古墳の調査』大阪大学文学部国史研究室　一九六四）
（18）伊達宗泰編『新沢千塚古墳群』（奈良県教育委員会　一九八一）

(19) 岩本崇「副葬配置からみた三角縁神獣鏡と前期古墳」(『古代』第一一六号　早稲田大学考古学会　二〇〇四)
(20) 紅村の日誌には「棒状で鉄サビ色のもの」と記されているが、南山大学人類学博物館に所蔵されている実物をみたところ、木片であることがわかった。
(21) B図平面図において、陥没範囲の西端と西側塼壁は接していないが、塼壁から約八センチ離れて出土した木片が描かれている位置から、B図平面図の西側塼壁の位置は間違っており、陥没範囲の西端に接する位置が正しい。
(22) 上部は上下に真っ直ぐ目地がとおるように、下部の大部分は目地が「工」の字形になるように積まれている。
(23) 岡林孝作「木棺」(『日本考古学協会二〇一〇年度兵庫大会　研究発表資料集』　同実行委員会　二〇一〇)
(24) 副葬品について、今回新たに確認したものを含めて、所蔵先を示すと、銅鏡、玉類の大部分、武器の大部分、鉄斧は京都国立博物館、丁字頭の琥珀製勾玉一、琥珀製の棗玉三、ガラス小玉三四一、大刀・鉄剣・ヤリの一部、刀子、鉇と思われる鉄器は南山大学人類学博物館所蔵。
(25) 京都大学考古学研究室編『椿井大塚山古墳と三角縁神獣鏡』(京都大学文学部　一九八九)
(26) 岸本直文「三角縁神獣鏡製作の工人群」(『史林』第七二巻第五号　史学研究会　一九八九)
(27) 倭鏡の面径区分は、下垣仁志「古墳時代前期倭製鏡の流通」(『古文化談叢』第五〇集　九州古文化研究会二〇〇三)に拠る。
(28) 赤塚次郎「獣形文鏡の研究」(『考古学フォーラム』一〇　考古学フォーラム　一九九八)
(29) 大賀克彦「白水瓢塚古墳出土の玉類」(『白水瓢塚古墳発掘調査報告書』　神戸市教育委員会　二〇〇八)
(30) 池淵俊一「鉄製武器に関する一考察」(『古代文化研究』第一号　島根県古代文化センター　一九九三)
(31) 同右
(32) 川畑純「前・中期古墳副葬鏃の変遷とその意義」(『史林』第九二巻第二号　史学研究会　二〇〇九)
(33) 川畑純「古墳副葬矢鏃の生産・流通・保有・副葬」(『古代学研究』一八五　古代学研究会　二〇一〇)
(34) 阪口英毅編『紫金山古墳の研究—古墳時代前期における対外交渉の考古学的研究—』(京都大学大学院文学研究科

二〇〇五）
(35) 末永雅雄・島田暁・森浩一『和泉黄金塚古墳』（綜藝社　一九五四）
(36) 刃関式の用語は渡邊可奈子「畿内における古墳時代の刀子―大和地方を中心に―」（『古代学研究』一八五　古代学研究会　二〇一〇）に拠る。
(37) 渡邊可奈子「畿内における古墳時代の刀子―大和地方を中心に―」（『古代学研究』一八五　古代学研究会　二〇一〇）
(38) 安藤義弘「中山英司と愛知の遺跡　白山藪古墳」（『伊藤秋男先生古希記念考古学論文集』同刊行会　二〇〇七）
(39) 同右
(40) 橋本達也「古墳時代中期甲冑の出現と中期開始論―松林山古墳と津堂城山古墳から―」（『待兼山考古学論集―都出比呂志先生退任記念―』大阪大学考古学友の会　二〇〇五）
(41) 福永伸哉『三角縁神獣鏡の研究』（大阪大学出版会　二〇〇五）、森下章司「前期古墳副葬品の組合せ」（『考古学雑誌』第八九巻第一号　日本考古学会　二〇〇五）、森下章司「副葬品の組合わせと埴輪」（『前期古墳の変化と画期』考古学研究会関西例会　二〇〇九）などに拠る。
(42) 小林行雄「三角縁波文帯神獣鏡の研究」（『辰馬考古資料館考古学研究紀要』一　辰馬考古資料館　一九七九）
(43) 川西宏幸「円筒埴輪総論」（『考古学雑誌』第六四巻第二号　日本考古学会　一九七八）
(44) 高橋克壽「埴輪生産の展開」（『考古学研究』第四一巻第二号　考古学研究会　一九九四）
(45) 下垣仁志「古墳時代前期倭製鏡の編年」（『古文化談叢』第四九集　九州古文化研究会　二〇〇三）
(46) 赤塚次郎「東海の内行花文倭鏡」（『考古学フォーラム』九　考古学フォーラム　一九九八）
(47) 塚本敏夫「園部垣内古墳出土有樋鉄刀の発見」（『園部城第３次発掘調査報告書』南丹市教育委員会　二〇〇六）
(48) 池淵俊一「鉄製武器に関する一考察」（『古代文化研究』第一号　島根県古代文化センター　一九九三）
(49) 豊島直博『鉄製武器の流通と初期国家形成』（塙書房　二〇一〇）

(50)　高田貫太「古墳副葬鉄鉾の性格」（『考古学研究』第四五巻第一号　考古学研究会　一九九八）
(51)　酒井将史「伊勢湾沿岸における古墳時代前期の円筒埴輪」（『埋蔵文化財調査報告書六二　志段味古墳群』　名古屋市教育委員会　二〇一一）
(52)　森下章司「鏡の伝世」（『史林』第八一巻第四号　史学研究会　一九九八）
(53)　赤塚次郎「味鋺の鏡」（『愛知県史だより』第一五号　愛知県総務部総務課県史編さん室　二〇〇三）
(54)　安藤義弘「消えた古墳群―名古屋市北区・味鋺古墳群―」（『教育愛知』第四一巻第一一号　愛知県教育委員会　一九九四）
(55)　味鋺地区の遺跡で住居跡が確認されているのは、現在のところ味鋺B遺跡のみで、時期は弥生時代後期を上限とする。倉橋敦子・中島理恵『味鋺B遺跡調査報告書』（味鋺B遺跡調査会　一九九五）
(56)　松尾昌彦「古墳時代前期首長の性格」（『古墳時代東国政治史論』　雄山閣　二〇〇二）
(57)　伊達宗泰編『メスリ山古墳』（奈良県教育委員会　一九七七）
(58)　池淵俊一「鉄製武器に関する一考察」（『古代文化研究』第一号　島根県古代文化センター　一九九三）
(59)　伊奈森太郎「白山藪古墳発掘の思い出」（『人類学研究』第一巻第二号　南山大学人類学研究所　一九五三）など
(60)　吉田章一郎「白山藪古墳について―故中山英司教授の業蹟―」（『アカデミア』四五・四六合併号　南山大学　一九六五）
(61)　李銀眞「楽浪・帯方塼の製作技法―高浜市やきものの里かわら美術館所蔵資料の紹介―」（『東アジア瓦研究』第一号　東アジア瓦研究会　二〇〇九）
(62)　李銀眞・高正龍・朴辰一「楽浪・帯方塼の集成と法量的検討」（『朝鮮古代研究』第八号　朝鮮古代研究刊行会　二〇〇七）で示されているデータを参考にした。
(63)　岡林孝作「割竹形木棺の小口部構造をめぐる問題点」（『王権と武器と信仰』　同成社　二〇〇八）
(64)　熊谷公男『大王から天皇へ』日本の歴史第〇三巻（講談社　二〇〇一）など。

尾張における埴輪導入期の様相
――高塚古墳への埴輪導入と地域社会の動態――

伊藤明良

はじめに

尾張地域でのいわゆる円筒埴輪を主体とする埴輪群の出現は古墳時代前期後半に遡ることが認められているが、その導入の様相は非常に領域や時期が限定される散発的で非継続的なものであり、当地域への本格的な埴輪の定着をみるのは古墳時代中期後半以降となる。この尾張地域での埴輪の採用が未だ広域化、定着化しない古墳時代前期後半から中期前半の埴輪採用墳の様相を概観しつつ、古墳時代中期前半の典型ともいうべき豊富な形象埴輪群を採用した愛知県北名古屋市に所在する高塚古墳の埴輪導入事例の検証と位置づけを行う。そして、高塚古墳の事例を通して、埴輪の受容という事象に表出する当期在地社会の動向について検討し、もって埴輪受容という現象を基点として倭（畿内中枢と周辺支持有力者層）と一地域社会の関係性の具体像を描出することを試みたい。本稿では、こうした問題を考える視点として「古墳のモニュメント性」と社会的・政治的関係における「模倣」と「競合」というキーワードを用意する。

一　尾張地域への埴輪導入に関する初期事例

尾張地域での埴輪導入の諸相

尾張地域における円筒埴輪を主体とする埴輪群の初現は、古墳時代前期後半に遡るが、それ以前の尾張地域には、「壺をもって墓を囲む」[1]という弥生時代以来の東海地域に広く共有されていた墓制の系譜を引く壺形埴輪を墳丘上に立て並べる伝統が保持されていた。こうした伝統性を保持していた尾張地域に、畿内地域で成立した円筒埴輪を主体とする埴輪群により古墳を囲繞するという新たな墓制の思想が流入することとなる。地域に保持されてきた伝統性と新たな器物と思想の流入により、尾張地域における埴輪導入期の様態としては、地域の伝統性を強く維持する在地的壺形埴輪のみを採用するもの、畿内地域で成立した埴輪群の器種組成や製作方法に類似す

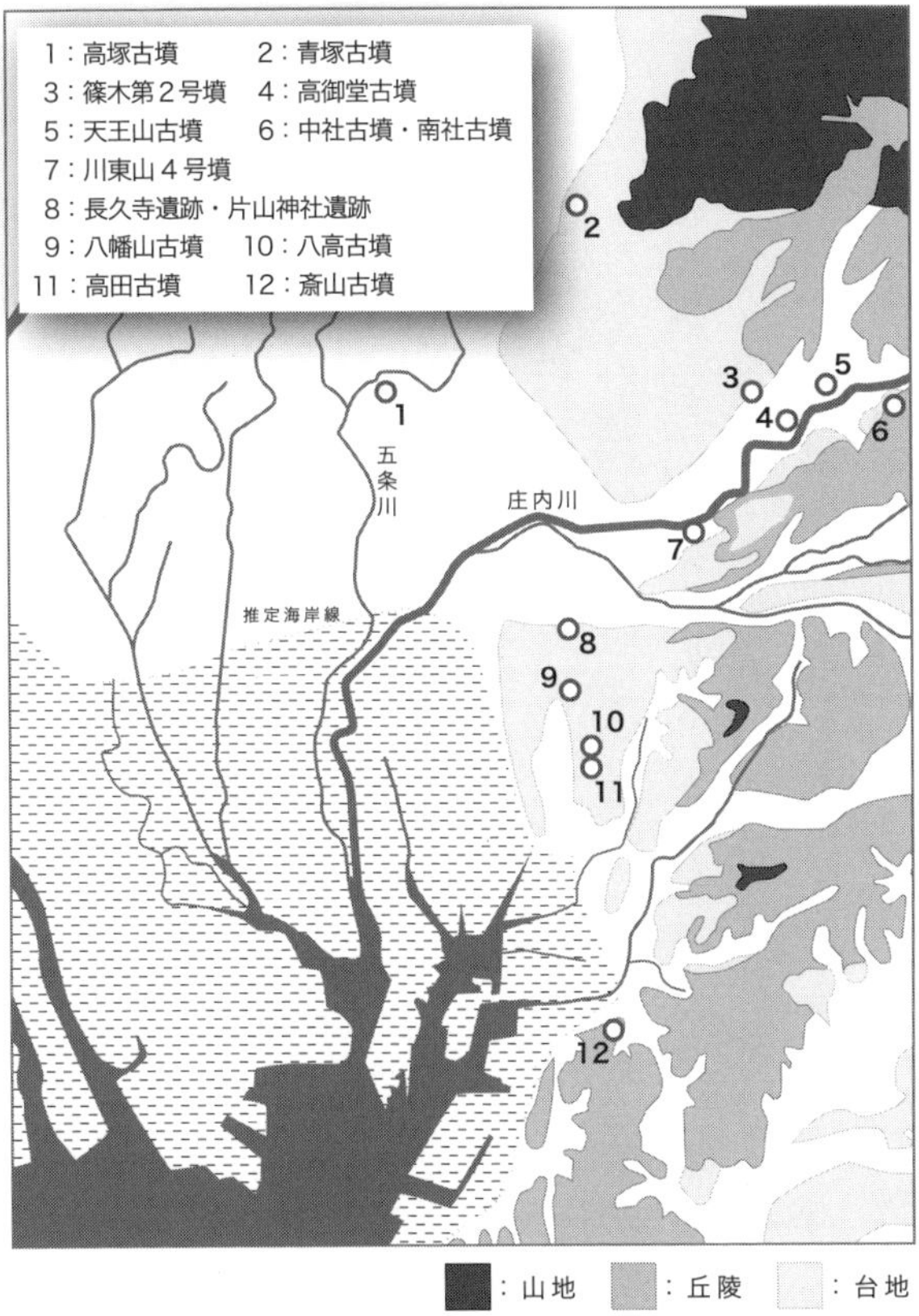

図１　尾張地域の埴輪採用古墳の分布
（古墳時代前期後半～中期前半）

る埴輪を採用するもの、この両者の折衷型というべき、在地的な壺形埴輪と円筒埴輪が共存するもの、という三様の在り方が認められている。(2)

古墳時代前期後半―伝統性との拮抗―

庄内川中流域（左岸）

庄内川中流域、名古屋市守山区の志段味古墳群に属する東谷山山頂部に所在する中社古墳、南社古墳で尾張地域では最古相を示す埴輪が採用されていたことが近年行われた調査により明らかにされている。全長約六三・五メートルの前方後円墳である中社古墳(3)では、後円部裾で樹立当時の状態を保った円筒埴輪列が検出されており、円筒埴輪で墳丘を囲繞していた状況が確認された。円筒埴輪は器高七五センチ前後、四条突帯五段構成の寸胴なプロポーションで、口縁部が短く、外側へ強く屈曲する。突帯の突出度が高く、透孔は全て小振りの三角形、第2～4段の下辺突帯に近接して三方向に各段千鳥状に穿たれる。外面調整にはナナメハケが確認される。突帯間隔に一定の統一性が認められ、高い規格性を有した生産の所産であることがうかがえる。中社古墳から南に尾根を下った位置に立地する直径約三〇メートルの円墳である南社古墳(4)でも同様な特徴を有する円筒埴輪が確認されている。南社古墳の円筒埴輪では外面調整に一部タテハケが確認される。突帯には細くて突出度の高いものと断面台形状のものがあり、中社古墳より後出の要素とみることができよう。また、南社古墳では円筒埴輪に加え、朝顔形埴輪、家形、器財形と考えられる形象埴輪片が伴うことが知られる。円筒埴輪の諸特徴は大和東南部の特殊器台に系譜する一群との共通性が高いこと、南社古墳では大和北西部で成立する器財埴輪が出現している点を考慮すると、中社古墳は円筒埴輪編年(5)の第Ⅰ期後半、南社古墳は同第Ⅱ期に位置づけられ、器財埴輪の採用が波及する前後の時期の大和東南部地域から埴輪樹立という新たな思想と製作技術とが伝わったことが示唆されよう。

東谷山から南西に延びる竜泉寺丘陵先端部に所在する名古屋市守山区の川東山古墳群中にも古相を示す埴輪の存在が確認されている。(6)川東山4号墳から出土した円筒埴輪には、口縁部が短く、強く外側へ屈曲するものが認められる。突帯は総じて突出度が高く、断面台形状のものが主体となる。外面調整にタテハケを施し、透孔の形状は円形、巴形となる可能性もある。朝顔形埴輪は、頸部が直立気味に立ち上がり、緩やかに外反する口縁部の形状と下方への突出を強く意識した口縁部突帯の貼付位置等に、祖形となる二重口縁壺の形態への高い志向性が認められる。以上の埴輪の特徴からは古墳時代前期後半に位置づけることができる。

庄内川中流域（右岸）　東谷山上を中心に新式の埴輪が採用された一方で、庄内川という地理的境界を挟んだ対岸地域では、東海地域在地の伝統性に連なる壺形埴輪を用いた墓制が継続していた。春日井市の高御堂古墳[7]は、庄内川右岸の自然堤防上に築かれた全長六三メートルの前方後方墳であり、三段築成の後方部では各段の平坦面上に二〜三メートル間隔で壺形埴輪が配列されていたと推定される。築造時期は古墳時代前期中葉と見られる。また、近在には高御堂古墳に後続すると考えられる壺形埴輪を採用する天王山古墳[8]が所在する。天王山古墳は直径三四メートルの円墳であり、墳頂部、中段、墳裾の平坦面への壺形埴輪の配列が確認されている。墳頂部出土の埋葬後の祭祀に伴う高杯等の土師器の年代観から、築造時期は松河戸Ⅰ式期前半、古墳時代前期後葉とされる。庄内川を挟んで地域的伝統性を重視した勢力と畿内的色彩を強く帯びた新式の墓制を受容した二つの勢力が対峙していた様子をうかがうことができる。

しかし、庄内川以北の地にも古墳時代前期のうちに、新式の埴輪を樹立する古墳が登場し、庄内川流域における在地の伝統的壺形埴輪の採用は終焉を迎える。高御堂古墳と天王山古墳が築造された河岸段丘の上位の段丘端部に築かれた篠木第2号墳[9]は、二段築成の直径四〇メートルを測る円墳であり、主体部には粘土槨を採用する。かつては、古墳時代中期に位置づけられていたが、出土した埴輪の特徴及び東海市の兜山古墳出土品との類似が認められる石製合子が出土していることから前期に遡ると考えられる。円筒埴輪は突出度の高い突帯を有し、口縁部はごく短く外側へ強く屈曲する。中社古墳、南社古墳の円筒埴輪と共通する古相の特徴を有する。透孔の形状は三角形もしくは方形となる。製作技法では、突帯の貼付け位置を定め、突帯間の間隔を揃えるための方形の刺突痕が突帯剥落部分に確認される。突帯間隔の設定にこの手法が多用されるのは、畿内地域では円筒埴輪編年の第Ⅰ・Ⅱ期とされ[10]、この点も篠木第2号墳を古墳時代前期に遡らせることと矛盾しない。また、篠木第2号墳でも形象埴輪が伴うことが判明しているが、部分的な破片が出土しているのみで、器種を特定するには至らない。直線的な庇状の短い張り出し部を有する部位と突帯及び鰭状の張り出しを有する部位が認められるが、こうした特徴が庄内川左岸の南社古墳の形象埴輪と類似するとの指摘もあり、両墳の築造時期及び埴輪生産についての情報源が近しいことが示唆される。

名古屋台地周辺　名古屋台地周辺の導入期の埴輪資料についても断片的なものが多く、その様相は未だ判然としていない。こうした状況の中で、鳴海丘陵端部に位置する名古屋市緑区の斎山古墳[11]の埴輪が再検討され、導入期の一例として改めて位置づけられている。円筒埴輪は、口縁部が短く、強く外反もしくは屈折し、突出度の高い突帯と巴形・三角形と多様な形状の透孔を有する。これらの特徴から古墳時代前期後半に比定することが可能であり、突帯の断面形が頂辺の短い台形から上位の稜部のみが突出する不整台形となることから円筒埴輪編年の第Ⅱ期に位置づけておきたい。同時期の大和東南部系の埴輪の系譜を引くものと目される。

また、名古屋台地の北縁部にも古相を示す埴輪の出土が確認されている。名古屋市東区の片山神社遺跡[12]と長久寺遺跡[13]は近接する位置関係にあり、類似した特徴をもつ円筒埴輪片が出土している。外面調整はタテハケを基本とし、方形の透孔と断面が長方形に近い突出度の高い突帯を有する。突帯剥落箇所に方形刺突が認められ、先述のとおり畿内地域では古墳時代前期に多用される突帯間隔設定技法を採用した規格性の高い生産が行われていたと推測される。以上の特徴から両遺跡出土の円筒埴輪を古墳時代前期後半に位置づけることが可能である。器壁が厚く、大型の円筒埴輪に復元されることから、現況では知られていない首長墳ともいえる比較的大規模な古墳が存在していたことが想定される[14]。こうした想定が正しければ、古墳時代前期後半には名古屋台地の南北両縁部に新式の埴輪を導入した有力集団が存在したこととなる。

犬山扇状地　古墳時代前期後半における新式の埴輪の導入は、先に見てきたように庄内川流域及び名古屋台地周辺がその中心であり、他地域においては、現状では犬山市の青塚古墳に、極めて特異な様相ではあるが、導入事例が認められるのみである。

青塚古墳[15]は犬山扇状地に立地する墳長一二三メートルの前方後円墳である。墳丘は、最下段の基壇状施設の上に前方部二段、後円部三段の段築が存在する。各段には、東海地域在地の伝統性に連なる壺形埴輪が約二メートル間隔で配置され、墳丘を囲繞していた。壺形埴輪は、赤色顔料の塗彩と焼成前底部穿孔という共通点を有すが、口縁部の形状、頸部突帯の有無、長胴化の程度といった形態差により二類に分けられる。

墳丘全体がこれらの壺形埴輪の放つ伝統性や地域性を纏《まと》っていた一方で、前方部頂部には畿内的色彩に彩られた空間が創造されていた。前方部頂に設けられた方形壇状遺構とそれを囲繞する畿内的な円筒埴輪列である。配石と敷石で構成された方形壇状遺構下には埋葬施設が存在すると推定される。円筒埴輪は四条突帯五段構成で、最上段が短く、口縁部が強く外反する。器高は六〇～六六センチ程。外面調整一次調整タテハケを主体とし、一部二次調整にヨコハケが認められる。透孔は円形で、第二～四段に二孔一対の対向する位置で、上下では互い違いとなる配置で穿たれる。同埴輪列中には鰭付朝顔形埴輪も樹立されていた。器高八五センチ程で、胴部は円筒埴輪と同じく四条突帯となり、頸部にかけて緩やかな丸みを帯びて口縁は大きく開く形態となる。胴部二段に長方形透孔を大きくあけ、最下～最上段突帯をまたいで鰭部を貼付ける。円筒埴輪の特徴と円形透孔の配置規則、鰭付朝顔形埴輪の形態、方形壇状遺構から出土した鏃形石製品の形態が奈良県天理市の東大寺山古墳と類似することから、同墳と近い時期に青塚古墳が築造されたと推定される[16]。東大寺山古墳は円筒埴輪編年の第Ⅱ期前半の代表的な大和の古墳として位置づけられている[17]。

後円部上には、前方部とは異なり、地域的伝統性の影響のもとに生み出された特異な形態の埴輪が配置されていたようである。樽形埴輪と呼ばれるこの埴輪は、後円部の頂部に限って配置されたていたと考えられる。胴部中位に最大径をもつ樽状の体部に、大きく開く口縁部をもつ。胴部中位と頸部上位に断面三角形となる特徴的な突帯を巡らす。胴部上段には長方形透孔を大きく穿つ。全体の形態、透孔形状、内面調整のケズリ技法などの類似から、北近畿（因幡から丹後・但馬地域）の壺形埴輪につながる可能性も指摘される[18]が、形態的には大きな飛躍が認められ、意図的な在地的改変の手が加えられて成立した青塚古墳独特の器種とみることができよう。

墳丘、前方部頂、後円部頂に系統の異なる埴輪群を用い、伝統性と新たな思想が共存している状況が、青塚古墳の大きな特徴の一つであるといえよう。方形壇状遺構とそれを囲む埴輪列については、方形壇状遺構と墳丘の主軸にズレが認められること、墳丘に配置された壺形埴輪と方形壇状遺構を囲繞する円筒埴輪群の胎土の化学分析の結果、異なる環境で製作されたと推定されることから、方形壇状遺構は墳丘築造後に新たに追加された施設と考えられている[19]。この想定を認めるならば、青塚古墳の築造を企画し、着手した被葬者と葬送を取り仕切り、最終的に古墳を完成させた後継者との間で、伝統性への志向の度合い、畿内地域との社会的・政治的関係性の重視等において大きく立場を違えていた可能性が高く、この古墳築造に関わる主体者の交替に伴う意図の変化により、折衷型ともいうべき複雑な埴輪使用形態が生まれたとみることができる。

尾張地域における畿内的な埴輪群の導入に関する初期事例は、上記のように庄内川中流域の特に左岸一帯と名古屋台地周辺の限られた領域のうちに集中する状況が認められる。しかし、各領域においても継続して埴輪の生産と採用が行われたと認められる事例は、東谷山上の中社古墳と南社古墳との間に見出せるだけであり、全体として非常に散発的且つ非継続的な埴輪受容にとどまっていた様相をうかがうことができる。こうした畿内地域で成立した新式の埴輪群の受容が低調にとどまった要因として、在地的な壺形埴輪の採用に象徴される地域的伝統性への強い志向性が大きく作用していると考えられる。勢力と影響力を拡大しつつある畿内地域及びそれを象徴する文物や思想への憧憬や畿内地域との実際的な社会・政治的関係性の高まりと地域的伝統性との拮抗。こうした背景が古墳時代前期後半の埴輪導入期の複雑な様相を生じさせたとみることができるのではなかろうか。青塚古墳にみられる折衷型ともいえる伝統性と新たな思想との共存という埴輪の在り方が如実に物語っているといえよう。

次に尾張地域に波及した畿内的な埴輪群に関わる情報の発信元についてであるが、時間軸上の厳密な前後関係という問題を脇に置いてみるならば、大和北部系の要素が認められる青塚古墳を除く、庄内川中流域と名古屋台地周辺に分布する円筒埴輪は口縁部が短く且つ強く屈曲・外反するという、大和東南部地域にみられる特殊器台の系譜に連なる円筒埴輪に類似する形態的特徴を示す。この系譜上に位置づけられる埴輪が伊勢湾西岸の三重県松阪市の高田２号墳や三河湾に注ぐ矢作川中流域に点在することが知られており[20]、大和東南部から伊勢湾西岸へ抜け、伊勢湾海上を経て三河湾岸、渥美半島、遠江につながる「原東海道」に重なる大和東南部系埴輪の波及ルートが想定されている[21]。こうした海上のルートから伊勢湾内湾へと分岐し、沿岸部へと到達する複数のルートも存在したと推定される[22]。また、桑名から海上を経ずに津島・庄内川を抜けるルートも存在したようだ[23]。内湾の海上ルートの掌握に地理的優位性をもった名古屋台地上の勢力、伊勢湾内湾地域と内陸部をつなぐ重要な交通路となる庄内川の流域を掌握した勢力。こうした集団が、重要な交通・交易のルートの掌握を背景に勢力を伸ばし、畿内地域との強いつながりを結んだことによって、畿内地域で成立した新式の埴輪に関わる思想や技術を導入するに至ったと考えられる。

古墳時代前期末～中期前半―形象埴輪群の波及―

続く古墳時代前期末から中期前半にかけては、尾張地域に多様な形象埴輪群が登場する時期に相当する。しかし、当期の埴輪の導入が認められる古墳は少なく、その分布領域も限定される。名古屋台地を中心としつつも、その広がりは先行の時期よりも低調となる。

当該期の埴輪を特徴付ける要素は、円筒埴輪の外面調整に静止痕を有する継続的な横方向への調整（Ｂ種ヨコハケ）の多用[24]と豊富な器財埴輪群の出現という現象に代表される。しかし、尾張地域では、こうした畿内地域で広範に認められる特徴的要素が、必ずしも一古墳内で不可分な関係として認められるわけではないようである。

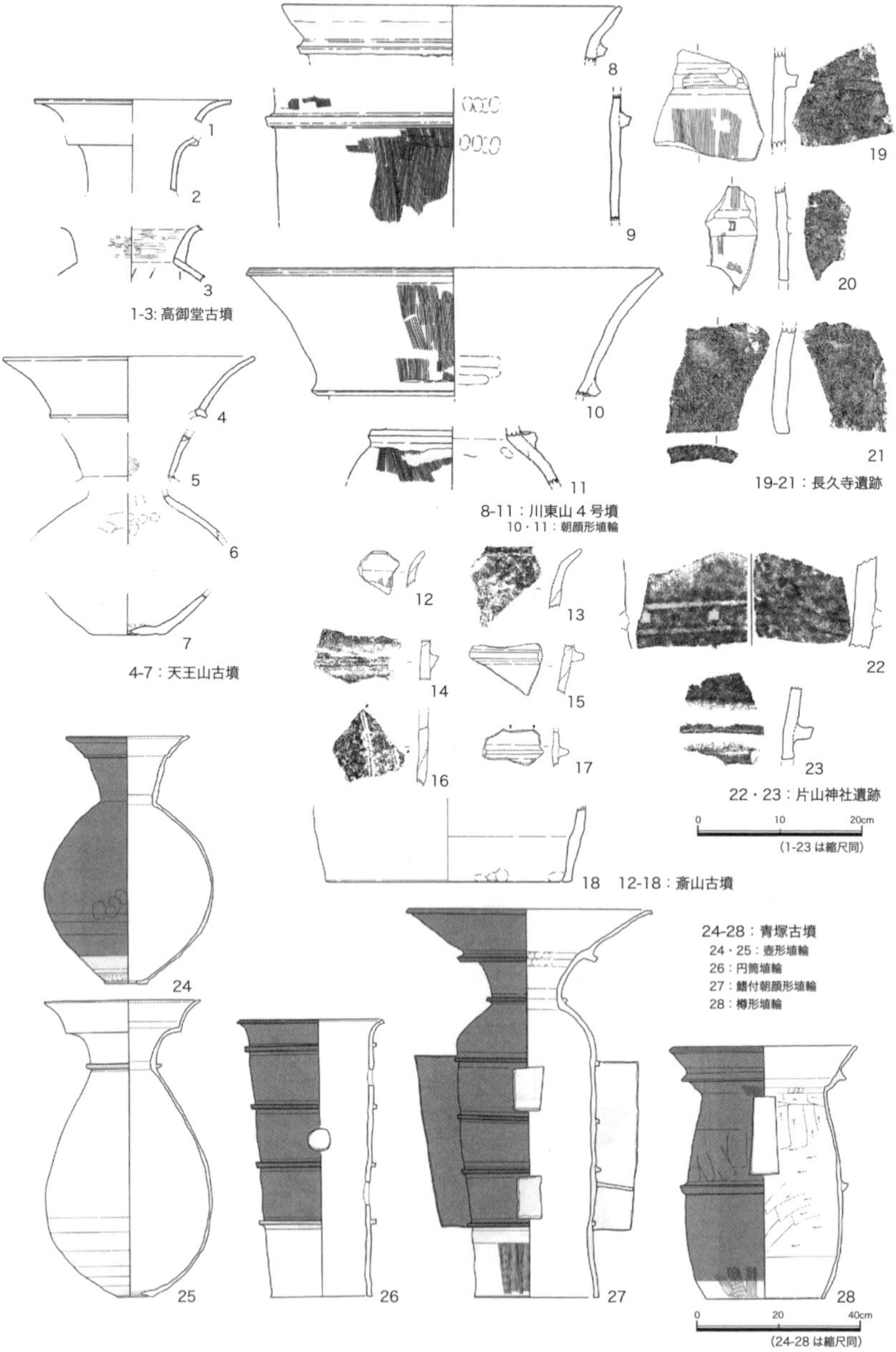
1
2
3
1-3: 高御堂古墳
4
5
6
7
4-7：天王山古墳
8
9
10
11
8-11：川東山４号墳
10・11：朝顔形埴輪
12
13
14
15
16
17
18
12-18：斎山古墳
19
20
21
19-21：長久寺遺跡
22
23
22・23：片山神社遺跡
0
10
20cm
(1-23 は縮尺同)
24-28：青塚古墳
24・25：壺形埴輪
26：円筒埴輪
27：鰭付朝顔形埴輪
28：樽形埴輪
24
25
26
27
28
0
20
40cm
(24-28 は縮尺同)

図２　尾張地域の古墳時代前期後半の埴輪

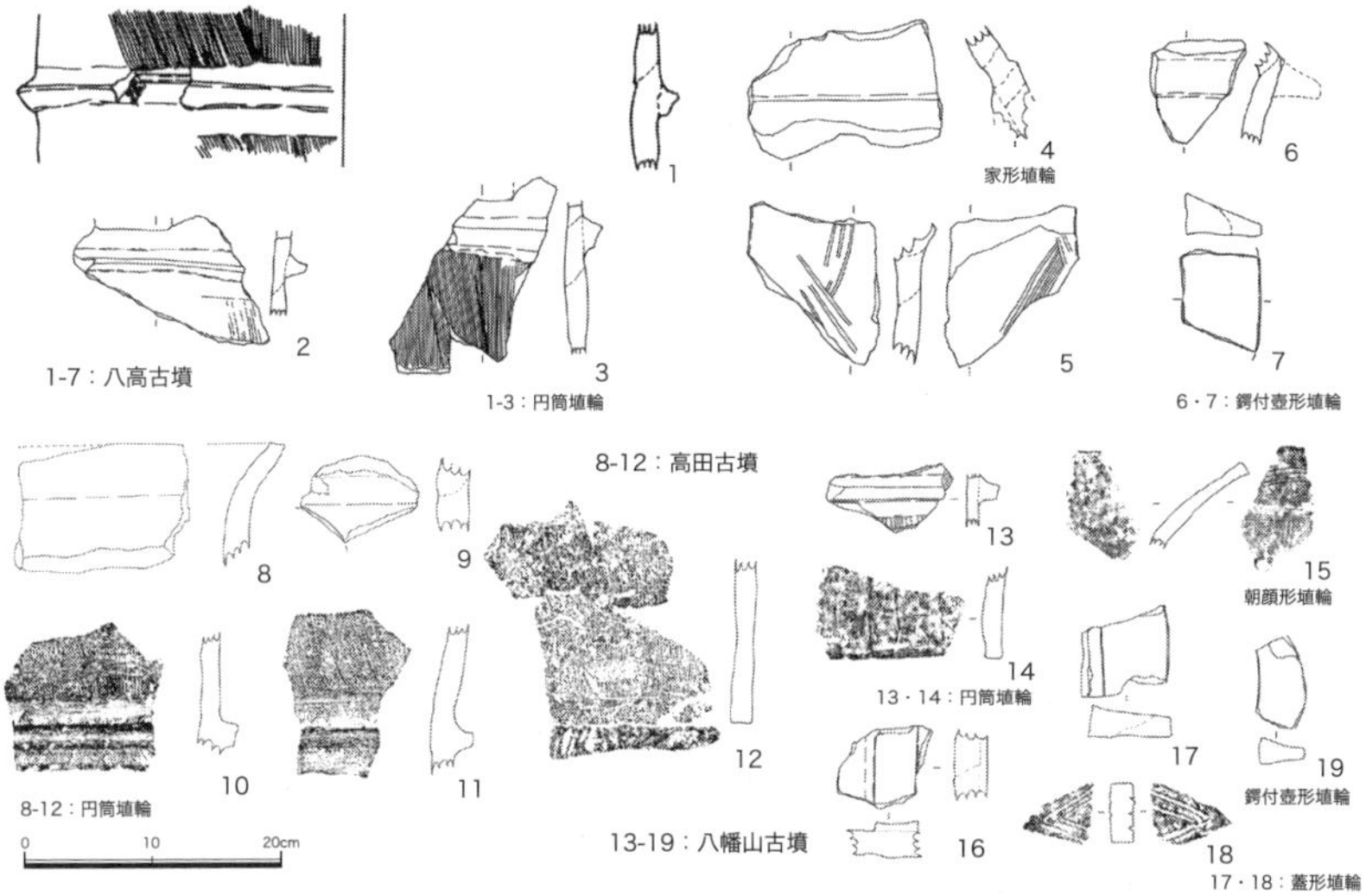

図3　尾張地域の古墳時代前期末から中期前半の埴輪

名古屋台地　埴輪を採用する古墳分布は、名古屋台地の南辺に突出する瑞穂・笠寺台地に集中する傾向が認められる。同台地南端部には名古屋市瑞穂区の八高古墳と高田古墳が近接して所在する。

八高古墳[25]は、本来の墳形は大きく崩れているが、全長七〇メートル程の前方後円墳であったと考えられる。円筒埴輪と形象埴輪が出土しており、黒斑のある野焼焼成段階のものである。円筒埴輪は外面調整一次タテハケを主体とし、突出度の高い断面台形の突帯を有する。突帯の剥落箇所には、突帯間隔設定のための凹線が認められる。透孔は円形と方形がみられ、方形が主体をなすようである。側辺に剥離面を有する平直な板状の部材が出土しており、つくりや形状から鰭付円筒埴輪の鰭部と推定される。形象埴輪には、家、蓋、靫、壺形が認められる。家形埴輪は、屋根の壁との接合箇所にあたる部位であり、屋根には段差による押縁の立体的表現がみられる。蓋形埴輪は立飾りの飾板部と軸部及び笠先端部が出土している。立飾りは三本一組の沈線による線刻表現が認められ、大阪府の津堂城山古墳や一ヶ塚古墳に近い例を見出すことができる。蓋形埴輪の立飾りと類似する線刻を施す三角形状鰭部と認められる破片があるが、施文が片面のみであること形状から靫形埴輪の一部とみられる。壺形埴輪は、短い台部に大きく突出する鍔状の貼付け部を有し、壺の形状を表現する肩部から口縁部をもつものであり、鍔付壺形埴輪と呼ばれる型式にあたる。普通円筒埴輪の上部に載せられ、組み合わせて墳丘に樹立される例が多い。この鍔付壺形埴輪の鍔部分と肩部の破片が出土している。壺部の肩が張るというプロポーションとつくりの特徴が大阪府の一ヶ塚古墳例や高廻り２号墳例に近似する(26)。円筒埴輪の特徴と鰭付円筒埴輪の存在、そして形象埴輪の特徴の類例となる他地域の古墳の年代観を勘案すれば、断片的な資料ながら円筒埴輪編年の第Ⅱ～Ⅲ期、古墳時代前期末から中期初頭に位置づけることができるだろう。

高田古墳(27)は八高古墳の南およそ四〇〇メートルに近在する全長約八〇メートルの前方後円墳である。出土した埴輪は野焼焼成段階のもので、円筒埴輪、朝顔形埴輪、盾形埴輪がある。円筒埴輪は外面調整一次タテハケを施し、一部に底部をナデによって調整するものもある。口縁部は緩やかに外反し、透孔は方形と円形、突帯は断面台形状で器壁の厚みと同程度の高さとなる。また、突帯剥落箇所に突帯間隔設定のための凹線が認められる。盾形埴輪は小片であるため判然としないが、鋸歯文や菱形文等を配さない比較的粗文の盾とみられる。断片的な資料であるが円筒埴輪の突帯の形状や口縁部の形状に八高古墳に後出する要素が認められるため、円筒埴輪編年では第Ⅲ期、古墳時代中期前葉に帰属するものと考える。

瑞穂・笠寺台地の付け根部に所在する名古屋市昭和区の八幡山古墳(28)は愛知県下最大の円墳であり、ここでも形象埴輪を含む埴輪の採用が確認されている。墳丘規模については、現況では戦後の保存整備に伴う盛土により直径八二メートルを測るが、本来の規模についての考古学的裏付けはなく、修復以前の墳丘測量値から七四メートル以上とみられるにとどまる。出土した埴輪には、円筒埴輪に加え、朝顔形埴輪、家形・蓋形・鍔付壺形埴輪が認められる。いずれの破片にも黒斑はみられない。円筒埴輪は、外面調整に二次タテハケを施し、透孔は円形となる。突帯は断面台形で、突出度は器壁の厚さと同程度のものと若干低いものとが認められる。口縁端部のみ外側へ強く屈曲させるものがあるが、朝顔形埴輪の口縁部となる可能性も高い。基部には外面調整にごく強い縦方向のナデを多用するものがあり、類似した基部の外面調整を行う例として大阪府の市野山古墳の円筒埴輪に同様な特徴がみられる。家形埴輪と推定される破片は、器壁が厚く、幅広い突帯状の貼付けを伴う。家の壁部の柱が表現された部位とみられる。蓋形埴輪は、立飾りの一部と笠部の破片が確認される。立飾りの鰭状突起部分と考えられ、二条一組の沈線を外形に沿って引く。類似した特徴を有する類例としては、津堂城山古墳例、一ヶ塚古墳例や三重県の宝塚1号墳例に認められる。笠部は、笠下半部を一条の沈線で区分するものである。鍔付壺形埴輪は鍔部分が確認されるにとどまり、全形は不明である。蓋形埴輪の立飾りの文様と笠部表現の特徴をあわせもつ蓋形埴輪は、蓋形埴輪の編年では、円筒埴輪編年の第Ⅲ期に認められるとされることから、(29)八幡山古墳の年代もその前後に置くことが可能であり、円筒埴輪の諸特徴を勘案し、円筒埴輪編年の第Ⅳ期前半と考えておく。

名古屋台地上の勢力の首長墳と考えられる前方後円墳、大型古墳に形象埴輪を伴う埴輪群が導入されるが、継続性の低い導入にとどまり、首長墳クラスにおいても埴輪の配列が未だ定着化していない様相が認められる。形象埴輪については、断片的資料ではあるが、家形埴輪の屋根押縁や柱表現が立体的になされる等、造作において在地的変容は認められず、丁寧なつくりのものである。また、八高古墳、八幡山古墳で確認されている鍔付壺形埴輪は、畿内中枢と周辺地域にその分布が偏ることが知られるものであり、(30)形象埴輪群のセット関係からは畿内中枢地域からの埴輪についての情報や思想の波及を読み取ることが可能であろう。しかし、一方では当期の畿内地域の円筒埴輪に多用されるB種ヨコハケという外面調整技法を欠く点を考慮すれば、名古屋台地における埴輪の生産にあたって畿内中枢地域から古墳祭式の受容や技術移入が直接的に行われたと単純にみなすことは難しく、倭の政治的序列の中に組み込まれた結果として序列相応の埴輪樹立を含む古墳祭式を受容したという簡単な解釈では語りえない、より複雑な社会的情勢、政治的関係性を背景に想定しなければならないであろう。名古屋台地における本格的な形象埴輪群を伴う埴輪の導入という現象は、古墳時代前期末から中期への転換期における古墳分布の変化としても認められる地域社会の構造変化と密接に連動するものと考えておきたい。

二　高塚古墳の埴輪と古墳時代中期社会

高塚古墳の埴輪の様相

古墳時代前期末から中期への転換期に認められる古墳分布領域の変化と名古屋台地大型墳での埴輪導入の一極化という現象に地域社会構造の変化を読み取れることを指摘した。この社会構造の変化は、尾張低地帯の中の、前代には古墳の造営がみられなかった地域にも古墳を生み出す社会的素地の形成を促したようである。こうした古墳時代中期社会の開始を象徴する古墳が、畿内的色彩を強く帯びた埴輪群を採用した北名古屋市に所在する高塚古墳である。

高塚古墳(31)は南流してきた五条川が北西へ屈曲し、再び南へ方向を転じる付近の左岸に形成された島状の自然堤防上に立地する。発掘調査の結果、南側に幅一五メートル、長さ二メートルの造出しを備えた直径四〇メートルの円墳であったことが判明している。墳丘周囲には幅約一〇メートルの周溝を備え、葺石を採用した形跡は認められていない。埋葬施設については、伝承では石室、石棺の採用を示す言説も認められるが、墳頂部での調査所見からは木棺直葬である可能性が高いと推定されるにとどまる。副葬品は知られていない。

高塚古墳では多彩な形象埴輪を伴う埴輪群が出土している。大多数が周溝埋土内からの出土であり、原位置を示すものは認められていない。円筒埴輪に加え、朝顔形埴輪、家形埴輪、蓋・盾・甲冑・冑・靫形の器財埴輪、鶏形埴輪、木樋形土製品と囲形埴輪の出土が確認されている。中期前半代の典型的な埴輪組成といえよう。どの器種にも野焼焼成を示す黒斑が認められる。

円筒埴輪　三条突帯四段構成で、高さ五〇センチ程度、口径三〇センチ、底径二三センチ程の規模となる。底部から直線的に立ち上がり、口縁は直立もしくは口縁端部付近でわずかに外反・屈曲する。透孔は全て円形で、二段・

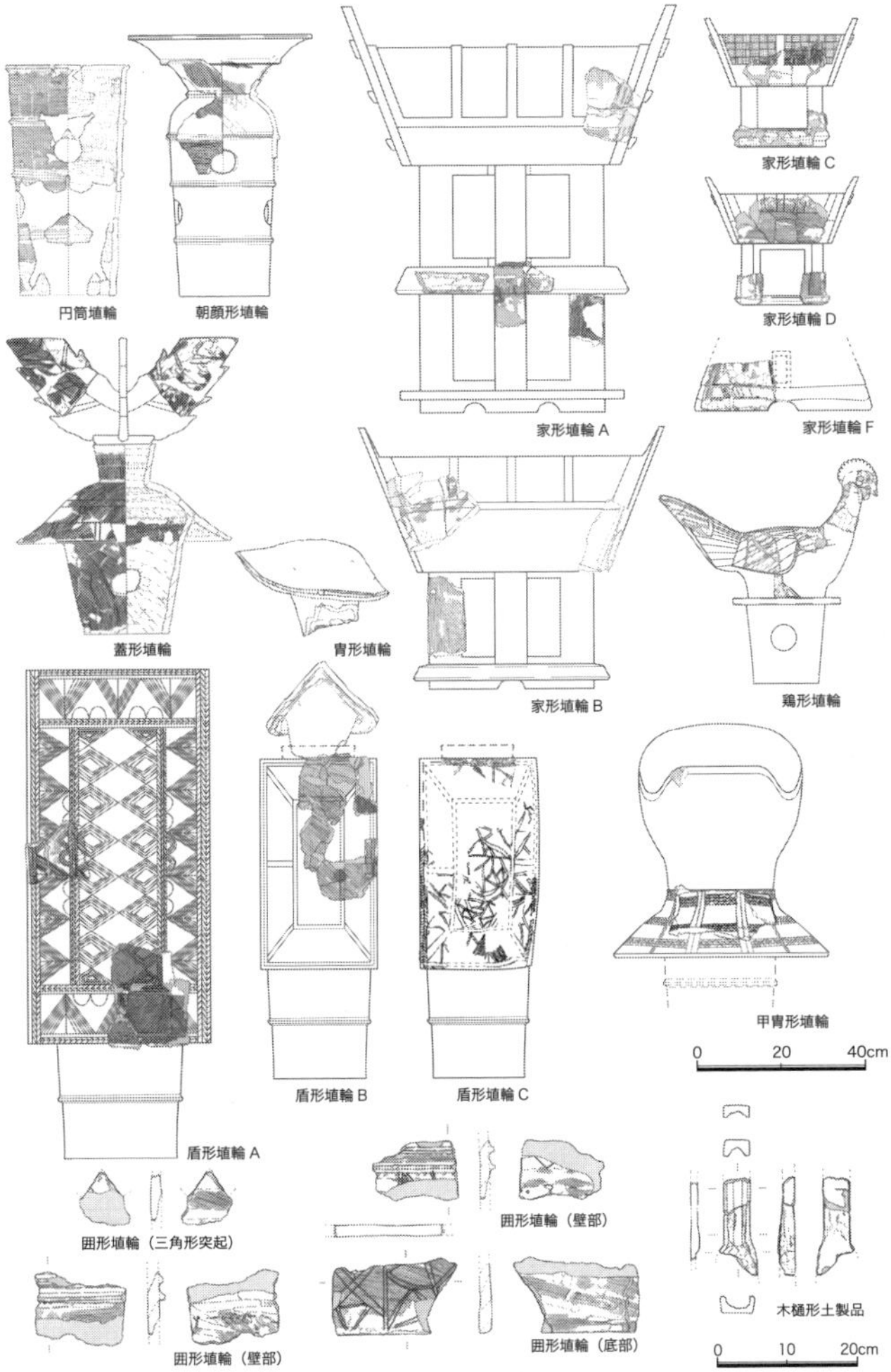
円筒埴輪
朝顔形埴輪
家形埴輪 A
家形埴輪 C
家形埴輪 D
家形埴輪 F
蓋形埴輪
冑形埴輪
家形埴輪 B
鶏形埴輪
盾形埴輪 A
盾形埴輪 B
盾形埴輪 C
甲冑形埴輪
0 20 40cm
囲形埴輪（三角形突起）
囲形埴輪（壁部）
囲形埴輪（壁部）
囲形埴輪（底部）
木樋形土製品
0 10 20cm

図4　高塚古墳の埴輪

三段目に対向して穿たれる。突帯は断面M字状を呈し、胴部器壁厚よりも突出度は低くなる。突帯間隔は一三センチ前後に集中し、突帯剥落箇所には凹線による突帯間隔設定技法が認められる。高い規格性に基づいた製品の規模管理が行われていたとみることができよう。外面調整はナナメ・タテ・ヨコ方向のハケ調整が認められ、二次調整ヨコハケにはBb種とAb種（Ca種）が採用される。最下段では二次調整ヨコハケが省略される傾向が高い。円筒埴輪の特徴からは、畿内地域とその他地域でのBc種ヨコハケの導入期のズレの問題を含むが、大阪府の西墓山古墳との類似性が指摘される。(32)

家形埴輪　少なくとも六個体存在し、確認できる屋根形状は全て切妻式である。全体を赤彩し、屋根に立体的な押縁を有し、桁材も表現される平側二間の大型二階建ての家（A）。屋根の押縁が沈線表現となる平側二間の柱立ての開放式の大型の家（B）。網代屋根を線刻で表現した個体（C）と屋根が沈線による押縁表現のみの個体（D）の小型の柱立ての家が各一個体。断片的ではあるが小型の壁立ちの家（E）。内傾する壁体、幅広い突帯状部材や入口部とみられる箇所の剥離痕等の特徴が大阪府の野中宮山古墳出土例に近似することから伏屋（竪穴住居）となると推定される個体（F）が存在する。破片の分布状況から二階建ての家（A）と大型の家（B）は墳頂部、小型の家（C・D）は造出しに配置されていたとみられる。

蓋形埴輪　六個体出土しているが、規模、笠部及び立飾り部の文様構成に大きな個体間の差異は認められない。復元された個体の規模は、立飾りを除く器高は約四五センチ、笠部径約五二センチ、底部径約二一センチを測る。立飾りは高さ約四五センチ、幅約五〇センチに復元でき、全体では器高が八〇センチ程となる。笠部は二条の沈線で上下に区分され、下半部はさらに一条の沈線で上下二段に分割した後、二条沈線を上下段で交互に放射状に配置する。立飾りは、飾板の頂辺が直線的で、小さな鰭状の突起を四箇所に有し、中央に配した一条の縦位沈線から二条一組の横位沈線を葉脈状に施す文様構成となる。笠部の特徴は、大阪府の庵寺山古墳、奈良県の室宮山古墳や平塚1号墳に近い例を見出すことができ、立飾りの文様の構成は、大阪府の野中宮山古墳、奈良県の乙女山古墳の例からの省略化を伴う変容が認められる。こうした笠部と立飾りの特徴をあわせもつものは、蓋形埴輪編年によれば円筒埴輪編年の第Ⅲ期からⅣ期の過渡期に位置付けられる(33)。

盾形埴輪　六個体以上存在し、形態・規模・文様構成から三者に分類される。全面に赤彩を施し、盾面を綾杉文によりⅡ字形に分割、外区に内向きの鋸歯文と半円文を配し、内区を重菱形文で充填する大型の盾（A）。盾面を二条線で回字状に分割し、内外区の四隅と盾面の四隅を二条線でつなぐ文様構成を有し、円筒部頸部がくびれてとっくり状の口縁部となる小型の粗文の盾（B1〜B4）。B類の盾を基本として盾面外区と内区に規則性を喪失した崩れた直弧文を充填する盾（C1・C2?）。とっくり状口縁部を有する盾形埴輪は室宮山古墳や大阪府の長原高廻り2号墳、岡山県の造山2号墳等にみられ、冑形埴輪と組み合わせて樹立されていたことが報告されている(34)。

冑形埴輪　高塚古墳の冑形埴輪は非常に簡略化された表現の革製衝角付冑様のもので、細い軸部を有す。奈良県の伝掖上鑵子塚古墳例に酷似する。五個体以上が出土しており、個体数が甲冑形埴輪の数とは合致しないことと甲冑形埴輪が肩甲を有さない型式であることから、高塚古墳でも先述のとっくり状口縁部をもつ盾形埴輪と組み合わされて樹立されていたと推測される。

甲冑形埴輪　短甲・草摺一連成形の型式であり、肩甲を有さない。草摺は三段の鋸歯文帯と縦線帯により革製草摺を模倣し、短甲部との境を段差で表現する。短甲には一部三角板様の線刻が施される。現状では一個体を確認するのみであり、肩甲を有さない型式であることから、冑形埴輪との組み合わせ樹立は否定される。とっくり状口縁盾形埴輪と冑形埴輪との組み合わせで樹立されていた蓋然性が高いことを裏付けよう。

鶏形埴輪　写実的、立体的なつくりの鶏形埴輪が一個体確認されている。立体的造形の脚部であり、五本の蹴爪を貼付けにより表現した脚が台部鍔上の止まり木を掴む。こうした特徴は、奈良県の掖上鑵子塚古墳、赤尾熊ヶ谷3号墳、小立古墳例に近似する。頸部から頭部まで粘土紐で成形され、胴部から立体的に翼が伸びる。長く伸びる尾羽は断面山形を呈する。立体的な翼の表現は纒向遺跡や掖上鑵子塚古墳例にみられ、尾羽の形状は赤尾熊ヶ谷3号墳、小立古墳例に近い。

囲形埴輪・木樋形土製品　出土状況は不明であるが、諸例から囲形埴輪と木樋形土製品とは組み合わせて、水の流れを制御し、特別な水を得る装置を備えた水マツリの空間を表現した「導水施設形埴輪[35]」として配置されていたと推測される。

木樋形土製品は一連で樋と槽を成形しており、三重県の宝塚1号墳例のような家形埴輪の床と一体的に表現されるものではなく、形状的には大阪府の狼塚古墳、奈良県のナガレ山古墳、五条猫塚古墳例の諸例に近い単独の製品である。囲形埴輪は壁部の上位に二段の突帯を巡らせ、基部突帯は有さない。壁上端には比較的大振りの三角形突起が並び、全体形としては兵庫県の行者塚古墳例が近いと推定される。高塚古墳の囲形埴輪の最大の特徴は壁の内外面に文様を施すことであり、他には壁に網代表現を施した岡山県の月ノ輪古墳例が管見に上るのみである。高塚古墳では壁外面に先述の盾形埴輪と同様な崩れた直弧文を施し、内面には浅いV字状、三叉状の線刻が認められる。直弧文の有無で個体を識別すれば、囲形埴輪は二個体存在したとも考えられる。囲形埴輪の内部に建物が存在したかは不明であるが[36]、造出し付近で出土した小型の家形埴輪二棟が伴う可能性がある。宝塚1号墳例のように導水と湧水の二つの祭祀空間が表現されていたかもしれない。

高塚古墳の埴輪の位置づけ

時　期　円筒埴輪の諸特徴からは、円筒埴輪編年の第Ⅲ期から第Ⅳ期へ位置づけることができる。囲形埴輪の採用や他の形象埴輪の様相もこの編年的位置づけに矛盾しない。蓋形埴輪の立飾りの文様構成は、野中宮山古墳例等の簡略化された型式と捉えられ[37]、現状では野中宮山古墳でしか類例を見出せない伏屋形の家形埴輪を有することから、高塚古墳の埴輪は野中宮山古墳に近い埴輪情報をもとに製作されたものと考えられるため、野中宮山古墳に後続する時期、円筒埴輪編年第Ⅳ期前半、尾張地域の土器様式では松河戸Ⅱ式2段階に位置づけることができよう。

生産体制　高塚古墳の埴輪は、製品全体が非常に均質的なできであり、個体による粗雑の差異が極めて小さい(38)。また、家・蓋・冑等の形象埴輪では、粘土紐の積み上げ方向が垂直方向から変化する箇所で十分な乾燥を伴う作業の休止と接合部の強化のための刻みを施すという特徴が共通してみられる(39)。こうした器種を超えた製作技法の貫徹や製品の均質性は、生産時の技法・情報の共有、製品管理が厳格に行われていたことを示すものであり、高塚古墳の規模を勘案すれば比較的少人数での生産体制がこうした均質性を達成させたものとみられる。

全形が判明する個体が多い蓋形と盾形埴輪で同工品識別を試みたところ(40)、蓋形埴輪六個体では台部外面ハケ調整方向、内面調整ハケ使用の多寡、笠部内面の調整法、ハケメの一致を基準に三グループ（各二個体）を抽出し、とっくり状口縁の盾形埴輪五個体では盾面調整のハケ方向、盾側縁部の調整法、ハケメの一致を基準に二グループ（二個体・三個体）を抽出した。また、蓋形と盾形埴輪間でのハケメの一致、盾形と家形埴輪間でも一部にハケメの一致が認められたことから、少人数の工人集団で多用な器種の製作を行っていたものと推測される。

高塚古墳の埴輪については、各器種の形態や製作技法に在地的な要素は認められないことから、十分に埴輪製作の情報と経験を有した工人が生産に携わっていたことは明白であり、鶏形埴輪等の複雑な形状の埴輪の再現性の高さ、囲形埴輪や伏屋形の家形埴輪等の特殊な埴輪群の情報への精通等、畿内地域の埴輪生産に深く関わる工人集団であったことを示唆する。高塚古墳の埴輪群は、畿内直伝の埴輪製作と評されるとおり(41)、工人集団の招来を含む畿内地域からの直接的技術移植の所産と考えられよう。

高塚古墳と古墳時代中期社会

高塚古墳の埴輪生産は畿内地域からの直接的技術移植によって達成されたものとみることができる。埴輪の特徴、特に冑形埴輪や鶏形埴輪が大和地域の諸例と造形的に近似性が高いこと、また同時期の古市古墳群で盛行する錣付壺形埴輪が採用されないことから、高塚古墳の埴輪製作は大和地域との関係性の中において成立したものと考えておき

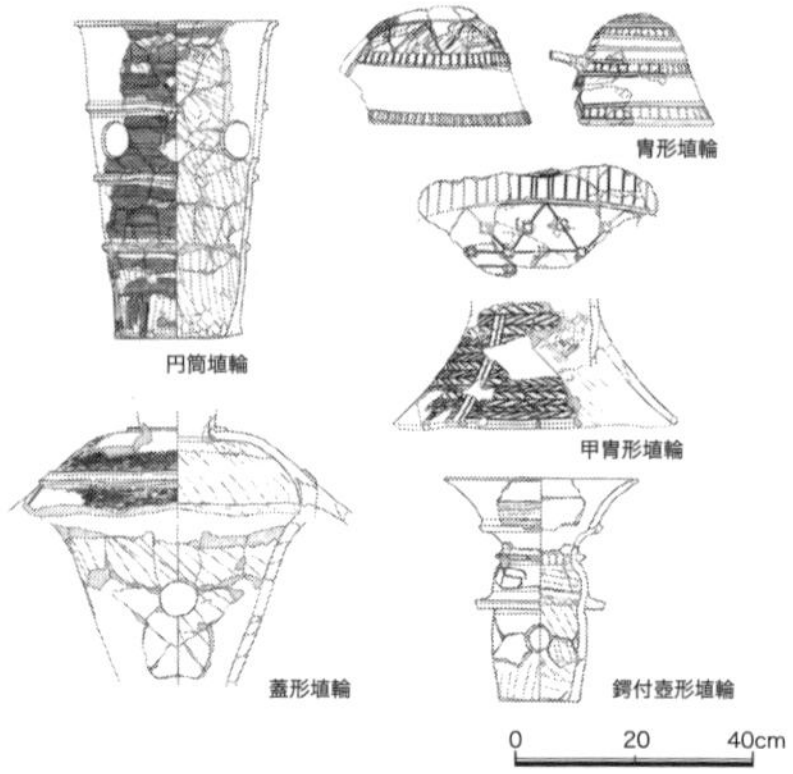

図5　西都原169号墳の埴輪

たい。

さらに高塚古墳の埴輪生産を特徴づけるのは、継続性の認められない、単発的な生産という在り方である。築造時期が近い名古屋台地の古墳群に採用された円筒埴輪群はタテハケ調整を基本とし、断片的な資料であるにも関わらず形象埴輪の器種組成に鍔付壺形埴輪が加わる等、高塚古墳との系譜関係をここに求めるのは難しい。高塚古墳の埴輪生産が、尾張低地帯に唐突に出現した継続性のない一回性の事業であったことがうかがえる。また、名古屋台地上の埴輪採用墳が前方後円墳・大型円墳という形態と規模である一方で高塚古墳は中型円墳であるにも関わらず、採用された埴輪群は前者を凌駕する程の質と内容を誇る。埴輪の樹立という点に非常なまでに力点が置かれているといえよう。

ここで尾張地域から目を転じると、非継続的且つ単発的でありながら、高品質の畿内的要素を備えた埴輪群を樹立するという高塚古墳と通じる特徴を有する古墳が、古墳時代中期前半には畿内地域から離れた遠隔地に点在することが認められる。子持家形埴輪の出土で知られる宮崎県の西都原古墳群中の女狭穂塚、男狭穂塚の両墳周辺の169～171号墳[42]と多彩な家形埴輪が出土した群馬県の赤堀茶臼山古墳[43]がその事例として挙げられ、両者ともに埴輪生産の伝統のない地に唐突に出現し、高い技術により多彩な形象埴輪群を樹立している。畿内的要素を有した非継続的・単発的生産という点で高塚古墳との一致を見るが、西都原古墳群及び赤堀茶臼山古墳では器種組成に鍔付壺形埴輪が加わり、形象埴輪の文様表現や形態等にも高塚古墳とは異なる要素を認めることができることから、埴輪情報の淵源については一致を見ない。また、西都原古墳群では非継続的な埴輪導入であるが女狭穂塚、男狭穂塚という大型古墳を中心とした[44]群を形成しており、埴輪という視点からは同調的な現象であっても、その背景となる在地社会の状況や、畿内地域内でも関係を構築した相手方は必ずしも一様ではないことがうかがえる。しかし、こうした特徴的な埴輪の在り方は、畿内地域との強い結びつきを背景に生み出されたという点では一致し、古墳時代中期前半の畿内地域と周辺地域との間に構築された複数の共通項を有する社会的関係性の一つの発現形態といえよう。ここに埴輪を基点として、畿内地域と周辺地域との関係性を読み解く道筋がみえてくる。以下では、高塚古墳を生んだ地域社会の動態を検証し、埴輪導入の背景を探っていく。

三　高塚古墳と地域社会の動態

領域の設定

高塚古墳の築造背景を探る前に、高塚古墳を生み出す母体となった地理的な領域の検討と設定を試みたい。高塚古墳の立地する場所は、小牧市方面から伸びる段丘端を南流してきた五条川が「大回り」と呼ばれる地点で大きく北西に屈曲した後、再度南へと方向を変えるあたりの左岸に形成された島状の自然堤防端部である。この立地は、現在でも古墳南方に広がる水田地帯からは比較的遠くからでも高塚古墳が視認できることが示すように、古墳南側に広がる大氾濫原地帯と背後に控える五条川の流れを強く意識したものとみられる。

この氾濫原地帯は過去の五条川の河川活動によって形成されたもので、「大回り」地点の南には屈曲せず南流していた旧流路が形成した自然堤防と氾濫原が複雑に分布する。この「大回り」以南の氾濫原地域が高塚古墳の勢力範囲の中心になると推定される。この領域の範囲は、遺跡と自然堤防の分布状況からみると、西は五条川と青木川の流れによって、東は小牧方面から伸びる段丘ラインと大山川の流れを境界とする。南は庄内川右岸の自然堤防と「大回り」以南に形成された自然堤防群との間に東西に伸びる低地帯、概ね現在の新川の流れと一致するあたりが境界となろう。このライン付近に所在する朝日遺跡と月縄手遺跡については、前者は古墳時代に小規模化し、後者は同前期を主体とするため、古墳時代中期前半にはこの領域の中心とはなりえない。北を画すのは、犬山扇状地の末端部と五条川の流れである。このラインが古来丹羽郡との群境となっており、現況の地形からも五条川右岸の岩倉市側と左岸では自然堤防の発達具合に大きな差異を視認することが可能であり、こうした地形的変化が過去においても重要な境界として作用していたと推測される。

長期にわたる五条川の流れがつくり出した複雑に自然堤防と氾濫原が展開する低地帯。ここを高塚古墳の領域と設定し、五条川下流域氾濫原地帯と呼び、以下この領域における社会の動態を探っていく。

高塚古墳周辺の遺跡の展開

五条川「大回り」以南の五条川下流域氾濫原地帯での古墳時代前期から中期前葉の集落の展開は、弥生時代後期山中式期の集落分布と概ね一致し、集落規模の拡大と縮小はあったとしても、古墳時代開始以降もそうした伝統的集落が解体・再編される様子はうかがえず、伝統的集落が継続しつつ、小規模集落も周辺に展開していくようである。

こうした安定的な集落の展開が古墳時代前期末から古墳時代中期初頭、土器様式でいえば松河戸Ⅱ式期の開始前後、に突如として低調となる様子が、分布調査での同時期遺物の減少や発掘調査出土遺物量の低下から看取できる。(45)そして、高塚古墳の築造以降、再度、氾濫原地帯を縫うように分布する自然堤防上に、前時代よりも広範囲にわたって、集落及びそれに伴う中小規模古墳が形成・築造されていく様子がうかがえる。

五条川下流域氾濫原地帯における遺跡の展開においては、この高塚古墳の築造という出来事を境として大きくその動向が転換する状況を読み取ることができる。高塚古墳の築造を契機として氾濫原地帯への開発の拡大とそれに伴う集落の増加が急速に進展したとみることができよう。(46)尾張地域での古墳時代前期から中期への転換期に見られる主要古墳分布域の変化と同調する現象と考えられる。

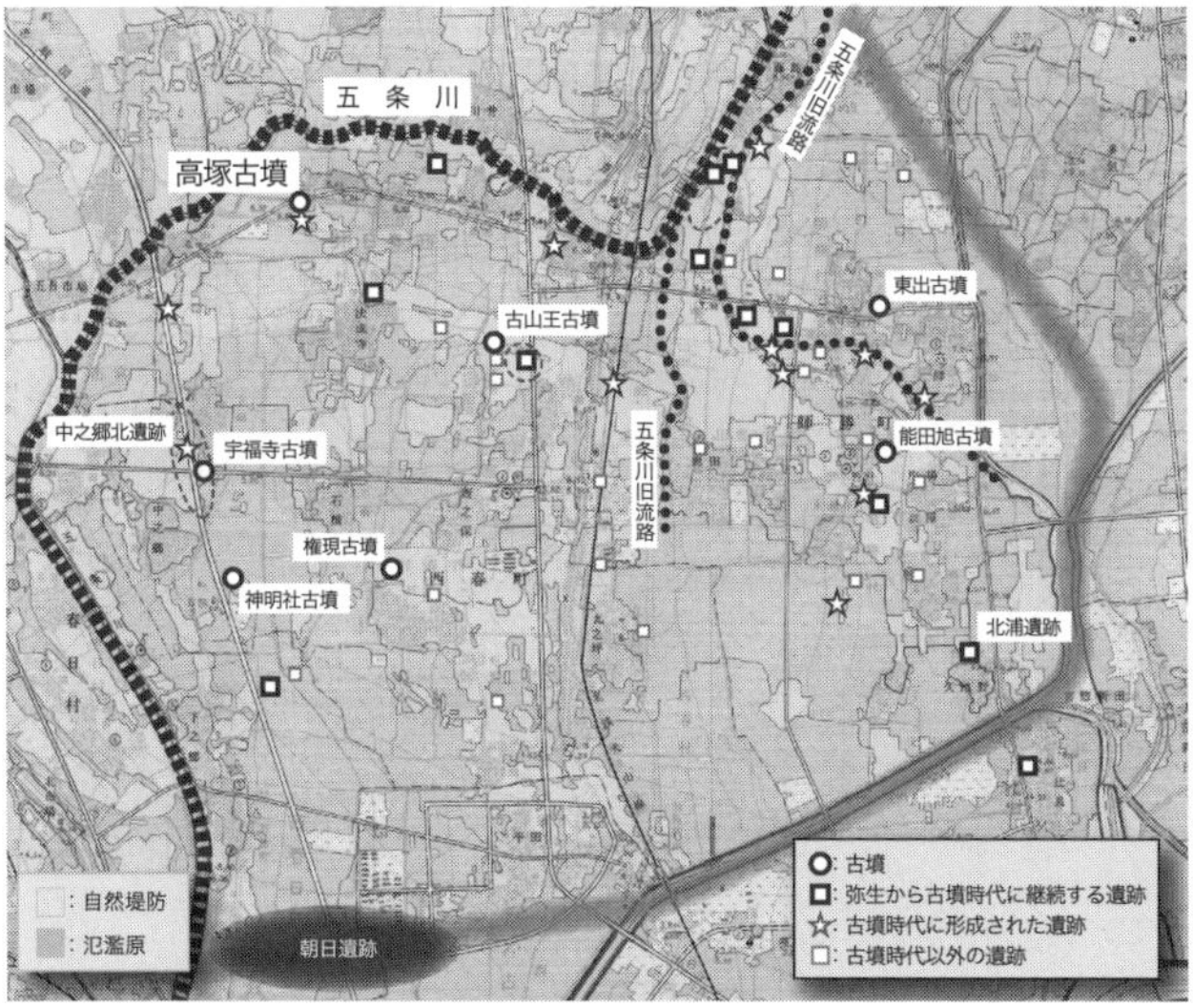

図6　五条川下流域氾濫原地帯の遺跡の展開

大規模自然災害と地域社会

高塚古墳の築造という出来事を境とする五条川下流域氾濫原地帯における古墳及び集落の展開の様相に変化を引き起こした要因とは何であったのか。

古墳時代前期末から中期初頭にかけて木曽川中流域、特に尾張平野北部域の複数の遺跡で、大規模な洪水が発生したことを示す堆積層が確認されている。一宮市の大毛池田遺跡[47]での発掘調査によってその詳細な様子が明らかにされたことから、この洪水堆積層は「大毛池田層」[48]と呼ばれる。大毛池田遺跡基本層序第3層にあたり、古墳時代前期の大規模な水田を覆い尽くした砂層である。水田の帰属時期は出土遺物から廻間Ⅲ式期から松河戸Ⅰ式期とされ、洪水堆積層は松河戸Ⅱ式期後半までの良好な遺物を包含する。したがって、この洪水の勃発した時期は宇田Ⅰ式期初頭頃と推定される。大毛池田遺跡近在の門間沼遺跡[49]では松河戸Ⅰ式期後半に大規模な洪水が認められ、八王子遺跡[50]でも松河戸Ⅰ式期後半からⅡ式期にかけて洪水が頻発した状況が認められている。さらに同時期の大規模洪水を示す洪水堆積層は、朝日遺跡[51]や滋賀公園遺跡[52]でも確認されており、尾張平野低地部の広域にわたって大きな被害をもたらしたと推定される。また、三河の矢作川流域の遺跡、豊田市の梅坪遺跡や新金山遺跡[53]でも大規模な洪水がこの時期に発生したことが認められており、木曽川下

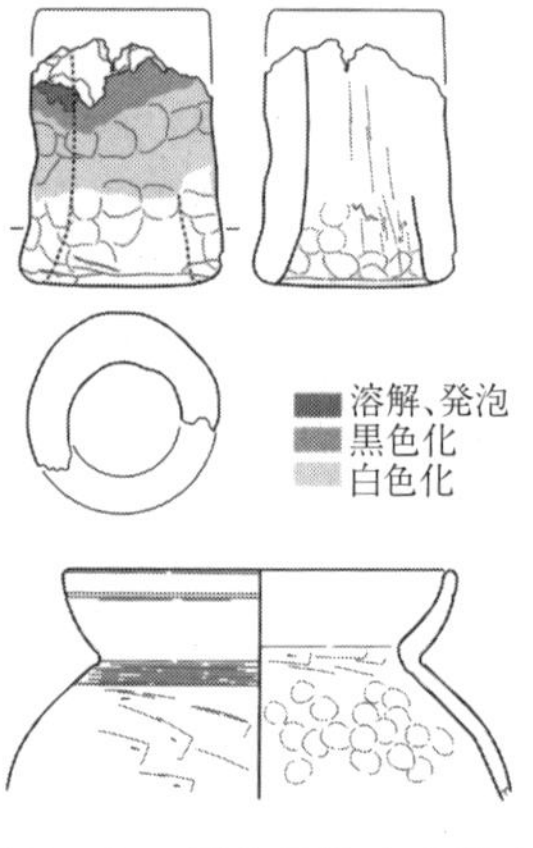

図７　中之郷北遺跡出土鞴羽口と共伴土器

流域にとどまる現象ではなく、古墳寒冷期に発生した列島規模の環境変動に呼応した大規模自然災害とも考えられる[54]。

この未曾有の大洪水の各地で推定される発生時期は、高塚古墳の築造時期の前後に集中する。また、洪水の勃発が推定される時期に高塚古墳周辺、五条川下流域氾濫原地帯でも、先述のとおり遺跡の展開が低調になる状況が認められ、これも洪水という災害に呼応した現象であると理解される。

五条川下流域氾濫原地帯で洪水堆積層が確認されている遺跡としては、北名古屋市の中之郷北遺跡と北浦遺跡が挙げられる。高塚古墳の造営母体の拠点集落とも考えられる中之郷北遺跡[55]では松河戸Ⅱ式期前半までの遺物群を包含する層の上位を覆う大規模な洪水堆積層が確認されている。北浦遺跡[56]でも、遺跡が立地する自然堤防の基層となる砂層内及び遺跡の基盤層となる黄褐色砂層に山中期から松河戸式期の遺物が包含されることが確認されており、下位砂層との間が不整合面となることから、洪水による堆積層と推定される。中之郷北遺跡では古墳時代中期の松河戸Ⅱ式期後半には集落が再建され、北浦遺跡では埴輪を採用する古墳が存在した可能性が高いことから遅くとも古墳時代後期には本格的な再居住が開始されたことが窺える。こうした状況から、大毛池田層に代表される大水害は、古墳時代前期末から中期初頭にかけて断続的に頻発した広域的且つ長期的な災害現象であったとみることができ、その勃発時期や終息時期は地点によって異なる可能性が高い。

高塚古墳の築造時期と立地は、「大毛池田層」を伴う長期的大水害が高塚古墳の築造の大きな契機になったことを暗示している。高塚古墳築造後、五条川下流域氾濫原地帯に再び集落が展開し、古墳の築造が活発化していく様相からは、高塚古墳の造営集団が大水害後の同地域の復興と再開発にいち早く着手し、その再開発の成功を背景に勢力を拡大、安定させたと推測することができるだろう。高塚古墳の築造という出来事は、古墳時代前期までの伝統的在地勢力の衰退と新勢力の台頭という大規模自然災害を一つの背景とした地域社会構造の変化を象徴するものと捉えられる。

四　高塚古墳と地域社会の動態

新技術の移植と氾濫原開発

高塚古墳の築造を達成した新興の集団は、広大な氾濫原地帯の水田開発を背景にその勢力を拡大していったと推定される訳であるが、そうした大規模な開発を可能にした要因とは何であったのか。高塚古墳の造営母体と推定される中之郷北遺跡にその手がかりが残されている。

中之郷北遺跡では、「大毛池田層」の被害を被っていない松河戸Ⅱ式期後半の集落の存在が確認されている(57)。この集落内では水銀朱が出土し、朱精製という特殊な技術を保持した集団が居住していたと考えられる。また、集落域からの出土ではないが松河戸Ⅱ式前半期の鞴羽口及び鍛冶関連遺物が認められることに加え、集落内で有袋鉄斧も出土しており、同集団は鍛冶技術、鉄器生産技術も保持していたと推定される。畿内地域と同様の形態的特徴を有する専用羽口と共伴した布留式甕に類似する甕の存在は(58)、鍛冶技術の系譜を示すものとも捉えられ、畿内的鍛冶技術が同集落へ移植されたと考えることができよう。高塚古墳の埴輪の年代観から得られる築造時期と概ね一致する時期の鍛冶技術等の先進技術をもった集落と評価可能であり、古墳築造の契機が新技術の導入と深く関連すると推定される。大毛池田層にみられる洪水災害後に五条川下流域氾濫原地帯を復興、再開発するに際して、鉄器の生産に深く関わる鍛冶技術の獲得のため畿内地域の有力集団に積極的に働きかけ、関係を結んだものと考える。氾濫原開発に効率的な道具立てとして鉄製品を揃えるための鍛冶技術を獲得し、また推測を逞しくすれば、併せて畿内地域から先進の治水技術を含む土木技術を取り入れたとも考えられる。高塚古墳周溝堆積土の花粉分析(59)、中之郷北遺跡の堆積土の植物珪酸体分析[60]の結果が共に、古墳時代中期以降の植生変化の進行と周辺の水田開発の進展を示唆することは、氾濫原地帯の開発に欠くことのできない治水・利水技術が効果的に投入されたことを裏付けるのではなかろうか。ここに高塚古墳に配置された導水施設形埴輪が放つ「水の制御」というイメージが重なってくる。また、埴輪にみられる大和地域との関係性からは、南郷大東遺跡[61]という高度な治水・土木技術を駆使した水マツリの空間の存在が想起される。大和地域から先進的な治水・土木技術を学んだ可能性は高い。

畿内中枢勢力との関係性の構築と新たな技術の獲得とによって切り拓かれていく新たな地域社会の幕開け、そしてその端緒を開いた人物の功績の、腐朽の記念碑として、高塚古墳の造営という事業を位置づけておきたい。高塚古墳の畿内的な彩色を強く帯びた埴輪群も、こうした畿内勢力との関係性の構築の中で積極的に取り入れられたものと考えられる。

高塚古墳のモニュメント性

高塚古墳への畿内的色彩を帯びた埴輪の導入という事象は、造墓主のどのような意図のもとに実現されたのであろうか。もちろん、影響力を拡大しつつあった畿内の中心勢力のもとに組み込まれ、その政治的序列の中に位置づけられた結果、序列に相応した埴輪の樹立を含む古墳祭式を受け入れたとみることも可能であろう。しかし、墳形、規模、埴輪を含む古墳祭式の達成度は政治的序列と相関関係にあるとする見方に依るならば、高塚古墳の場合その関係は大きくバランスを逸しているといわざるを得ず、先にみてきたとおり採用する埴輪群の質と内容に一際重点が置かれているということを明確に説明することは難しい。

高塚古墳の造墓主とその後継者による古墳築造事業の本質は、自らの存在、功績、権力の正当性を顕示することにあったと思われる。新興の勢力と考えられる高塚古墳の造墓主らは、氾濫原地帯では一瞥で人造物であることを認識できる大規模な墳墓を築き上げ、その外表を埴輪という外来の器物で飾り立てることで、自らの功績や正当性を誇示する政治的モニュメントとした。葺石を採用しない円形墳という在地的墳墓形態に、畿内地域で成立した埴輪群を外表に纏うことで、在地的伝統性の上に鮮烈な色彩を加えて、新興の勢力であることを強くアピールすることを目論んだ。埴輪樹立の伝統のなかった地においては、見るものに強烈な印象を与えたと想像することは難くない。在地の伝統には根差さない、新たな、外来の思想に基づく埴輪という外表装飾により、高塚古墳は伝統的勢力との隔絶性や差異性を表象する外観を築き上げたのである。しかも、形象埴輪を豊富に用いた埴輪群は、前項で検討した鍛冶技術等の淵源である畿内地域で生み出されたものであり、畿内地域の埴輪と同じアイデアとデザインに基づいた埴輪群、特に多種多彩な形象埴輪群を採用することによって、高塚古墳の造墓主体の背後に畿内地域の有力勢力との強力な関係性が存在することを顕示し、造墓主体の勢力や権威の正当性を畿内地域有力勢力との関係性を通じて高揚させる威信的効果の発現が企図されていたと考えられる。

高塚古墳にみられる墳丘形状や規模と埴輪群との不均衡状態は、視覚効果の高い埴輪群を新たな墳丘外表装飾として用い、自らの存在を正当化、誇示するための表象空間へと古墳を仕立て上げることを意図した造墓主体の強いモニュメント性志向を反映するといえよう。こうした観点からみれば、樹立される埴輪に在地的要素が発現する余地はなく、できうる限り畿内的な要素で彩られる必要があったのである。また、高塚古墳の埴輪樹立行為が一回性のものであり、以降周辺での継続的な埴輪生産と樹立が認められないことは、埴輪樹立を促す外部からの圧力、つまり埴輪を含む階層的古墳祭式の移植を伴う倭王権を中心とする固定的な政治的秩序の枠組みが存在しないことになり、高塚古墳の埴輪樹立という行為が造墓主体側の意思により達成されたとみることができる。

「模倣」と「競合」

高塚古墳の埴輪群の樹立行為は畿内地域のそれの「模倣」によって成立した。模倣の対象となったのは、高塚古墳の形象埴輪の造作、鍔付壺形埴輪の欠如等の特徴から、古市古墳群を擁する倭王権中枢の河内地域ではなく、大和地域、特に南部地域が有力視される。大和南部地域と尾張地域は、古墳時代前期の埴輪出現期の様相からも認められるとおり、「原東海道」を介した関係性を古くから構築しており、高塚古墳の場合もこの伝統的関係性の延長に位置づけられよう。

古墳時代中期の大和地域は、前期末に巨大前方後円墳の築造が河内地域へ移行してもなお強大な勢力を有していたことは、葛城氏の台頭として捉えられるように、古墳時代中期に大規模遺跡が集中して出現することからも知られる。この中心となる南郷遺跡群(62)では、大規模な水マツリの空間である南郷大東遺跡をはじめとして、武器、武具及び各種手工業製品の大規模工房群、大型倉庫群、大規模祭儀建物の存在が確認されており、居住・祭祀・生産の機能が集約された葛城氏勢力の中枢であったことがうかがわれる。また、興隆の背景には渡来人の関与が想定でき、外来の思想や技術が積極的に採用されたとみられる。当該地域が畿内地域の中においても、先進的な思想、技術、情報の卓越した発信地であったことは想像に難くない。高塚古墳の造営主体に大和地域との関係性の構築を強く促した要因も、こうした先進的技術や情報の存在に帰すことができるだろう。

また、大和地域からの先進的技術や思想の授受を通した社会的関係性の成立とその認識から、高塚古墳造営主体にとって大和地域の勢力は単なる技術・情報の淵源地ではなく、畏敬や憧憬の対象として捉えられるようになっただろう。そして、社会的関係性の象徴として、彼の地で流行する文物や思想も憧憬の対象と化した。高塚古墳の場合、折しも在地の伝統性からの隔絶性の顕示が企図されていた時であり、そこに先進的文物と思想への憧憬という感情が大きく作用し、高塚古墳造営主体の意図にかなった、大和地域との間の関係性についての高い象徴性と視認性を備えた「埴輪」が模倣の対象として選択され、威信材的な外表装置という意味合いに重きを置いた形で樹立されたと考える。

一方、畿内地域の勢力からは、高塚古墳のような小規模勢力との関係性の構築は如何なる目論見のもとに行われたのだろうか。『宋書倭国伝』にみる倭の五王の記録から出発し、当期の倭王権周辺の政治的状況のうちにその要因を探ってみたい。

『宋書倭国伝』によれば、倭の五王は宋に対して自らの官爵の除正を求めるとともに、配下の人物についての官爵除正も取り次いでいる。これは、宋の政治的秩序の中に自らを位置づけることで、倭王優位を明示し、国内支配の安定化を図ったものとみられる[63]。裏を返せば、当期においては未だ倭王の優位性は相対的なものであったということであり、海を超えた大国である宋の政治システムの中に自らの優位性を相対化、正当化することによって、倭王権内での序列関係の強化と固定化が目論まれていたのである。こうした状況からは、当期の倭王と王権支持勢力層との間には、倭王の相対的優位状態であってもなお、王権に対して、あるいは支持勢力層内部で影響力を高め、自らを優位な立場に置くための様々な駆け引きが行われた政治的な「競合」状態[64]にあったと推測される。この「競合」において優位に立つための一つの方策が周辺地域への影響力の拡大であり、遠隔地や小地域であっても影響下に置くことで自力を高めることにつながる場合は積極的に交渉が行われたと考える。

こうした「競合」状態の下に構築された関係性が、古墳時代中期前半の埴輪の特徴的な在り方である、高塚古墳等の事例にみられるような唐突に出現する畿内的色彩を強く帯びた埴輪群を生み出した一つの大きな要因とみる。高塚古墳と西都原の女狭穂塚・男狭穂塚周辺、赤堀茶臼山古墳でみられる埴輪情報の淵源の相違は、影響力拡大競争を行う諸勢力の中での関係構築対象の相違と理解することができる。また、こうした倭王権周辺での政治的「競合」状態は、古墳時代前期末の倭王墓地の河内地域への移行に端緒を有するものと推定され、列島各地で認められる当該期の社会構造の変化と同調する倭王権内部の構造変化の一過程と捉えられよう。

まとめ

古墳時代中期前半にみられる倭王権周辺の政治的「競合」状態は、畿内地域諸勢力の地方との交渉を活発化させ、広域的災害現象を一因とする地域社会構造の変化が同調的に地方から畿内地域の有する先進技術や情報への需要を一層高揚させた。先進地域としての畿内地域を象徴する文物は憧憬の対象となり、憧憬の思念は畿内的文物の授受を一層加速させたとみる。地域社会構造の変化を契機とした伝統的社会からの脱却を目指す新勢力にとっては、地域の伝統性に根差さない畿内的文化要素を採用することで、伝統からの隔絶性を明示するとともに、畿内地域との社会的関係性のシンボルとしてそれを誇示しようとした。その演出空間として政治的モニュメント性を有した古墳が選ばれ、象徴性と視認性の高さから埴輪という器物が選択され、高度な模倣により畿内様式の再生産が行われた結果、在地的伝統性を払拭する新たな思想に基づく外観を呈した墳丘が完成されたと結論する。

以上、高塚古墳の事例を通して埴輪導入という事象の社会的背景の一側面を描出することを試みたが、多分に推測と論の飛躍を含んだものとなった。細部の補強と広範な視点からの再検証により、より鮮明な古墳時代社会像を描いていきたい。

註

（１）赤塚次郎「壺形埴輪の復権」（赤塚次郎編『史跡青塚古墳調査報告書』犬山市教育委員会　二〇〇一）

（２）藤井康隆「埴輪と古墳からみた伊勢湾をめぐる世界」（『第三回松阪はにわシンポジウム　東海の埴輪と宝塚古墳』松阪市教育委員会　二〇〇三）なお、藤井は畿内的埴輪群について、大和東南部系と大和北部系の二グループに分けているが、本稿では畿内地域に系譜を求められるものとして一括した。

（３）深谷淳『尾張戸神社古墳・中社古墳―平成二十一年度「歴史の里」構想地内埋蔵文化財調査の概要』（名古屋市見晴台考古資料館　二〇一〇）

（４）瀬川貴文「南社古墳」（名古屋市『新修名古屋市史　資料編　考古１』二〇〇八）

（５）川西宏幸「円筒埴輪総論」（『考古学雑誌』第六四巻第二号 日本考古学会　一九七八）、『埴輪論叢』第四号（埴輪検討会　二〇〇三）

(6) 瀬川貴文「名古屋市における埴輪の導入」（『名古屋市博物館研究紀要』第二九巻　名古屋市博物館　二〇〇六）。4号墳からは古墳時代後期の須恵器も採集されており、4号墳の築造時期については問題も残される。こうした問題があるにせよ川東山古墳群の中にこれらの埴輪が伴った古墳時代前期に遡る古墳が存在したことは間違いない。

(7) 村松一秀「高御堂古墳」（『平成二〇年度　市内遺跡調査概要報告書』　春日井市教育委員会　二〇〇九）、浅田博造『春日井の古代史事始Ⅲ―埴輪の祭祀と制作者―』（春日井市教育委員会　二〇一〇）

(8) 村松一秀「天王山古墳」（『平成一七年度　市内遺跡調査概要報告書』春日井市教育委員会　二〇〇六）

(9) 浅田博造『下原古窯と二子山古墳』（春日井市教育委員会　二〇〇四）、前掲註7浅田文献。

(10) 辻川哲朗「突帯―突帯間隔設定技法を中心として―」（『埴輪―円筒埴輪製作技法の観察・認識・分析―』第五二回埋蔵文化財研究集会発表要旨集　埋蔵文化財研究会　二〇〇三）

(11) 藤井康隆「名古屋台地古墳時代の基礎資料（三）―斎山古墳の埴輪―」（『見晴台考古資料館研究紀要』第四号　名古屋市見晴台考古資料館　二〇〇二）

(12) 村木誠「片山神社遺跡（第四次）」（『埋蔵文化財調査報告書五三』名古屋市埋蔵文化財調査報告六二　名古屋市教育委員会　二〇〇六）

(13) 前掲註6

(14) 藤井康隆「長久寺遺跡」（名古屋市『新修名古屋市史　資料編　考古1』二〇〇八）

(15) 赤塚次郎編『史跡青塚古墳調査報告書』（犬山市教育委員会　二〇〇一）

(16) 赤塚次郎「まとめ」（赤塚次郎編『史跡青塚古墳調査報告書』犬山市教育委員会　二〇〇一）

(17) 前掲註5埴輪検討会文献

(18) 前掲註1

(19) 前掲註15

(20) 前掲註2

(21)　高橋克壽「埴輪生産の展開」(『考古学研究』第四一巻第二号　考古学研究会　一九九四)
(22)　前掲註２
(23)　赤塚次郎「東海系のトレース―三・四世紀の伊勢湾沿岸地域―」(『古代文化』第四四巻第六号　古代学協会　一九九二)
(24)　前掲註５
(25)　藤井康隆「名古屋台地古墳時代の基礎資料（一）―八高古墳の埴輪―」(『見晴台考古資料館研究紀要』第三号　名古屋市見晴台考古資料館　二〇〇一)、同「名古屋台地古墳時代の基礎資料（六）―八高古墳墳丘の復元的検討―」(『見晴台考古資料館研究紀要』第五号　名古屋市見晴台考古資料館　二〇〇三)
(26)　鈴木徹「愛知県域における形象埴輪の様態―古墳時代中期の事例―」(『考古論集―川越哲志先生退官記念論文集―』広島大学大学院文学研究科考古学研究室　二〇〇五)
(27)　犬塚康博「古墳時代」(名古屋市『新修名古屋市史』第一巻　一九九七)、藤井康隆「高田古墳」(名古屋市『新修名古屋市史　資料編　考古１』二〇〇八)
(28)　藤井康隆「鶴舞八幡山古墳の埴輪―名古屋台地古墳時代の基礎資料（五）―」(『埴輪研究会誌』第六号　埴輪研究会　二〇〇二)
(29)　小栗明彦「蓋形埴輪編年論」(『埴輪論考Ⅰ　円筒埴輪を読み解く』大阪大谷大学博物館報告書第五三冊　大阪大谷大学博物館　二〇〇七)
(30)　吉田野々「畿内における壺形埴輪からの一考察―古墳時代の中河内地域の動向を中心に―」(『埴輪論叢』第一号　埴輪検討会　一九九九)
(31)　伊藤秋男編『高塚古墳発掘調査報告書』(西春町教育委員会　一九九四)、伊藤明良編『高塚古墳確認調査報告』(北名古屋市教育委員会　二〇一〇)、竹内里紗「高塚古墳出土形象埴輪の再検討―高塚古墳出土埴輪再整理作業報告―」(『北名古屋市歴史民俗資料館研究紀要』五　北名古屋市歴史民俗資料館　二〇一一)

(32) 平成二三年一月二三日に開催された北名古屋市歴史民俗資料館特別展「低平地に築かれし古墳」関連シンポジウム『古墳から地域を読み解く』の中で、シンポジストの犬木努氏（大阪大谷大学）が指摘されている。
(33) 前掲註29
(34) 永島暉臣愼編『大阪市平野区長原遺跡発掘調査報告Ⅳ』（財団法人大阪市文化財協会　一九九一）、安川満『造山第2号古墳』（岡山市教育委員会　二〇〇〇）
(35) 奈良県立橿原考古学研究所付属博物館『カミよる水のまつり―「導水」の埴輪と王の治水―』（奈良県立橿原考古学研究所付属博物館特別展図録第六十冊　二〇〇三）、滋賀県立安土城考古博物館『導水施設と埴輪群像から見えてくるもの―古墳時代の王権とまつり―』（滋賀県立安土城考古博物館　二〇一〇）
(36) 福田哲也・松葉和也編『史跡宝塚古墳―保存整備事業に伴う宝塚1号墳・宝塚2号墳調査報告―』（松阪市教育委員会　二〇〇五）
(37) 前掲註31伊藤明文献
(38) 前掲註31竹内文献
(39) 前掲註31伊藤明文献
(40) 筆者が識別作業を行ったが、紙幅の都合上詳細なデータは割愛する。別の機会にて報告を行いたい。
(41) 藤井康隆「濃尾地方の古墳と王陵系埴輪」（『古代文化』第六〇巻第一号　古代学協会　二〇〇八）、前掲註26。
(42) 犬木努『西都原Ⅱ―169号墳・170号墳発掘調査報告（遺物編）―』（大阪大谷大学博物館　二〇一〇）
(43) 古谷毅編『日本古代手工業史における埴輪生産構造の変遷と技術移転から見た古墳時代政治史の研究』（二〇〇五～二〇〇七〔平成一七～一九〕年度科学研究費補助金　基盤研究B（2）研究成果報告書　東京国立博物館　二〇〇八）
(44) 女狭穂塚、男狭穂塚を中心とする埴輪採用墳が一体的な計画性をもって配置されている可能性も指摘されるが、埴輪の生産については工人集団の再編を伴う複数の画期が認められている。犬木努「西都原の埴輪から見えてくるもの―カタチ・技術・工人・組織」（『巨大古墳の時代―九州南部の中期古墳―』宮崎県立西都原考古博物館　二〇〇七）

(45) 弥生後期から古墳時代前期の廻間式期までの土器群を出土する遺跡が領域の北部に多く、そうした遺跡では古墳時代中期前半の遺物の出土が低調となる傾向がみられる。
(46) 前掲註31伊藤秋文献では、五条川流路改修を伴う水田開拓事業が進展したと推測される。
(47) 武部真木編『大毛池田遺跡』（愛知県埋蔵文化財センター調査報告書第七二集　一九九七）
(48) 赤塚次郎「東海地域における土器編年に基づく弥生・古墳時代の洪水堆積層（朝日T-SA層・大毛池田層）と暦年代」（『考古学と自然科学』第六一号　日本文化財科学会　二〇一〇）
(49) 石黒立人編『門間沼遺跡』（愛知県埋蔵文化財センター調査報告書第八〇集　一九九九）
(50) 樋上昇編『八王子遺跡』（愛知県埋蔵文化財センター調査報告書第九二集　二〇〇二）
(51) 赤塚次郎編『朝日遺跡Ⅷ』（愛知県埋蔵文化財センター調査報告書第一五四集総集編　二〇〇九）
(52) 永井宏幸編『志賀公園遺跡』（愛知県埋蔵文化財センター調査報告書第九〇集　二〇〇一）
(53) 森泰通「梅坪遺跡」（愛知県『愛知県史　資料編三　考古三　古墳』　二〇〇五）
(54) 前掲註48
(55) 早野浩二編「中之郷北遺跡」（『島崎遺跡・伝法寺本郷遺跡・中之郷北遺跡』愛知県埋蔵文化財センター調査報告書第一三九集　二〇〇六）
(56) 伊藤明良「久地野北浦遺跡」（『北名古屋市歴史民俗資料館研究紀要』二　北名古屋市歴史民俗資料館　二〇〇八）
(57) 前掲註55
(58) 同右
(59) 前掲註31伊藤明文献
(60) 前掲註55
(61) 青柳泰介編『南郷遺跡群Ⅲ』（奈良県立橿原考古学研究所報告第七四冊　二〇〇三）
(62) 青柳泰介「ヤマト王権と水のマツリ―導水施設と囲形・家形埴輪からみた王権の権力基盤―」（『導水施設と埴輪群

像からみえてくるもの―古墳時代の王権とまつり』滋賀県立安土城考古博物館　二〇一〇）

（63）森公章『倭の五王―五世紀の東アジアと倭王群像―』（山川出版社　二〇一〇）

（64）中心と周縁という関係に基づく、エリート層の政治的競合と威信的文化要素の模倣という政治・社会モデルについては、C.R.Higginbotham 2000〝Egyptianization and Elite Emulation in Ramesside Palestine:Governance and Accomodation on the Imperial Periphery〟Brill:Leiden を参考とした。

古墳出現前後の三河

西島庸介

愛知県は猿投山から流れる境川を境界として、西を尾張地域、東を三河地域に分けられる。そのうち三河は、北東部に三河山地（三河高原）が形成し、南部に三河湾・太平洋（遠州灘）が面する。そして、西では矢作川が大川入山（長野県下伊那郡阿智村・平谷村）から、東では豊川が段戸山（愛知県北設楽郡設楽町）から、いずれも平野部を流れて三河湾に注ぐ。東西三河は両河川域を中心に分けられ、現在の行政区分でいえば西三河が豊田市・岡崎市・額田郡幸田町・西尾市以西に、東三河がその以東にあたる。(1)このような自然地形に基づく区分は、大化の改新（六四六年）以前まで西を三河国造の、東を穂国造の支配領域に分かれていたとも考えられるように、歴史的事象にも繋がるものと想定される。本稿では、古墳出現前後の三河について、「墓」を概観することで地域性を捉えていきたい。

なお、本稿ではおおむね廻間Ⅰ式併行期（欠山式併行期）を弥生時代終末期前半（いわゆる弥生時代終末期）、廻間Ⅱ式併行期（元屋敷式古段階併行期）を終末期後半（いわゆる古墳時代早期）とし、廻間Ⅲ式併行期（元屋敷式新段階併行期）から古墳時代前期とする。

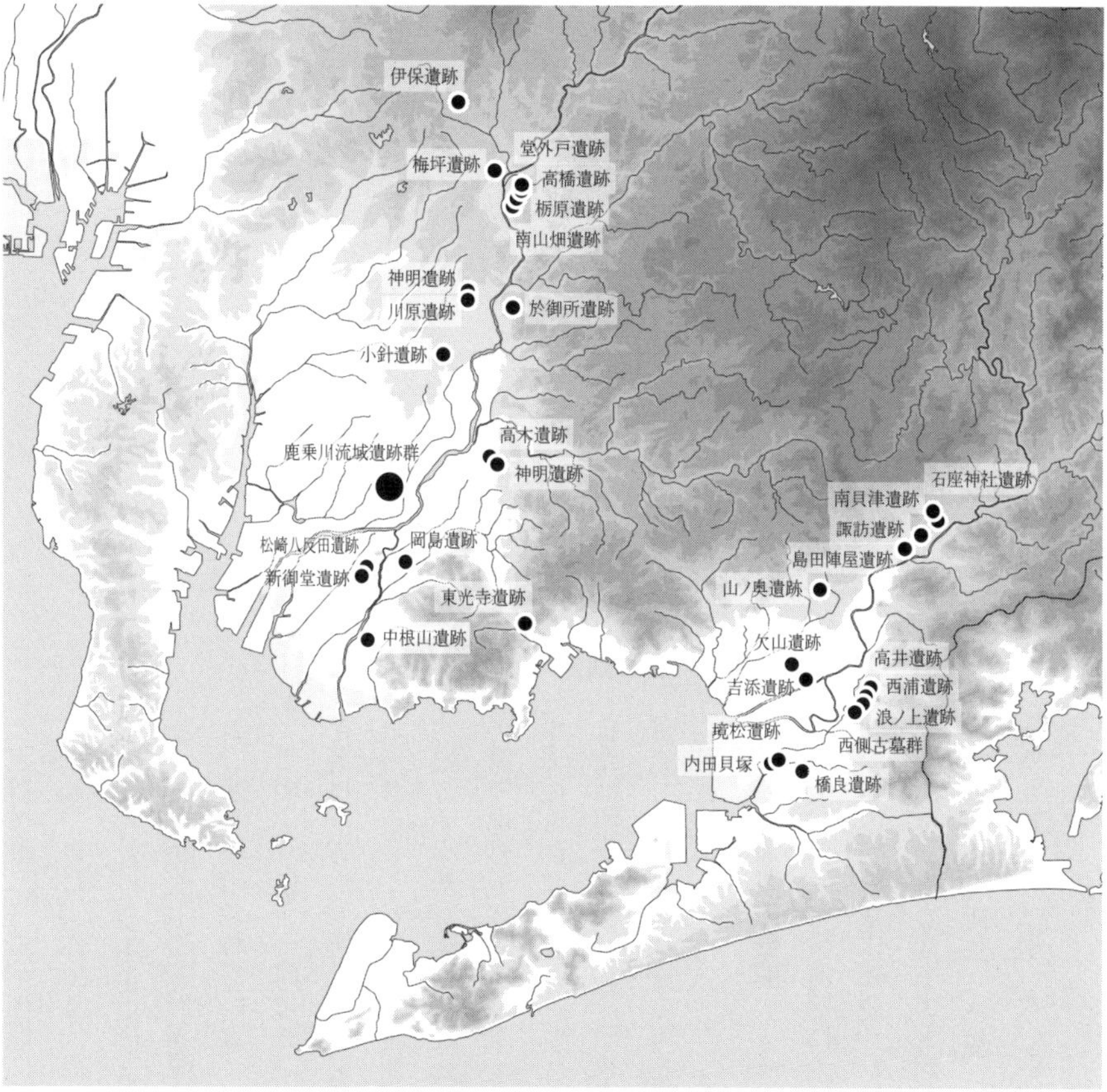

図1　三河における主要集落・墓(弥生時代後期〜古墳時代初頭)

一　古墳出現前夜の三河の墓制

土器棺墓の残存

縄文時代晩期以来の墓制である土器棺墓は、濃尾平野では弥生時代前期における方形周溝墓の出現、定着と合わせて基本的に終息するのに対して、三河では中期以降も連綿と営まれる。

西尾市岡島遺跡[2]は、弥生時代中期前葉から後期まで継続する矢作川下流域の拠点集落である。本遺跡は居住域と墓域に分かれ、墓域はさらに方形周溝墓と土器棺墓が位置を違えて存在する傾向にある。時期ごとでは、中期中葉に方形周溝墓五基、中期後葉に方形周溝墓四基

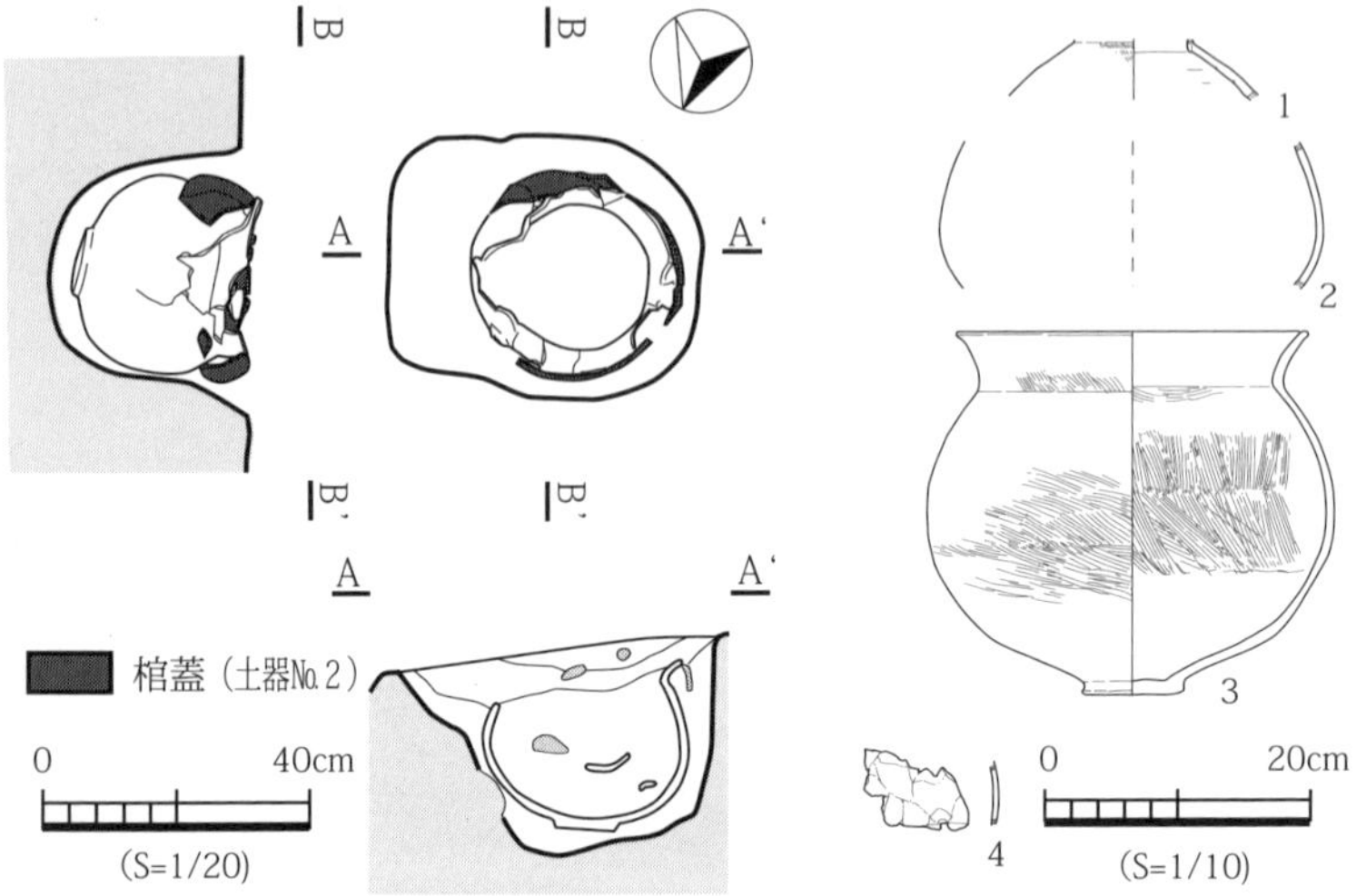

図２　栃原遺跡の土器棺墓(SZ16)

と土器棺墓二二基、後期に方形周溝墓一基と土器棺墓一基に分けられる。また、弥生時代後期から終末期の墓域と居住域が区画溝で隔てられた豊田市栃原遺跡(3)では、方形周溝墓一四基が確認され、終末期前半の方形周溝墓の溝内ないし隣接した位置で土器棺墓三基が検出されている(4)。

このように、三河において弥生時代終末期まで認められる土器棺墓は、方形周溝墓との関係の中で被葬者に対する葬法の差異とみられる。これは縄文晩期における土壙墓が成人、土器棺墓が乳幼児という基本認識を延長する形で弥生時代の方形周溝墓が成人の墓であるものと置きかえられる。ただし、小規模な方形周溝墓が未成人の墓であるという論(5)を含めれば、このような葬法の差、または同一葬法における規模の格差は、年齢に基づく墓制の差に加えて階層差の萌芽とも推測されている。

方形周溝墓の展開

さて、弥生時代前期に濃尾平野で現れた方形周溝墓は、三河において中期中葉に確認され始め、後期に根付く。

三河で最多となる方形周溝墓二三基が検出された豊田市高橋遺跡(6)では、後期初頭に一基（Ａ一型以上一基）、後期に一一基（Ａ一型九基、Ａ二型一基、不明一基）、終末期前半古段階に四基（Ａ

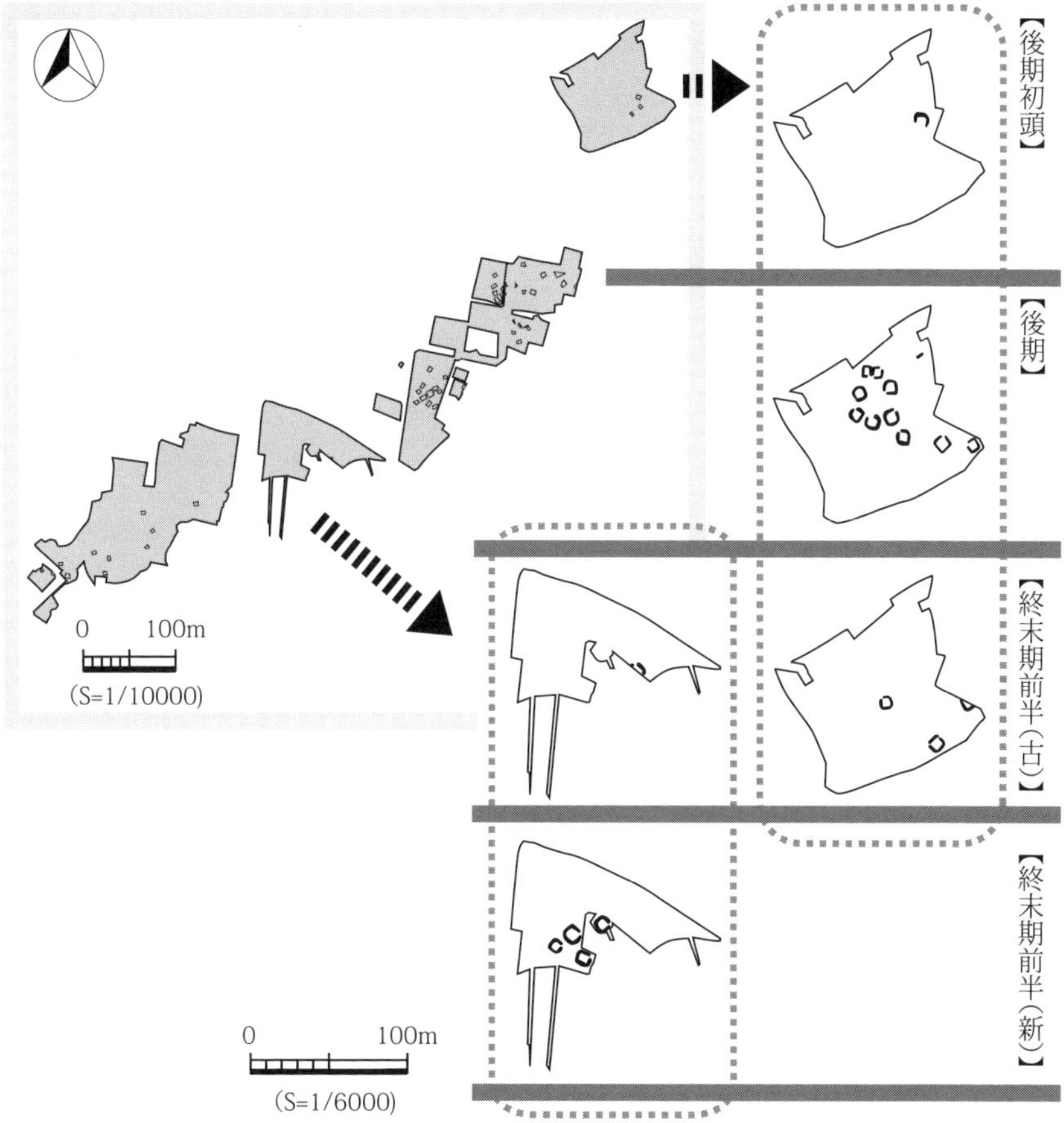

図3　高橋遺跡の方形周溝墓の変遷

一型一基、A二型一基、不明二基)、終末前半新段階に四基(A一型四基)であるのに対して、豊川市国分寺北遺跡[7]では後期に一基(A二型以上一基)、終末期前半に四基(A〇型一基、A一型以上二基、不明一基)、終末期後半に三基(A〇型三基)と区分できる[8]。方形周溝墓の平面形は、中期を主体とする四隅切れの不整の長方形から一・二・三隅切れないし溝が全周する正方形へという変遷で捉えられており[9]、これら二遺跡でも基本的に首肯できる一方、東西三河の地域性に加えて、遺跡単位での志向性を読み取る必要があることを示す。

豊橋市浪ノ上一号墳丘墓[10]は、四隅切れの周溝を持ち、一辺一八メートルで高さ一・四メートルの盛土で構築される。埋葬施設から素環頭鉄剣・瓢形壺が出土したこと、終末期前半の竪穴住居直上に築かれたことから、終末期後半に位置づけられる。こうした墳丘墓は、A四型方形周溝墓の延長線上に置くことができ、前方後方形墳丘墓とは別系譜として、特定被葬者に対する墓制として発展したものと考えられる。しかし、本墳丘墓は弥生時代後期から古墳時代中期を中心とする居住域の一角に築造されているように、縄文時代晩期から一般的な墓域と居住域の近接する関係性をいまだ保持している段階ともいえる。同一時期における方形墳丘墓の事例としては、一隅切れまたは二隅切れと想定される一辺一〇メートルの豊橋市稲荷山二号墳丘墓[11]が挙げられる。

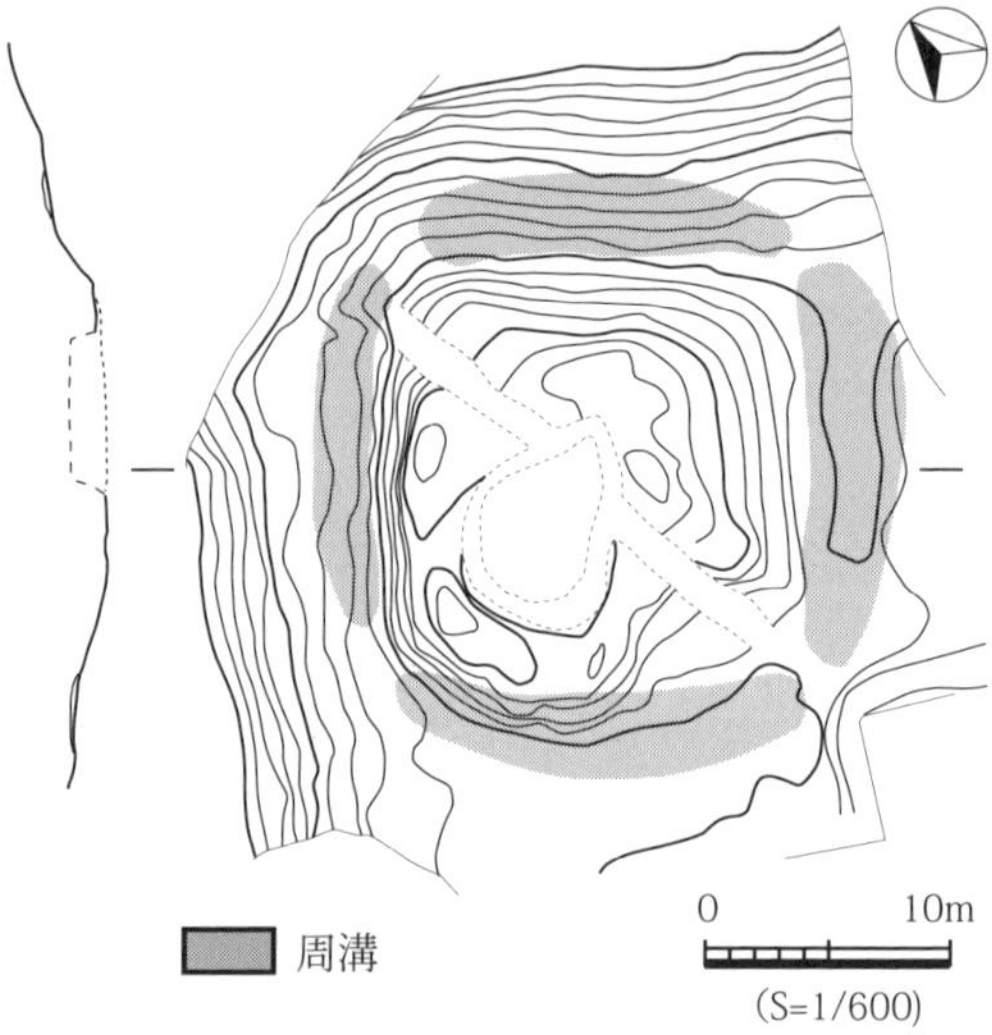

図4　浪ノ上1号墳丘墓

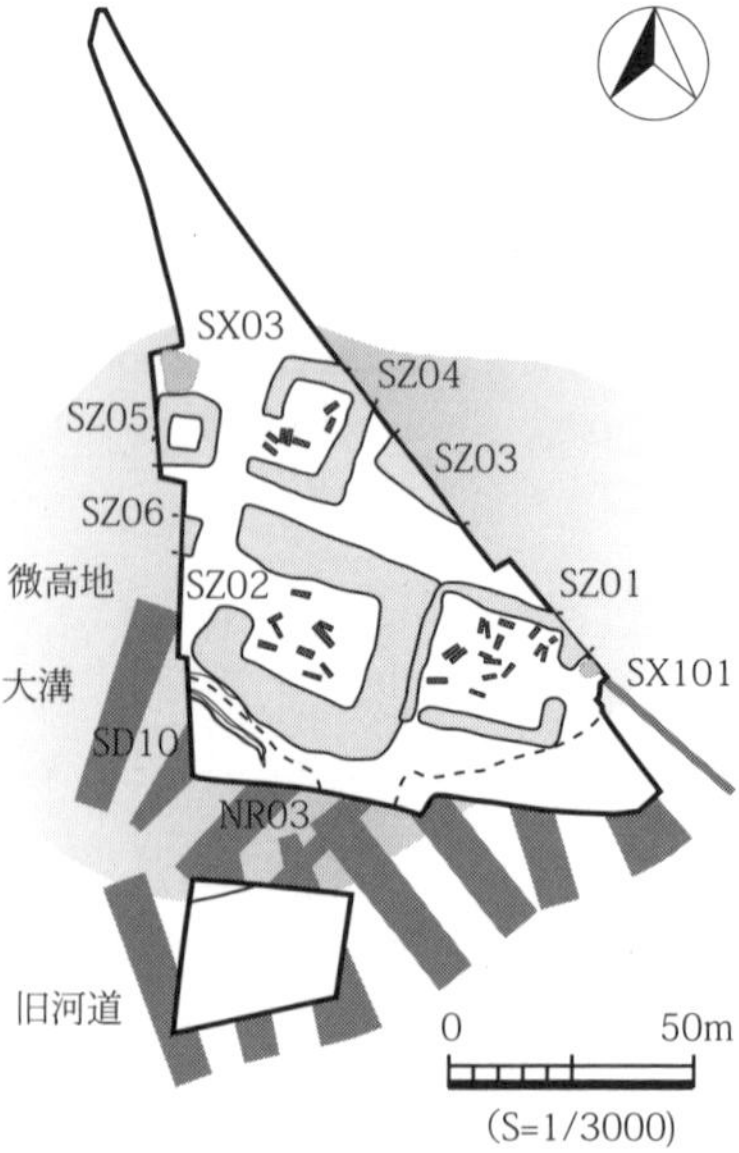

図5　川原遺跡

なお、豊田市川原遺跡[12]では弥生時代後期に大型の方形周溝墓状の区画墓三基が検出され、後期初頭のＳＺ〇二（二六×二三メートル）で九基、後期のＳＺ〇四（一九×一四メートル）で七基とＳＺ〇一（二六・五×二二メートル）で一六基の土壙墓を数える。これはＳＺ〇二の造営当初に営まれた長大な土壙墓（ＳＫ〇九）などの存在もあるものの、土壙墓の形状や基数などを通時的に捉えれば、「共同墓地[13]」と評価されるように突出した被葬者像を想定し難い。

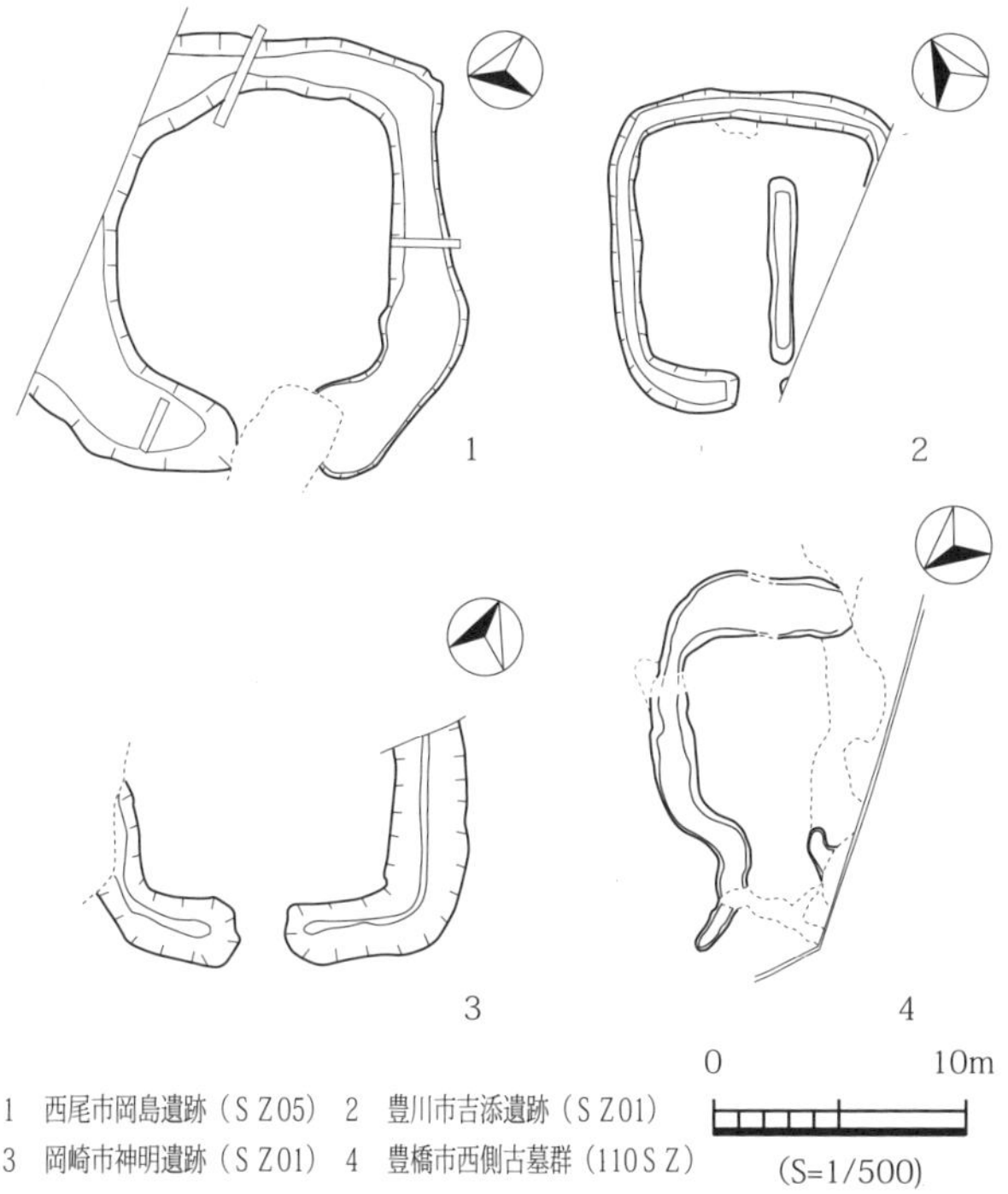

1　西尾市岡島遺跡（ＳＺ05）　2　豊川市吉添遺跡（ＳＺ01）
3　岡崎市神明遺跡（ＳＺ01）　4　豊橋市西側古墓群（110ＳＺ）

図６　方形周溝墓・前方後方形周溝墓の諸例

前方後方墳への胎動

濃尾平野では、清須市廻間遺跡[14]や一宮市西上免遺跡[15]などの沖積地の事例によって、一辺の中央が切れた大型の方形周溝墓から陸橋部を発達させた前方後方形墳丘墓への展開過程が想定されている。そのため、前方後方形墳丘墓は濃尾平野を故地とし、東海西部系土器の広域波及などとも結びついて普遍化したという論[16]がある。

それらの前方後方形墳丘墓の前史として、一辺の中央が切れるＢ一型の方形周溝墓が位置づけられる。三河では、弥生時代後期の西尾市岡島遺跡[17]・安城市神ノ木遺跡[18]、終末期の豊川市吉添遺跡[19]などで確認されており、岡崎市神明遺跡[20]・同市高木遺跡[21]の事例もその可能

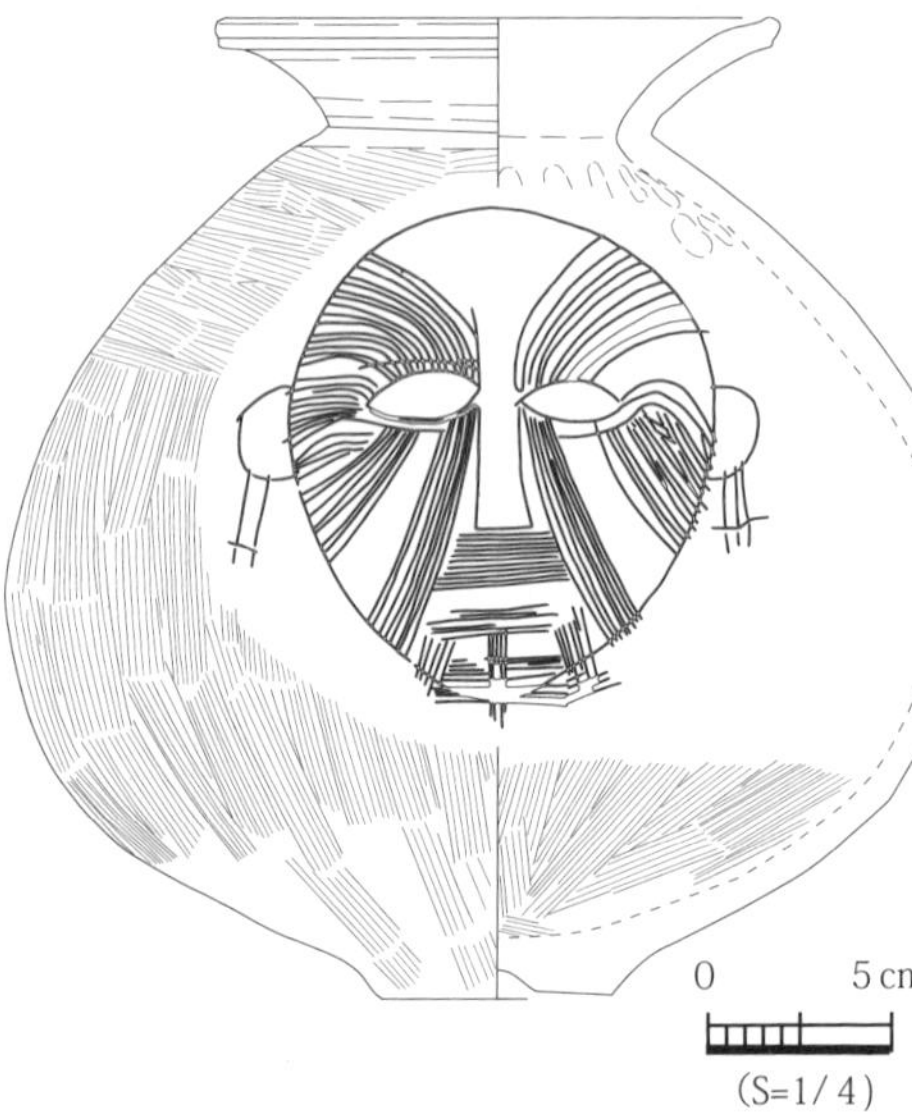

図7　安城市亀塚遺跡の人面文土器

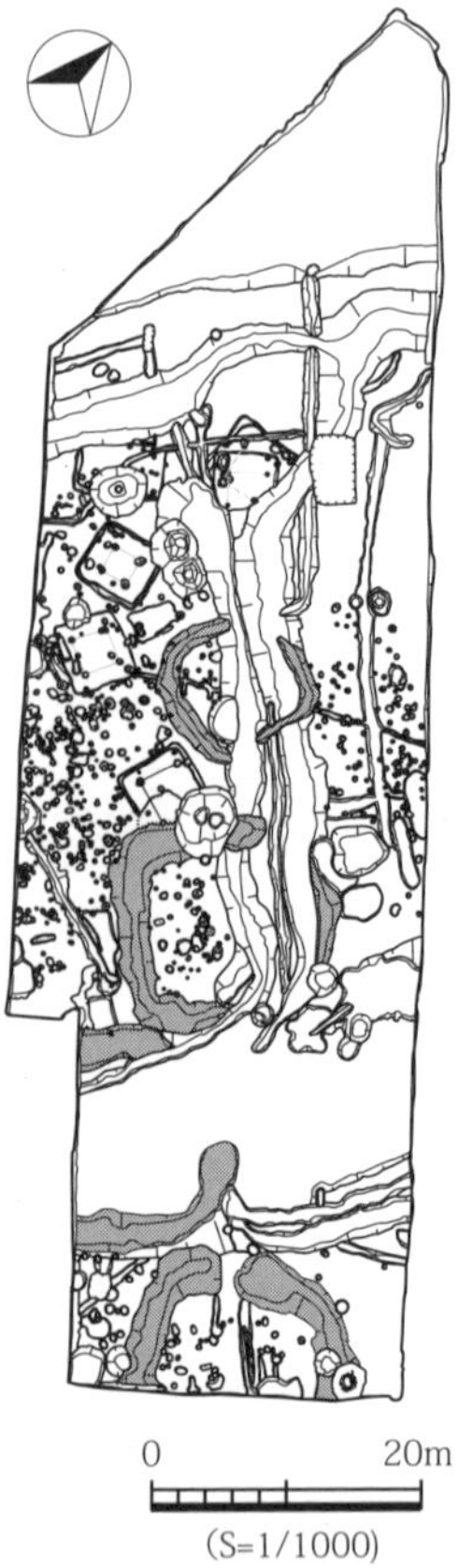

図8　神ノ木遺跡の方形周溝墓

性が高い。これらの多くは内径一〇メートル超の規模を有し、一般的な方形周溝墓より大型の傾向が認められる。さらに近年では、豊橋市西側古墓群[22]で墳丘長一二・一メートルのB二型の「前方後方形周溝墓」とされる遺構（一一〇SZ）も確認されている。

このように、三河においても弥生時代後期から終末期にかけて、方形墳丘墓の浪ノ上一号墳丘墓・稲荷山二号墳丘墓や前方後方形墳丘墓に通じるB一型・B二型方形周溝墓などのいずれも方形を基調とする「墓」の事例が徐々に蓄積しつつある。これらの事例は、同一集落内での墓制と比較して階層差の萌芽段階と位置づけられるが、現状では墳丘の有無、単数・複数埋葬の相違などが不明確であり、あくまで相対的な規模のみの比較に留まる。

さて、これらの視点に加えるべき要素として「墓」の立地がある。東海地域を見渡せば、山頂・丘陵上の独立墳である岐阜県岐阜市瑞龍寺山山頂遺跡[23]や同県美濃市観音寺遺跡[24]の墳丘墓と、沖積地で墓域に含まれる廻間遺跡や西上免

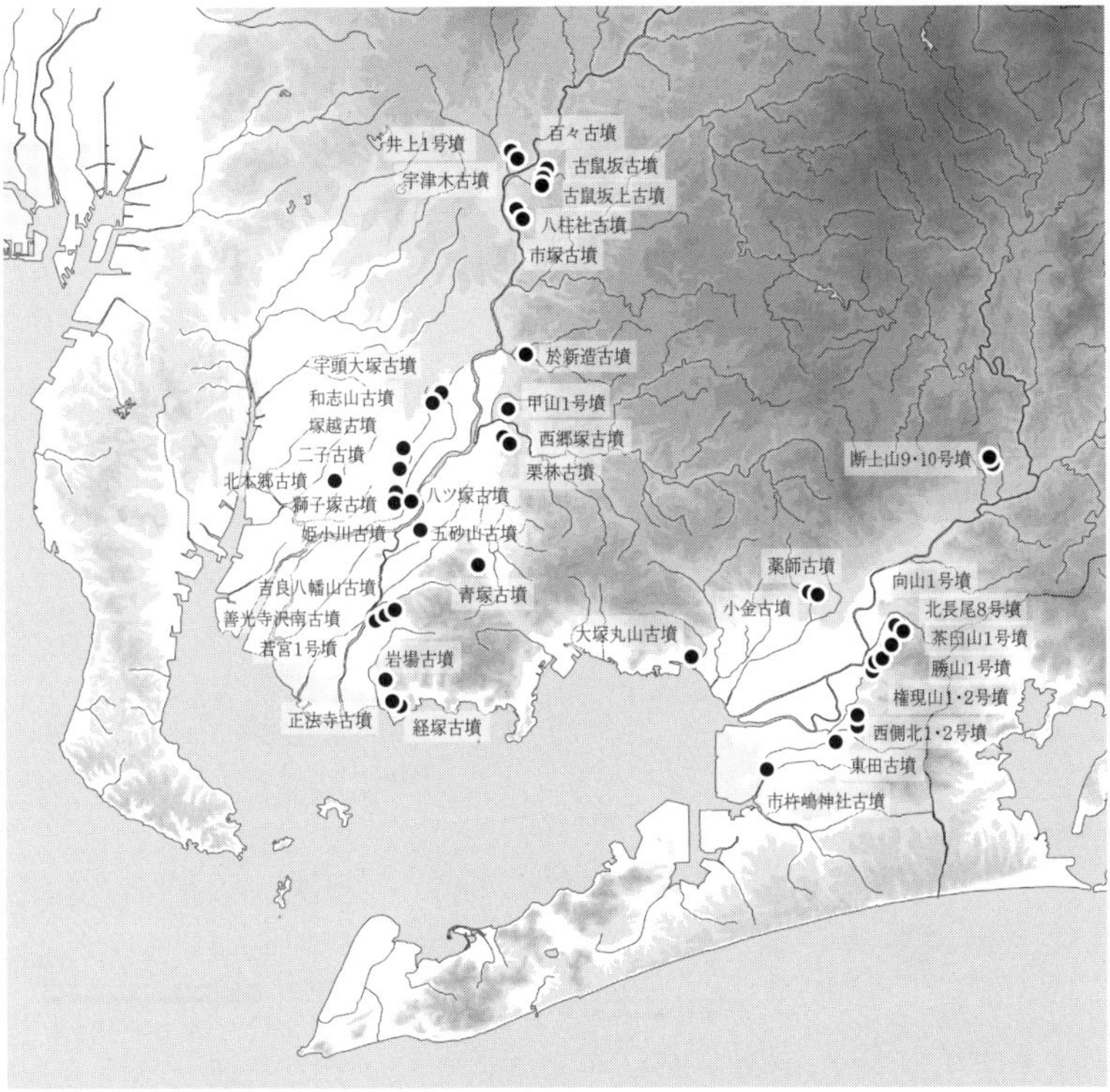

図9　三河における主要古墳(古墳時代前期～中期中葉)

遺跡の前方後方形墳丘墓といった二者が併存する。三河では両者の規模に匹敵する墳丘墓は未発見であるが、後者の事例に相当する安城市鹿乗川流域遺跡群(25)は、伊勢湾沿岸部で盛行する人面文土器が出土し、外来系土器や木製品も豊富な弥生時代後期から古墳時代前期を中心とする複合集落である一方、方形周溝墓が神ノ木遺跡や鹿乗川流域遺跡群(26)（第三次調査区I地区SZ一など）のほかに上橋下遺跡(27)・寄島遺跡(28)・加美遺跡(29)などに限られ、墳丘墓はいまだ明らかになっていない。今後の調査蓄積に期待したい。

二　古墳出現以後の三河の墓制

前方後方墳の出現

三世紀中頃、畿内においては奈良県桜井市箸墓古墳（前方後円墳：墳丘長二七六メートル）を始めとする定型化し

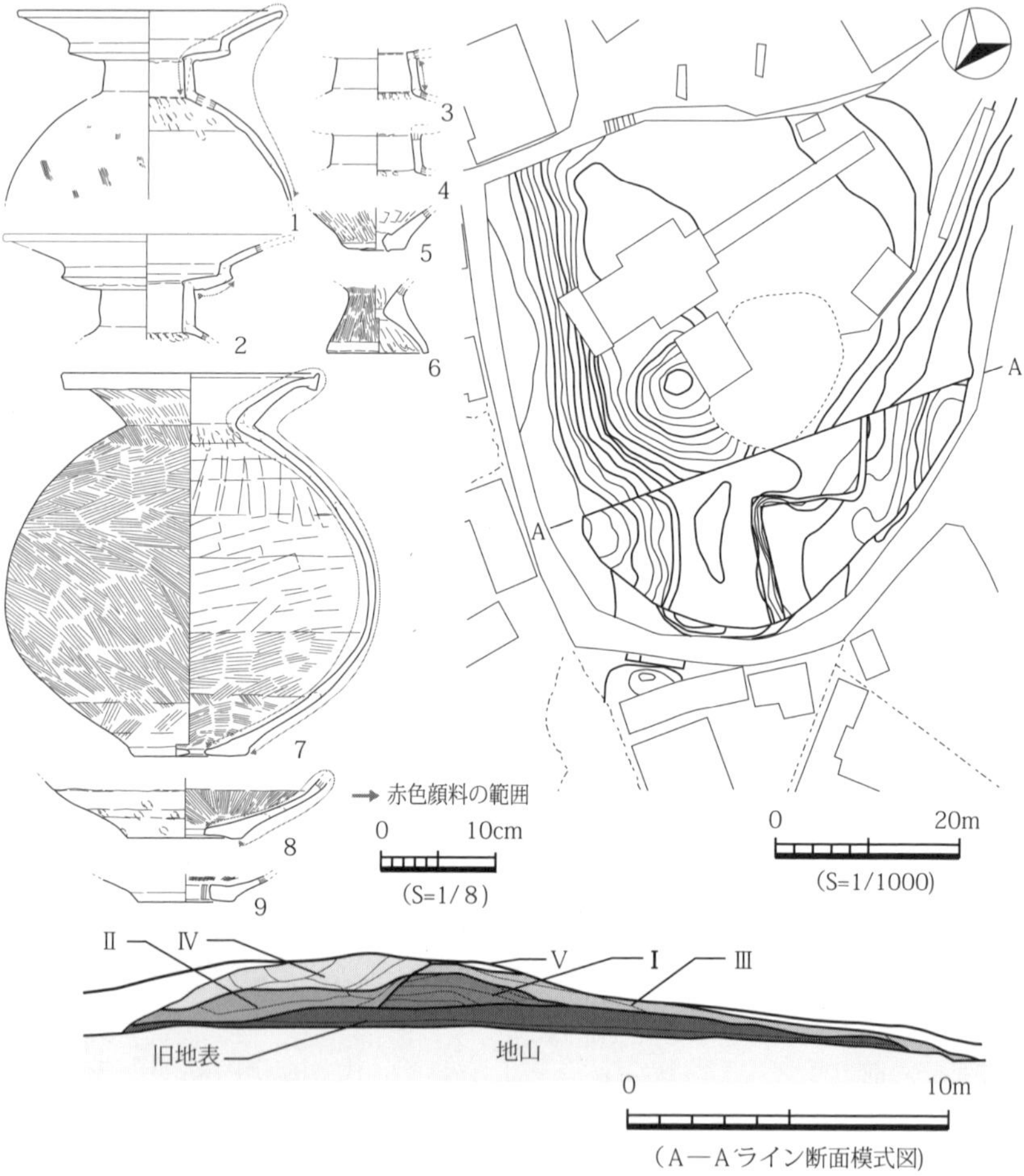

図10　市杵嶋神社古墳

た大規模な前方後円墳が出現する。一方、東日本では前方後方形墳丘墓が発展したと考えられる前方後方墳が前方後円墳に先駆けて出現、普及することから[30]、前方後円墳と前方後方墳の墳形の差異を歴史的事象と結び付けて邪馬台国（畿内）と狗奴国（濃尾平野）に重ね合わせて説明する論[31]がある。いずれにしても、古墳時代前期の三河においては前方後方墳が前方後円墳を基数で上回り、墳丘規模も西尾市正法寺古墳出現以前では拮抗した状況にある。古墳の埋葬施設や副葬品などの古墳構成要素に関する情報が乏しいため結論は慎重であるべきだが、現状では前方後円墳・前方後方墳という墳形に基づく階層差は見出し難い。

さて、三河において最古の「古墳」である前方後方墳は、豊川河口域の豊橋市市杵嶋神社古墳[32]である。昭和六〇年（一九八五）の発掘調査によって、後方部西側コーナーに葺石、墳丘周囲に周溝を持つ墳丘長六〇メートル前後の前方後方墳であることが判明した。墳丘は後世の改変が著しく、前方部長・前方部前端幅が確定していないものの、調査成果に基づけば墳丘長五五メートル前後、後方部径三二～三三メートル、前方部長二〇～二四メートルに復原できる。五工程に及ぶ墳丘盛土は高さ一・六メートルほどあり、土手状盛土を用いる「西日本的工法」[33]ではなく、小丘にそのまま肉付けして積土する「東日本的工法」に該当する。出土した廻間Ⅱ式後半から廻間Ⅲ式前半の土器群により前期前葉から中葉に位置づけられる。そのうち、壺は焼成後・焼成前底部穿孔のものがあり、内外面に赤色顔料が塗布されたものもある。

なお、下流域の豊橋市権現山二号墳[34]（前方後円墳：墳丘長三三メートル）は、楕円形の後円部、短い前方部という墳丘の特徴を有する。廻間Ⅱ式後半とされる高坏が出土しており、出土遺物・立地などから同一丘陵上の権現山一号墳に先行し、市杵嶋神社古墳と相前後する築造時期に位置づけられる。

【後円部径・後方部長に対する前方部の相対的長さ】	【三河において該当する古墳】
A群：４区型	権現山２号墳
B群：５～６区型	
B１群【前方部から後円（方）部へ急傾斜】	市杵嶋神社古墳 断上山10号墳、向山１号墳 **姫小川古墳、吉良八幡山古墳**
B２群【前方部から後円（方）部へ緩傾斜】	勝山１号墳、権現山１号墳 北長尾８号墳
C群：７区型	
C２群【前方部から後円（方）部へ緩傾斜】	**二子古墳、塚越古墳**

※明朝体は東三河、ゴシック体は西三河の古墳を示す。

図 11　三河における前期古墳の墳丘分類

権現山1号墳（S=1/800）　北長尾8号墳（S=1/600）

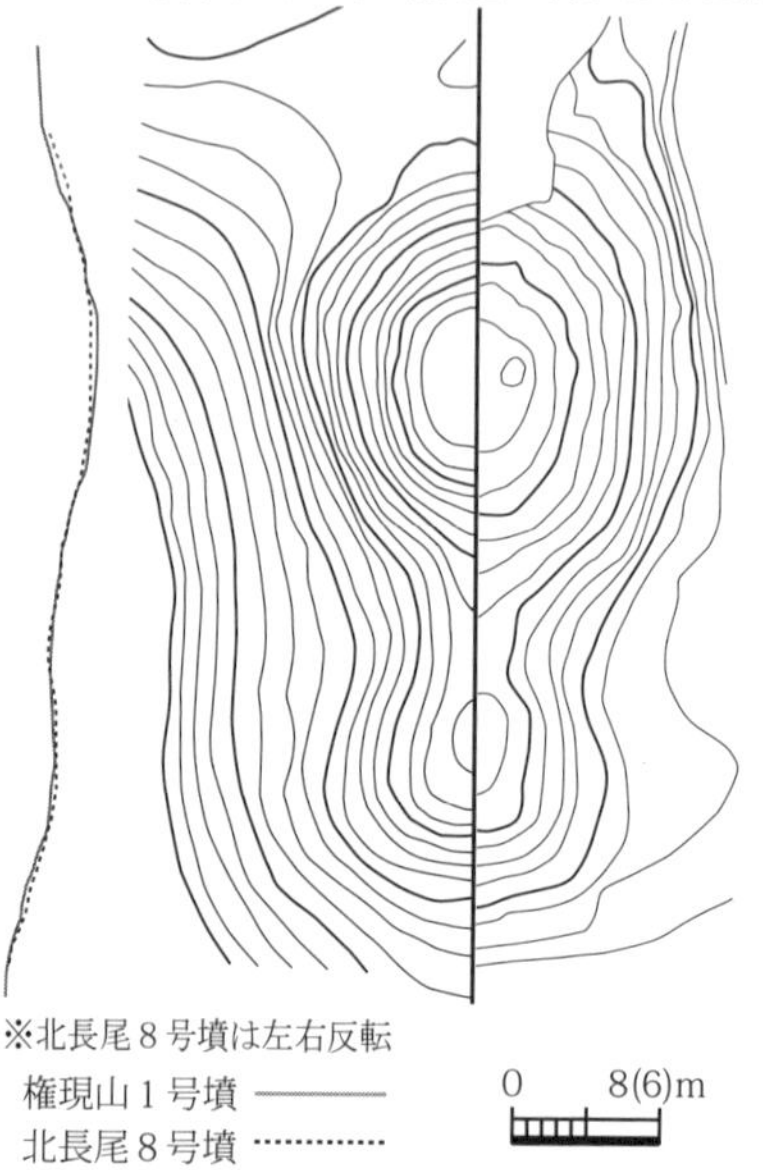

図12　権現山1号墳・北長尾8号墳

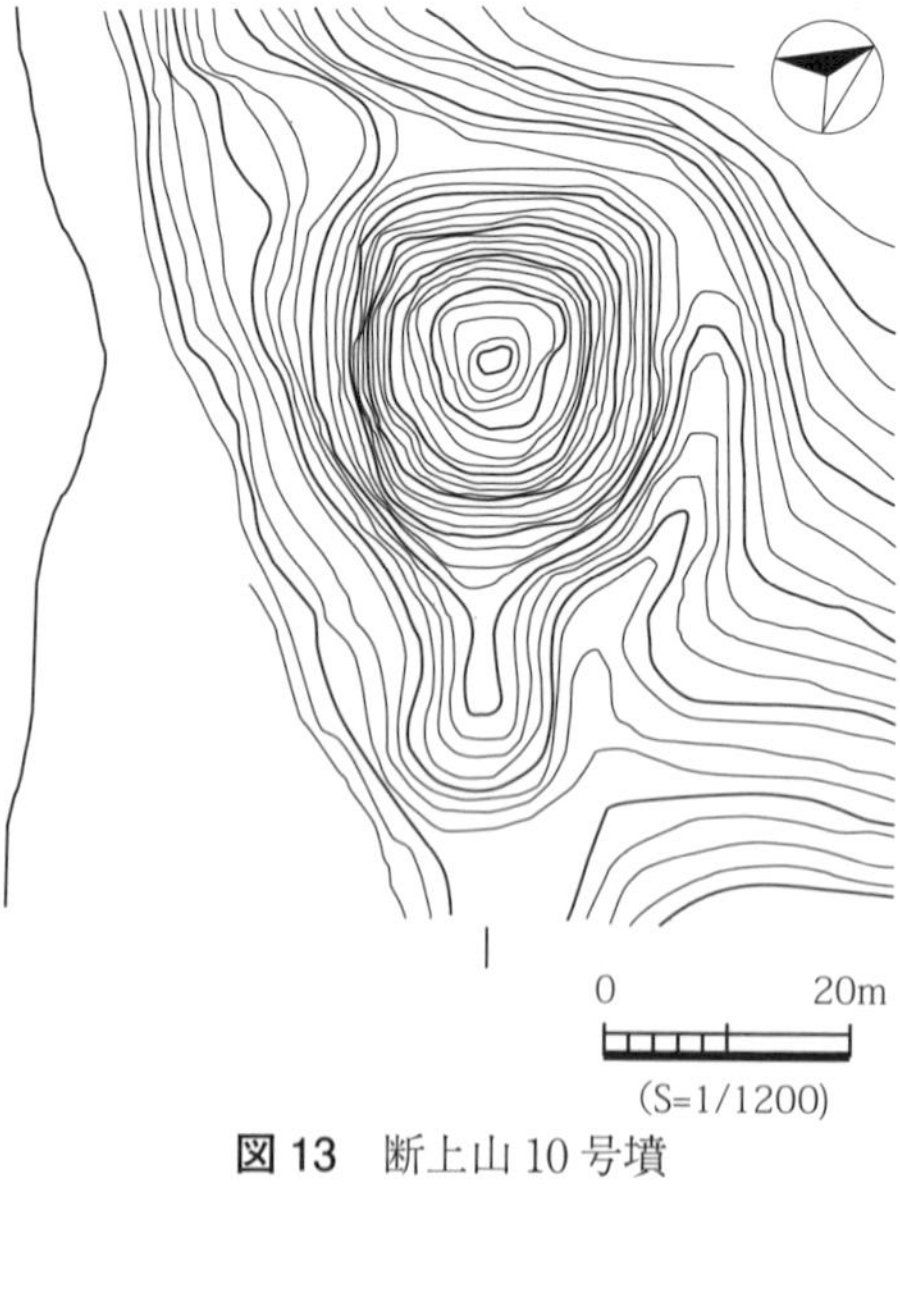

図13　断上山10号墳

東三河における前期古墳の墳丘

東三河において前期古墳と考えられる古墳のうち、発掘調査が行われたものはわずかであり、古墳構成要素に関する基礎情報が乏しい。そのため、築造順序の比定は、「墳丘」が唯一の根拠となる。

その分類指標として、第一に先学の分析手法に倣い[35]、後円部径・後方部長を一致させ、それに対する相対的な前方部の長さ及び形状に着目する（以下、後円部径・後方部長を八等分した長さの単位である「区」を用いて前方部長を表現する）。第二に、前期古墳の墳丘は基本的に前方部高が後円（方）部高に比べて低いが、前方部から後円（方）部への接続では二つの方法が共存する。すなわち、前方部から後円（方）部へ段差に近い急な接続をする一群（1群）と、前方部から後円（方）部へ緩やかな接続をする一群（2群）に分けられる[36]。

この二点を基に分析を進めると、対象古墳は四区型の権現山二号墳（A群）を除くと、すべて五～六区型（B群）

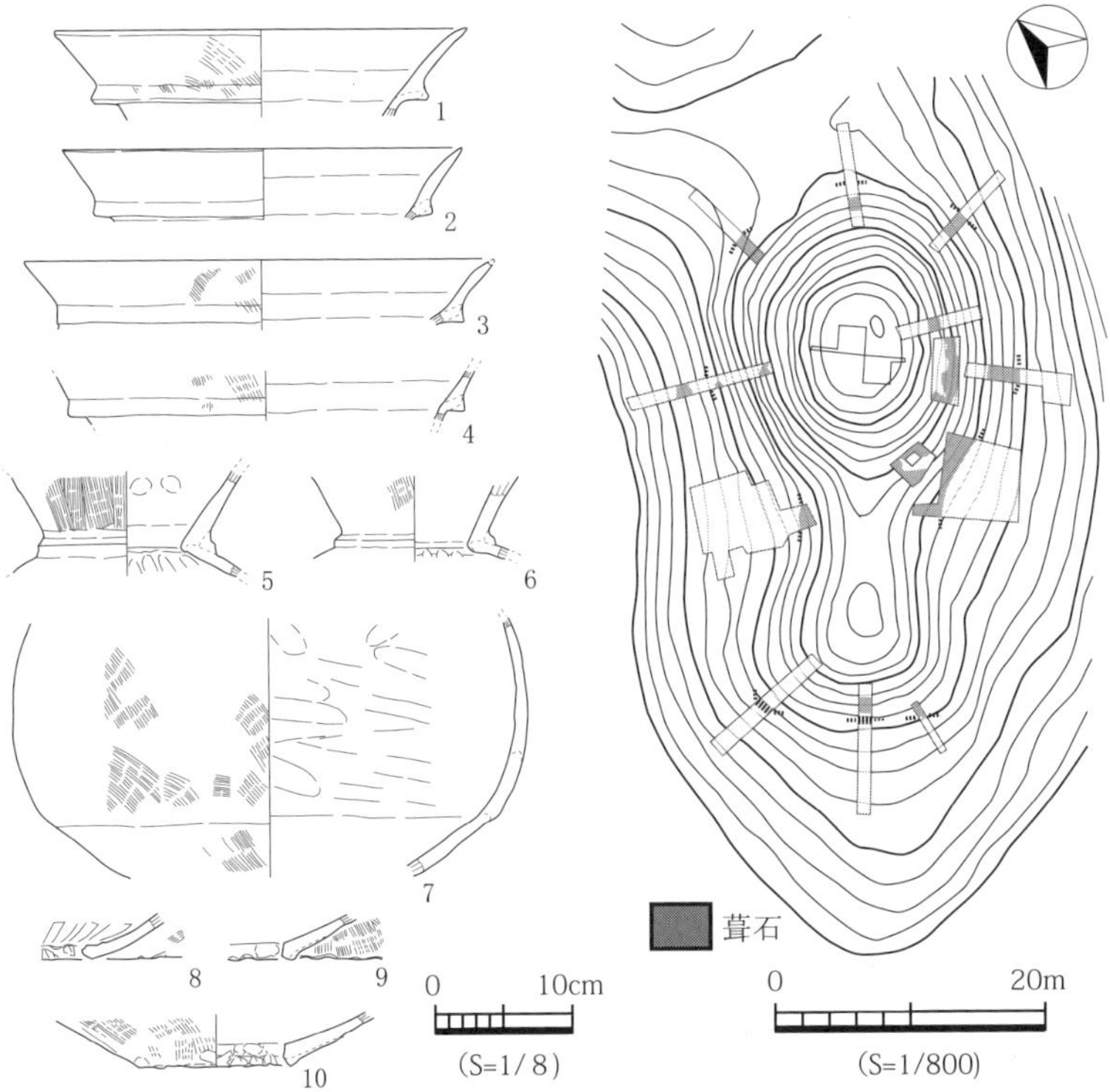

図14　権現山1号墳

に属する。続いて、前方部から後円（方）部への接続方法をみると、1群は市杵嶋神社古墳の他に新城市断上山一〇号墳[37]（前方後方墳：墳丘長五〇メートル）・豊橋市向山一号墳[38]（前方後円墳：墳丘長四三メートル）、2群には豊橋市勝山一号墳[39]（前方後方墳：墳丘長四四メートル）・同市権現山一号墳[40]（前方後円墳：墳丘長三八・四メートル）・同市北長尾八号墳[41]（前方後方墳：墳丘長三〇メートル）がそれぞれ該当する。そして、前方部の発達度合いなどによって、B1群では市杵嶋神社古墳→断上山一〇号墳→向山一号墳、B2群では勝山一号墳→権現山一号墳・北長尾八号墳と想定する。このうち、権現山一号墳と北長尾八号墳は墳形こそ異なるものと認識されているが、後円（方）部が楕円形ないし縦長の長方形、前方部がくびれ部から前端へ向けてあまり開かず低い形態を呈するなど、平面・立面形

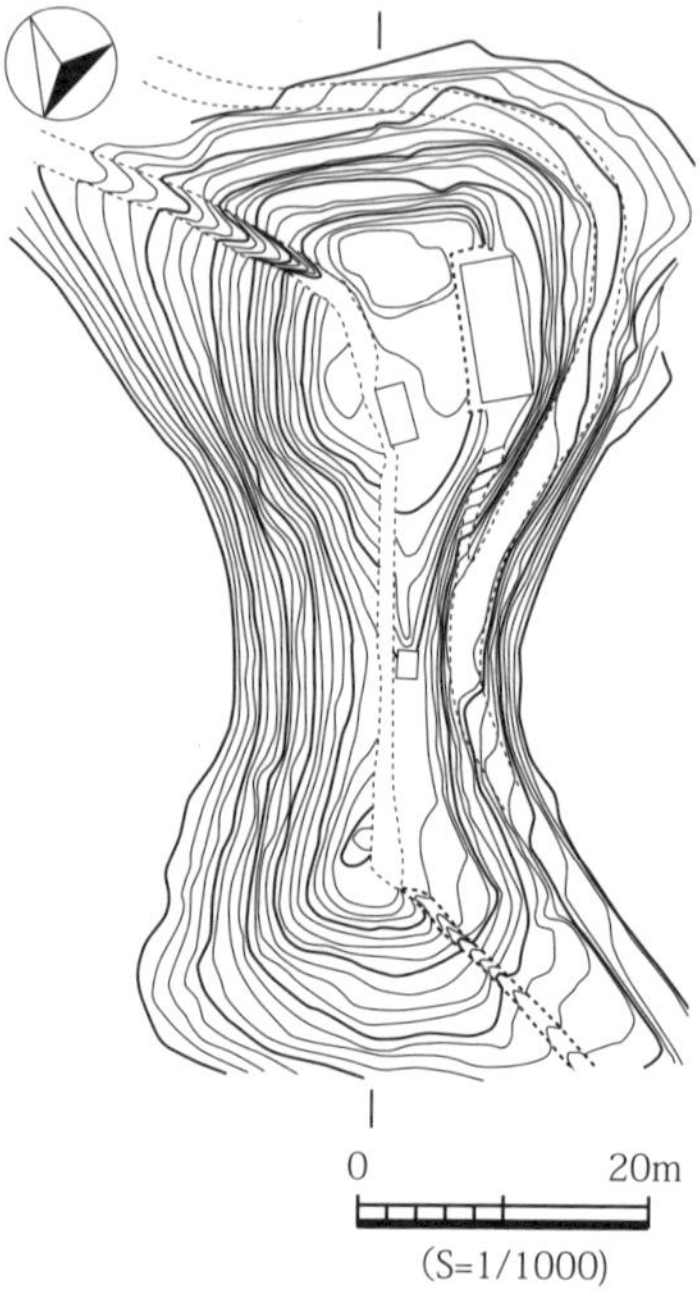

図 15　茶臼山１号墳

態ともに類似する特徴が観察できる。よって、両者は同一の築造規格の系譜上にあり、北長尾八号墳は権現山一号墳の三／四規模で築造規格を共有した古墳と考える。

これに基づく東三河（豊川流域）における前期古墳の変遷は、市杵嶋神社古墳・権現山二号墳出現以後、中流域に断上山一〇号墳、下流域に勝山一号墳といった前方後方墳が築かれる。断上山一〇号墳は古墳に伴う遺物が出土していないものの、墳丘形態から前期前葉に遡ることも想定される。本墳は、隣接する断上山九号墳（方墳：一七メートル）とともに墓域を形成する。これは、岐阜県養老町象鼻山古墳群[42]のように方形を基にした墓域の中で突出する前方後方墳（象鼻山一号墳）という図式と同様である。断上山一〇号墳は、その周辺に弥生時代後期から古墳時代前期を中心とする新城市南貝津遺跡[43]や同市石座神社遺跡[44]などの集落が認められ、三河と信濃を結ぶ交通路の結節点となる位置に築造されたもので、本地域を掌握した首長の墓と考える。

他方、下流域では勝山一号墳を始めとして向山一号墳・権現山一号墳・北長尾八号墳といった前方後円墳・前方後方墳の築造が前期中葉から後葉にかけて継続する。そのうち、権現山一号墳では発掘調査により、後円部上半と前方部前面に円礫、後円部下半と前方部側面に角礫という異なる葺石の状況が確認された。ただし、墳裾は必ずしも葺石下端を取らず、墳丘傾斜変換点が有効であることが指摘されている。また、廻間Ⅲ式後半の焼成前底部穿孔の二重口縁壺が各調査区で出土していることから、土器を配置した囲繞配列[45]が行われたものと想定される。なお、中流域における古墳の墳丘は、後円（方）部が楕円形ないし縦長の長方形という地域的特徴を持つ。そして、前期末葉の豊橋市茶臼山一号墳[46]（前方後方墳：墳丘長五四メートル）を最後に、前方後円墳・前方後方墳の築造は明確でなくなる。茶臼山一号墳は、前方部長が後方部長より長い特異な墳丘形態を呈する。同様に前方部長が後円部径に匹敵ないし上回るもので、地形の制約を受ける、というよりもそれを許容するような墳丘形態を呈する古墳は、岐阜県垂井町親ヶ谷古墳[47]（前方後円墳：墳丘長八五メートル）・富山県小矢部市谷内一六号墳[48]（前方後円墳：墳丘長四七・六メートル）・同県氷見市阿尾島田Ａ一号墳[49]（前方後円墳：墳丘長七〇メートル）などが挙げられ、いずれも前期後葉から末葉に位置づけられる。

なお、河口域では市杵嶋神社古墳前夜の「墓」として、前述の浪ノ上一号墳丘墓・稲荷山二号墳丘墓の他に、豊橋市境松遺跡[50]で廻間Ⅱ式前半の高坏の他に東海系加飾壺・二重口縁壺を供献した方形墳丘墓（ＳＺ―一）が確認されている。また、市杵嶋神社古墳以後の動向としても、豊橋市西側北古墳群[51]では前期後半以降に三基の方墳が、同市内田貝塚[52]では紡錘車形石製品が発見されている。このように、近年、河口域でも古墳出現前後の調査成果が蓄積されつつある。

桜井古墳群の出現

西三河に目を移せば、古墳時代前期を代表する安城市桜井古墳群[53]がある。これまで桜井古墳群は前期前半から築造を開始したという論[54]もあるが、筆者は「豊川水系での小規模な前方後方墳の造営は四世紀中頃を境に終焉し、それに変わるかのように矢作川中流域に前方後方墳の集中する地域（安城市桜井古墳群）が出現してくるようである」[55]という論を支持している。現状では、前節のとおり東三河においても古墳時代前期後半の古墳が確認されることから、すべてを適用できないが、東西三河の前方後円墳・前方後方墳の築造時期及び墳丘規模の変化を捉える重要な指摘である。桜井古墳群は「三河地域最大の大型墳造営地[56]」と評価されるように、安城市二子古墳[57]（前方後方墳：墳丘長六八・二メートル）・同市姫小川古墳[58]（前方後円墳：墳丘長六五メートル）・同市塚越古墳[59]（前方後円墳ないし前方後

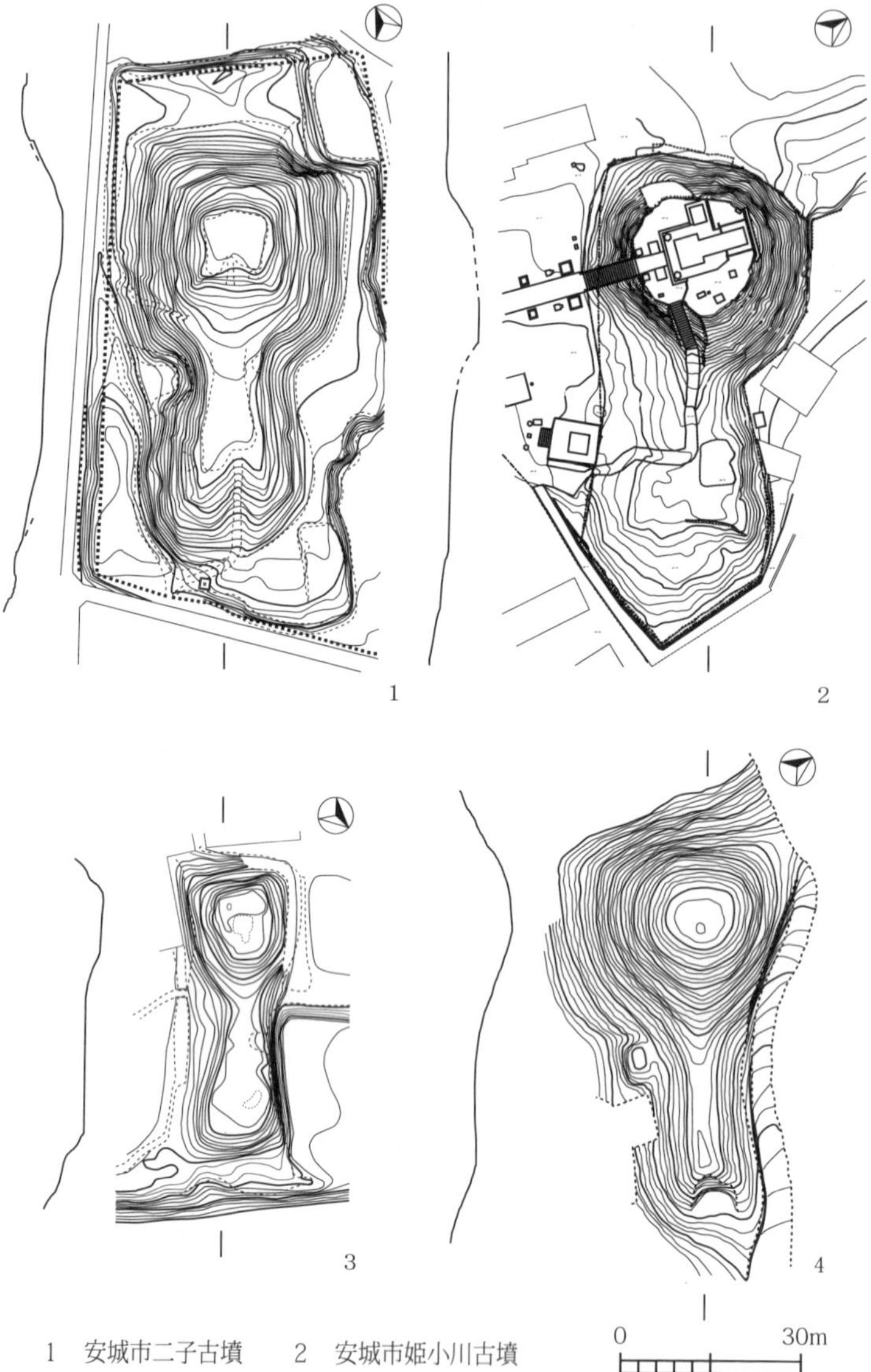

1　安城市二子古墳　　2　安城市姫小川古墳
3　安城市塚越古墳　　4　西尾市吉良八幡山古墳

図16　西三河における前期古墳の諸例

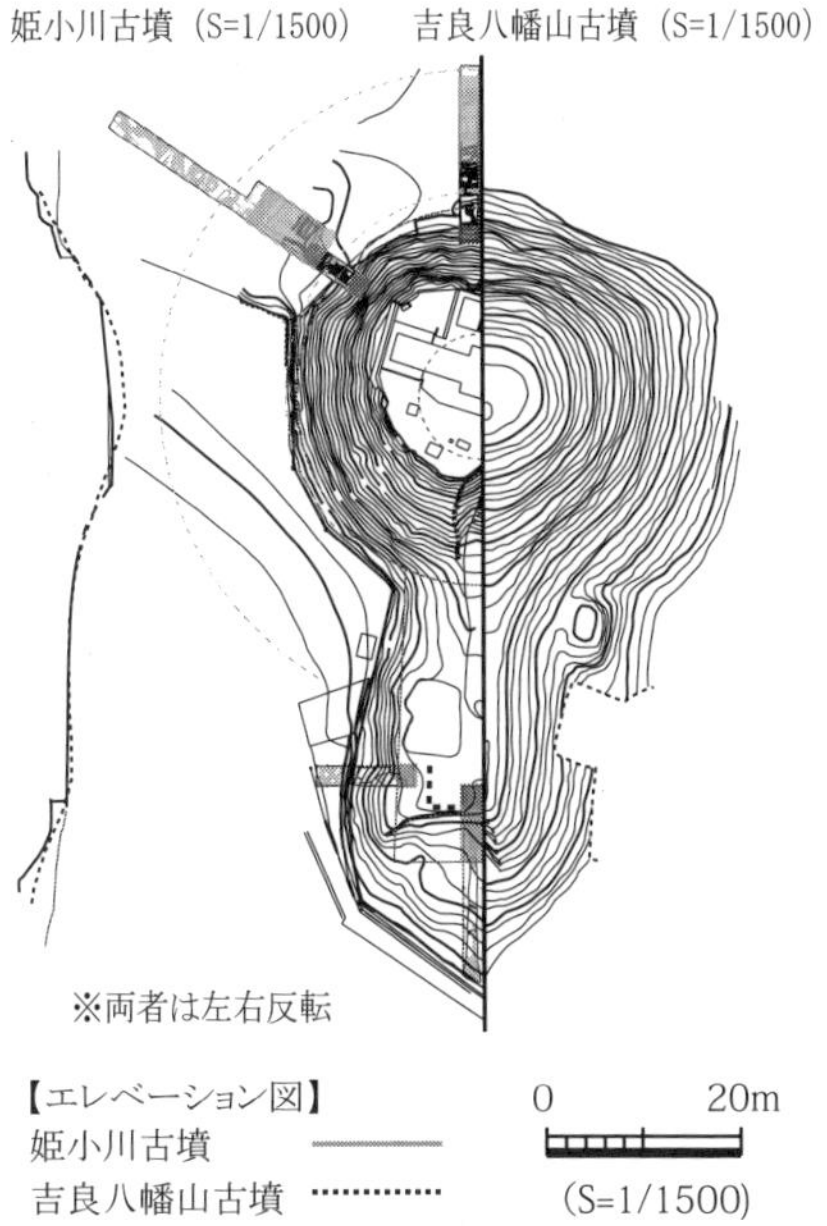

図17　姫小川古墳・吉良八幡山古墳

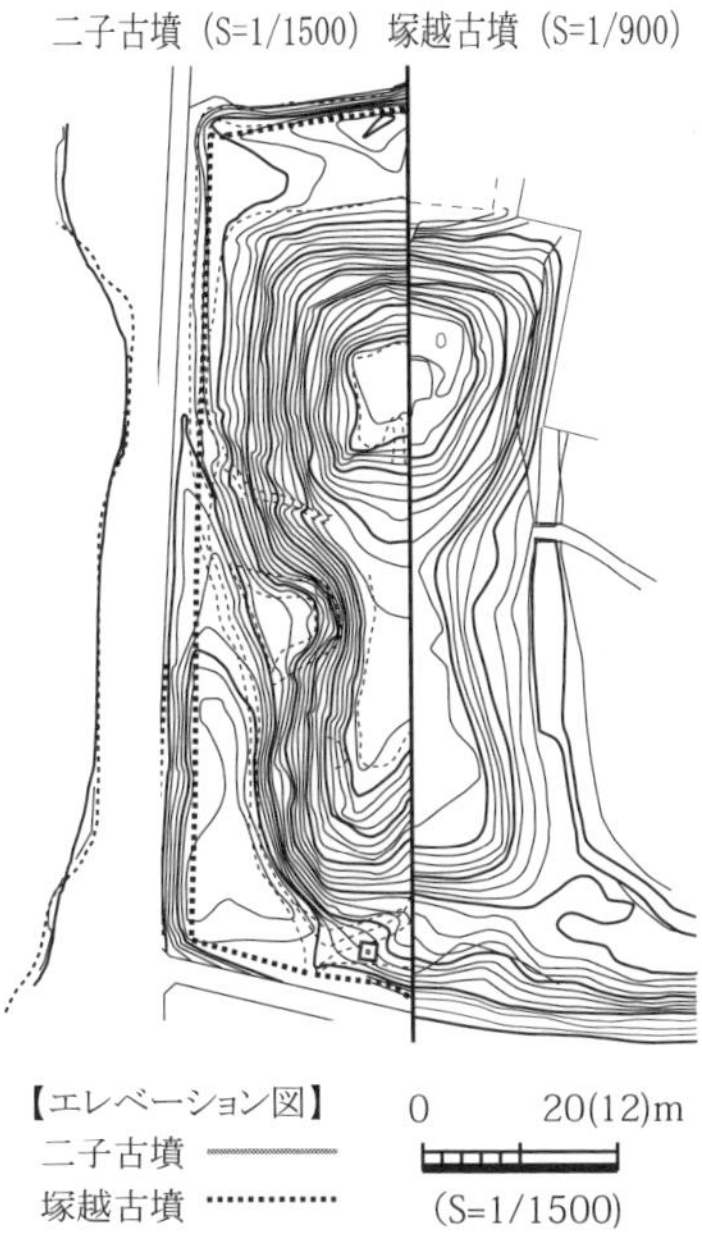

図18　二子古墳・塚越古墳

方墳：墳丘長約四二メートル）を中心とする二〇数基の古墳で構成する。これまで桜井古墳群における首長系譜は、二子古墳を最古として姫小川古墳・塚越古墳を後続して位置づける論が一般的である。これは東日本における前方後方墳から前方後円墳へ変化するという墳丘転換説に基づくものである。ただし近年、墳丘転換説が一律に当てはならない地域も確認され始めており[60]、一概に墳形のみで時期差を求めることは積極的な根拠とならない。

　さて、近年発掘調査が行われた二子古墳・姫小川古墳であるが、古墳築造時期を比定しえる遺物が乏しいため、再び「墳丘」から西三河の前期古墳を検討することとなる。比較対照可能な前方後円墳・前方後方墳は、二子古墳・姫小川古墳・塚越古墳・西尾市吉良八幡山古墳[61]（前方後円墳：墳丘長六六メートル）の四基である。前節の分類指標に従えば、六区型（B1群）の姫小川古墳と吉良八幡山古墳、七区型（C2群）の二子古墳と塚越古墳に分けられる。

　まず、B1群とした姫小川古墳・吉良八幡山古墳は、後円部が前方部に比べて著しく高いこと、前方

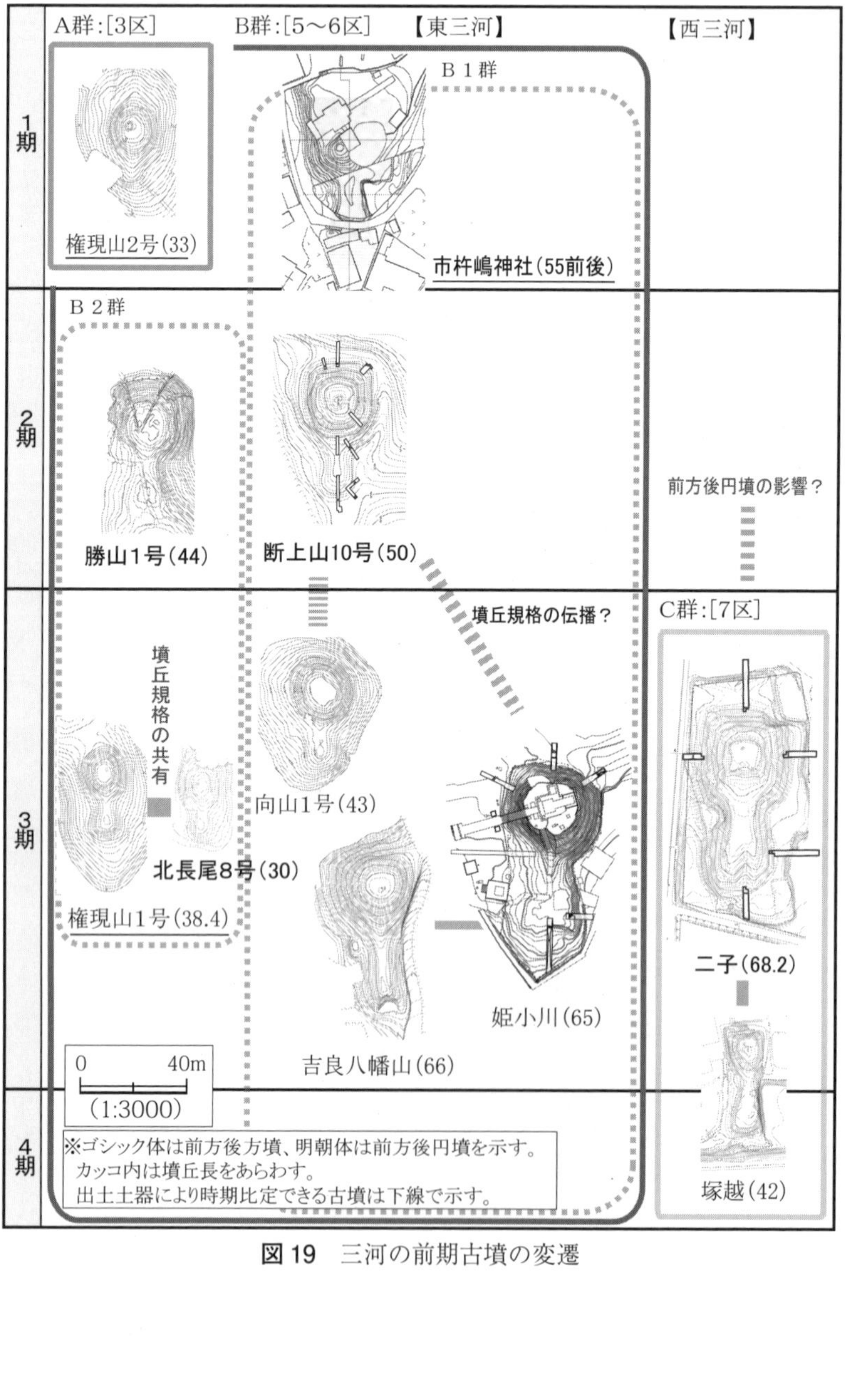

図 19　三河の前期古墳の変遷

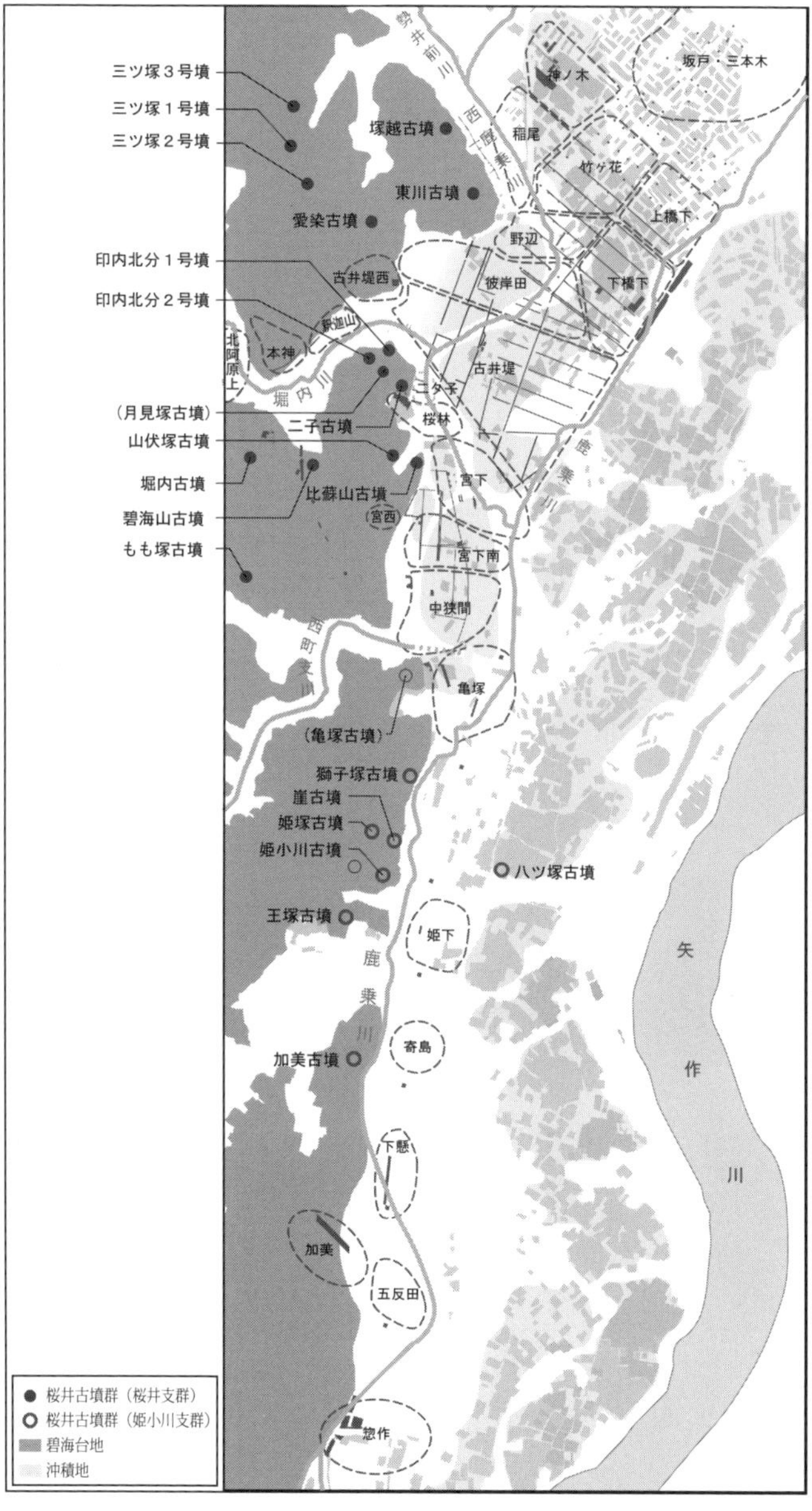

図 20　桜井古墳群と鹿乗川流域遺跡群

部が前方部前端に向けて開かず細長い形態であることなどの特徴を類似する。このことから、両者は同一の築造規格上にあるものと想定され、ほぼ同時期に築造規格を共有したことも考えられる。両者と東三河のB1群の古墳とは、くびれ部幅、前方部墳頂平坦面など墳丘形態の差異から、異なる築造規格の系譜上にある。それでも、両者は東三河からの影響を受けた後に変容した築造規格と捉えられ、比較対照が難しいことを認識しつつも立面形態にみる前方部の発達度合いから、両者は断上山一〇号墳に後出し、向山一号墳とほぼ同時期の築造と推定する。

他方、C2群に属する二子古墳はくびれ部幅・前方部前端幅が相対的に広い墳丘形態を有する。塚越古墳は墳丘改変によって墳形・墳丘規模が確定していないが、現況踏査および墳丘測量図からやや開く前方部形態と推定され、二子古墳との類似点が指摘できる。このことから、二子古墳・塚越古墳は同一規格の系譜上と理解でき、前方部高など前方部形態の発達度合いから二子古墳→塚越古墳と捉える。なお、塚越古墳は昭和二四年（一九四九）の発掘調査によって、粘土槨あるいは木棺直葬と想定される埋葬施設から紡錘車形石製品・鉄鋸・鉄鑿が出土し、前期後葉から末葉に位置づけられる。

このように、西三河の前方後円墳・前方後方墳には二つの築造規格の系譜が存在することを想定する。そして、これに基づけば、現状では二子古墳と姫小川古墳は前後関係で捉え難く、古墳一様式ほどに収まる期間内、古墳時代前期後葉に築かれたものと考える。また、桜井古墳群の支群設定に関しては、これまで安城市桜井町の古墳を区分した「桜井古墳群・姫小川古墳群」[62]の二群とするものと、「北支群・中央支群・南支群」[63]や「北群・中央群・南群」[64]の三群とするものが提示されている。前述の「墳丘」に基づく分析によれば、前者にみる狭義の桜井古墳群と安城市古井町の古墳を含めた北部の二子古墳と塚越古墳を中心とする一群（北・中央群を一括）、南部の姫小川古墳と前方後円（方）墳とされる安城市獅子塚古墳（墳丘長四〇メートル）を中心とする一群（南群）[65]という二つの領域で把握できる。古墳の眼下に拡がる沖積地に展開する鹿乗川流域遺跡群の動向もまとめられており、古墳と近接する集落の有機的関連性、すなわち二子古墳・塚越古墳と塚下遺跡[66]から宮下遺跡[67]の範囲、姫小川古墳と姫下遺跡[68]・下懸遺跡周辺[69]との関係も顕在化しつつある。

西三河における前期古墳の展開

さて、西三河においては古墳時代前期前半に位置づけられる古墳は明確ではない。ただし、その可能性のあるものに中流域の豊田市百々古墳(70)がある。百々古墳は墳形・墳丘規模が不明で、位置も推定の域を出ないが、吾作銘三角縁三神五獣鏡（面径二一・四センチ）一面が出土したとされる。同笵鏡には京都府木津川市椿井大塚山古墳(71)の二面、兵庫県たつの市権現山五一号墳(72)の一面があり、三角縁神獣鏡の中でも古相の特徴を備える。そして、それら副葬古墳は前期前半に位置づけられる。中流域左岸においては百々古墳の他に、豊田市古鼠坂古墳(73)（墳形不明）では内行花文鏡、同市古鼠坂上古墳(74)では四獣形鏡の出土が伝わる。またこれらの対岸にあたる籠川流域では、埋葬施設を木棺直葬として内行花文鏡が出土した豊田市宇津木古墳(75)（円墳：墳丘長二七メートル）がある。これらは副葬品から前期後半に位置づけられる。百々古墳・古鼠坂古墳・古鼠坂上古墳は豊田市堂外戸遺跡(76)、宇津木古墳は豊田市花本遺跡(77)・同市梅坪遺跡(78)といった集落を基盤とすることが想定されている(79)。そして、これら古墳の立地は、矢作川の「河川交通路の終着点(80)」であり、「尾張、美濃、信濃へと通ずるルートの分岐点(81)」にあたり、東三河の断上山一〇号墳と同様の被葬者像が推測される。なお、本地域では宇津木古墳に墳丘長五四メートルの前方後円墳の可能性が残るものの、前方後円墳の築造は知られていない。

下流域に形成された桜井古墳群には前述の古墳に加えて前方後円

図21　伝百々古墳の三角縁神獣鏡（大阪歴史博物館所蔵）

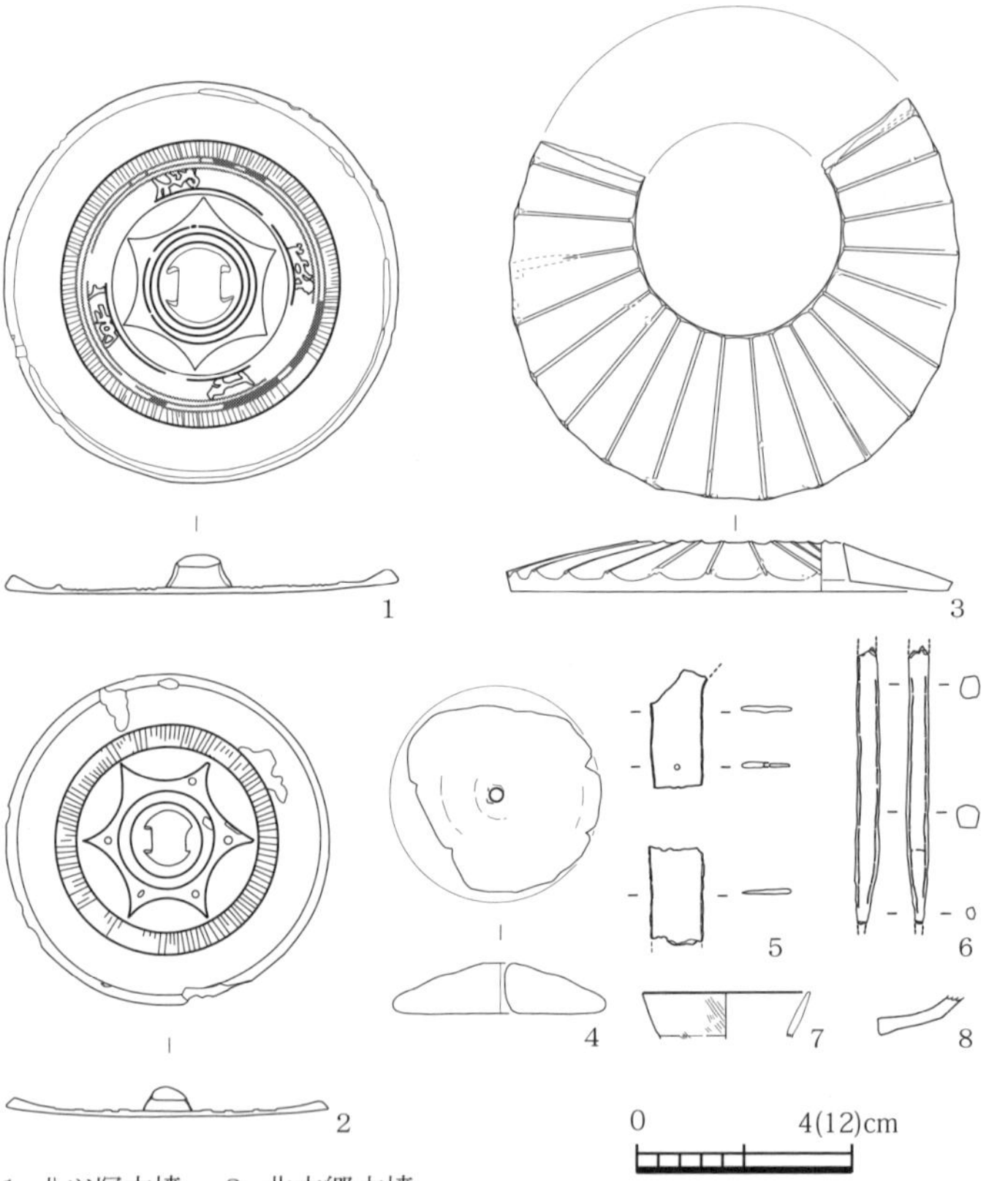

1　八ツ塚古墳　2　北本郷古墳
3　柿碕町採集　4～8　塚越古墳

(S=1/2：内行花文鏡・車輪石・紡錘車形石製品)
(S=1/6：鉄鋸・鉄鑿・土師器)

図22　安城市出土古墳時代関連遺物

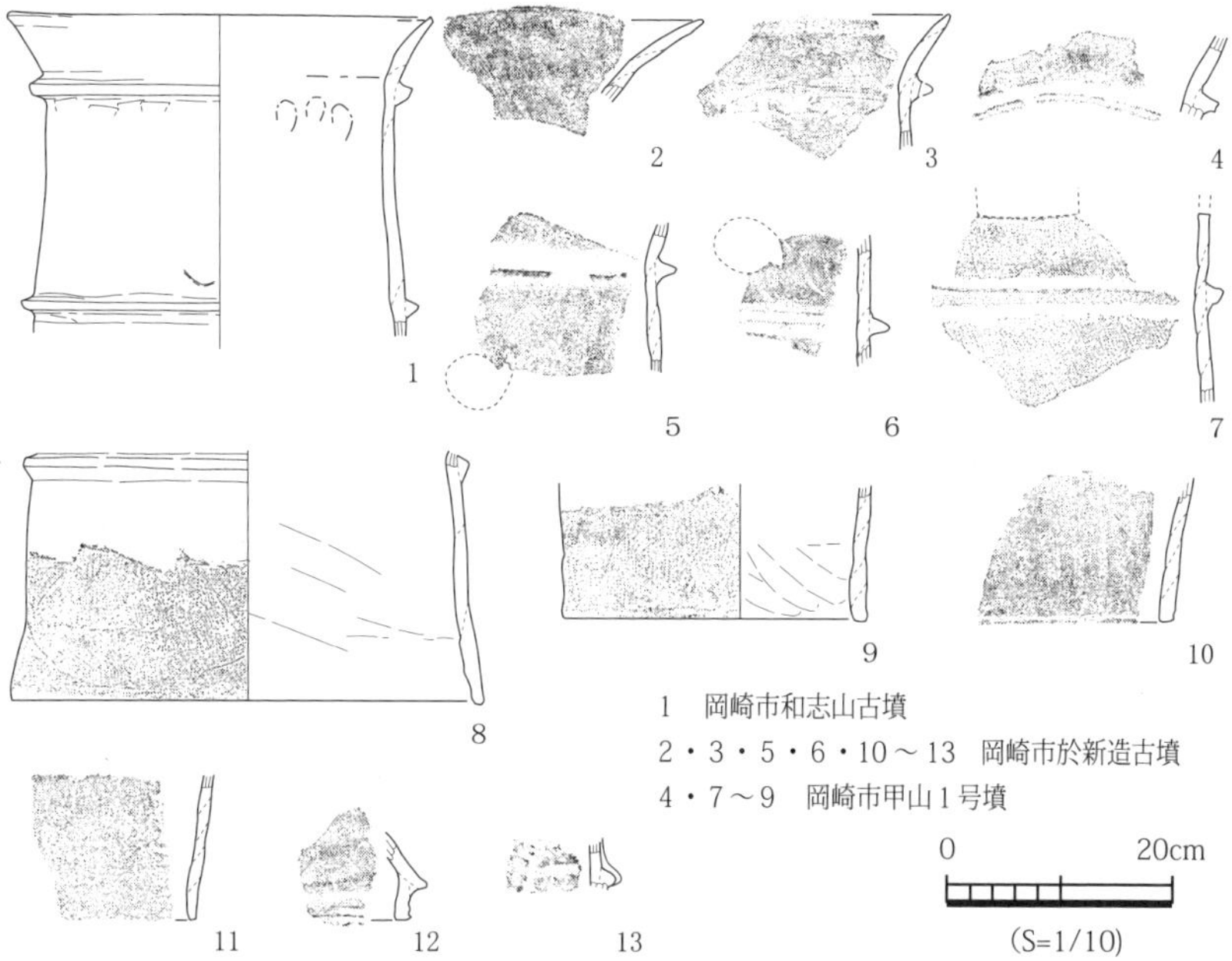

図23　三河における埴輪導入期の諸例

墳・前方後方墳の可能性がある安城市比蘇山古墳[82]（墳丘長四〇～六〇メートル程）などがあり、さらに沖積地においても明治期に内行花文鏡を出土した同市八ツ塚古墳[83]（墳形不明）、そして廻間Ⅲ式に位置づけられる焼成前穿孔の二重口縁壺の発見によって鹿乗川流域遺跡群[84]（第二次調査区E地区ＳＸ一など）の集落の一角に形成された墓域の存在が想定される。加えて、姫小川古墳から南へ三キロほどに立地する西尾市五砂山古墳[85]（墳形不明）では鉄槍・鉄鏃・鉄製農工具類、西へ四・五キロの半場川流域に所在する安城市北本郷古墳[86]（墳形不明）では内行花文鏡・鉄剣・鉄斧・玉類が出土している。いずれも前期後葉から末葉に位置づけられる。

また、三河においては桜井古墳群で前方後円墳・前方後方墳が築造され始めた前期後葉からやや遅れて、埴輪が導入される。口縁部が強く外反し、口縁部から最上段突帯の幅が著しく狭い特徴の円筒埴輪[87]は、桜井古墳群からやや上流の右岸で岡崎市和志山古墳[88]（前方後円墳・墳丘長五五メートル）、左岸で同市於新造古墳[89]（帆立貝形古墳：墳丘長四二メートル）・同市甲山一号墳[90]（円墳：墳丘長六〇メートル）に認められる。[91]なお現状、桜井古墳群では明確に埴輪の出土が認められないが、同一地域における埴輪受容の差異か築造時期の差異かは今後の検証課題となる。[92]

河口域の岡山丘陵では、吉良八幡山古墳の他に、四獣形鏡・鉄製工具類を出土した西尾市若宮一号墳[93]（円墳ないし方墳：墳丘長三〇メートル）、壺形埴輪を出土した同市善光寺沢南古墳[94]（円墳：墳丘長三〇メートル）などの古墳が前期後半から中期初頭にかけて築造される。吉良八幡山古墳とこれらの古墳は墳形・墳丘規模のみならず、立地という点でも明瞭な差異が認められる。吉良八幡山古墳は桜井古墳群の二子古墳・姫小川古墳と同一時期、また比肩しえる墳丘規模を誇るものの、その周囲に前方後円墳・前方後方墳が確認できないことから、岡山丘陵の古墳群は桜井古墳群に比べて造営母体となる集団規模が小規模であったとみることもできる。

そして、正法寺古墳[95]（前方後円墳：墳丘長九一メートル）が前期末から中期初頭に築造される。正法寺古墳は葺石・段築・島状遺構を伴い、円筒埴輪・朝顔形埴輪・形象埴輪を樹立、さらに前方部形態が開いて短いなど、前期末葉から中期前葉に日本列島に拡がる畿内的要素を強く反映した大型古墳と位置づけられる。

古墳出現以後の三河の特質

以上、東西三河の前期古墳の動向である。

東三河では西三河に先駆けて前方後方墳が出現、卓越する状況にある。前期前半から前方後円墳が共存するが、いずれの古墳にも畿内的な要素はそれほど多くない。このことから、畿内的な階層秩序に発展的に取り込まれていく様子はうかがえず、西三河における正法寺古墳のような存在は確認されていない。それは、中期前半にも豊橋市東田古墳[96]（前方後円墳：墳丘長四〇メートル）・豊川市小金古墳[97]（円墳：墳丘長三六メートル）・蒲郡市大塚丸山古墳[98]（前方後円墳：墳丘長四〇メートル）など墳丘長四〇メートルほどの古墳が数基確認されるのみであることが端的に表す。

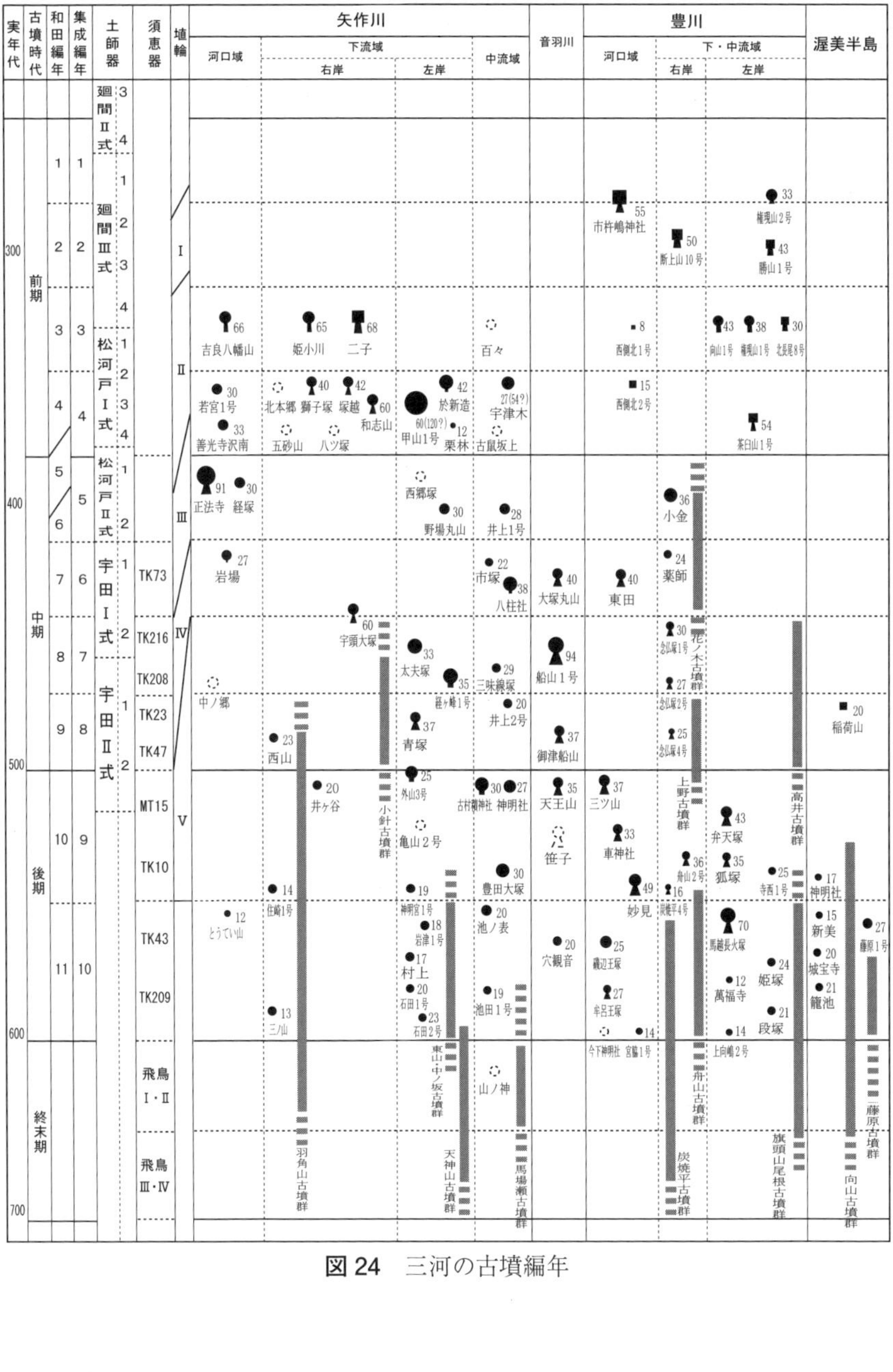
実年代
古墳時代
和田編年
集成編年
土師器
須恵器
埴輪
矢作川
河口域
下流域
右岸
左岸
中流域
音羽川
豊川
河口域
下・中流域
右岸
左岸
渥美半島
300
400
500
600
700
前期
中期
後期
終末期
廻間Ⅱ式
廻間Ⅲ式
松河戸Ⅰ式
松河戸Ⅱ式
宇田Ⅰ式
宇田Ⅱ式
TK73
TK216
TK208
TK23
TK47
MT15
TK10
TK43
TK209
飛鳥Ⅰ・Ⅱ
飛鳥Ⅲ・Ⅳ
Ⅰ
Ⅱ
Ⅲ
Ⅳ
Ⅴ
市杵嶋神社
断上山10号
権現山2号
勝山1号
吉良八幡山
姫小川
二子
百々
西側北1号
向山1号
権現山1号
北長尾8号
若宮1号
善光寺沢南
北本郷
獅子塚
塚越
和志山
五砂山
八ツ塚
甲山1号
於新造
栗林
宇津木
古鼠坂上
西側北2号
茶臼山1号
正法寺
経塚
西郷塚
野場丸山
井上1号
小金
岩場
市塚
八柱社
大塚丸山
東田
薬師
宇頭大塚
太夫塚
三味線塚
船山1号
念仏塚1号
花ノ木古墳群
中ノ郷
西山
青塚
井上2号
御津船山
念仏塚2号
念仏塚4号
稲荷山
井ヶ谷
小針古墳群
外山3号
古村積神社
神明社
天王山
三ツ山
上野古墳群
高井古墳群
亀山2号
笹子
車神社
弁天塚
舟山2号
狐塚
豊田大塚
妙見
炭焼平4号
寺西1号
神明社
住崎1号
神明宮1号
とうてい山
岩津1号
池ノ表
穴観音
観辺王塚
馬越長火塚
新美
藤原1号
村上
萬福寺
姫塚
城宝寺
石田1号
池田1号
牟呂王塚
籠池
三ノ山
石田2号
段塚
今下神明社
宮脇1号
上向嶋2号
東山・中ノ坂古墳群
山ノ神
舟山古墳群
藤原古墳群
羽角山古墳群
天神山古墳群
馬場瀬古墳群
炭焼平古墳群
旗頭山尾根古墳群
向山古墳群

図24　三河の古墳編年

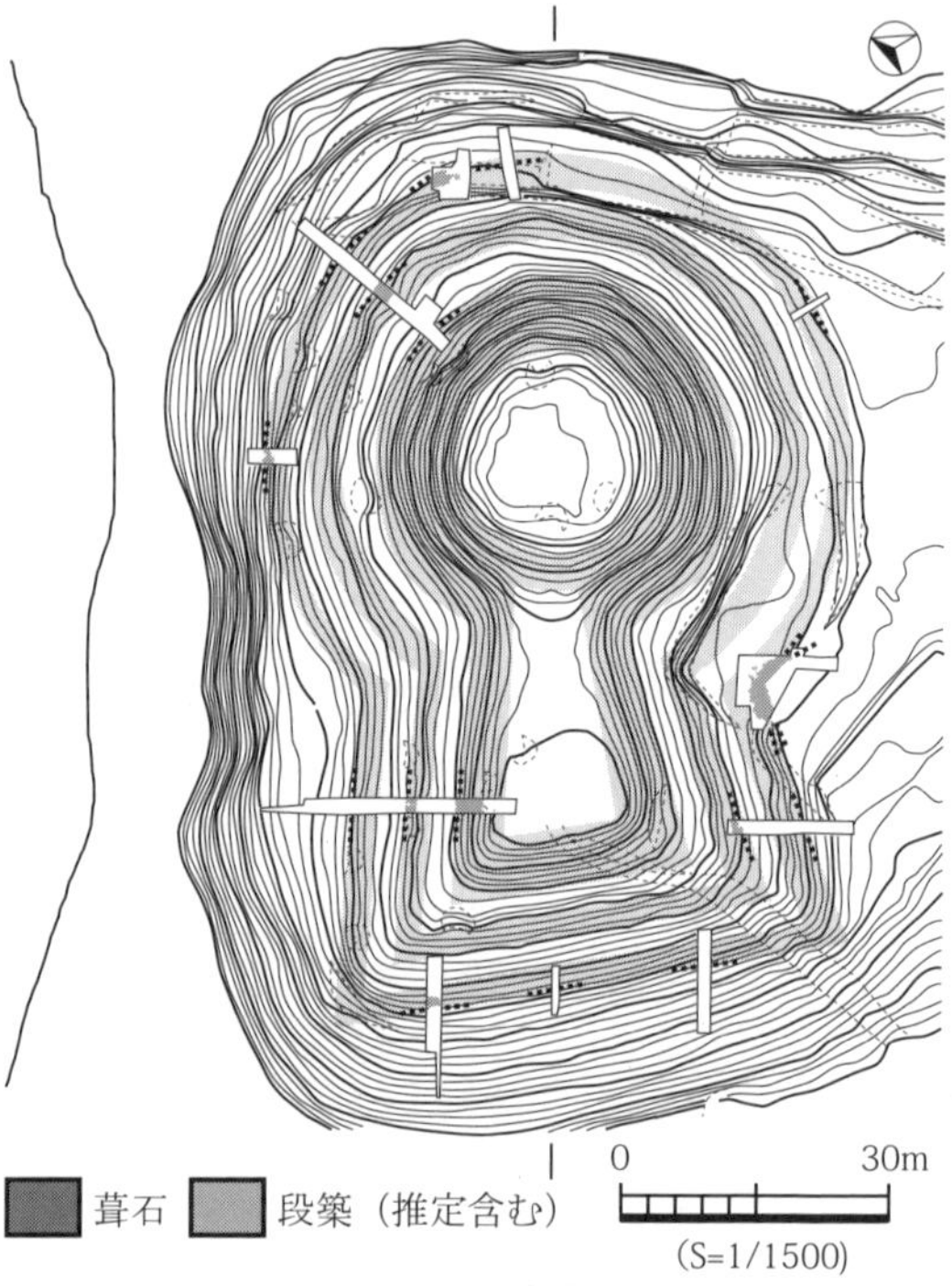

図25　正法寺古墳

それでも、中期後半の豊川市船山一号墳[99]（前方後円墳：墳丘長九四メートル）以降、墳丘規模では西三河を凌駕し、後期には豊橋市馬越長火塚古墳[100]（前方後円墳：墳丘長約七〇メートル）などの前方後円墳の築造が継続する。穂国造に連なる先祖の奥津城に比定される馬越長火塚古墳を始めとする下流域の古墳は、日本列島規模で五世紀後半以後に首長墓造営地の固定化現象[101]と重なるものとされる。その一方、渥美湾沿岸部では領域内で首長墓造営地が移動する動向が明らかにされており[102]、律令国家形成段階の複雑な地域の実像が認められる。

また、西三河ではこれまで二子古墳の伝統性、正法寺古墳の伝統性の否定ないし対抗といった図式で理解されてきた[103]。しかし、二子古墳は前方後方墳という在地的な墳形を採用しながらも、従来の三河の系譜とは明らかに異なる築造規格を有し、姫小川古墳・吉良八幡山古墳は前代まで地域通有の墳丘形態を呈しながらも前方後円墳という新たな墳形を採用する。つまり、いずれも葺石・埴輪を伴わないことを含めて地域における伝統性を保持しながらも、明らかに前方後円墳の影響を受け、それまでとは一線を画した墳丘規模六〇メートル超を誇る古墳である。西三河では前期から中期へ移行するに及んで、こうした前方後円墳・前方後方墳政策の転換、再編成が地域首長主導で行なわれたものと理解する。このため、西三河における前期古墳の動向は、従来の図式によらず、二子古墳・姫小川古墳などに始まり正法寺古墳に完結する、地域において伝統性が弱まり、畿内的要素が強まるという段階的な変容に基づいた地域論理の所産と捉える。その背景には、伊勢湾・三河湾を媒介とした文化・文物の受容の中で地域固有の原理に基づくあり方から畿内勢力との結びつきを基調とするあり方へ徐々にシフトする様子がうかがえる。ただし、正法寺古墳以後、中期中葉前後の前方後円墳である岡崎市宇頭大塚古墳(104)（墳丘長六〇メートル）・幸田町青塚古墳(105)（墳丘長三七メートル）、帆立貝形古墳の豊田市八柱社古墳(106)（墳丘長四五メートル）を除けば、墳丘長三〇メートル前後の帆立貝形古墳・円墳を主体とし、さらに後期には前方後円墳が確認されない。これについて、古墳を権威・権力の象徴として墳形・墳丘規模からみた場合、畿内勢力との結びつきが弱まったことで地域勢力の衰退を招いたものとして捉えられる。しかしながら、中期中葉以降において九州系石室という新来の墓制を積極的に受容し、また三河型石室を生成したことなどからは(107)、そのような状況を想定し難い。むしろ畿内的要素が弱まり、再び独自の地域論理を基に展開した社会像を推測させる。

このように、古墳時代を通じて認められる東西三河の差異は、古墳出現前夜よりその素地が認められつつ、河川域各地域単位で時間とともに複雑な変容を遂げる。このことこそ、古墳時代における畿内と地域の関連性の強弱に基づく、地域のあり方の多様性を示すものであり、今後、こうした視座から三河における首長墓造営地の移動にみる政治・階層構造、また古墳と集落の関係性の実態、さらには東海の古墳時代像の解明を試みたい。

註

（1）　矢作川・豊川における流域区分は、自然地形に加え、弥生・古墳時代から現代までの様相を勘案して便宜的に以下の通りとする。
　矢作川の上流域は、近世における水運の上限である古鼠・百々・越戸の土場（渡場）周辺、籠川合流地点よりやや上流の現在の平戸橋付近（現豊田市平戸橋町）より上流を指す（森　二〇一〇の設定に従う）。よって、上流域は本地域より上流の豊田市域に当てる。中流域は、平戸橋より下流で巴川が合流する細川（現岡崎市細川町）とその対岸に当たる渡刈（現豊田市渡刈町）付近、いわゆる西三河平野（岡崎平野）の沖積地が展開し始める部分に当てる。青木川が合流する西蔵前（現岡崎市西蔵前町）とその対岸の宗定（現豊田市畝部東町）付近を中・下流域との中間地域と考える。現在の行政区分に基づけば上流域を除く豊田市域と岡崎市域北部の一部に該当する。下流域は、そこから矢作古川河口までを指すものだが、下流域として矢作古川と広田川が合流する高河原（現西尾市高河原町）・花蔵寺（現西尾市花蔵寺町）周辺までを指し、以南を河口域と呼びかえる。よって、行政区分に従えば下流域は中流域に含んだものを除く岡崎市域と安城市域・西尾市域北部に、河口域は西尾市域南部に該当する。

豊川の上流域は、宇連川と合流地点にあたり、近世における水運の上限である長篠（現新城市長篠）・乗本（現新城市乗本）の土場より上流を指す。中流域はそこから東三河平野（豊橋平野）の沖積地が拡がり始める東上（現豊川市東上町）までを指し、行政区分では上流域の新城市域を除く部分と豊川市域北部の一部に該当する。下流域は三河湾に注ぐ部分までを指すものだが、下流域として当古橋付近（現豊川市当古町・豊橋市石巻本町）までを指し、それより下流を河口域と呼びかえる。

（2）a　愛知県埋蔵文化財センター『岡島遺跡』一九九〇
b　愛知県埋蔵文化財センター『岡島遺跡Ⅱ・不馬入遺跡』一九九三
c　西尾市教育委員会『岡島遺跡』一九九四
d　西尾市教育委員会『毘沙門遺跡・岡島遺跡』一九九八
e　愛知県埋蔵文化財センター『岡島遺跡Ⅲ・大毛池田遺跡Ⅱ』二〇〇一

（3）豊田市教育委員会『栃原遺跡』二〇一〇

（4）なお、SZ〇九周溝内で検出した土器棺の存在から、他の溝内土壙二基についても溝内埋葬の可能性が指摘されている（註3に同じ）。

（5）a　石黒立人「『四隅切れ方形周溝墓』原論」（『方形周溝墓の埋葬原理』鯖江市教育委員会　二〇〇九）
b　黒沢浩「栃原遺跡における方形周溝墓群の構成」（『栃原遺跡』豊田市教育委員会　二〇一〇）

(6)　a　大矢顕「豊田市高橋遺跡の方形周溝墓」(『三河考古』第九号　三河考古学談話会　一九九六)
　b　豊田市教育委員会『高橋遺跡—第一六次調査—』二〇〇九
(7)　豊川市教育委員会『国分寺北遺跡Ⅰ』二〇一一
(8)　方形周溝墓の平面形は、溝が全周するA〇型、一隅が切れるA一型、二隅が切れるA二型、三隅が切れるA三型、四隅が切れるA四型、一辺の真ん中が切れるB型として前方部の発達度合いからB一～四型に分類されている。
(9)　石黒立人「伊勢湾岸域の墓葬と文化」(『中部の弥生時代研究』中部の弥生時代研究刊行委員会　二〇〇九)
(10)　豊橋市教育委員会『浪ノ上Ⅱ』二〇一〇
(11)　註10に同じ。
(12)　愛知県埋蔵文化財センター『川原遺跡』二〇〇一
(13)　註9に同じ。
(14)　愛知県埋蔵文化財センター『廻間遺跡』一九九〇
(15)　愛知県埋蔵文化財センター『西上免遺跡』一九九七
(16)　赤塚次郎「東海の前方後方墳」(『古代』第八六号　早稲田大学考古学会　一九八八)
(17)　註2bに同じ。
(18)　新編安城市史編集委員会「神ノ木遺跡」(『新編安城市史』一〇　資料編考古　二〇〇四)
(19)　小坂井町教育委員会『篠東遺跡群』一九九八
(20)　a　新編岡崎市史編さん委員会『新編岡崎市史』史料考古下　一六　一九八九
　b　岡崎市教育委員会『高木・神明遺跡』二〇〇三
(21)　註20に同じ。
(22)　なお、本事例は遺構周囲の改変が著しく、未確定な部分が多い。今後の検証が必要である。
豊橋市教育委員会『眼鏡下池北遺跡（Ⅳ）・西側遺跡（Ⅵ）・西側古墳群（Ⅱ）』二〇一〇

(23) a　岐阜市教育委員会『岐阜市埋蔵文化財発掘調査報告書』一九八五
b　赤塚次郎「瑞龍寺山山頂墳と山中様式」（『弥生文化博物館研究報告』第一集　大阪府立弥生文化博物館　一九九二）
(24) 高木宏和「美濃観音寺古墳（墳丘墓）」（『東日本における古墳出現過程の再検討』日本考古学協会新潟大会実行委員会・新潟大学人文学部考古学研究室　一九九三）
(25) 神谷友和氏よって設定された安城市古井遺跡群は調査蓄積によって拡大化・複雑化したため、伊藤基之氏は「鹿乗川流域に展開する個々の遺跡を「鹿乗川流域遺跡群」として括り、従来の遺跡名を使用することを控え、地区（字）ごとの様相を明らかにし、それらの関連を検討したうえで、従来の遺跡の範囲を再構築したい。なお、現時点での遺跡群の範囲は、遺跡の地理的な連続性を重視することから、鹿乗川の市域上流に立地する坂戸三本木遺跡（安城市安城町三本木、岡崎市島坂町）から亀塚遺跡（東町亀塚他）までである」（八頁）とまとめた。さらに近年では、愛知県埋蔵文化財センター・安城市教育委員会の調査によって遺跡の連続性という観点から、南は惣作遺跡（安城市木戸町惣作）までを一連のもの、いわゆる鹿乗川流域に展開する遺跡と捉えることが妥当であると考える。
a　神谷友和「亀塚遺跡と古井遺跡群」（『安城歴史研究』第一〇号　安城市教育委員会　一九八四）
b　鈴木和雄・神谷友和「安城市古井遺跡群覚書」（『三河考古』第二号　三河考古学談話会　一九八九）
c　伊藤基之「調査と整理の経過」（『鹿乗川流域遺跡群Ⅱ』安城市教育委員会　二〇〇四）
(26) a　安城市教育委員会『鹿乗川流域遺跡群Ⅱ』二〇〇四
b　安城市教育委員会『鹿乗川流域遺跡群Ⅵ』二〇〇九
(27) 愛知県埋蔵文化財センター『上橋下遺跡・鹿乗川流域遺跡群』二〇〇七
(28) 愛知県埋蔵文化財センター「寄島遺跡」（『愛知県埋蔵文化財センター年報』平成一九年度　二〇〇八）
(29) 愛知県埋蔵文化財センター『加美遺跡』一九八九
(30) 赤塚次郎「前方後方墳の定着―東海系文化の波及と葛藤―」（『考古学研究』第四三巻第二号　考古学研究会

一九九六）
(31)　白石太一郎『古墳とヤマト政権　古代国家はいかに形成されたか』文藝春秋　一九九九
(32)　豊橋市教育委員会『市杵嶋神社遺跡（Ⅰ）』一九九一
(33)　青木敬『古墳築造の研究―墳丘からみた古墳の地域性―』六一書房　二〇〇三
(34)　豊橋市教育委員会『権現山』一九九七
(35)　a　石部正志・田中英夫・宮川徏・堀田啓一「メスリ山古墳の墳丘築造企画の復元について」（『メスリ山古墳』奈良県教育委員会　一九七七）
b　石部正志・田中英夫・宮川徏・堀田啓一「畿内大形前方後円墳の築造企画について」（『古代学研究』第八九号　古代学研究会　一九七九）
(36)　西島庸介「三河における前期古墳の研究」（『安城市歴史博物館研究紀要』第一七号　安城市歴史博物館　二〇一〇）
(37)　a　名古屋大学考古学研究室「断上九、一〇号古墳」（『重要遺跡指定促進調査報告』愛知県教育委員会　一九七四）
b　柴垣勇夫「新城市断上九、一〇号墳発掘調査報告」（『重要遺跡指定促進調査報告Ⅱ』愛知県教育委員会　一九七七）
c　贄元洋「愛知県三河地方の前方後方墳」（『古代』第八六号　早稲田大学考古学会　一九八八）
d　赤塚次郎「愛知県内前方後円（方）墳等の測量調査概要報告一」（『愛知県史研究』創刊号　愛知県総務部法務文書課県史編さん室　一九九七）
(38)　豊橋市教育委員会『古墳測量調査（Ⅰ）』一九九三
(39)　註38に同じ。
(40)　註34に同じ。
(41)　註38に同じ。
(42)　a　養老町教育委員会・富山大学人文学部考古学研究室『象鼻山一号古墳―第一次発掘調査の成果』一九九七

b　養老町教育委員会・富山大学人文学部考古学研究室『象鼻山一号古墳―第二次発掘調査の成果』一九九八

c　養老町教育委員会・富山大学人文学部考古学研究室『象鼻山一号古墳―第三次発掘調査の成果』一九九九

d　養老町教育委員会『象鼻山古墳群発掘調査報告書―第一～四次発掘調査の成果―』二〇一〇

(43)　新城市教育委員会『南貝津遺跡』一九八九

(44)　愛知県埋蔵文化財センター「石座神社遺跡」(『愛知県埋蔵文化財センター年報』平成二二年度　二〇一一)

(45)　古屋紀之「墳墓における土器配置の系譜と意義―東日本の古墳時代の開始―」(『駿台史学』第一〇四号　駿台史学会　一九九八)

(46)　註38に同じ。なお、本墳は古墳の確証がいまだあらず、今後の調査蓄積に伴い古墳の正否を判断したい。

(47)　東海古墳文化研究会「岐阜県西濃地方の前方後方(円)墳の測量調査」(『古代』第八六号　早稲田大学考古学会　一九八八)

(48)　富山大学人文学部考古学研究室『谷内一六号古墳』一九八八

(49)　a　富山大学人文学部考古学研究室『阿尾島田A一号墳―第一次・第二次発掘調査報告書―』二〇〇二

b　富山大学人文学部考古学研究室『阿尾島田A一号墳―第三次発掘調査報告書―』二〇〇三

(50)　豊橋市教育委員会『境松遺跡発掘調査現地説明会資料』二〇一〇

(51)　a　豊橋市教育委員会『中郷西遺跡・西側北遺跡・西側北一号墳』二〇〇七

b　豊橋市教育委員会『西側北遺跡(Ⅱ)・西側遺跡(Ⅴ)・東側遺跡(Ⅰ)・眼鏡下池北遺跡(Ⅲ)』二〇一一

(52)　豊橋市教育委員会『内田貝塚(Ⅱ)・若宮遺跡(Ⅲ)』二〇一〇

(53)　a　桜井町文化財保護委員会『桜井町の古墳』一九五九

b　川﨑みどり「安城市内の古墳」(『史跡二子古墳』安城市教育委員会　二〇〇七)

(54)　鈴木敏則「三河」(『全国古墳編年集成』雄山閣　一九九五)

(55)　赤塚次郎「西部(岐阜・愛知)」(『古墳時代の研究』第一一巻　地域の古墳Ⅱ東日本　雄山閣　一九九〇　二〇頁)

(56) 同右、二二頁。
(57) 安城市教育委員会『史跡二子古墳』二〇〇七
(58) a 小栗鉄次郎「碧海郡桜井村大字姫小川姫小川古墳」(『愛知県史蹟名勝天然紀念物調査報告』第一四　愛知県　一九三六)
b 安城市教育委員会『史跡姫小川古墳』二〇一一
(59) a 三井博「塚越古墳」(『博物館彙報』第二輯　安城市立図書館　一九五九)
b 新編安城市史編集委員会「塚越古墳」(『新編安城市史』一〇　資料編考古　二〇〇四)
(60) 東北・関東前方後円墳研究会『前方後方墳とその周辺』(第一一回東北・関東前方後円墳研究会大会発表要旨資料　二〇〇六)
(61) 加藤安信・赤塚次郎「吉良八幡山古墳の測量調査」(『考古学フォーラム』四　考古学フォーラム　一九九四)
(62) 註53aに同じ。
(63) 加納俊介「前方後円墳の成立と展開」(『新編安城市史』一　通史編原始・古代・中世　二〇〇七)
(64) 樋上昇「伊勢湾東岸部における古墳時代前期集落群の構造と階層性―愛知県一宮市萩原遺跡群と安城市鹿乗川流域遺跡群の分析から―」(『古墳時代集落研究の再検討～前期から中期の集落群を考える～』第一六回考古学研究会東海例会　二〇一一)
(65) 岡安雅彦「総括」(『鹿乗川流域遺跡群Ⅶ』安城市教育委員会　二〇一一)
(66) 岡安雅彦「塚下遺跡」(『愛知県埋蔵文化財情報』一七　愛知県教育委員会・愛知県埋蔵文化財センター　二〇〇二)
(67) a 安城市教育委員会『宮下遺跡』二〇〇三
b 安城市教育委員会『鹿乗川流域遺跡群Ⅶ』二〇一一
(68) a 愛知県埋蔵文化財センター「姫下遺跡」(『愛知県埋蔵文化財センター年報』平成一七年度　二〇〇六)
b 愛知県埋蔵文化財センター「姫下遺跡」(『愛知県埋蔵文化財センター年報』平成一八年度　二〇〇七)

(69) 愛知県埋蔵文化財センター『下懸遺跡』二〇〇九
(70) a 愛知県西加茂郡教育会『西加茂郡誌』一九二五
b 田端勉「豊田市出土「三角縁神獣鏡」について」(『古墳Ⅱ』豊田市教育委員会 一九七七)
(71) a 樋口隆康「山城国相楽郡椿井村大塚山古墳調査略報」(『史林』第三六巻第三号 史学研究会 一九五〇)
b 梅原末治「椿井大塚山古墳」(『京都府文化財調査報告』第二三冊 京都府 一九六四)
(72) a 近藤義郎編『権現山五一号墳』権現山五一号墳刊行会 一九九一
b 岸本直文「権現山五一号墳出土の三角縁神獣鏡について」(『権現山五一号墳』権現山五一号墳刊行会 一九九一)
(73) 註70bに同じ。
(74) 森泰通「総括」(『堂外戸遺跡』豊田市教育委員会 二〇一〇)
(75) 田端勉「宇津木古墳」(『古墳Ⅰ』豊田市教育委員会 一九七四)
(76) 豊田市教育委員会『堂外戸遺跡』二〇一〇
(77) a 豊田市教育委員会『花本遺跡』一九九九
b 豊田市教育委員会『花本遺跡・万加田遺跡』二〇〇一
(78) a 豊田市教育委員会『梅坪遺跡第四次調査概要報告書』一九九一
b 豊田市教育委員会『梅坪遺跡Ⅱ』一九九五
c 豊田市教育委員会『梅坪遺跡Ⅲ』一九九六
d 豊田市教育委員会『梅坪遺跡Ⅳ』一九九七
e 豊田市教育委員会『梅坪遺跡Ⅴ』一九九八
f 豊田市教育委員会『梅坪遺跡Ⅵ』一九九九
g 豊田市教育委員会『梅坪遺跡Ⅶ』二〇〇三

(79) 森泰通「まとめ」（『井上一号墳』　豊田市教育委員会　二〇〇八）
(80) 同上右、六三頁。
(81) 註75に同じ（一四一頁）。
(82) a　註37ｃに同じ。
　b　新編安城市史編集委員会「比蘇山古墳」（『新編安城市史』一〇　資料編考古　二〇〇四）
(83) 赤塚次郎「東海の内行花文倭鏡」（『考古学フォーラム』九　考古学フォーラム　一九九九）
(84) 安城市教育委員会『鹿乗川流域遺跡群Ⅴ』　二〇〇八
(85) 鈴木敏則「三遠・駿豆の前方後方墳と前期古墳の動向」（『転機』七号　転機刊行会　二〇〇〇）
(86) 新編安城市史編集委員会「北本郷古墳」（『新編安城市史』一〇　資料編考古　二〇〇四）
(87) a　赤塚次郎「円筒埴輪―東海」（『古墳時代の研究』第九巻　古墳Ⅲ埴輪　雄山閣　一九九二）
　b　高橋克壽「埴輪生産の展開」（『考古学研究』第四一巻第三号　考古学研究会　一九九四）
(88) a　註20ａに同じ。
　b　徳田誠志「五十狭城入彦皇子墓擬木柵設置工事箇所の立会調査」（『書陵部紀要』第四九号　宮内庁書陵部陵墓課　一九九七）
(89) a　愛知県立岩津高等学校『岡崎市北部の古墳』　一九五七
　b　註20ａに同じ。
(90) 註20ａに同じ。
(91) 甲山1号墳については墳丘長約一二〇メートルの前方後円墳という指摘もあり、今後の調査蓄積に期待したい。北村和宏「甲山一号墳の再検討―三河国最大級の前方後円墳か―」（『三河考古』第二〇号　三河考古学談話会　二〇〇九）
(92) 近年、獅子塚古墳において形象埴輪と想定される遺物が出土している。今後の資料蓄積を待ちたい。なお、桜井古墳群を含む矢作川下流域の古墳築造時期を考えるにあたり、安城市柿碕町採集車輪石にも注意を払う必要がある。

(93) 西島庸介「安城市柿碕町採集車輪石に関する覚書」（『三河考古』第二一号　三河考古学談話会　二〇一一）

(94) 吉良町史編さん委員会『吉良町史』資料四　吉良のあけぼの原始・古代史編　一九九一

(95) 三田敦司「吉良町岡山丘陵周辺出土の埴輪」（『三河考古』第一八号　三河考古学談話会　二〇〇八）

(96) 吉良町教育委員会『史跡正法寺古墳』二〇〇五

(97) 豊橋市史編集委員会『豊橋市史』第一巻　一九七三

(98) 須川勝以「小金古墳」（『愛知県埋蔵文化財情報』九　愛知県教育委員会・愛知県埋蔵文化財センター　一九九四）

(99) 鈴木敏則「三河の埴輪（三）」（『三河考古』第五号　三河考古学談話会　一九九三）

(100) 豊川市教育委員会『船山第一号墳発掘調査報告書』一九八九

(101) 岩原剛・鈴木一有・桒原将人・桒原恵・井澤由樹「三河馬越長火塚古墳の研究」（『三河考古』第一四号　三河考古学談話会　二〇〇一）

(102) 土生田純之「首長墓造営地の移動と固定─畿内中心主義の克服に向けて─」（『福岡大学考古学論集─小田富士雄先生退職記念─』　小田富士雄先生退職記念事業会　二〇〇四）

(103) 岩原剛「渥美湾沿岸部の古墳時代後期の首長墳について」（『磯辺王塚古墳』　豊橋市教育委員会　一九九八）

(104) a　註16に同じ。
b　三田敦司「考察」（『史跡正法寺古墳』　吉良町教育委員会　二〇〇五）

(105) a　岡崎市文化財保護審議会『宇頭古墳群』一九六一
b　註20aに同じ。

(106) 小栗鉄次郎「幸田村大字坂崎青塚古墳」（『愛知県史跡名勝天然紀念物調査報告』第一一　愛知県　一九三〇）

(107) 田端勉「八柱神社古墳」（『古墳Ⅰ』　豊田市教育委員会　一九七四）

a　鈴木一有「東海地方の後期古墳の特質」（『東海の後期古墳を考える』第八回東海考古学フォーラム　二〇〇一）

b　岩原剛「三河の横穴式石室―三河型横穴式石室の生成と伝播を中心に―」（『吾々の考古学』和田晴吾先生還暦記念論集刊行会　二〇〇八）

参考文献

愛知県史編さん委員会編　二〇〇三『愛知県史』資料編二弥生
愛知県史編さん委員会編　二〇〇五『愛知県史』資料編三古墳
赤塚次郎　一九八八「東海の前方後方墳」（『古代』第八六号　早稲田大学考古学会）
赤塚次郎　一九九二「前方後方墳覚書89」（『考古学ジャーナル』第三〇七号　ニュー・サイエンス社）
赤塚次郎　一九九二「海部郡と三河湾の考古学」（『伊勢と熊野の海』海と列島文化第八巻　小学館）
赤塚次郎　一九九二「東海系のトレース―三・四世紀の伊勢湾沿岸地域―」（『古代文化』第四四巻第六号　財団法人古代学協会）
赤塚次郎　一九九九「濃尾平野の墓制」（『季刊考古学』第六七号　雄山閣）
赤塚次郎・早川万年　二〇〇六「東海・東山」（『古代史の舞台』列島の古代史　ひと・もの・こと　一　岩波書店）
荒井信貴・三田敦司　二〇〇三「古墳時代の矢作川」（『東海学と日本文化』第一〇回春日井シンポジウム　五月書房）
安城市歴史博物館　二〇〇八『三河の古墳―安城の古墳時代を探る―』
石黒立人　二〇〇九「伊勢湾岸域の墓葬と文化」（『中部の弥生時代研究』中部の弥生時代研究刊行委員会）
石黒立人・宮腰健司　二〇〇七「伊勢湾周辺地域における弥生土器編年の概要と課題」（『伊藤秋男先生古希記念考古学論文集』　伊藤秋男先生古希記念論文集刊行会）
岩原剛　二〇〇二「古墳時代中期の大型墳と小型墳を視点においた地域の様相」（『古墳時代中期の大型墳と小型墳』東海考古学フォーラム・静岡県考古学会）
岩原剛　二〇一一「豊川左岸における前・中期小型墳の様相」（『豊橋市美術博物館研究紀要』第一七号　豊橋市美術博物館）

小林久彦　一九九一「東三河の前方後方墳」（『市杵嶋神社遺跡（Ⅰ）』　豊橋市教育委員会）
田中裕　二〇〇〇「編年的研究にみる前期古墳の展開」（『千葉県文化財センター研究紀要』二一　財団法人千葉県文化財センター）
都出比呂志　一九九〇「日本古代の国家形成論序説―前方後円墳体制の提唱―」（『日本史研究』第三三八号　日本史研究会）
中井正幸　二〇〇五『東海古墳文化の研究』　雄山閣
贄元洋　一九八八「愛知県三河地方の前方後方墳」（『古代』第八六号　早稲田大学考古学会）
贄元洋・神谷友和　一九九二「三河」（『前方後円墳集成』中部編　山川出版社）
西島庸介　二〇一〇「三河における前期古墳の研究」（『安城市歴史博物館研究紀要』第一七号　安城市歴史博物館）
西島庸介　二〇一一「伊勢における前期古墳の研究」（『安城市歴史博物館研究紀要』第一八号　安城市歴史博物館）
土生田純之　二〇〇六『古墳時代の政治と社会』　吉川弘文館
土生田純之編　二〇〇八『古墳時代の実像』　吉川弘文館
北條芳隆　二〇〇〇「前方後円墳と倭政権」（『古墳時代像を見なおす―成立過程と社会変革―』　青木書店）
前田清彦・鈴木とよ江　二〇〇二「三河地域」（『弥生土器の様式と編年』　東海編　木耳社）
宮腰健司　二〇〇六「伊勢湾岸地方における方形周溝墓に関わる問題」（『墓場の考古学』　第十三回東海考古学フォーラム実行委員会）
森泰通　二〇一〇「総括」（『堂外戸遺跡』　豊田市教育委員会）

志段味古墳群からみた尾張の古墳時代

瀬川貴文

一　志段味古墳群の概略

本稿では、名古屋市守山区上志段味に所在する志段味古墳群を取り上げる。志段味古墳群は、古墳時代前期から後期の六〇基以上の古墳からなる尾張でも有数の古墳群であり、その歴史的価値は尾張だけでなく日本の古墳時代を考える上で極めて重要なものである。

志段味古墳群が位置する名古屋市守山区上志段味は、名古屋市の北東端となり、東には瀬戸市との市境となる東谷山がそびえ、北には春日井市との市境となる庄内川が流れ、南は尾張旭市との市境となる丘陵が迫る。古墳は上志段味の東西約一・五キロ、南北約一キロの範囲に分布する。

「志段味古墳群」はいくつかの古墳・古墳群を総称したもので、前期古墳は、東谷山山頂とそこから派生する尾根上に尾張戸神社古墳、中社古墳、南社古墳、そして山麓に白鳥塚古墳があり、中期には庄内川によって形成された河岸段丘上に帆立貝式古墳を特徴とする大塚・大久手古墳群や勝手塚古墳が築造される。そして、後期にはふたたび主たる分布域を東谷山山麓に移し、横穴式石室を埋葬施設とする群集墳、東谷山古墳群等が形成される。

これらの古墳群では、大正一二年の梅原末治による志段味大塚古墳の発掘調査や戦後の久永春男らによる調査が行われた(1)。そして、平成一七年から名古屋市教育委員会が範囲確認等のための調査を継続的に行い、発掘調査報告書を刊行している(2)。本稿ではそれらによりながら、発掘調査報告書ではほとんど対象とならなかった後期古墳についても言及することで、前期から後期にいたる志段味古墳群の特徴を明らかにすることを目的とする。

二　古墳時代前期の志段味古墳群

古墳の概要と編年

白鳥塚古墳は、墳長一一五メートルの前方後円墳であり、後円部三段、前方部二段で築造され、斜面は葺石で覆われ、そのなかに白色の石英を含む。周濠は前方部の両側に造られ、特に西側では後円部からのびる渡土堤が検出されている。

古墳に伴う出土物は少なく、松河戸Ⅰ～Ⅱ式（四世紀前半）の可能性がある土師器片（高坏坏部）の他は、

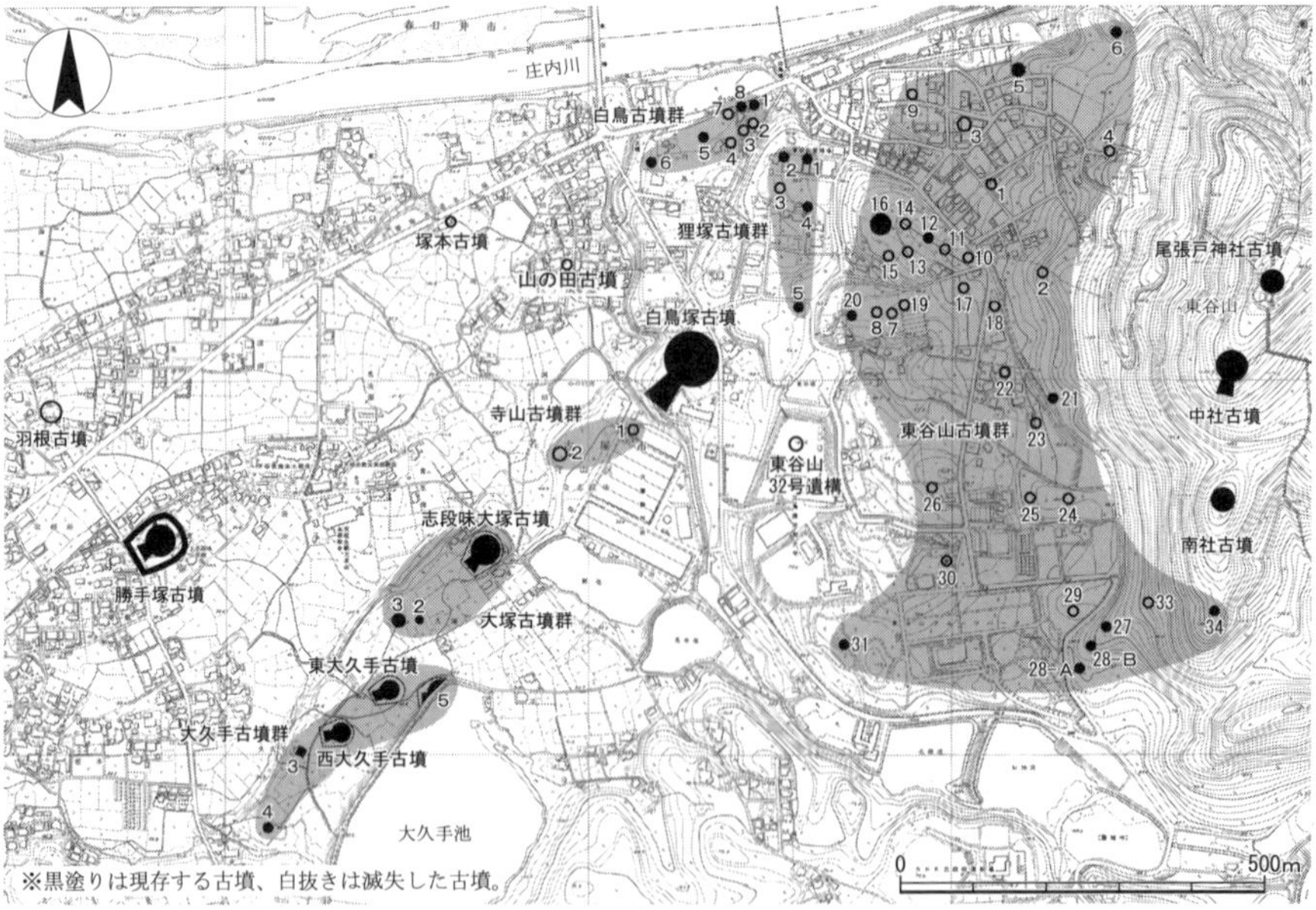

図１　志段味古墳群の分布

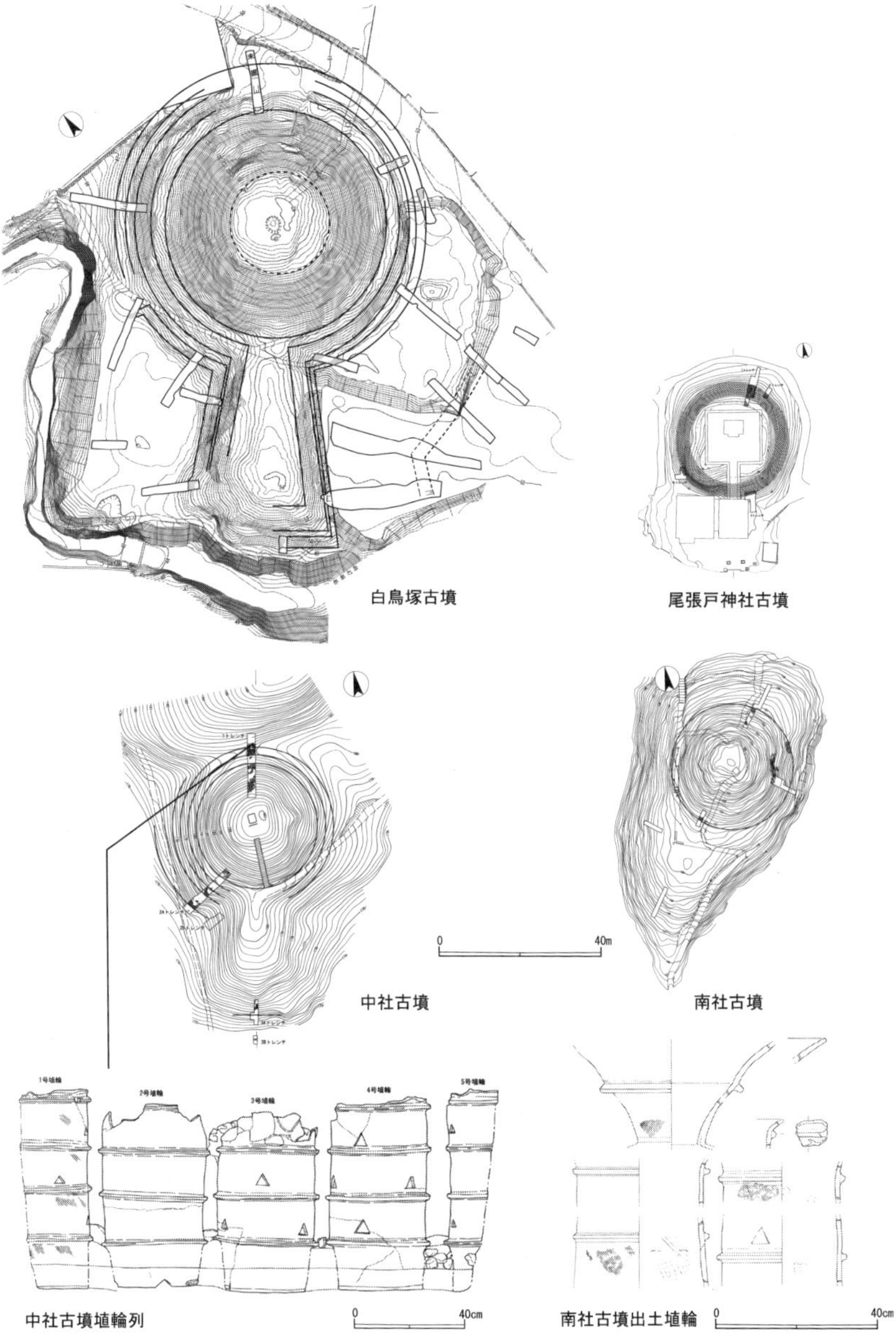

図2　前期の志段味古墳群

七世紀前後の須恵器片があるだけである。埴輪はまったく出土せず、この古墳では使用されなかった。

尾張戸神社古墳は、直径二七・五メートルの円墳で、二段築成と推定され、下段は高さ約二メートル、上段は削られ不明である。斜面は角礫を主体とする重厚な葺石を施し、一部石英を散布する。古墳に伴う出土物はなく、埴輪は使用されなかったようである。

中社古墳は、墳長六三・五メートルの前方後円墳で、尾根を利用しながら成形されたため定型ではなく、後円部は東から北側が二段、西側が三段築成となる。出土物は埴輪があり、特に後円部北側の墳丘裾に並べられた円筒埴輪がほぼ原状のまま出土したことは注目される。埴輪は、円筒埴輪、朝顔形埴輪、盾形埴輪と推定される破片があり、円筒埴輪は次の二種類がある。Ａ類：四条突帯五段構成で極狭口縁をもち、三角形透孔を一段に三孔ずつ配置するもの。Ｂ類：段数不明で、最下段に（半）円形透孔を三ないし四孔穿ち、底部高が高いもの。

南社古墳は、調査前までは前方後円墳とする説もあったが、調査の結果、直径約三〇メートルの円墳であることがわかった。二段築成で墳丘の高さは、一段目が約二メートル、二段目が約三メートル、全体で約五メートルほどである。斜面には葺石が施され、一段目を角礫、二段目を円礫で葺く。出土物は、円筒埴輪、朝顔形埴輪、形象埴輪（盾形埴輪）(3)がある。円筒埴輪は、全体の形状は不明であるが、三角形透孔で、口縁部は短く外反する。突帯は断続的な凹線によって位置を割り付けている。盾形埴輪は、細い突帯を貼付て界線を表現しており定型化以前の資料と考えられる。

以上の古墳の築造時期は、埋葬施設や副葬品は不明であるが、(4)埴輪を使用せず、比較的大振りな石で葺石を施す白鳥塚古墳・尾張戸神社古墳が先行し、埴輪を伴い、葺石に小振りな円礫を主に使用する中社古墳・南社古墳が後続すると考えられる。また、葺石に使用された石英が、白鳥塚古墳と尾張戸神社古墳で似た密度であることに対し、中社古墳で少なく、南社古墳ではまだ検出されていないことも、(5)上記の想定を裏付ける。

白鳥塚古墳は、天理市行燈山古墳や柏原市玉手山七号墳と墳形が類似するとされ、(6)行燈山古墳などが前方後円墳集成編年（以下、集成編年）[7]三期の前半に位置付けられることから、白鳥塚古墳もこの時期以降に造られた。
尾張戸神社古墳は、東海地域では近在する春日井市天王山古墳（松河戸Ⅰ式後半）など中型円墳のほとんどが集成編年三期に登場することや、葺石や石英の使用状況から白鳥塚古墳と同じ頃の古墳と考えられる。
中社古墳は、出土した埴輪がⅠ群埴輪の特徴を多くもちながらも、Ⅱ群埴輪の影響もみられることから、Ⅱ期初期の埴輪と位置付けられ、集成編年四期初め頃の古墳であると考えられる。また、南社古墳の埴輪も、ほぼ同型式で捉えられる。[8]
つまり、集成編年三期（四世紀前葉）に前方後円墳である白鳥塚古墳と円墳の尾張戸神社古墳が築造され、四期初め頃（四世紀中葉）に前方後円墳の中社古墳と円墳の南社古墳が築造されたのである。

尾張における二つ地域相

志段味古墳群の調査では、前期古墳の築造時期の変遷がおおよそ明らかになった他にも尾張の歴史を考える上で大きな成果があった。特に、諸説あった墳形について、尾張戸神社古墳が円墳、中社古墳が前方後円墳、南社古墳が円墳である可能性が極めて高くなったことは重要である。このことから、前方後方墳が志段味古墳群には存在しなかったことになる。

尾張では、弥生時代後期から古墳時代前期に、前方後方形墳墓・前方後方墳が多く分布することが知られている。[9]しかし、実際に前方後方墳が築造されたのは、犬山市東之宮古墳や小牧市小木古墳群など尾張北部で多く、現状では春日井市高御堂古墳が尾張における南辺となる。また、東海の前期古墳の特徴の一つとされる古墳を取り囲む壺形埴輪についても、[10]犬山市青塚古墳や春日井市天王山古墳など庄内川以北で出土している。

これら前方後方墳や壺形埴輪は前期中葉までに編年される古墳で使用されており、庄内川以南では前期の前方後方墳も壺形埴輪もみつかっておらず、この頃庄内川を境として大きくは二つの地域相が存在したと考えられる。

その一方で、墳長一一五メートルである白鳥塚古墳は、同時期の古墳としては東海地域で最大規模であり、この古墳の出現を志段味地区だけで考えることは不可能である。北部との地域相を認めるとすると庄内川以南の勢力の前線として築造されたものであるとも考えられる。ただし、白鳥塚古墳の造営を契機としてそのような地域相が解消されたという可能性もあり、尾張における前期古墳のより詳細な検討が必要である。

前期の円墳

さらに、尾張戸神社古墳の円墳という墳形にも注目したい。円墳は古墳の総数のなかでは大多数を占める墳形ではあるが、前期に限れば、愛知・岐阜・三重県域で三〇例をこえるほどで、それほど多いわけではない。主な分布として、愛知県では志段味古墳群のほか春日井市域、岐阜県では岐阜市や可児市、御嵩町など、三重では松阪市域に多い。そして、それらにはいくつかの特徴がある(11)。

まず、直径三〇～五〇メートルほどで、二段築成で高さ五メートル前後のものが多い。円筒埴輪を伴う場合はそれぞれの地域で最古段階のものが多い。また、副葬品が判明する場合は、三角縁神獣鏡やその他の倭鏡、腕輪形石製品などの威信財を出土するものがほとんどである。

さらに、前期の円墳の立地においていくつか特徴的な様相が認められる。

まず、円墳の付近に前方後円墳・前方後方墳が存在する場合がある。可児市前波三塚（西寺山古墳、野中古墳、長塚古墳）は前方後方墳と前方後円墳からなる古墳群であるが、その付近に身隠山白山古墳・御嶽古墳からなる円墳群が造営される。いわゆる陪塚のように前方後円墳に円墳が近接するのではなく、円墳も一定の領域をもって造営されていることは重要である。

また、円墳が同時期に複数造営される場合がある。庄内川北岸の春日井市域では、天王山古墳、出川大塚古墳、篠木二号墳など前期中葉から後葉にかけて直径三〇～四〇メートルの円墳が造営される。また、三重県松阪市域や岐阜市方県地区などでも同様の現象がみられ、この時期に中型の円墳がまとまって造られる地域がある。

このようにみたとき、古墳時代の前期の円墳は、それ自体が被葬者の社会的位置を示す墳形であったと考えられる。それは前方後円墳を主とするシステムからなる倭王権との関係を示すものであり、それぞれの地域内での繋がりや階層性を反映したものであった。

以上のことをもとに尾張戸神社古墳について考えると、規模こそ直径三〇メートル足らずであるが、葺石は重厚なものであり、石英を所々に混ぜるなど墳丘の造りも入念に行っている。東谷山山頂の平坦な部分に造営されており、その選地の優位性からも、高い象徴性を読み取ることができる。

前後する時期に麓には墳長一一五メートルという巨大な前方後円墳である白鳥塚古墳が造営され、墳丘規模をみる限りは明確な差があるのだが、単に尾張戸神社古墳が従属するだけのものではなかった。白鳥塚古墳の突出した規模は、その造営基盤を志段味地区だけで考えることはできず、広域に影響力をもった大首長の存在を考えざるを得ない。一方、尾張戸神社古墳の被葬者には、それに次ぐ地域首長を想定することができるであろう。

さらに春日井市市域まで目をひろげると、先に述べたようにほぼ同時期に中型の円墳を造り続ける首長層が存在した。これらと志段味古墳群の円墳の被葬者が無関係であったとは考えがたい。山頂古墳の被葬者は、倭王権と関わりをもちつつ、その一方で、近隣の首長層とも紐帯を結び、地域のなかで象徴的な性格を与えられ、山上に祀られた首長であったと考えることができる。

埴輪の導入

白鳥塚古墳・尾張戸神社古墳も確かに前方後円墳に体現されるシステムの影響を受けていたが、中社古墳・南社古墳では、尾張で最初期となる円筒埴輪などの埴輪を受容し、より最新の体系的な古墳祭祀を受容している。

中社古墳の埴輪は、逆三角形透孔を一段三方向にあけること、口縁が短く外反することなど、いわゆるⅠ群埴輪の特徴をもつ。こうした特徴をもつ埴輪は、破片資料のため明確ではないが、名古屋市川東山四号墳や篠木二号墳、笹ヶ根古墳群など庄内川中流域に集中して分布する傾向がある。(12) 庄内川流域が交通網として重要な役割を担っていたのであろう。

また、中社古墳、南社古墳の埴輪は、中型円墳である松阪市高田二号墳や坊山一号墳の埴輪との共通性が高く、伊勢湾から庄内川を通じた交流の一端を知ることができる。(13)

中社古墳は、前方後円墳とはいえども白鳥塚古墳との格差は大きく、立地からしても尾張戸神社古墳の次代の首長墓と考えられる。さらに、南社古墳については、山頂ではないが鞍部をこえたピークに造営されており、その選地も一定の象徴性をもっている。おそらく、中社古墳の首長をトップとして、南社古墳の被葬者もそれに次ぐ位置にあり、庄内川流域を掌握したと考えられる。

三　古墳時代中期の志段味古墳群

古墳群の概要と編年

大塚・大久手古墳群は、帆立貝式古墳である志段味大塚古墳、西大久手古墳、東大久手古墳、大久手五号墳、勝手塚古墳と小形の円墳、方墳からなる。

志段味大塚古墳は、墳丘長五一メートル、後円部直径三九メートル、前方部長一三メートル、前方部幅二〇メートルで、方形部長／後円部直径＝〇・三三、前方部が台形となる。くびれ部西側には三角形の造出が付き、葺石は円礫を貼り石状に埋め込む。周濠は馬蹄形で主軸長六一・五メートルである。

埋葬施設は主軸に併行して二基が並んでいたと想定される。埋葬施設一が梅原末治によって調査された簡略化した粘土槨で、五鈴鏡、五鈴杏葉、五鈴楕円形鏡板付轡、木芯鉄板張輪鐙、三環鈴、帯金具、甲冑片（衝角付冑、小札甲、

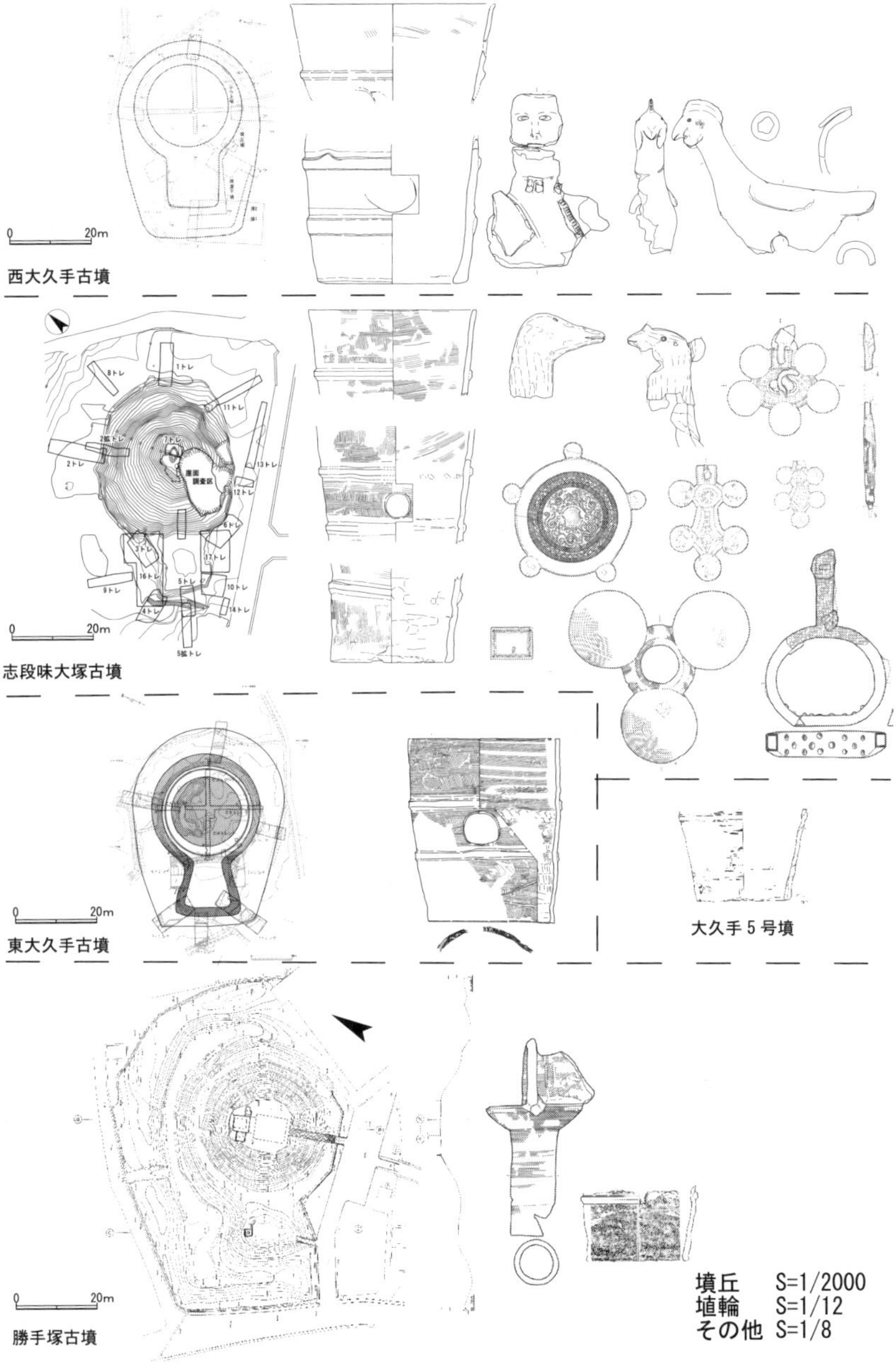

図３　中期の志段味古墳群

肩甲、篠籠手など）、大刀、鉄鏃など豊富な鉄製武器武具類が出土した。埋葬施設二は、粘土を部分的に補充しながら割竹形木棺を直葬する。革盾に塗られた漆膜が検出されており、革盾を棺上面に配置していたと考えられる。完掘はしていないが、ほかに緊結金具が出土するのみで埋葬施設一に比べ副葬品は少ないことが予想される。

その他の出土品として、造出上で出土した須恵器を模倣した土師質土器などは、畿内の王権との繋がりを考える上でも注目される。(14) 墳丘や周濠からは、甕、高坏形器台、𤭯などの須恵器が出土し、城山二号窯期のものと考えられる。また、埴輪が出土し、円筒埴輪、朝顔形埴輪、蓋形埴輪、鶏形埴輪、水鳥形埴輪がある。窖窯焼成により、円筒埴輪は三条四突帯で外面調整に回転ヨコハケをもちいる。大きさは、おおよその平均値で高さ四〇センチ、口径三〇・三センチ、底部経二〇・七センチとなる。

西大久手古墳は、墳丘長三七メートル、後円部直径二六メートル、前方部長一三メートル、前方部はほとんどひらかない形状をする。方形部長／後円部直径＝〇・五となり、帆立貝式古墳としては前方部が長い。周濠はやや不定形な馬蹄形で主軸長四七メートルである。墳丘盛土は削られていたため、立体構造や埋葬施設などは不明である。

出土物として、埴輪と須恵器がある。須恵器は坏蓋、高坏形器台、壺があり、東山一一一号窯期〜東山四八号窯期が想定される。埴輪は、円筒埴輪、朝顔形埴輪、人物埴輪、鶏形埴輪、馬形埴輪がある。円筒埴輪は破片で出土し、全形を推測できる資料はない。外面調整には三種類ほど有り、ハケ調整がないもの、タテ（ナナメ）ハケ調整、タテハケ（ナナメ）後ヨコハケ調整を行うものがある。

東大久手古墳は、墳丘長三九メートル、後円部径二七メートル、前方部長一二メートル、方形部長／後円部直径＝〇・四七、前方部が端部にむかって開く形態をする。周濠は馬蹄形で主軸長四七メートルである。墳丘盛土は一段目を残して削られていたため立体構造や埋葬施設などは不明であるが、一段目テラスの一部でほぼ隙間無く並べられた埴輪列が検出された。

出土物は、埴輪、須恵器がある。須恵器は坏蓋、高坏などがあり、東山一一号窯期に編年される。埴輪は、円筒埴輪・朝顔形埴輪が確認されている。円筒埴輪は、須恵質でほとんどが二突帯三段、突帯間に二個透孔を穿ち、外面調整を回転ヨコハケによるものを基本とする。外面にはヒモズレ・ユビズレ痕が見られるが、底部調整は観察できない。

大久手五号墳は、大久手池堤防により半壊するが、地籍図などから、帆立貝式古墳であることが指摘されてきた。調査の結果、後円部が二段築成で、テラス面に円筒埴輪列が確認されたが、墳形を明らかにすることはできていない。出土した円筒埴輪は外面調整回転ヨコハケで、底部調整やヒモズレ痕などは確認されていない。

勝手塚古墳は、墳丘のみならず周濠や周堤が一部残っており、古墳の形態をよく知ることできる。測量図等によると、墳長五五メートル、後円部直径四一メートル、前方部長一五メートル、後円部二段築成で高さ七メートル、前方部一段築成で二・五メートルである。方形部長／後円部直径＝〇・三七で、前方部が端部にむかって開く形態をする。試掘調査の結果、一段目テラスに埴輪列が検出されている。埴輪は、円筒埴輪のほか蓋形埴輪が採取されている。円筒埴輪は、二突帯三段、突帯間に二個透孔を穿ち、外面調整をC種ヨコハケによるものを基本とする。外面にはヒモズレ・ユビズレ痕がみられ、底部調整も一部施される。

以上の他に、いくつかの円墳や方墳が存在する。大久手三号墳は一辺一四メートルの方墳で埴輪を伴わない。出土した須恵器は東山四八号窯期～城山二号窯期に編年される。大塚二号墳は墳形不明ながら、埴輪片、須恵器片が採集され、東山一一号窯期から東山一〇号窯期に編年される。大塚三号墳は直径一八～一九メートルの円墳で、出土物は極細片があるのみである。

それぞれの出土した須恵器から、西大久手古墳（東山一一号窯期～東山四八号窯期）→志段味大塚古墳（城山二号窯期）→大久手五号墳（東山一一号窯期）・東大久手古墳（東山一一号窯期（後半））→勝手塚古墳の順で造られたと考えられる。

埴輪についても、無黒斑で回転ヨコハケやタテハケをもちいる西大久手古墳から、三条四段で回転ヨコハケを多用する志段味大塚古墳、さらに二条三段で回転ヨコハケを多用しヒモ・ユビズレ痕がみられる東大久手古墳、加えて底部調整をよくおこなう勝手塚古墳へと変遷すると考えられるから、須恵器の変遷と矛盾しない。

また、方墳である大久手四号墳が東山四八号窯期、円墳である大塚二号墳・大塚三号墳が東山一一号窯期（後半）から東山一〇号窯期であることから、五世紀中頃から六世紀初頭にかけて帆立貝式古墳を上層とし、小形の円墳・方墳を下層とする階層構造をもった古墳群が形成された。

尾張型埴輪の成立前

尾張の円筒埴輪では、特徴的な形態と高い斉一性をもつ「尾張型埴輪」[15]の存在が注目されてきた。しかし、「尾張型埴輪」とされる諸要素が出そろうのは東山一一型式期（五世紀後葉）であり[16]、それ以前は多様な型式の円筒埴輪が存在していた。それは、外面のハケ調整から、「タテハケ群」「B種ヨコハケ群」「C種ヨコハケ群」「ナデ群」と分類することが可能である[17]。

図４によると、東山一一一号窯期（五世紀中葉）から東山一一号窯期（五世紀後葉）まで、各地域で多様な埴輪が使用されており、海部郡域のナデ群、名古屋台地のB種ヨコハケ群、守山周辺にみらるタテハケ群と小地域ごとにある程度のまとまりがみられる。しかし、東山一一号窯期から東山一〇号窯期に

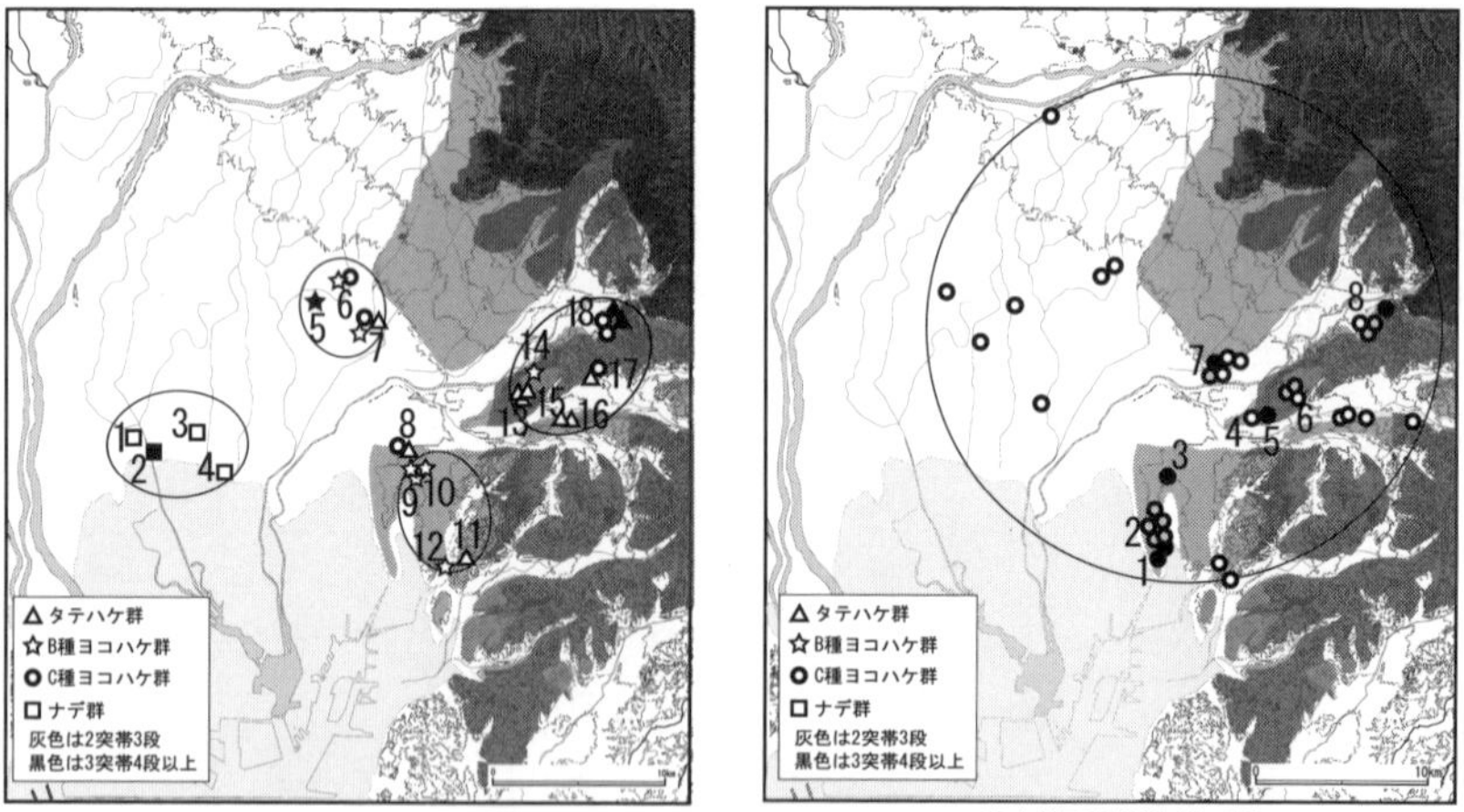

東山111号窯期から東山11号窯期まで

1. 川田遺跡　2. 諸桑遺跡　3. 寺野遺跡　4. 下田遺跡　5. 高塚古墳　6. 西出古墳　7. 能田旭古墳　8. 名古屋城三の丸遺跡　9. 那古野山古墳　10. 一本松古墳　11. 琵琶ヶ峰古墳　12. 瑞穂古墳群　13. 牛牧離レ松遺跡　14. 松ヶ洞古墳群　15. 長坂古墳群　16. 印場大塚　17. 城山2号窯　18. 志段味古墳群

東山11号窯期（後半）以降

1. 断夫山古墳　2. 高蔵遺跡　3. 大須二子山古墳　4. 長塚古墳　5. 瓢箪山古墳　6. 松が洞古墳群　7. 味美二子山古墳　8. 志段味古墳群

図４　尾張における埴輪の分布

なるとそれらの個性は減少し、定型的な円筒埴輪が尾張地域の各古墳で使用される。この時、名古屋市熱田区断夫山古墳を頂点に、前方後円墳では大型の円筒埴輪が使用され、小型墳では小型の円筒埴輪が使用される傾向がある。

志段味古墳群の円筒埴輪では、西大久手古墳は、外面調整が三種類ほどみられ、底部に対する調整技法などはほとんどみられない。志段味大塚古墳は三条四段で、外面調整はC種ヨコハケであるが、底部調整等はほとんどみられない。これらは、いわゆる「尾張型埴輪」とは異なった型式であった。その後、東大久手古墳では、二条三段でC種回転ヨコハケ調整を施す。この段階でユビズレなどはみられるが、底部調整は多くは行われていない。そして、勝手塚古墳の段階では先の諸特徴に加え、底部調整も高頻度で行われるようになる。さらに、東山六一号窯式期の東谷山三号墳では大型のC種回転ヨコハケの須恵質埴輪を使用する。

このようにみると、五世紀中頃～後葉の志段味古墳群の埴輪は多様であり、その類例を尾張のなかに求めることも難しいものがある。また、形象埴輪の導入も考慮すると(18)、畿内をはじめとした他地域との関係のなかで埴輪を受容したと考えられる。

一方、東山一一号窯期後半頃（五世紀末）になると、尾張地域で共通した形態をするようになる。それは、須恵器の生産体制に組み込まれ、断夫山古墳を頂点とする前方後円墳や円墳などの規模に対応した階層構造を有しており、そこに「尾張」としてのまとまりと序列化を可視化したのであった。

帆立貝式古墳の特徴

大塚・大久手古墳群は帆立貝式古墳を五基以上含むことが大きな特徴である。志段味大塚古墳では、豊富な鉄製武器・武具が出土し、帯金具・馬具など当時最新の文物を副葬していた。また、その他の古墳では副葬品は知られないが、埴輪が多く出土し、特に、西大久手古墳で出土した人物埴輪や馬形埴輪は同時代の畿内の影響を強く受けたものであり、直接的な関係を有した可能性が高い。

東海の帆立貝式古墳は志段味古墳群の他にも各地で検出されているが、副葬品の判明するものの多くが鉄製武器や武具を有し、様々な形象埴輪が出土しており、当時の最新の情報を取り入れていたようである(19)。

一方で、志段味古墳群のように帆立貝式古墳が集中して古墳群を形成する例は少なく、東海地方でも豊川市念仏塚古墳群や多気郡明和町の玉城丘陵古墳群などで比較的まとまっていることが挙げられる程度である。

志段味古墳群では、西大久手古墳から志段味大塚古墳で前方部の開き方が変化したり、造出が付くなどそれぞれで形態が変化するが、後円部と前方部の比率は〇・三を超え、総じて帆立貝式古墳としては前方部が長い傾向がある。また、豊川市念仏塚古墳群も同じく前方部が長い傾向がある。一方、明和町玉城丘陵の古墳群では前方部が短く、伊勢地域全体でみても前方部が短い傾向がある。このように、帆立貝式古墳からなる古墳群では、墳形が同時代の情報を反映して随時変化しながらも、地域内である程度決まった形態を維持するような意識も働いたと考えられる。

以上のことから、帆立貝式古墳群の被葬者は、数世代に渡り地域首長として武を主として畿内の王権に奉仕し、最新の文化を取り入れた首長層と考えることできる。

四　古墳時代後期の志段味古墳群

東谷山古墳群の概要

古墳時代後期になると横穴式石室をもった円墳が東谷山西麓に造られ、その数は五〇基に迫る。

東谷山古墳群の横穴式石室は、その形態から片袖系列、両袖Ⅰ系列、両袖Ⅱ系列、無袖系列に大きく分類することが可能である(20)。片袖系列は袖の型式が左片袖で、畿内型の横穴式石室の影響を強く有した名古屋市守山区小幡茶臼山古墳を初期とするものである。両袖Ⅰ系列は、両袖型式のうち、疑似両袖を基本とし、東谷山古墳群では奥壁に鏡石を使用するものである。両袖Ⅱ系列は、玄室から羨門へと弧状になり袖が平面では明確でなく、東谷山古墳群では奥壁下段に縦長の石材を二枚並列するものである。無袖系列は、無袖で玄室と羨道の間にしきみ石を施す場合がある。

現在までの資料によると、山麓北西の庄内川を臨む地点に東山一〇号窯期（六世紀前葉）に築造された東谷山九号墳が最も古い。石室の形状は不明で、須恵器は数種の器台が含まれ、この古墳の被葬者が階層的に高い可能性を示唆する。次に、無袖式の横穴式石室をもつ東谷山三号墳が築造される。墳丘は二三メートルほどの円墳と考えられ、須恵質・灰褐色の尾張型埴輪をもつ。円筒埴輪は、底部復元径が二〇センチメートル前後と大きく、前方後円墳に使用された円筒埴輪と遜色ない。また、豊富な玉類が副葬され、素環頭大刀が出土した可能性もあり、有力な被葬者が想定される。

続いて、蝮ヶ池窯期（六世紀末）に片袖系列の東谷山四号墳・一号墳などが築造されるが、いずれも、山麓北西部に築造され、それぞれの古墳の距離が離れていることが特徴である。

東山四四号窯式期頃（七世紀前葉）には、各古墳間の距離が近くなり、東谷山一二号墳・一四号墳・一六号墳などの尾根沿いに分布する一群や白鳥古墳群のように支群が形成される。このうち、東谷山一六号墳は、墳長三〇メートル程度の円墳で、石室長一八メートル以上の長大な両袖Ⅱ系列の横穴式石室を埋葬施設とする。出土した須恵器の種類は豊富で、装飾須恵器の動物形装飾片もある。選地の優勢もあわせ、この古墳が画期となる古墳であった可能性が高い。

また、両袖Ⅱ系列の他、両袖Ⅰ系列の東谷山五号墳、片袖系列の東谷山一二号墳、無袖系列の白鳥一号墳・四号墳など、四系列が混在して造られる。

岩崎一七号窯式期（七世紀後葉）には、東谷山三四号墳のように、これまで古墳が築かれた地点よりさらに南側のやや奥まった、高い標高に造られた。他の古墳では追葬を示す資料の出土もない。この時期は墳丘や横穴式石室の規模が縮小する時期であるから、すでに削平されてしまったり、未発見の古墳がある可能性はあるが、東谷山における古墳の築造・使用が衰退したことは確かである。

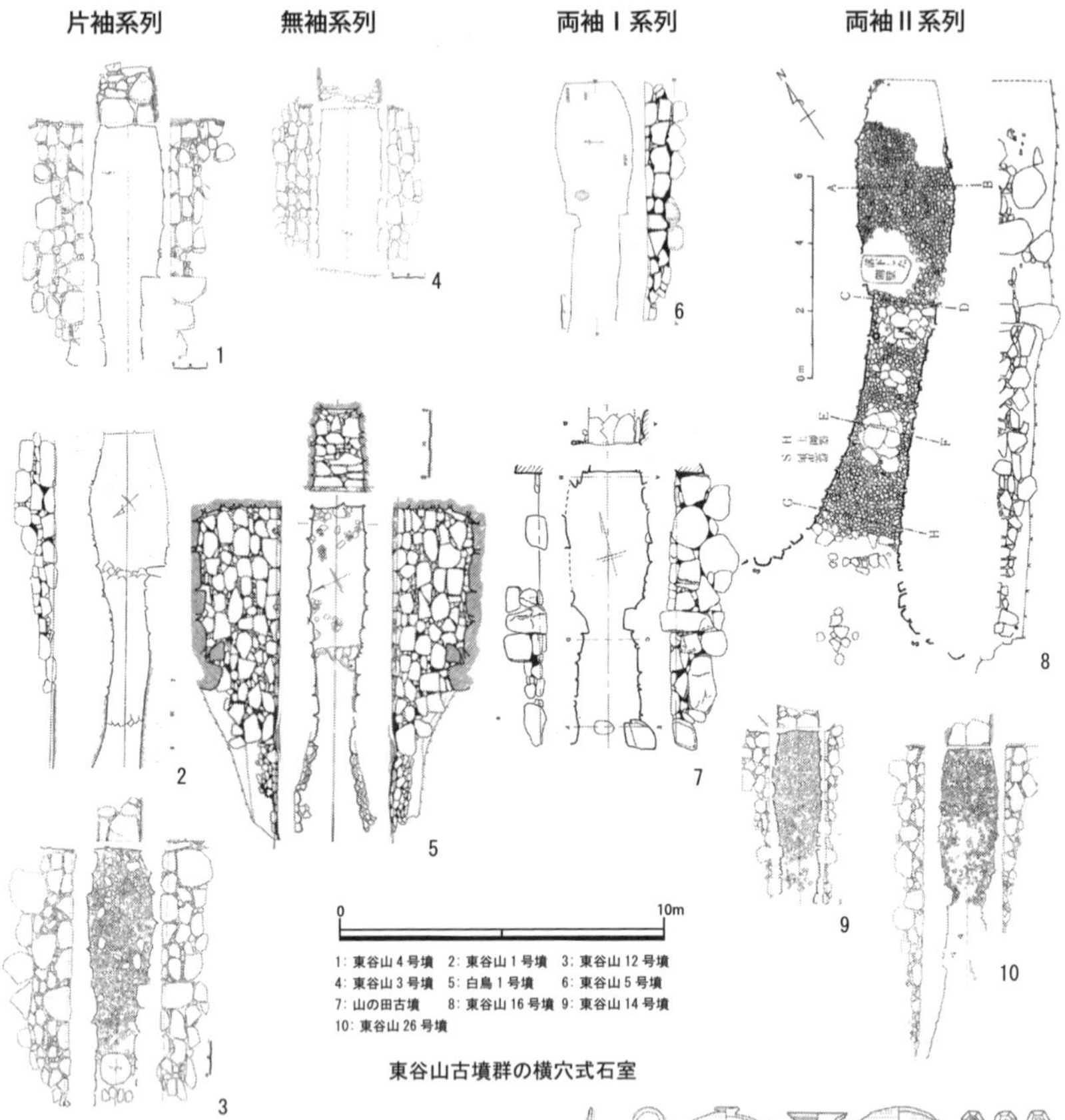

東谷山古墳群の横穴式石室

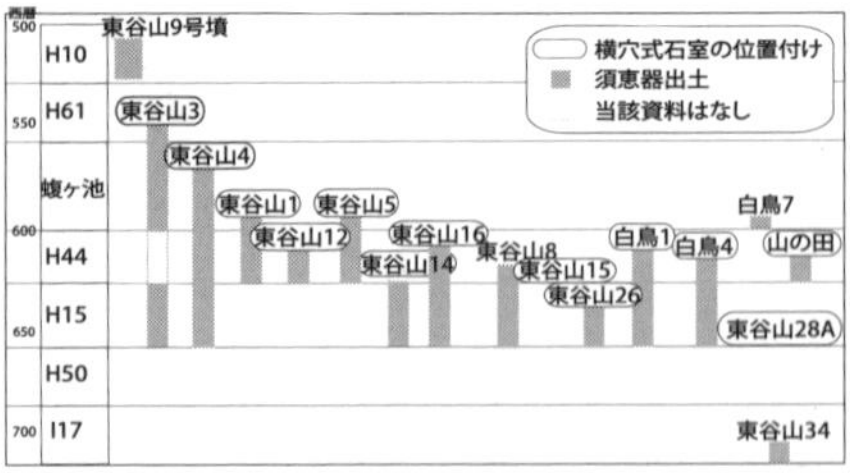

東谷山古墳群の変遷

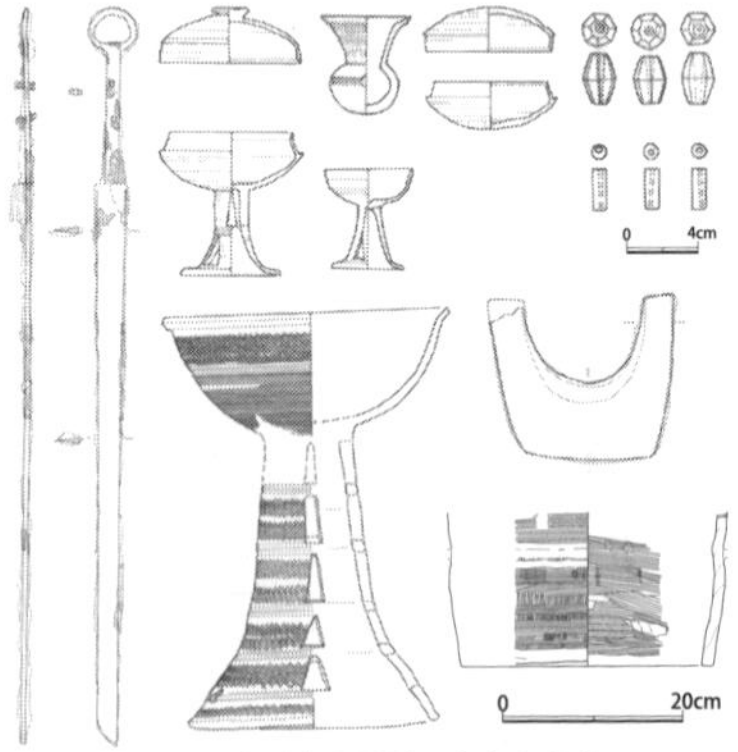

東谷山3号墳の主な出土物

図5　後期の志段味古墳群

以上のように、東谷山古墳群は、六世紀前葉から横穴式石室を埋葬施設とする古墳が築造されるが、群集化するのは七世紀初めからである。この時期を画期として、尾張最大規模の群集墳が形成される。このとき、副葬品としては須恵器などの土器類がほとんどであり、武器類の出土はわずかである。そして、七世紀後葉には古墳の築造・利用が沈静化し、小型の石室をもつ小古墳が少数築造される。

尾張の横穴式石室

横穴式石室について尾張全体で整理した例は多くはないため(21)、本稿では、先の東谷山古墳群で行った四分類を援用し、さらに川原石積み横穴式石室を加えて分析を行っていく(図6)。

尾張の横穴式石室の初現は明らかになっていない。尾張型埴輪をもつ前方後円墳である名古屋市守山区池下古墳や名古屋市守山区小幡長塚古墳、そして、名古屋市熱田区白鳥古墳などで横穴式石室が採用された可能性が指摘されるが実態は明らかでない。確実な例としては、東谷山三号墳や春日井市親王塚など東山六一号窯式期(六世紀中頃)に無袖系列が目立つ。また、名古屋市守山区小幡茶臼山古墳で左片袖式横穴式石室が造られる。

東山四四号窯式期(七世紀初め)には、片袖系列、両袖Ⅰ系列、両袖Ⅱ系列、無袖系列に加え、一宮市や犬山市などの木曽川流域で川原石積み横穴式石室が活発に築造される。川原石積みの横穴式石室で注目されるのは、名古屋市熱田区高蔵古墳群でほぼ同型式の石室が発見されており、木曽川をルートとした交流の痕跡が知られるのである(22)。

片袖系列は、小幡茶臼山古墳を別とすると、瀬戸市域で若干ある以外は、東谷山古墳群に分布する。

両袖Ⅰ系列は、比較的広く分布するが、主には東谷山から瀬戸市域にかけて分布する。なお、尾張南部の名古屋市緑区鳴海大塚古墳は、複室構造の両袖Ⅰ系列であり、三河との関連が想定される。

両袖Ⅱ系列は東谷山から庄内川下流方向に分布する傾向が強い。また無袖系列も、東谷山から庄内川下流方面、さらに瀬戸市域に分布している。

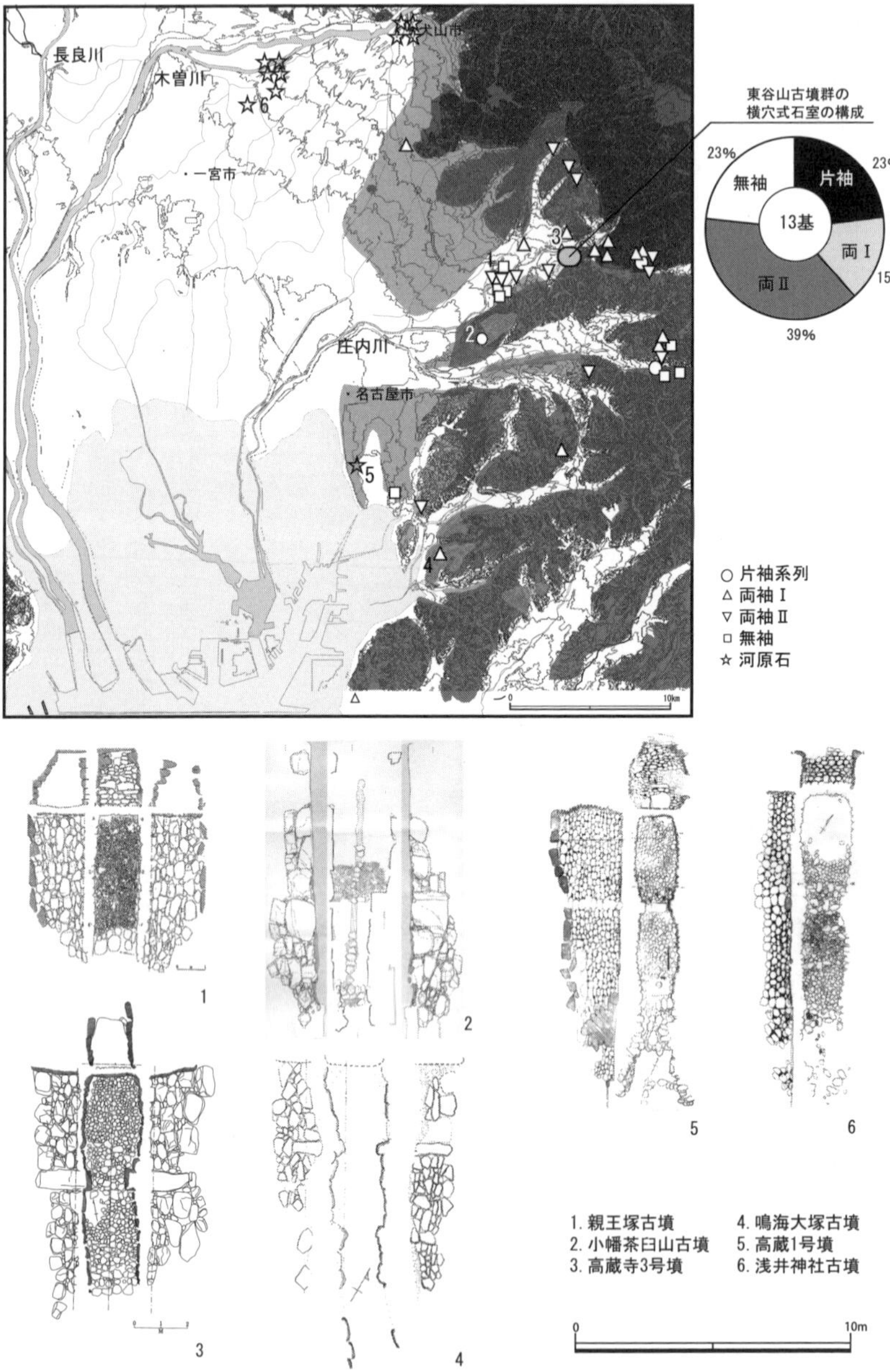

図６　尾張における横穴式石室の分布

このようにみると、尾張の中でも東谷山古墳群は横穴式石室の型式が多様であり、川原石積み横穴式石室以外の四系列の分布域の結節点であることがわかる。特に、片袖系列は尾張では多く分布しない型式であるが、東谷山古墳群で比較的高い割合を有していることは特徴的である。逆に、川原石積み横穴式石室は庄内川流域にはわずかしか分布せず、木曽川流域と熱田台地に分布することから、両地域の結び付きの強さを示している。

横穴式石室からみると、東谷山古墳群は庄内川流域を中心として春日井・瀬戸市域との影響関係が見出せるようである。

群集墳としての東谷山古墳群

尾張においては大規模な群集墳は形成されず、五〇基ほどになる東谷山古墳群が最大である。そして、その特徴は、以下の四点にまとめられる[23]。

① 四つの異なった系列の横穴式石室が存在
② 造墓が活発になるのは七世紀初め頃
③ 当初は支群を形成せず、七世紀初め頃から分布域を移し支群を形成し造墓が活性化
④ 武器・馬具類の副葬品が少ない

東谷山古墳群は、時期により墓域が移動する。これは、広瀬和雄が論じた[24]、墓域の設定がありそこに支群が形成するというパターンとは異なり、徐々に拡大する傾向がある。それぞれの古墳は密集はせず比較的散在的に築造されており、密集型群集墳で想定されたような限られた墓域であったとは考え難い[25]。

それでは、どのような理由で古墳群が形成されるのであろうか。東谷山古墳群の横穴式石室のなかには、近隣の横穴式石室と類似した例があり、また、東谷山古墳群の四系列の横穴式石室が近隣の地域にも分布しており、これらの諸地域との関係において東谷山古墳群が求心性を有していたことが指摘できる。

ただし、東谷山古墳群は武器等の副葬は少なく軍事的に編成された集団を想起することは難しい。ここで注目しておきたいのは、東谷山古墳群が群として発達するのは七世紀初め頃であるが、この時期の須恵器が前期の大型前方後円墳である白鳥塚古墳で出土していることである。この須恵器がどういった意味をもつのかは不明であるが、白鳥塚古墳周辺では後期の古墳や埋葬施設は未発見であり、なんらかの祭祀行為に伴うものかも知れない。そうであるなら、古墳時代後期の人々が先祖的な王として白鳥塚古墳を追慕した可能性を考慮し、そうした過去の「首長」を核として古墳を集合させたと考えることが可能であろう。[26]こうした現象には、「氏族」や部民制の進展・再編の影響があると考えられる。

五　志段味古墳群の歴史的意義

志段味古墳群は、一時の空白期間はあるものの、前期、中期、後期の古墳が造られていることが大きな特徴である。上志段味の地は、東谷山が東に迫り、河岸段丘もそれほど広いわけではなく、地質的には生産拠点として多くを望める土地ではない。このような土地であるにかかわらず、これほどの古墳群が形成された理由は何であろうか。

一つが庄内川の流通網としての重要性が考えられる。庄内川は下流からみると、伊勢湾から名古屋台地縁部を円弧を描いて、東谷山の麓を流れ、東方へと繋がる道となる。この沿岸には早くに埴輪の分布がみられることや特異な遺物がみられるため、古墳時代において重要な流通網として利用されていたと考えられる。

また、平野部からみたとき、この地は平野部と山間部の境であるだけでなく、東の世界との境界にもなる。古墳は境界地に造営される場合があり、志段味古墳群、特に前期の白鳥塚古墳や尾張戸神社古墳などはそうした意味をもっていた可能性が高い。これと同様のことが木曽川が濃尾平野に流れ込む地に造られた東之宮古墳にもいえるのであろう。倭王権は、こうした東との境界となる地の首長と戦略的に関係を結んだのである。[27]

そして、東谷山の山頂から麓に古墳群が造営されたのは、そうした東の境となる山として、東谷山に聖域としての性格を認めていたのであろう。こうした視点からは伊藤禎樹が詳細に述べており(28)、後の時代には式内社尾張戸神社が祀られ、江戸時代においても崇拝されてきた。

このように、尾張のなかで流通拠点、境界、聖域性が認められる地に、志段味古墳群は形成されたのであり、それは古墳が単に生産力のある地に造られるものではないことを明確に示すものである。

この古墳群の被葬者像は、前期の白鳥塚古墳についてはは少なくとも尾張南部を代表するような大首長が想定され、尾張戸神社古墳、中社古墳、南社古墳については、志段味や対岸の春日井を代表する首長を想定した。中期の大塚・大久手古墳群では、尾張のなかでも独自的に王権と関係を結び、最新の武装・文化を取り入れた先進的な首長層を想定できた。ただし、その後半（五世紀末）については、熱田台地に造られた断夫山古墳を頂点とする序列化のなかに取り込まれた。

さらに、古墳時代後期になると、東谷山古墳群の横穴式石室は、東谷山古墳群は庄内川流域を中心とした春日・山田郡域に関係をたどることができ、その範囲の特定の人々が東谷山に造墓したと考えることができる。この点について、深谷淳は、東谷山古墳群の古墳にみられる渡来系と考えられる要素や、早野浩二による春日への屯倉の設置の研究(29)、そして「尾張戸」神社から、東谷山古墳群の被葬者像として「尾治部」の存在を提起している(30)。その当否をここで論じることはできないが、東谷山古墳群という群集墳の成立には、当時の氏族関係などの組織体制の全国的な進展があったと考えられる。

このように古墳時代の志段味古墳群をみていくと、通期的には尾張のなかにおいても特に王権との関係が強い地域であるといえる。日本列島の多くの地域に古墳は分布するが、絶え間なく造られた地域はほとんどない。倭王権の中枢部でも古墳が造られた地域は時期により変化しており、そうした変化と連動して各地の古墳群の造営も変化したとされる(31)。志段味古墳群の動態もこのような変化と密接に関わっているのである。

そして、このような変化とともに志段味古墳群の造墓者の性格も様々に変化しており、画一的なものではなかった。こうした王権や地域の首長層との相互関係のなかで、志段味古墳群の歴史が形成されたのである。

註

（1）京都大学総合博物館編『京都大学総合博物館春季企画展展示図録　王者の武装―五世紀の金工技術―』一九九七、東洋文庫所蔵「梅原考古資料」、守山市教育委員会『守山の古墳』一九六三、名古屋市教育委員会『守山の古墳』調査報告第一　一九六六、名古屋市教育委員会『守山の古墳』調査報告第二　一九六九

（2）志段味古墳群のうち、平成一七年度から平成二二年度に名古屋市教育委員会で実施された調査については、以下の正報告書で報告されているため、基本的にはこの成果による。以下各古墳での引用は省略する。
　a　深谷淳編『埋蔵文化財調査報告書五七　国史跡白鳥塚古墳（第一次～第五次範囲確認調査）』（名古屋市教育委員会　二〇〇七）
　b　深谷淳・瀬川貴文編『埋蔵文化財調査報告書六二　志段味古墳群』（名古屋市教育委員会　二〇一一）

（3）伊藤禎樹「東谷山をめぐって」（『美濃の考古学』第八号　美濃の考古学刊行会　二〇〇五）で家形埴輪片とされる採集資料が報告されているが、発掘調査ではまだ確認されていない。

（4）尾張戸神社古墳は過去に社殿裏が崩れ大きな石がみえたという伝聞があり、竪穴式石室の天井石の可能性が指摘されている。犬塚康博「古墳時代」（『新修　名古屋市史　第一巻』名古屋市　一九九七）。しかし、調査の結果墳丘の上段はほとんど削られていることがわかり、それより下位に竪穴式石室の天井石があったと考えることは慎重に判断しなければならない。

（5）深谷淳「志段味古墳群の前期古墳における石英の使用について」（前掲註2b）また、白鳥塚古墳では、電気探査の結果、石室の存在は指摘されず、粘土槨などの埋葬施設が想定される。

（6）前掲註2a

（7）広瀬和雄「前方後円墳の畿内編年」（『前方後円墳集成』畿内編　山川出版社　一九九二）
（8）酒井将史「伊勢湾岸における古墳時代前期の円筒埴輪」（前掲註2b）
（9）赤塚次郎「東海系のトレース」―三・四世紀の伊勢湾沿岸地域―」（『古代文化』四四巻六号　古代学協会　一九九二）
（10）赤塚次郎「壺形埴輪の復権」（『青塚古墳』　犬山市教育委員会　二〇〇一）
（11）瀬川貴文「古墳時代前期の円墳」（前掲註2b）
（12）瀬川貴文「名古屋市における埴輪の導入」（『名古屋市博物館紀要』第二九巻　名古屋市博物館　二〇〇六）
（13）前掲註8
（14）高橋克壽「西大久手古墳・志段味大塚古墳の形象埴輪」（前掲註2b）
（15）赤塚次郎「尾張型埴輪について」（『池下古墳』　愛知県埋蔵文化財センター　一九九一）
（16）藤井康隆「『尾張型埴輪』の諸問題」（『埴輪一円筒埴輪製作技法の観察・認識・分析一』第五二回埋蔵文化財研究集会実行委員会　二〇〇三）、藤井康隆「尾張における円筒埴輪の変遷と「猿投型円筒埴輪」―「尾張型埴輪」の再構築―」（『埴輪研究会誌』第一〇号　二〇〇六）
（17）瀬川貴文「尾張における中期以降の円筒埴輪について」（前掲註2b）、なお「尾張型埴輪」定型化以前に多様な埴輪があることは前掲註15・16などですでに指摘されている。
（18）前掲註14
（19）瀬川貴文「帆立貝式古墳について」（前掲註2b）において集成と若干の分析を行っている。
（20）瀬川貴文「尾張における群集墳の展開～東谷山古墳群の再検討より～」（『名古屋市博物館紀要』第三一巻　名古屋市博物館　二〇〇八）
（21）横穴式石室の分析については、服部哲也による一連の研究がありそれによる部分が大きい。服部哲也「尾張における『徳利形』の横穴式石室について」（『花園史学』八号　一九八七）、服部哲也「名古屋市小幡茶臼山古墳の再検討」（『古文化談叢―伊達先生古希記念論集―』　一九九七）、服部哲也「庄内川中流域の横穴式石室」『名古屋市見晴台考

古資料館研究紀要』第二号　名古屋市見晴台考古資料館　二〇〇〇）
(22) 瀬川貴文「木曽川の水運と石室・石棺のひろがり」（『東海の古墳風景』季刊考古学・別冊一六　雄山閣　二〇〇八）
(23) 前掲註20
(24) 広瀬和雄「群集墳論序説」（『古代研究』一五　元興寺文化財研究所考古学研究室　一九七八）
(25) 辰巳和弘「密集型群集墳の特質とその背景―後期古墳論（一）―」（『古代学研究』一〇〇　古代學研究會　一九八三）
(26) 前掲註20。こうしたとらえ方は、白石太一郎「大型古墳と群集墳―群集墳の形成と同族関係の成立」（『橿原考古学研究所紀要　考古学論功第二冊』　橿原考古学研究所　一九七三）を先駆とする。
(27) 前掲註14
(28) 前掲註3
(29) 早野浩二「ミヤケの地域的展開と渡来人―東海地方における朝鮮半島系土器の考察から―」（『考古学フォーラム』一七　考古学フォーラム　二〇〇五）
(30) 深谷淳「東谷山古墳群と『尾治戸』」（『研究紀要　第一〇号』　名古屋市見晴台考古資料館　二〇一〇）
(31) 都出比呂志「古墳時代首長系譜の継続と断絶」（『待兼山論叢』二二号 史学篇　大阪大学文学部　一九八八）

馬越長火塚古墳と後期首長墓の展開

岩原　剛

愛知県内には三〇〇〇基の古墳が存在する。東三河地方にはそのうちの約半数が存在し、中でも豊橋市には七四〇基の古墳がある。県内屈指の古墳地帯であるにも関わらず、その実態があまり知られていないのは、尾張や西三河地方にみられるような大型古墳が極めて少ないためであろう。東三河地方の主体を占めるのは圧倒的な数の後期群集墳であり、その多様な様相ゆえに、外部からの関心を受けにくくしている。しかし実態として、後期群集墳の顕著な発達こそが東三河地方の古墳時代を最も特徴づけるといえよう。後期の地域的高揚を真摯に受けとめ、群集墳の実態とあわせて後期首長墓の展開を探ることは、東三河の古墳時代史を評価する上で必要不可欠な作業である。

本稿は、東三河地方の後期古墳の代表ともいえる大首長墓・馬越長火塚古墳を紹介し、その時代背景と位置づけについて、いくつかのキーワードをもとに考察するものである。

写真　馬越長火塚古墳出土の棘葉形杏葉

一　馬越長火塚古墳

東三河の後期古墳

東三河地方の後期古墳は、一級河川である豊川左岸の豊橋市北部、及び右岸の豊川市北部にとくに集中する傾向にある。付近には同時期の集落遺跡がほとんど確認されず、当時付近は墓域として認識されていたと思われる。

後期の首長墓はこれらの古墳集中地帯に存在するほか、三河湾最奥部の渥美湾沿岸部などにも存在し、多くが前方後円墳である。首長墓系譜の地域設定に作成者の主観が反映するのは否めないところであるが、大きくは豊橋市北部、渥美湾沿岸部、音羽川流域、豊川市北部、そしてややグレードは下がるが、渥美東部・中部・西部の七つの系譜を想定することができる（図1）。

中でも豊橋市北部の首長墓系譜は、後期初頭に賀茂台地上に前方後円墳の弁天塚古墳（四三メートル）が出現し、その後前方後円墳の狐塚古墳（三八メートル）を経て、後期末葉には大首長墓である馬越長火塚古墳を生み出している。その間、首長墓は築造地を徐々に南へと移動させ、長火塚古墳は前期の首長墓群（前方後円墳・後方墳）が尾根上に並ぶ丘陵に囲まれた地に築造されている。

馬越長火塚古墳の位置と来歴

豊橋市北部は、信仰の山・石巻山を仰ぐ地である。東は三河と遠江との国境にあたる弓張山系がせまり、西は段丘崖から豊川沖積地を望む。愛知県内屈指の古墳集中地帯として知られる豊橋市北部を象徴する古墳が、これから紹介する馬越長火塚古墳である。

馬越長火塚古墳は、かつては二基の円墳と考えられていた時期もあった。後世に墳丘の一部が改変を受けたため

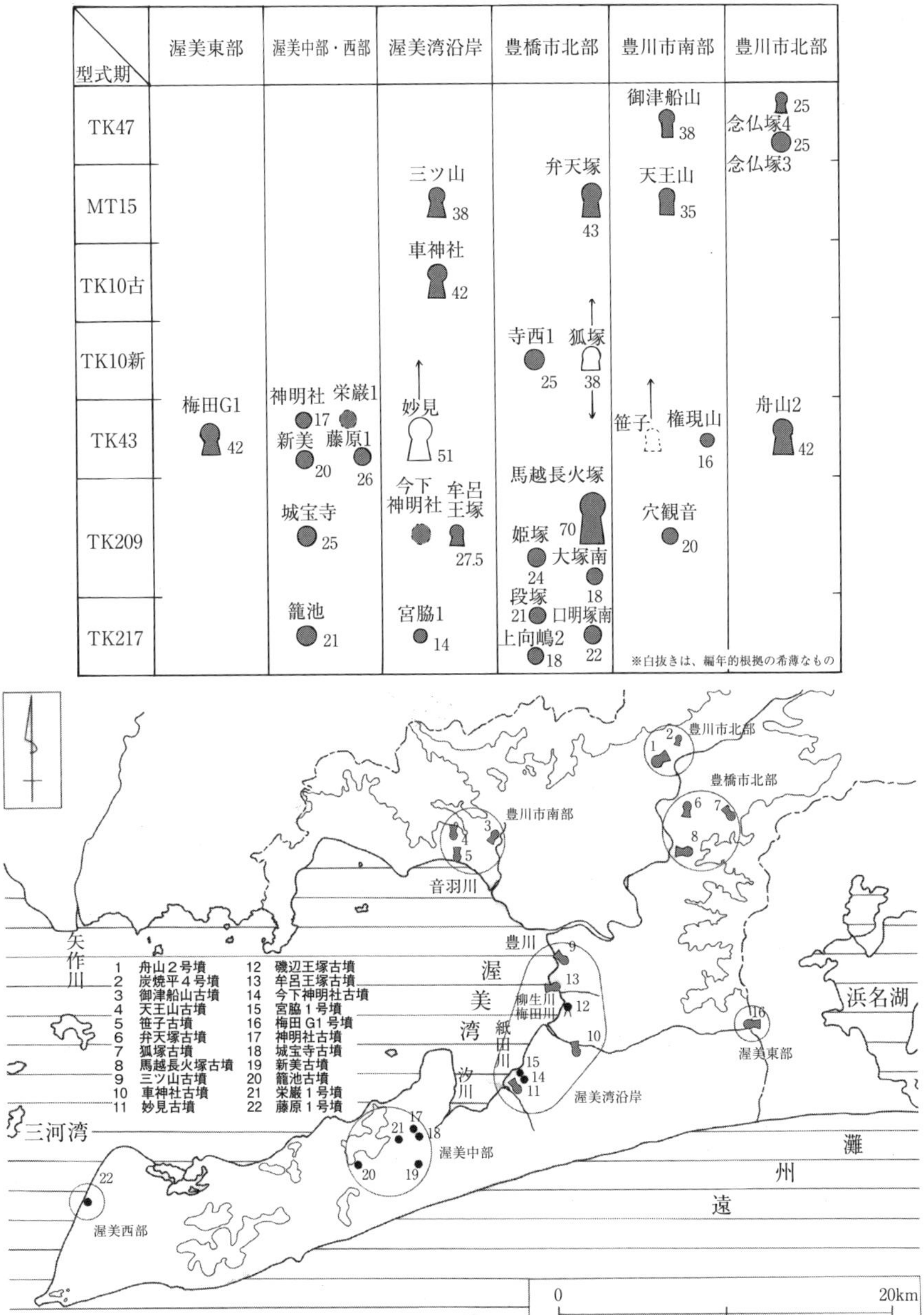
型式期
渥美東部
渥美中部・西部
渥美湾沿岸
豊橋市北部
豊川市南部
豊川市北部
TK47
MT15
TK10古
TK10新
TK43
TK209
TK217
御津船山 38
25
念仏塚4 25
念仏塚3
三ツ山 38
弁天塚 43
天王山 35
車神社 42
寺西1 25
狐塚 38
梅田G1 42
神明社 17
栄巌1
新美 20
藤原1 26
妙見 51
笹子
権現山 16
舟山2 42
今下神明社
牟呂王塚 27.5
馬越長火塚 70
城宝寺 25
姫塚 24
大塚南 18
穴観音 20
籠池 21
宮脇1 14
段塚 21
口明塚南 22
上向嶋2 18
※白抜きは、編年的根拠の希薄なもの
豊川市北部
豊橋市北部
豊川市南部
音羽川
矢作川
豊川
渥美湾
柳生川
梅田川
紙田川
汐川
浜名湖
渥美東部
渥美湾沿岸
三河湾
渥美中部
渥美西部
遠州灘
1　舟山２号墳
2　炭焼平４号墳
3　御津船山古墳
4　天王山古墳
5　笹子古墳
6　弁天塚古墳
7　狐塚古墳
8　馬越長火塚古墳
9　三ツ山古墳
10　車神社古墳
11　妙見古墳
12　磯辺王塚古墳
13　牟呂王塚古墳
14　今下神明社古墳
15　宮脇１号墳
16　梅田 G1 号墳
17　神明社古墳
18　城宝寺古墳
19　新美古墳
20　籠池古墳
21　栄巌１号墳
22　藤原１号墳
0
20km

図１　東三河における後期首長墓の分布と系譜

に、愛知県教育委員会が行った重要遺跡指定促進調査でさえも、全長を四四メートルと最小値に見つもっていた。また、昭和四三年に横穴式石室の学術発掘調査が行われたにもかかわらず、諸事情により成果の詳細が長きに渡り公表されることはなかった。その優れた内容が正当に評価されないまま、じつに紆余曲折を経た古墳といえるだろう。

地元有志による再測量調査や昭和四三年調査の報告書刊行（森田編　二〇一〇）、さらに豊橋市教育委員会が実施した確認調査と出土品の再整理事業（岩原編　二〇一二）によって、近年にいたりようやく相応の評価を受けつつある。

墳　丘（図２）

馬越長火塚古墳は、全長七〇メートルの前方後円墳である。

前方部の西側半分は、後世に柿畑へ改変されており、墳丘の残存状態は良好とはいいがたい。また、後円部の南側は現地形からみても削平を受けているのが明らかである。しかし、現状でも本古墳の特異な形状は理解できる。

本古墳は上下二段に築かれている。厳密に言えば、前方後円形を呈する基壇のような下段に、前方部が低く細長い前方後円形の上段がのる構造である。下段の上面はまったく平坦ではなく、中央に向かって緩やかな上り傾斜になっており、後述するようにそこの一部にも葺石が葺かれている。本古墳の墳丘においてもっとも印象的なのは、上段後円部の側面観である。後円部の中央が山形に高くなる一方、周縁は緩やかに傾斜をなして下段へと連なっていく。その姿はまるで「麦わら帽子」を伏せたかのようである。

そして墳丘の全面には、葺石が存在する。葺石は中期以前の古墳にみられるような、墳丘の盛土に向かって石材を突き刺すようにして葺いたものではなく、敷石のように敷き並べたものである。石材は扁平なものを多用するわけではないが、明らかに従来の葺石の施工方法とは異なっている。また後円部・前方部とも、葺石を積み上げた部分をいくつかつくり、墳丘の周縁が三段の階段状に整形されていることが判明した。段の立ち上がりは垂直で、せいぜい二石程度を積み上げた低いものである。また段と段の間は平坦なテラスを形成せず、緩やかな傾斜面となる。さらに上

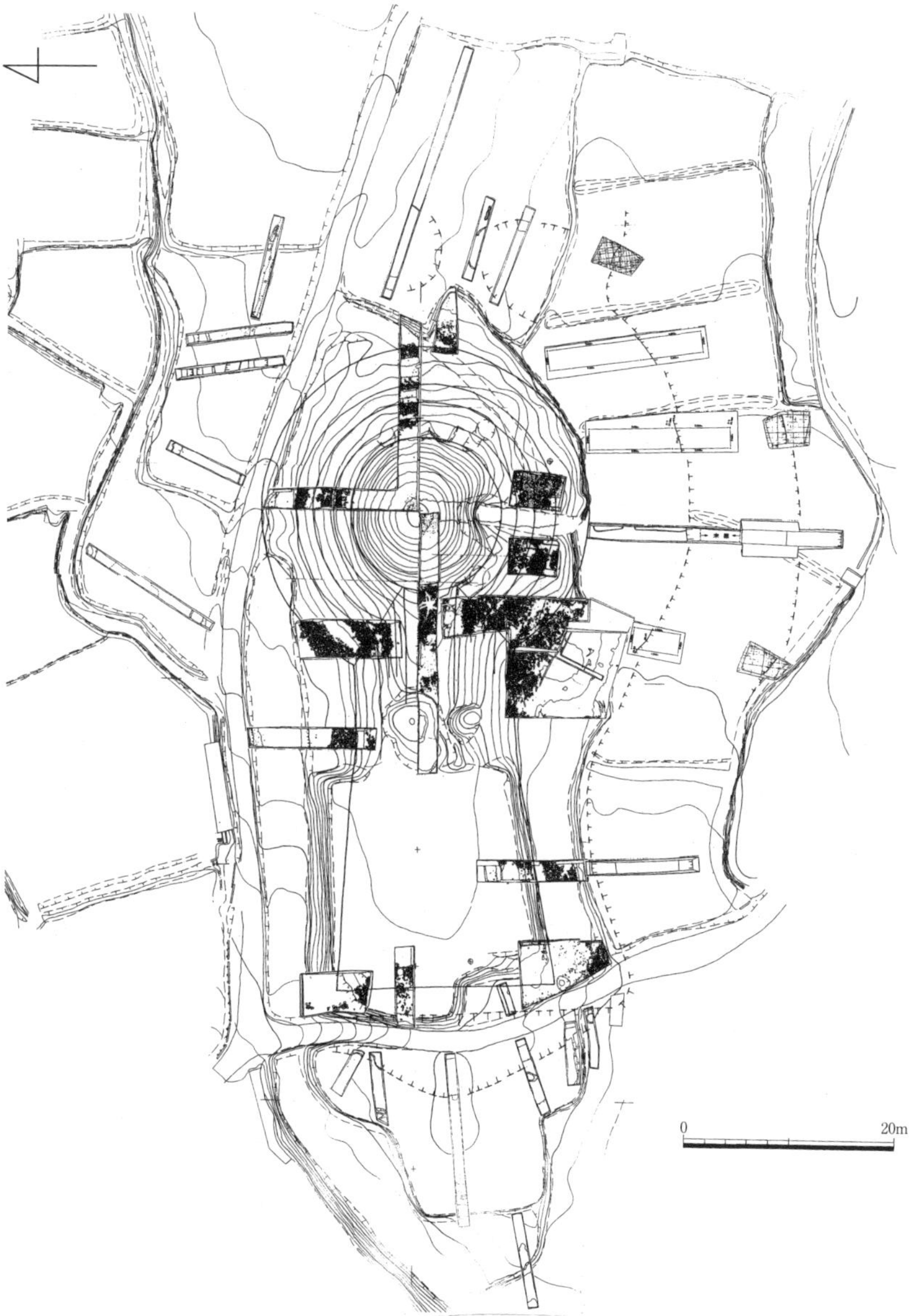

図２　馬越長火塚古墳の墳丘

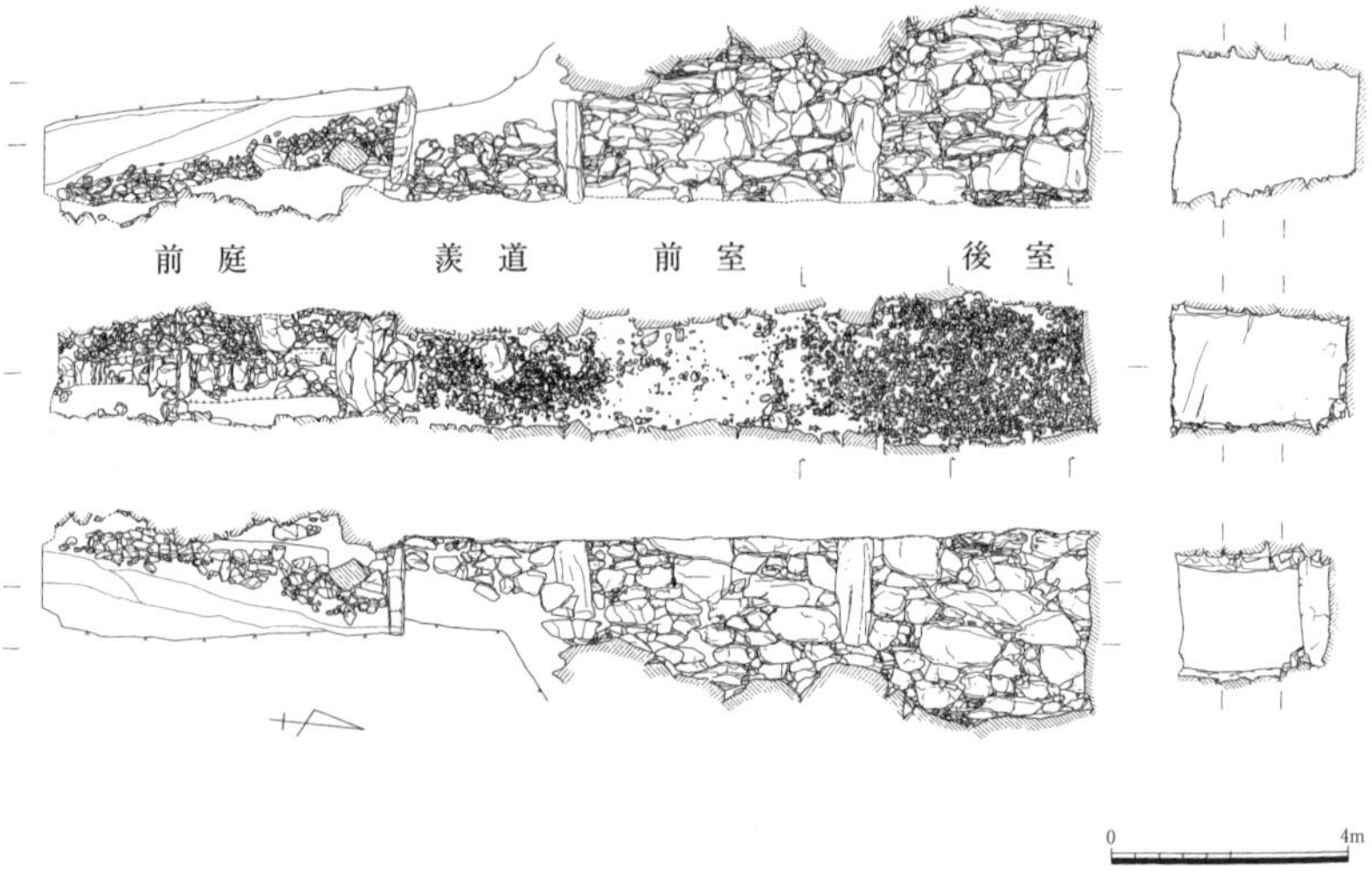

図３　馬越長火塚古墳の横穴式石室

段の裾には、基底石のように石材の大きさを変えるといった明確な区別をもたず、続いて下段に石材を敷き並べており、一定の幅をもって上段の周囲を囲む「敷石帯」とでも呼ぶべきものが存在する。

こうした特殊な葺石の施工方法は東三河地方での例を知らない。あくまで在地で新たに創案された技術ととらえるべきとの意見もあるが、特異な墳丘の形態とあわせて、筆者は外部にその技術的な要因を想定している。

横穴式石室（図３）

馬越長火塚古墳の主体部は、典型的な三河型横穴式石室である。三河型横穴式石室とは、西三河地方の矢作川流域で生成し、醸成された石室の形状で、北部九州を含む西日本の技術のもとに発展している（岩原 二〇〇八）。本古墳の場合、石積みの側壁を有する通路状の前庭に、複室構造の横穴式石室が連続するもので、縦断面が弧状の天井形態や奥壁の一石化など、三河型の要件を満たしている。楣石の断面形状に違いはみられるものの、矢作川流域の技術を直接的に採用したことは間違いないだろう。一方、汎列島的に影響を及ぼした畿内系石室の要素は、まったく認められない。

横穴式石室の石材は、近隣で採取される石灰岩が主体である。周辺部の山地はおもにチャートで構成され、石巻地区の多くの古墳はチャートを主体に石室を築くのだが、本古墳はやや離れた谷間から石灰岩を選択して運搬しているようである。完成直後の横穴式石室は、石灰岩によって美しい白色を呈していたのだろう。

副葬品（図４）

馬越長火塚古墳の副葬品の中で特筆されるのは、金銅装馬具である。中でも七点（実際には九点以上）の棘葉形杏葉をはじめ、一九点にのぼる雲珠・辻金具、四二点の半球形飾金具、鞍金具など、その内容の優秀さは三河のみならず、東海地方でも突出している。また装身具にはトンボ玉が含まれ、斑点文だけでなく、斑点文と線状文をミックスしたものや、コテで切子玉状に成形したもの、重層玉など、列島でも例をみないものが存在する。

石室内からは金属器や装身具類が豊富に出土する一方で、須恵器など土器類の出土は少ない。ただし、前庭では盛大な墓前祭祀の痕跡が検出され、一〇〇点近い須恵器が一ヵ所にまとまって出土している。須恵器は坏身や坏蓋、蓋付盌や高坏など供膳具が多くを占めているが、中には装飾須恵器である珠文付𤭯や、底部を穿孔した大型の広口壺などもあり、後期の墓前祭祀の復元にさまざまな示唆を与えてくれる。

これらの須恵器は七世紀中葉のもので占められる。古墳の築造後半世紀以上たってから実施された祭祀に伴うものと考えられ、石室内から出土した大型平瓶も同時期のものなので、追葬のある段階（最終を含む）で行われたのだろう。記念すべき墓の最終使用段階を盛大なマツリで締めくくることで、亡き偉大な首長を顕彰したのだろうか。

棘葉形杏葉（図５）

副葬された金銅装馬具の中で、とくに重要なのは棘葉形杏葉の性格と位置付けである。列島における棘葉形杏葉には複数の系譜が存在し、それぞれが韓半島南部、おそらく新羅とその周辺を起源とする（桃崎　二〇〇一）。中でも縁

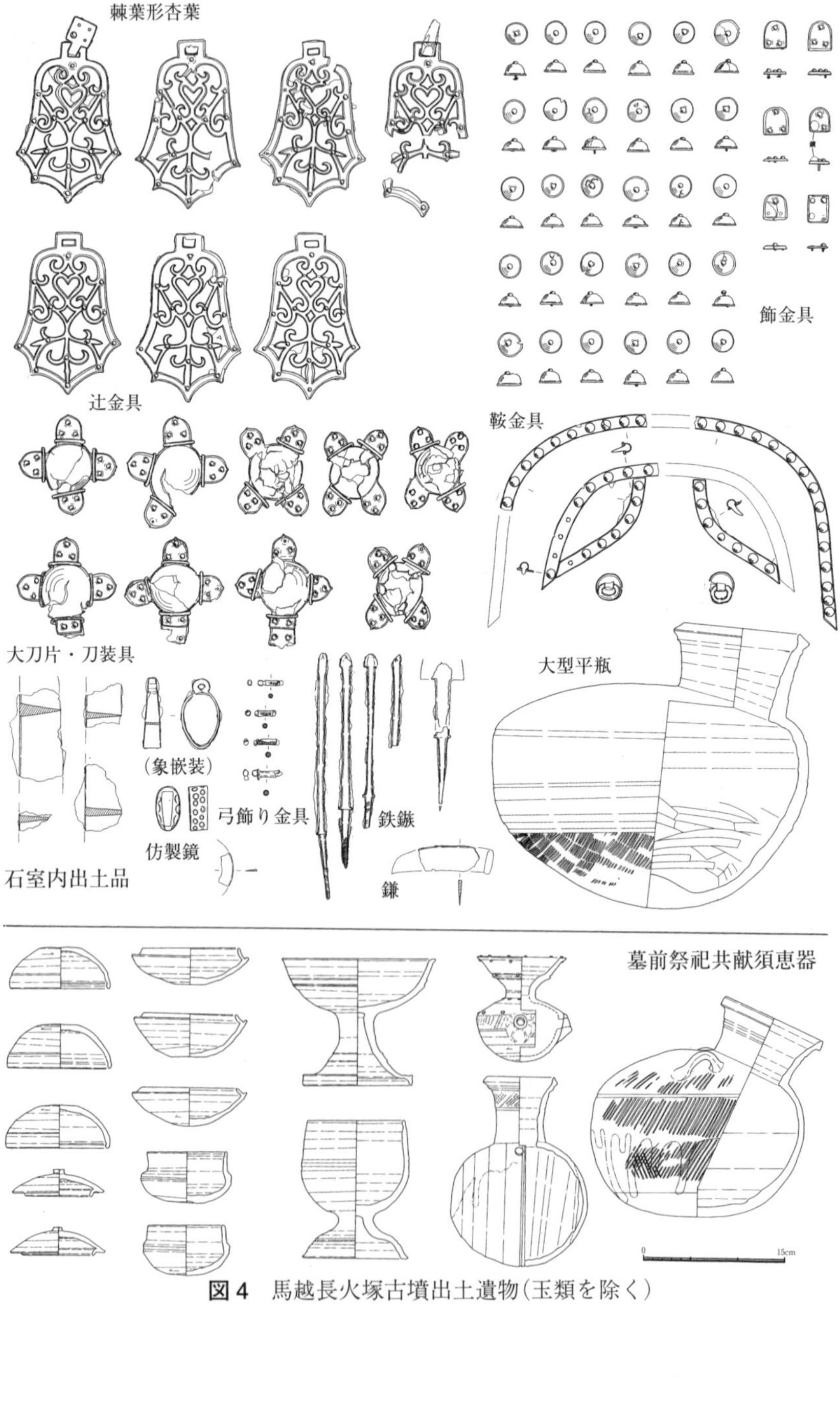

図４　馬越長火塚古墳出土遺物(玉類を除く)

金と文様板が同一につくられ、忍冬唐草文が表現されたA類は主系列と位置づけられ、六世紀中葉〜七世紀前葉にかけて変遷を追うことができる。馬越長火塚古墳例は舶載品の可能性がある熊本県の打越稲荷山古墳例よりも後出的で、兵庫県の田辺古墳例よりもわずかに先行する。打越稲荷山古墳からは陶邑ＴＫ四三型式期の須恵器が出土しており、田辺古墳は供伴須恵器が分からないが、さらにそれより型式的に後出する茨城県の風返稲荷山古墳からはＴＫ二〇九新型式期の須恵器が出土している。従って、長火塚古墳例の時間的位置付けは、ＴＫ四三新〜ＴＫ二〇九古型式期と考えて大過はない。

そして長火塚古墳例は、鉤金具の形状から列島で製作されたと想定されている（千賀 二〇〇三）。類似する鉤金具は六世紀中葉には列島に存在していた伽耶起源の杏葉に近く、長火塚古墳例は、舶載棘葉形杏葉を完全に模倣するものではなく、列島でアレンジが加えられた段階の製品である。

舶載品を含めて、後期中葉〜後葉には製作技術が異なる複数の工房が生産に着手したと考えられ、A類以外は安定的に生産されたとはいい難い。例えば静岡県の賤機山古墳例（E類）は、鉤金具の類似から長崎県壱岐島の笹塚古墳出土心葉形杏葉と近い関係にあり、おそらく薄肉彫心葉形杏葉を製作する工房でつくられたもので、単独でしか存在しないことから「特注品」と推定される。また、栃木県の足利公園古墳例も現状ではこの一点しか確認されておらず、埼玉県の埼玉将軍塚古墳例のように断面が中空半円形となる縁金・文様板を伴う馬具を製作する工房で、A類を模倣してつくられた舶載品であろう。つまり、さまざまな特徴をもつ棘葉形杏葉は、複数の工房があるときは主体的に、あるときは客体的に製作したものだったことを示している。

後期後葉の馬具には、「棘葉形」への強い嗜好をうかがうことができる。それはまさに時代の流行であり、文化的事象ともいえるだろう。一方で棘葉形杏葉を副葬する古墳は地域の最上位層に位置付けられる場合が多く、政治的な意図が付与された可能性が高い。心葉形や楕円形が主体をなす杏葉の中にあって、確固たる存在感を示す棘葉形杏葉は、六世紀後半における最高のステイタス表現であったと考えられる。

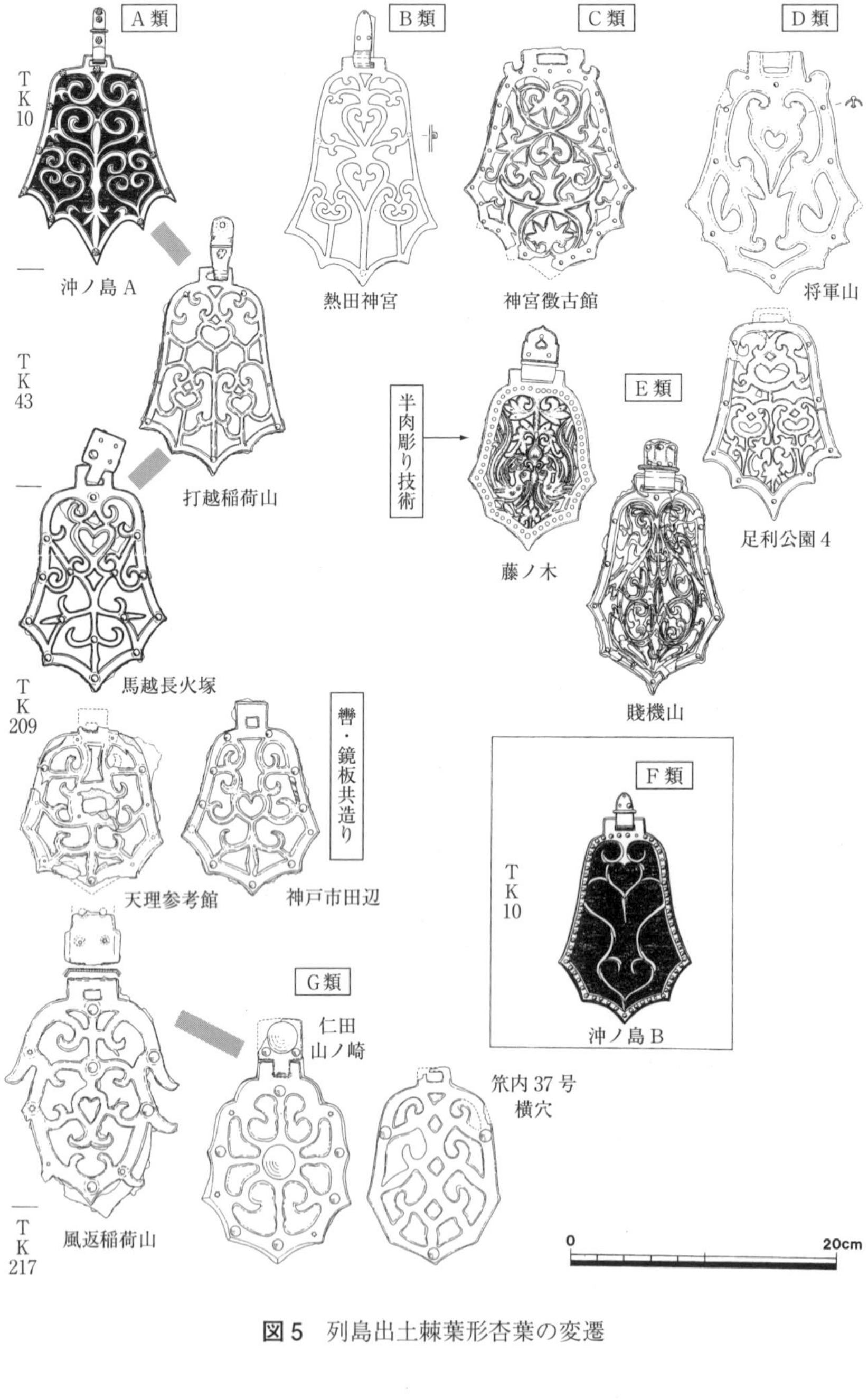

図5　列島出土棘葉形杏葉の変遷

後続する首長墓

赫々たる時代を築いたであろう大首長の墓である馬越長火塚古墳に続く首長墓は、そのすぐ近くにある。大塚南古墳は、長火塚古墳の南側にある、直径一八メートルの円墳である。確認調査で長火塚古墳と類似した葺石が検出され、石室の入口からは掻き出された金銅装馬具（花形鏡板、雲珠、辻金具）が出土した。築造時期はＴＫ二〇九型式期新段階、七世紀初頭である。また口明塚南古墳は長火塚古墳の北側にある直径二二メートルの円墳で、石室の入口から金銅製空玉や金銅製鉸具の輪金、同毛彫馬具片が出土し、ＴＫ二一七型式期である七世紀前葉の築造と推定される。三基の古墳は、ちょうど三角形の頂点にあたる位置関係にある。

両古墳にはいずれも金銅装馬具が副葬されていること、さらに築造時期が長火塚古墳から連続することから、同一の首長墓系譜に属する古墳と考えるべきである。毛彫馬具は東海地方での出土がまれな中で、同じ豊橋市の上向嶋二号墳からも出土しており、東三河地方は関東のように毛彫り馬具の集中域となる可能性がある。ところで、七世紀には東三河地方の各地に二〇メートル程度の円墳が築かれており、大塚南古墳や口明塚南古墳は金銅装馬具が副葬されたこと以外に他とは大きな違いはない。おそらく長火塚古墳の規模や副葬品の優れた内容は、被葬者の個人的な性質によるものであり、彼の死後に続いた首長は地域内でも突出した権威をもつことはなかったのだろう。

二　後期後葉の金銅装製品

金銅装馬具（表１）

ところで、馬越長火塚古墳を特徴づける金銅装馬具は、東三河、さらに東海地方でどのような意図のもとに存在し、どのような時代的意味をもつのだろうか。長火塚古墳を深く理解するために、その様相をみてみよう。

表1　後期後葉～終末期初頭における東海の主要馬具出土古墳

墳形	規模m	主体部	轡	杏葉	その他
円墳	12	横穴式石室	金銅　変形鐘形	金銅　変形鐘形	
－	－	横穴式石室	金銅　十字文心葉形	－	
円墳	18	木棺直葬	鉄　環状	金銅　三葉文楕円形	
前方後円墳	17	横穴式石室	－	金銅　心葉文心葉形	
円墳	22	横穴式石室	鉄　環状	－	金銅鞍
前方後円墳	45以上	横穴式石室	－	金銅　薄肉彫心葉形	
前方後円墳	35以上	横穴式石室	鉄　瓢形環状	金銅　三葉文楕円形	象嵌装馬具
前方後円墳	64	横穴式石室	－	金銅　三葉文心葉形	
－	－	－	－	－	金銅辻金具（新羅系）
前方後円墳	60	横穴式石室			金銅鞍
－	－	－	金銅　十字文心葉形	金銅　棘葉形	
前方後円墳	70	横穴式石室	鉄　環状？	金銅　棘葉形	金銅鞍
円墳	18	横穴式石室	金銅　花形	－	
前方後円墳	30	横穴式石室	鉄　鉸具立聞環状	金銅　透彫心葉形	
		横穴式石室	金銅　花形	金銅　心葉形	金銅鞍
円墳	13	横穴式石室	金銅　花形	金銅　花形	
円墳？	－	横穴式石室	－	－	金銅鞍
横穴	－	横穴	金銅　十字文心葉形	金銅　心葉文心葉形	金銅鞍
横穴	－	横穴	金銅　変形楕円	金銅　三葉文楕円形	
円墳	25	横穴式木室	－	金銅　透彫心葉形	
横穴	－	横穴	－	金銅　三葉文心葉形	
円墳	17	横穴式石室	金銅　十字文心葉形	金銅　鐘形	
－	－	横穴式石室	金銅　透彫心葉形	金銅　棘葉形	
－	－	横穴式石室	－	金銅　棘葉形	
円墳	10以上	横穴式石室	金銅　薄肉彫心葉形	金銅　薄肉彫心葉形	
円墳	32	横穴式石室	金銅　薄肉彫心葉形	金銅　薄肉彫棘葉形	金銅鞍、歩揺付飾金具
円墳	32	横穴式石室	金銅　花形	金銅　花形	金銅鞍
方墳	18	横穴式石室	金銅　十字文心葉形	－	
－	－	横穴式石室	－	金銅　三葉文心葉形	
円墳	18以上	横穴式石室	－	金銅　透彫心葉形	
円墳	－	横穴式石室	金銅　三葉文心葉形	金銅　三葉文心葉形	
円墳	－	横穴式石室		金銅　花形	
－	－	横穴式石室	－	金銅　心葉文心葉形	
円墳	－	横穴式石室	金銅　花形	－	

五世紀後葉に列島へ舶載されはじめた金銅装馬具は、六世紀前葉になると仿製を進めるようになる。当時の主流はf字形鏡板付轡と剣菱形杏葉のセットで、仿製品は大型化する傾向にある。大型化は、当時の倭国人好みでもある。

六世紀後葉には、多様かつ他種類の馬具が新たに現れる。それまでの馬具が韓半島における伽耶あるいは百済の影響下に生産されたのに対し、新たに出現した馬具には、棘葉形杏葉や薄肉彫りの心葉形鏡板付轡・杏葉など、舶載のいわゆる「新羅系馬具」（千賀　二〇〇三）をはじめ、新羅系馬具の影響下に列島で仿製された馬具などがある。東海地方では表1に挙げたよう

No.	名称	旧国
1	前山古墳	伊賀
2	上村古墳	志摩
3	山添２号墳	伊勢
4	昼飯車塚古墳	美濃
5	南高野古墳	美濃
6	ふな塚古墳	美濃
7	大牧１号墳	美濃
8	信包八幡神社古墳	飛騨
9	葉栗野古墳	尾張
10	小幡茶臼山古墳	尾張
11	伝名古屋市内古墳	尾張
12	馬越長火塚古墳	三河
13	大塚南古墳	三河
14	牟呂王塚古墳	三河
15	今下神明社古墳	三河
16	蜆塚１号墳	遠江
17	院内甲墳	遠江
18	宇洞ヶ谷横穴	遠江
19	山麓山横穴	遠江
20	堀ノ内 13 号墳	遠江
21	本村Ｅ３号横穴	遠江
22	長福寺１号墳	遠江
23	仁田山ノ崎古墳	遠江
24	鍋坂３号墳	遠江
25	御小屋原古墳	遠江
26	賤機山古墳①	駿河
27	賤機山古墳②	駿河
28	宗光寺 19 号墳	駿河
29	池田山２号墳	駿河
30	子鹿山ノ神古墳	駿河
31	別所１号墳①	駿河
32	別所１号墳②	駿河
33	八重古墳	駿河
34	芋ヶ窪２号墳	伊豆

に、新羅系馬具であり舶載品の可能性が高い各務原市ふな塚古墳や島田市御小屋原古墳の薄肉彫心葉形杏葉や轡、賤機山古墳の薄肉彫棘葉形杏葉が後期後葉に新たに採用された馬具で、精緻な金工技術は被葬者のグレードの高さを遺憾なく物語るものである。また前述したように、馬越長火塚古墳の棘葉形杏葉は沖ノ島祭祀遺跡例を列島の初現とする新羅系馬具のA類に属し、鉤金具の形状から列島での製作が有力視される事例である。つまり、舶載された剣菱形杏葉が後に列島で仿製されたように、新羅系馬具の導入に伴い、列島でもその仿製がはかられたのである。新羅系馬具は導入時期が後期後葉～末葉の限られた期間であるため、王権による新たな威信財政策として輸入されたほか、地域の首長が独自の交渉によって入手したことも考えられる。

このほか、後期前葉に引き続き三葉文楕円形杏葉がみられ、後期末葉以降の馬具には三葉文心葉形杏葉がある。一方、後期後葉の早い段階では前代から続く十字文心葉形杏葉が多く存在する。また、薄肉彫杏葉に伴い薄肉彫り鏡板付轡が認められるほかは、後期後葉の轡には鉄製品が思いのほか目立つ。鉄製轡を伴うのは基本的に列島で製作された金銅装馬具であり、特定の杏葉と轡の組合せが存在しないことは注意すべきである。後期末葉には東海地方にも花形鏡板・杏葉が出現し、とくに駿河地方での出土量が多いが、大塚南古墳例のように東三河地方でも数を増している。

飾大刀

次に、後期の主要な金銅装製品である飾大刀（装飾付大刀）についても触れておこう。

飾大刀は、同じ金銅装製品でありながら、属人性の強さゆえに馬具とは異なるものとして理解されてきた。たしか

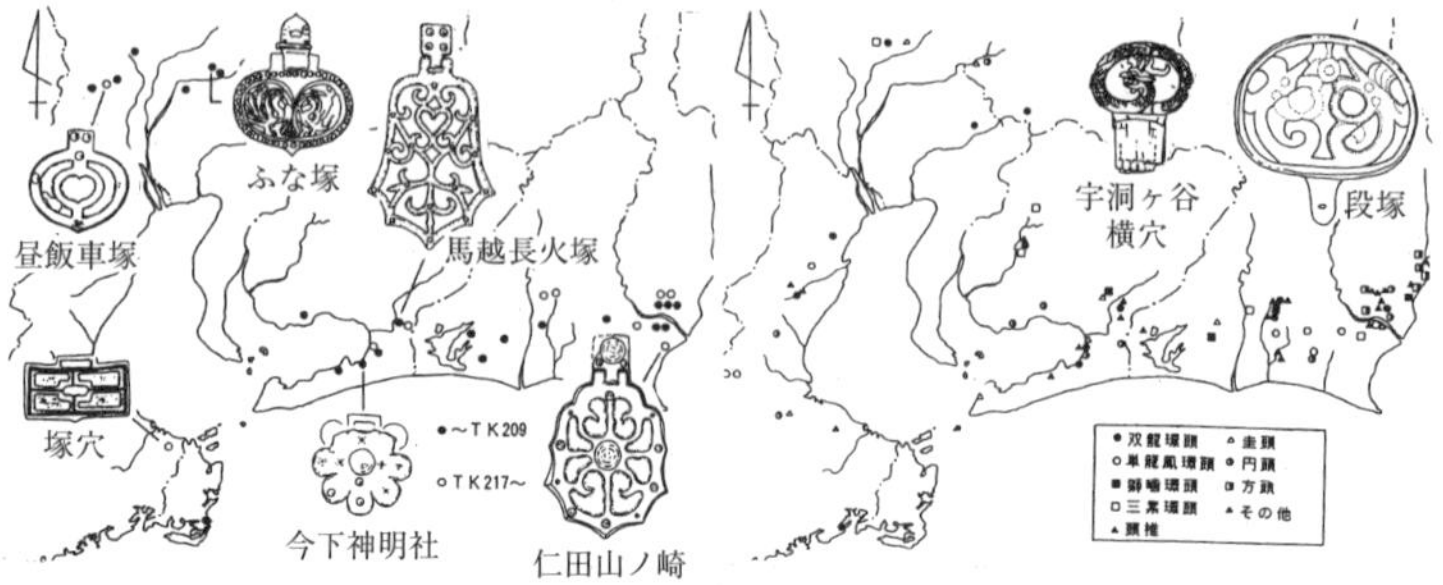

後期後葉以降の金銅装馬具（左）と飾大刀（右）の分布

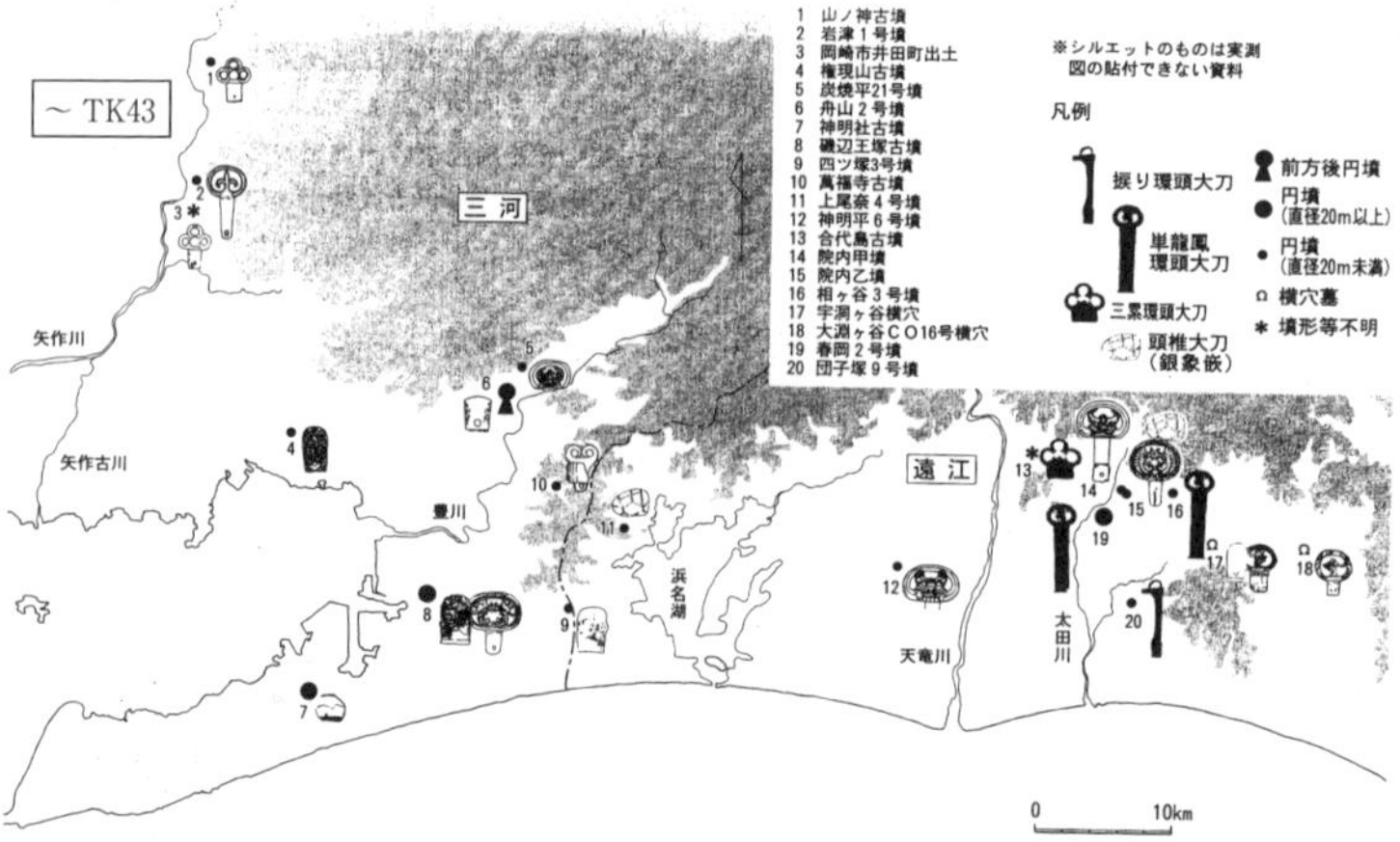

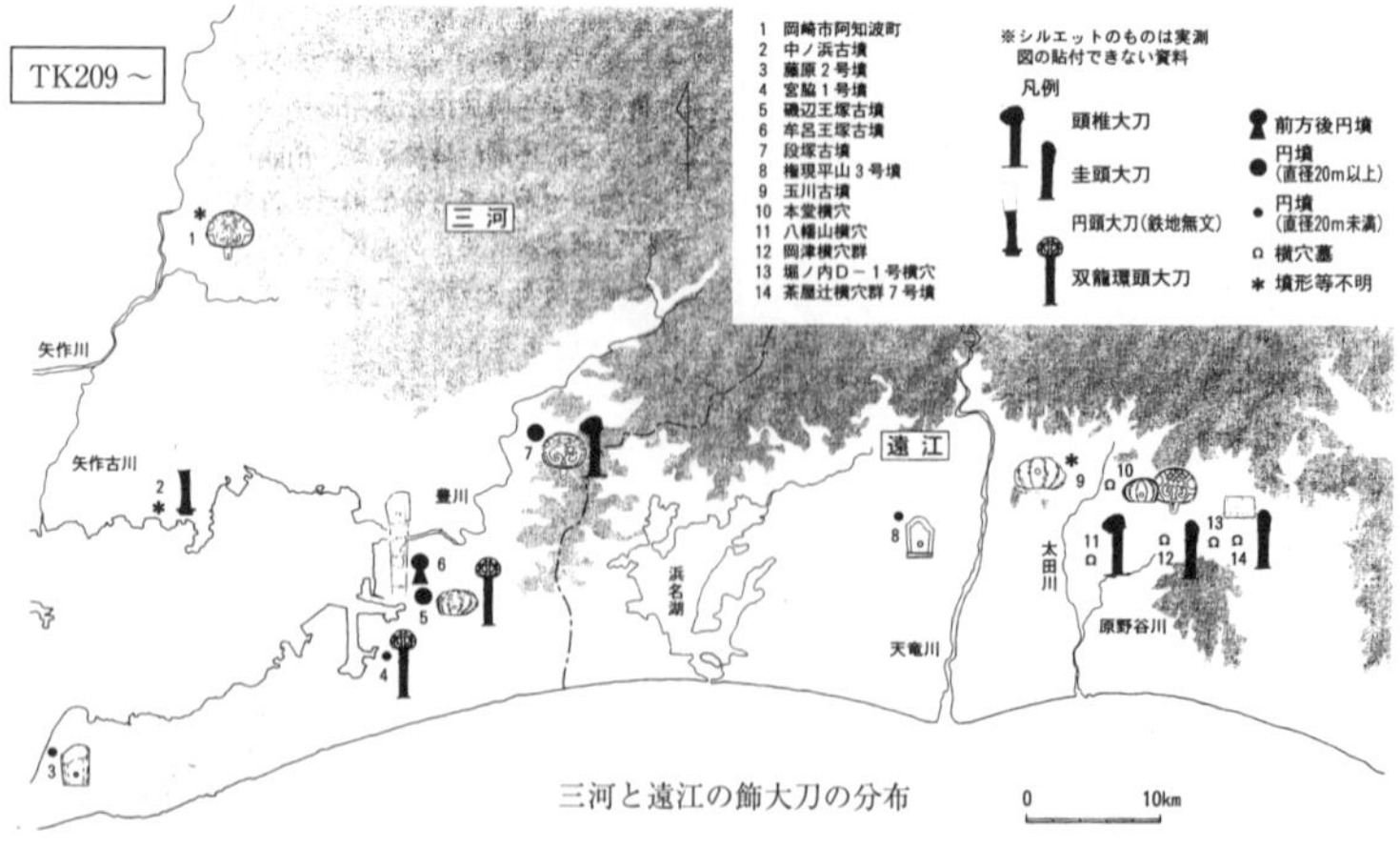

三河と遠江の飾大刀の分布

図６　東海地方の金銅装製品の分布（岩原 2005 より）

に、初期の段階では舶載品が多く認められ（愛知県岩津一号墳の三葉環頭大刀や東海の各地で出土する三累環頭大刀など）、その分布傾向にも特徴が見出せるなど、被葬者の地位や出自などを自然に反映するものであった。

しかし後期末葉以降、列島での飾大刀生産が本格化し、柄間における銀線巻の省略や魚々子打ちによる円文、鱗状文などの喪失、木彫金（銀）張り技法の喪失の一方で、柄や鞘を一枚の金銅板で覆い、さらに柄頭の形式を越えて二重の打出円文が施された伏板を被せたり、蕨手文を打刻するなど、刀装具の統一と簡略化が進む（大谷二〇一一）。後期末葉には、飾大刀が身分を表現する手段として王権に利用されたと考えられ、その奢侈品としての価値はむしろ低くなったと思われる。東海地方でも、後期末葉になってから飾大刀が分布するようになるところがみられ、それは東海地方だけでなく汎列島的に認められる事実でもある。後期末葉以降に佩用方法が水平佩きへと変化するのも、飾大刀の性質の変化と大いに関係していると思われる。

金銅装製品の分布傾向（図6）

以上、後期後葉以降の東海の金銅装製品についてふれてきた。この時期の金銅装製品全体をとおしていえることとして、分布量が明らかに西低東高である。とくに金銅装製品が希薄な西三河地方を挟んで、馬越長火塚古墳が所在する東三河地方以東に出土量が多く、その傾向は後期末葉以降とくに顕著になる。

各地域の有力古墳に金銅装製品が副葬されていることから、金銅装製品は所有者のステイタスを示す可能性が極めて高く、誰しもがもちうるものではなかったことは明白である。中でも、後期後葉以降の前方後円墳（前方後方墳）の多くに、金銅装製品が副葬されているのは興味深い。伝統的な墓制ともいえる前方後円墳（前方後方墳）には、なお物神性を宿す威信財としての金銅装製品が重要な意味をもっていたのである。ただし同じ金銅装製品であっても、馬越長火塚古墳や大牧一号墳、坂本一号墳のように飾馬具と飾大刀が供伴しない事例が多い。両者は決して同一の意図・意味のもとに存在したわけではないことを改めて認識しておきたい。

三　東海の後期首長墓

東海における後期首長墓の系譜（表２）

次に視点を変え、東海地方における後期首長墓の展開過程を概観し、その特質を探ってみよう。

前方後円墳集成編年七期（中期末葉、陶邑ＴＫ二一六・ＴＫ二〇八型式期）は、系譜が継続する地域において、再度大型前方後円墳が築造される時期にあたる。例えば、伊賀の馬塚古墳（一四二メートル）、美濃の琴塚古墳（一一五メートル）、東三河の船山一号墳（九四メートル）、そして遠江の光明山古墳（八四メートル）などの首長墓があげられよう。集成編年七期（以下、ことわりのない時期はすべて集成編年をさす）は、いわゆる畿内の五大首長墓系譜の最終段階に相当し、列島最大の前方後円墳である大山古墳が築造されている。王権の権力強化に力を尽くした地方の有力首長たちが、大型前方後円墳の被葬者であろう。

しかし八期（後期初頭、陶邑ＴＫ二三～ＴＫ四七型式期）になると、大型古墳はとたんに陰を潜め、おおむね四〇

出付円墳、☆帆立貝古墳

		志　摩
南勢中部（櫛田川右岸）	南勢東部（宮川）	
神前山１ ☆40		おじょか ●？
斎宮池12 ●33 ゆぶみ２ ●45		浅間山 ●25 鳶ヶ巣 ●30
		泊り ●32
坂本１ ■31.2 前山 ○20	高倉山○35 明星７●15 宮山○11	塚穴○18 上村○？ 岩屋山○22

100ｍ以上

80ｍ以上

60ｍ以上

表2　東海の後期首長墓編年表（●前方後円墳、■前方後方墳、○円墳、□方墳、★造

時期	伊　賀				伊　勢				
	柘植川	服部川	長田川	名張川	北勢北部 （員弁川）	北勢南部 （鈴鹿川）	中勢北部 （安濃川）	中勢南部 （雲津川）	南勢西部 （櫛田川左岸）
7期	鷺棚1 ●59 外山1 ●64 外山3 ●45	寺音寺 ●60	馬塚 ●142 近代 ★30			西ノ野5 ●30.5			高地蔵1 ★48
8期			ぬか塚 ●37			城山 ●40 富士山10 ●21 木下 ●31 山下 ●39	鎌切1 ●53		田村7 ●39
9期	鷺棚2 ●42 キラ土 ●50	鳴塚●37	貴人塚 ●55 王塚●48	琴平山 ●70		井尻●54 井田川 茶臼山 西ノ野王塚 ●63 保子里1 ○20？	おこし ●40 鎌切3 ●28	天保1 ○20 西野5 ○20？	
10期 ～	宮山1 ●42 チョロ塚 ●25？	辻堂 ○20？	赤井塚 ○30？	春日宮山 ●34 鹿高神社1 ●42			大名塚 ○23		山添2○16

時期	美　濃							飛　騨
	揖斐川 （大垣）	揖斐川 （大野）	長良川 （岐阜）	長良川 （関）	木曽川 （各務原）	木曽川 （可児）	土岐川 （土岐）	
7期	中八幡 ●43	南屋敷西 ●76 モタレ ●54	富塚●60 船来山96 ●		琴塚●115			冬頭王塚 ○22
8期	遊塚中央 円墳○	野7●29 不動塚● 57	明音寺 ●53	南青柳☆	坂井狐塚● 金縄塚○38			
9期	荒尾1 ●28	城塚●75	押ヶ谷 ●43		桑原野山1 ●18	中切●42		信包八幡 神社●64
10期 ～	綾戸 ○32 兜塚 ○35 南大塚 □25			殿岡□24 池尻大塚 □22 小瀬 □22.5 井高1 □24.6 坂祝火塚 □31	野口南大塚 ●60 大牧1 ●45 ふな塚 ●55 鵜沼西町 □22.7 二ノ宮神社 古墳	狐塚●63 次郎兵衛塚 □29.5	乙塚 ○27.3 段尻巻 ○12.8 炭焼 ○16	こう峠口 ●72 海具江□ 20 大洞平2 □20 大洞平5 □20

矢作川中流域	矢作川下流域	豊川右岸	豊川左岸	音羽川	渥美湾沿岸	渥美半島
松塚●45 経ヶ峰1☆35	中ノ郷	念仏塚1●30 念仏塚2●27.5		船山1●94		
古村積☆30 外山3○25 亀山2●43？ 太夫塚○33.5 青塚●37		念仏塚4●25 念仏塚3○25		御津船山●38	三ツ山●38	
神明宮2○20			弁天塚●43 狐塚●35 寺西1○25	天王山●35	車神社●42	
神明宮1○19 岩津1○12 石田1○20 石田2○23	とうてい山○12 根の上○ 馬乗2□15	舟山2●42 炭焼平4●16	馬越長火塚古墳●70 大塚南○18 口明塚南○23 姫塚○24 段塚○21 上向嶋2○	笹子○？ 権現山○16 穴観音○20	妙見●51 牟呂王塚●27.5 今下神明社 宮脇1○14	神明社○17 新美○20 城宝寺○25？ 籠池○21

河						伊　豆	
志太平野	安部川	庵原丘陵	愛鷹山麓西部	愛鷹山麓東部	田子の浦砂丘	狩野川	伊豆北部
						向山1○22（8期？）	
	徳願寺山●25？		天神塚●52	子ノ神●64	庚申塚□？40	向山3●21.5	多田大塚4○20
田観音前2●32 舘山1●30	猿郷●40？	瓢箪塚●45.8	伊勢塚○54	長塚●56	山ノ神●42		多田大塚6○ 駒形●
舘山2●42（9期？） 宕塚●21.5（9期？） 景寺○	賤機山○32 宗小路19□18 佐渡山2□28 駿河丸山□18	神明山4○18	実円寺西1○19	清水柳北□12		原分○17	

時期	尾　張						三　河
	犬山扇状地	尾張低地	名古屋台地	庄内川（守山）	庄内川（味美）	知多半島	矢作川上流域
7期		能田旭☆ 43	那古野山●	志段味大塚☆ 67			八柱社☆ 38 三味線塚○ 29
8期	毛無塚○ 38 富士塚● 45	稲沢大塚○ 40		勝手塚☆ 53 東大久手☆ 37.5 西大久手☆ 39	味美白山神社● 86 池下● 40		根川● 40 神明社○ 39
9期	曽本二子山● 60 小塞神社● 32 愛宕塚● 40		断夫山● 150 大須二子山● 80 白鳥● 70	東谷山3● 22 本地大塚● 33	味美二子山● 95 春日山● 74 勝川大塚● 80 小幡長塚● 81 守山瓢箪山● 63		豊田大塚○ 30
10期～	人麿塚 岩屋○ 20		高蔵1○ 18	東谷山13○ 30 ?	小幡茶臼山● 60	岩屋口	池ノ表○ 18 池田1□ 19

時期	遠　江							
	都田川	天竜川西岸	天竜川東岸	磐田原台地南部	太田川	原野谷川	逆川	菊川
7期		千人塚★ 58	光明山● 84 血松塚● 50	京見塚○ 47		行人塚● 43.5 五ヶ山B 1●		朝日神社●
8期	陣座ヶ谷● 55 神内平1● 15	学園内6● 33 辺田平1● 20		二子塚● 55	大当所2● 21	石ノ形☆ 27 貫名地B 2● 34 東別所2● 25		
9期	郷ヶ平4● 27 亀塚● 21	瓢箪塚● 44 学園内2● 瓦屋西C 5● 22 興覚寺後● 35		甑塚○ 26	川井坊主山● 30 権現山5● 31 崇信寺10○ 21 西脇1● 38	権現山● 35 宇佐八幡● 30 久能6● 29 丹生神社● 30 大門大塚○ 30	山麓山横穴	
10期～	梅田G 1● 30 火穴● 22	半田山D 23● 28 蛭子森○ 24 向野○ 16 涼御所	新平山A 4○ 20	明ヶ島4○ 15 明ヶ島15○ 19 二子塚15● 20	権現山1● 20 屋敷山1● 17 屋敷山6● 30	春岡2○ 17	宇洞ヶ谷横穴 堀ノ内13○ 25	

〜五〇メートルクラスの前方後円墳が首長墓系譜の主体を占めている。ここで注意すべきなのは、八期から新たに現れた首長墓系譜が東海地方には数多く認められることである。中・小型前方後円墳による新たな地方首長層がいくつも勃興していること、つまり東海地方における後期初頭の社会はおしなべて中・低階層の首長たちによって構成されているということである。ただし、尾張地方だけはこのような状況はあてはまらない。

尾張地方では、八期の味美白山神社古墳以降、九期（後期前葉、陶邑ＭＴ一五〜ＴＫ一〇型式期）にかけて大型前方後円墳で構成される味美古墳群が続く。さらに九期には熱田台地上の、伊勢湾を望む半島に断夫山古墳（一五〇メートル）、大須二子山古墳（九〇メートル以上）、白鳥古墳（七〇メートル）の三基の大型前方後円墳が続いて築造されている。断夫山古墳は同時期の畿内を除く列島で最大規模を誇るのは周知の事実であり、後期前葉の東海地方では尾張の首長権力が群を抜いていたことは容易に想像される。これらの大型前方後円墳が継体大王の擁立に関与し、大王家と外戚関係を結んだ尾張氏一族の奥津城であることはほぼ間違いないだろう。

ところで、八期から新たな首長墓系譜が多く出現することを述べたが、九期から系譜が始まる首長墓群も存在する。馬越長火塚古墳が属する豊橋市北部の首長墓系譜などがこれに該当する。

そして一〇期（後期後葉、ＴＫ四三型式期）の首長墓は、墳丘の特徴によって抽出できるものと、墳丘自体はほかの古墳と大きく異なるところはないが、主体部の規模や形状、あるいは副葬品の内容によって抽出される場合とがある。相対的に首長墓は、首長間でのさらなる階層差を想定する必要はあるが、一〇期に至って階層構成が整備され数が非常に増えている印象を受ける。また、古墳にみられる統一的な姿が薄れ、地域的な特徴が表出しやすくなっている。群集墳の増加など、バラエティーの発現には築造古墳数の増加をあげることができようが、首長墓はそうした諸特徴をことさらに表現しようとする傾向が認められる。馬越長火塚古墳などはその最たる存在である。

では、長火塚古墳は特別な存在なのか、そうではないのか。次に東海地方における九〜一〇期の首長墓系譜の中からいくつかを取り上げて様相を探り、検討の足がかりとしよう。

特徴的な首長墓系譜（図7）

名張川流域　三重県の伊賀地方にあたる名張川流域は、周囲を山地に囲まれた盆地を形成する。この盆地の南西部に、前方後円墳編年九～一〇期の首長墓系譜が存在する。盆地の南西部は名張川が形成した谷間へと連なるが、この谷は榛原地区を経て奈良盆地南部へと至る交通路であり、首長墓はその出入口付近に存在することになる。

名張川流域では八期以前に首長墓は確認されておらず、九期の前方後円墳である琴平山古墳（七〇メートル）が盆地を望む丘陵の頂部に突如として築かれている。その後、一〇期には春日宮山古墳（三四メートル）、そして鹿高神社一号墳（五五メートル）[1]と前方後円墳が続いている。これら首長墓に共通する特徴として、一つの墳丘に複数の横穴式石室をもつこと、変形の著しい春日宮山古墳を除き、横穴式石室の前面にあたる墳丘の南側には、テラス状の張り出しが存在するなどをあげることができる。とくに後者は、墓前祭祀を意識して墳丘の前面を荘厳化したものと考えられ、畿内の終末期古墳で近年報告される、「方形段」との関係が想起される[2]。後期後葉は前方後円墳の数が著しく減少する時期であるが、名張川流域では逆に最盛期を迎えており、畿内色の強い前方後円墳と考えられる。おそらく、畿内への交通路として名張川沿いが重要視され始めたのがこの時期であり、王権との関わりの中で畿内色の濃い前方後円墳を築造することになったといえよう（穂積　二〇〇八）。

また副葬品からいえば、琴平山古墳から出土した竪矧板鋲留冑の存在は特筆される（名張市教育委員会　二〇〇六）。東海では同時期の冑として、尾張の大須二子山古墳から出土した横矧板鋲留衝角付冑をあげることができるが、いずれにせよ東海地方では極めて珍しい遺物である。この種の冑は朝鮮半島系と理解され（穴沢　一九八八）、同古墳から韓半島系の土器が出土している点も示唆的である。横穴式石室も初期の畿内系石室に比定しうるものである。被葬者に渡来系氏族を想定するのもあながち荒唐無稽な話ではあるまい。

名張川流域に九期になって突然首長墓が出現するのは、畿内への交通路の整備に伴う事象と考えられる。そして畿内への出入口にあたる交通の要衝とみなされたこの地に、畿内の渡来系氏族が配置されたと想定したい(3)。さらにはそのような「職務」を任された首長たちが、後期後葉まで前方後円墳を築造し続けた事実に注意しておきたい。

木曽川中流域　木曽川中流域の各務原地域では、前期から有力な首長墓が築造されたことで知られている。ただし後期の首長墓は前期や中期のそれとは位置を変え、木曽川を間近に望む地に築造されており、木曽川との関係をより親密化させたような印象を受ける。

とくに後期後葉から末葉にあたる一〇期以降には、野口南大塚古墳（六〇メートル）や、大牧一号墳（四五メートル）、ふな塚古墳（五五メートル）の三基の前方後円墳が築かれており、東海地方では最終段階まで前方後円墳を築造し続けた地域の一つである。大牧一号墳の横穴式石室は、前庭こそ川原石を多用する在地的な特徴をもつが、両袖式の石室自体は畿内系の範疇に含むべき形態であり(4)、組合式家形石棺も畿内との関係の中で理解できる。また野口大塚古墳からは銀装大刀が、大牧一号墳からは三葉文楕円系杏葉を含む金銅装馬具や銀象嵌装馬具が、ふな塚古墳からは新羅系馬具の優秀な双龍文・双鳳文心葉形杏葉が副葬されるなど、金銅装製品の副葬が目立つ。さらに大牧一号墳には、新羅の墳墓で顕著に認められる白色雲母が石室内から多量に出土した（渡辺編二〇〇三）のをはじめ、墓道や周溝から鉄滓が出土し、石室内からは斑点文トンボ玉が出土するなど、渡来色が濃厚な点も見逃せない。

各務原地域の首長墓は、木曽川の水運を掌握し、川港である付近を造墓地に選んだ勢力によるものであり、その性質から中期以前の首長墓とは系譜が異なる可能性が高い。さらに倭王権との深い関わりをもち、鍛冶工人など渡来系氏族を配下におさめたか、あるいは首長自体が渡来系氏族の出自であったと推定される。

熱田と味美、小幡・守山地区　前述したように、熱田台地では九期に、当時としては畿内を除く列島最大規模の断夫山古墳をはじめ、大須二子山古墳や白鳥古墳など大型前方後円墳が連続して築かれた。一方、味美古墳群は味鋺・味美の近接する二地区の首長墓群によって成り立っている。かつて赤塚次郎は、味美から熱田への首長墓の移動を想定したが（赤塚一九九六）、両系譜がある時期同時存在したことは明らかである。味美古墳群では断夫山古墳と同時期と想定される味美二子山古墳（一〇一メートル）が最大規模となっており、その時期こそが継体朝の後ろ盾として尾張氏がもっとも権力を誇ったともいえよう。ただし熱田・味美の両系譜ともに、九期のうちに首長墓は忽然と姿を消してしまう(5)。

これに対して、小幡・守山地区では八期の池下古墳（四〇メートル）九期の小幡長塚古墳（八一メートル）・守山瓢箪塚古墳（六三メートル）、そして一〇期の小幡茶臼山古墳（六〇メートル）と後期後葉まで前方後円墳を築き続けた地域である。また小幡茶臼山古墳にはすでに知られていた挂甲や金銅装馬具に加えて、横矧板鋲留衝角付冑や金銅装雲珠・鞍金具など武具や馬具のセットが副葬されていたことなども明らかになった（深谷　二〇〇九）。尾張の最後の前方後円墳といえるものだが、その時期はＴＫ四三型式期でも古い段階に想定されよう。守山地区の首長墓も尾張氏の庶流の一つと想定されるが、いずれにせよその後に明らかな首長墓を見出しにくくなるのはほかと同様である。

これら尾張氏に比定される首長たちの墓は、九期を最高に徐々に墳丘規模を縮小させること、そして一部一〇期に下る例はあるものの突如として姿を消し、その後地域を代表する首長墓が見出しにくくなるといった共通性を指摘できる。ただしこれをもって尾張氏一族が急速に勢力を減退させたとは考えられず、むしろ文献の上からは、王権を構成する有力氏族であり続けたことが分かる。さらには尾張元興寺の存在は、古代における尾張氏の権力を十二分に実証するものである。

つまり、尾張における首長墓の造営停止は、首長勢力や地域力の減退を示すものではなく、倭王権との政治的な関係によるものと理解される。一つには、尾張氏の主流が王権中枢へと移動し、墓域を彼の地へ変動させた可能性があり、またさらには「古墳づくり」に依存することなく、倭王権と尾張氏との間で信頼関係が成立していたとも考えられる。そうした意味で、尾張最後の前方後円墳・小幡茶臼山古墳に、王権との関わりを象徴する金銅装馬具が副葬されている点は示唆的である。

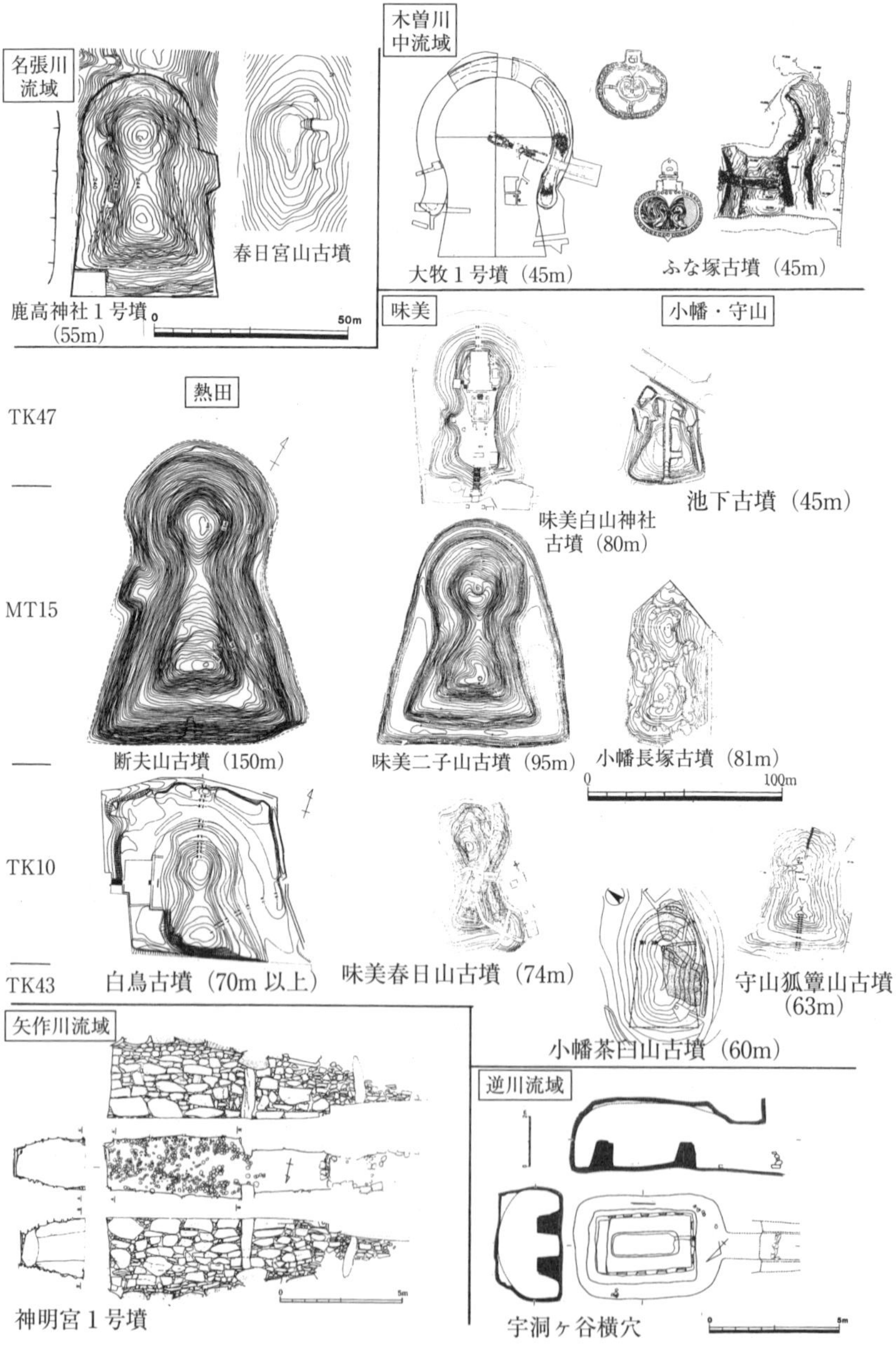

図７　東海地方における後期首長墓の諸相

矢作川流域　西三河地方の矢作川流域では、下流域で正法寺古墳（九五メートル）が、中流域で宇頭大塚古墳（六〇メートル）が五期（中期前葉）に築かれた後、五〇メートルを超える前方後円墳は築かれていない。おおむね四〇メートルを前後する前方後円墳や円墳、帆立貝形古墳が流域の各地で継続して築かれており、これを首長墓系譜として把握している。後期になるとさらに首長墓は見出しにくくなり、九期では上流域の豊田大塚古墳が径三〇メートルの造出し付円墳として目立つものの、おおむね二〇メートル未満の円墳ばかりとなる。つまり、墳丘の規模や形から首長墓を見出すことは極めて難しくなるのである。

一方で、矢作川流域は三河型横穴式石室の創出の地であり、その技術は東海地方一円に影響を与えている。とくに一〇メートルを超える横穴式石室には複室構造が認められ、大型の横穴式石室を採用した古墳こそが首長墓であろう。また副葬品を例に取れば、九期の豊田大塚古墳や一〇期の岩津一号墳など、優れた副葬品を持つ古墳も存在するものの(6)、金銅装製品や多量の副葬品の存在など、品目から首長墓と認定されるのはこの二古墳だけである。つまり、横穴式石室の規模から有力古墳の存在がかろうじて判断できる程度であり、さらに流域を代表するような突出した存在の古墳はなく、各地に等質的な首長墓が存在する状況がうかがえる。

矢作川流域には畿内系横穴式石室は存在しない。これは地域と王権との関係が希薄であったことをものがたり、一つには古東海道と古東山道という、畿内と東国とを結ぶ主要交通路から離れた地であることにも起因しよう（鈴木二〇〇七）。王権との関係の希薄さ、外部からの政治的なインパクトの乏しさが、そうした等質的な首長たちの群在を生み出したと考えられ、彼らの間には墳丘の規模や副葬品の内容をもとにした政治的な秩序表現は意味を成さなかったものと考える。

逆川流域　現在の静岡県掛川市中心部付近に所在する丘陵に、横穴式石室を主体部としない特殊な首長墓系譜が九期から現れる。九期の山麓山横穴は単独で立地する玄室長六メートルの横穴で、玄室の側壁に沿って棺座が二ヵ所造り付けられていた。また一〇期の宇洞ヶ谷横穴も単独立地の横穴であり、玄室長六・四メートルの中央には巨大な造り付けの石棺が存在する。堀ノ内一三号墳は、横穴式木室を主体部とする径二五メートルの円墳である。以上の三基は、陶邑のＭＴ八五～ＴＫ二〇九型式期に築造された、累代の首長墓である。

この三基に共通して特筆されるのは、飾大刀や飾馬具など優秀な金銀装製品を副葬することである。中でも山麓山横穴の変形楕円形杏葉や宇洞ヶ谷横穴の単鳳環頭大刀、堀ノ内一三号墳の龍文透彫心葉形杏葉（新羅系馬具）は、列島での出土事例が少ない優品であり、舶載品と考えられるものである。その入手には王権を介さずに韓半島の諸勢力から直接行ったものと考えられ、主体部の形状も地域のアイデンティティを強く主張するものである。

逆川流域の後期首長墓からは、畿内的な様相を見出すことは難しい。さらに特異な主体部から、独自の情報交流ネットワークを想定することも可能だろう。三角縁神獣鏡や短甲など、前・中期の威信財が豊富な遠江はむしろ伝統的に畿内との関わりが強い地域である（鈴木二〇〇九）。主体部の違いは新たな首長層の出現をしめすものであり、副葬品の内容こそ懸隔はあるものの、畿内色の希薄な矢作川流域のあり方に類似する。伝統的な地域のあり方と後期後葉の首長墓のあり方とが必ずしも連続しない事例といえるだろう。

首長墓が「見える」地域と「見えない」地域

以上、東海地方の後期首長墓系譜のいくつかを眺めてきた。後期の首長墓のバラエティーは各地域社会が一様ではないことの現れであり、それは倭王権との関係、被葬者の職掌や性質、さらに地域力などに起因している。むしろ我々が抱く首長墓のイメージとは、往々にして畿内との関係にもとづく前方後円墳の規模や形、副葬品の内容である。しかしそうした観点だけでは、東海地方における後期の複雑な地域相を見極めることはできない。

首長墓の把握はそれぞれの地域の事情に即して行うべきであり、首長墓が「見えない」からといって首長が存在しないわけではない。また、首長墓が「見える」からその地域がとりわけ優れているとも断言できない。たしかに、九期における尾張地方の勢力の強力さは、墳形のみならず、墳丘の規模から疑うべくもない。しかし東海地方で一〇期以降に築造された前方後円墳についてては、そもそも地域の頂点に位置する首長墓かどうか、さらになぜ前方後円墳という墳形が採用され続けたのかを考えねばならない。遠江に多くみられる一〇期の小型前方後円墳は、地域内の秩序に則った伝統の残存と理解されるが、九期から前方後円墳が出現した名張川流域では、地域外からの要因によることが容易に理解できる。同様に、後期末葉以降に方墳が首長墓に採用される美濃（長瀬二〇〇二）や駿河の安部川流域についても、畿内からのインパクトを認めるが、その展開は地域の論理の中で理解しなければならない。

後期前葉以前の前方後円墳の秩序は、すべてがそうとは限らないが、王権との関係のもとに表現される場合が多い。一方、後葉以降の前方後円墳をみた場合、馬越長火塚古墳や小幡茶臼山古墳など、王権との関わりは個別的であまねく施行された制度を反映するとは思えない。むしろ前方後円墳が終焉し、在地の秩序にもとづくさまざまな墳形・埋葬施設を採用してアイデンティティを遺憾なく発揮する地方の首長たちを、王権があるときは金銅装遺物を主体とする威信財を駆使し、またあるときは信頼感にもとづくモノを介さない制度などを通じて、取り込んでいった過程が反映しているととらえるべきだろう。そこには強力な支配関係よりも、地域を積極的に認めてそれを受け入れる王権の寛容な姿勢があり、前方後円墳に象徴される古墳自体が変質しつつあったことを示している。

地域は自らのより細かなまとまりを主張するほどに成熟し、王権はそれをさらに柔軟に取り込む術を身につけ始めていた。前方後円墳の政治性が徐々に効力を失っていったのは、地域の細分化が大きく関わっていたと考えられる。

まとめ

金銅装製品と首長墓という二つのキーワードから東海地方を見つめ直したのは、馬越長火塚古墳の評価への見通しを立てるためである。まず、長火塚古墳の金銅装馬具は、棘葉形杏葉を含めセットとして充実した内容をもっており、東海地方では屈指の内容といえる。長火塚古墳を凌駕するのは、現状では駿河の賤機山古墳だけであろう。後期後葉に新羅系馬具が舶載され、各地の有力首長墓に薄肉彫馬具が副葬される中で、長火塚古墳は新羅系を原型にして列島で製作された馬具を副葬していた。それは王権が剣菱形杏葉や心葉形杏葉に代わる新たな威信財の作成に乗り出した試行段階での製品といい換えることもできる。その後、棘葉形杏葉は金銅装馬具の主体には決してならなかったが、花形杏葉などと併行してつくり続けられている。そこに込められた意図が完全に忘れ去られることはなかったのだろう。

また、後期末葉以降は金銅装馬具、飾大刀ともに量産化が図られた時代であり、王権膝下の工房の整備が進められた時期と目されている。長火塚古墳被葬者の活躍した時期は王権の威信財政策が変貌を来しつつある時期にあたり、被葬者の性質と地方における位置付けが、王権のニーズに合致した結果として、仿製の棘葉形杏葉が与えられるに至ったと考えられる。舶載品が地方の有力首長の手に渡る過程には、王権を介した入手（下賜）と、首長自身と韓半島との直接的な交流を想定することができるが、仿製品の場合は前者を想定するのが妥当である。したがって、長火塚古墳の被葬者には国際性を想定するよりも、むしろ王権との関係の深さを積極的に評価すべきである。

さらに、後期後葉の首長墓系譜をみる限り、前方後円墳集成編年の八・九編年から新たに系譜がはじまる例が多く、馬越長火塚古墳が含まれる豊橋市北部の首長墓系譜もまさしくそれに該当する新興首長勢力である。東海地方を広くみれば明らかなように、豊橋市北部のように後期末葉まで前方後円墳を築き続ける系譜は伊賀の名張川流域や美濃の各務原地区などいくつか認められるものの、多くは九期のうちに築造を終えるところが多い。そして後期の前方後円墳は形状がバラエティーに富んでおり、その採用にもそれぞれの地域の事情が反映し、一筋縄の解釈は許されない。王権との関係、伝統の残存などの要因が考えられる中で、馬越長火塚古墳の墳形はまさしく王権を介した西日本の首長層との交流が背景に存在し、前者に該当する。それはあくまで長火塚古墳のみに適用される解釈である。東三河地方は全体に後期後葉まで前方後円墳を造り続けた地であり、そこには在地的な要因による伝統の残存が想定される。東海地方において、後期後葉の前方後円墳に込められた政治性は基本的には一定の地域内で完結するものだったと考えたい。

そして、王権との濃厚な関係が想定される長火塚古墳であるが、主体部に畿内系ではなく、三河型横穴式石室を採用するのは、地域のアイデンティティの表現方法として機能した地方型横穴式石室を被葬者が重要視したことの表れである。墓の形態に関わる祭祀の形態も、三河の流儀にのっとって行ったものと考えられる。畿内において強い規画性をもって分布し、さらに地方に一定の影響を及ぼした畿内系横穴式石室であるが、畿外への伝播には、拠点的に伝播した最高首長墓の事例（岐阜県大牧一号墳や静岡県賤機山古墳など）を除き、政治性よりも文化的側面による方が一般的であったと考える。

東海の後期首長にみられるさまざまな様相は、じつは列島の各地に認められる事象であって、むしろ斉一的に語られることが多い畿内のあり方の方が「特別」なのかもしれない。王権の地方政策のあり方として、後期においては極めて寛容な姿勢で臨んだ事実を示すものであり、金銅装製品の技術集中と多量生産による新たな威信財政策でもって、地方はより下位にあった新興首長層までが、中央との関係を構築するのである。こうした事象を踏まえたとき、馬越長火塚古墳は東海地方を代表する象徴的な存在の後期首長墓であると評価されよう。

註

（1）鹿高神社一号墳は、全長四二メートルの前方後円墳とされることが一般的である。しかし筆者の現地踏査によれば、従来墳丘とされた部分は二段築成の上段部分であり、実際には下段を明瞭に観察することができる。さらに南側のテラス状の張り出しは、下段の最下面から延びるものである。なお文中に示した規模は、周辺地形として測量図に表現されている下段部分から導き出した数値である。

（2）例えば大阪府河南町シシヨツカ古墳、同アカハゲ古墳などの後期後葉から終末期の横口式石槨墳には、墳丘の前面に大規模な方形段を形成している。こうした事例は畿内では少ないとされる（白石二〇一〇）が、東海では類似事例を見出すことができない。むしろ馬越長火塚古墳も墳丘の南側が大きく張り出して左右対称とならないことも、こうした畿内における後期後葉の特徴と考えられる。

（3）　春日宮山古墳には後円部と前方部とにそれぞれ横穴式石室が存在する。このうち前方部石室は、羨道の天井石が入口に向かって階段状に上がっていく在地的な特色を示しており、本古墳が畿内一色で築造されたわけではないことは明らかである。移住者にとって、地域との融合は重要な政治的手段でもあったと考えられよう。

（4）　羨道が極めて短いこと、奥壁の基底部に二石を立てて用いることなどは、在地色の現れと理解される。

（5）　春日山古墳は前方後円墳編年の一〇期、すなわちTK四三型式期に位置づけられる場合が多い。しかしその時期比定には根拠がなく、筆者は味美二子山古墳との連続性から九期後半、すなわちTK一〇型式期に含めるべきと考える。

（6）　ただし、豊田大塚古墳の横穴式石室には九州的な要素が多分にみられるほか、豊田大塚古墳・岩津一号墳ともに韓半島との関係が指摘される副葬品をもつなど、矢作川流域では特殊な古墳に位置づけることができる。良好な状態の石室調査事例が少ないため確言はできないが、矢作川流域では在地における思想的な背景にもとづき、被葬者の社会的・経済的な性質と副葬品の内容（＝古墳祭祀）とが相関していない可能性がある。

参考文献

赤塚次郎　一九九六「断夫山古墳と伊勢の海」（『伊勢湾と古代の東海　古代王権と交流四』　名著出版）
穴沢咊光　一九八八「『蒙古鉢形』冑と四～七世紀の軍事技術」『考古学叢考』中巻　吉川弘文館
荒木敏夫　二〇一二「三河の国造制―穂国造と東三河―」（『馬越長火塚古墳群』　豊橋市教育委員会）
岩原　剛　二〇〇五「東海地域の装飾付大刀と後期古墳」（『装飾付大刀と後期古墳』　島根県教育庁古代文化センターほか）
岩原　剛　二〇〇八「三河の横穴式石室―三河型横穴式石室の生成と伝播を中心に―」（『吾々の考古学』　和田晴吾先生還暦記念論集刊行会）
岩原　剛編　二〇一二『馬越長火塚古墳群』　豊橋市教育委員会

大谷晃二　二〇一一「六世紀の黄金文化〜大刀と馬具を中心に〜」（『黄金の世紀』　豊橋市美術博物館他）
篠川　賢　一九九六『日本古代国造制の研究』　吉川弘文館
白石太一郎　二〇一〇「ふたつの飛鳥の終末期古墳」（『ふたつの飛鳥の終末期古墳』　大阪府立近つ飛鳥博物館）
鈴木一有　二〇〇七「東海の横穴式石室における分布と伝播」（『研究集会　近畿の横穴式石室』　横穴式石室研究会）
鈴木一有　二〇〇八「東海の古墳出土鉄器にみる首長間交流」（『東海の古墳風景　雄山閣』）
鈴木一有　二〇〇九「東海からみた古墳時代の伊那谷」（『飯田市歴史研究所年報』七号　飯田市教育委員会）
鈴木　勉　二〇〇四『ものづくりと日本文化』（奈良県立橿原考古学研究所附属博物館）
千賀　久　二〇〇三「日本出土の『新羅系』馬装具の系譜」（『東アジアと日本の考古学』Ⅲ　同成社）
名張市教育委員会　二〇〇六『琴平山古墳現地説明会資料』
土生田純之　二〇一〇「始祖墓としての古墳」（『古文化談叢』第六五集（一））
深谷　淳　二〇〇八「金銀装倭系大刀の変遷」（『日本考古学』第二六号　日本考古学協会）
深谷　淳　二〇〇九「小幡茶臼山古墳の研究―築造時期の再検討と挂甲所有の政治的背景―」（『美濃の考古学』第一〇号）
穂積裕昌　二〇〇八「伊賀の首長系譜の特質とその背景」（『東海の古墳風景』　雄山閣）
桃崎祐輔　二〇〇二「棘葉形杏葉・鏡板の変遷とその意義」（『筑波大学先史学・考古学研究』第十二号　筑波大学歴史・人類学系）
森田勝三編　二〇一〇『馬越長火塚古墳』　豊橋市教育委員会
渡辺博人編　二〇〇三『大牧一号墳発掘調査報告書』　各務原市埋蔵文化財調査センター

第2部　尾張・三河における産業の興隆と社会の変化

東山窯編年の諸問題

中里信之

はじめに

東山古窯址群（以下、東山窯）は、名古屋市東部の丘陵地帯（愛知県名古屋市千種区・昭和区など）で操業された古墳時代の須恵器生産地である。奈良時代には、猿投山西南麓古窯址群（以下、猿投窯）として一大窯業生産地帯に発展した。

古墳時代の須恵器研究史において、東山窯から多くの議論が生まれた。須恵器の成立をめぐって、「陶邑一元論」（田辺 一九八一・二〇〇一、植野 一九八八など）の対案として、斎藤孝正や岩崎直也は東山窯が陶邑窯とは異なる系譜をもち、独自に成立したと主張し「多元論」を提示したこと（斎藤 一九八三、岩崎 一九八七ａ、伊藤 二〇〇四など）。五世紀後半の陶邑窯からの工人拡散によって各地に窯業生産地が拡散する中で、それとは別に東山窯はその独自性を維持しながら継続していること（小林 一九八七・一九八八、菱田 一九九二・二〇〇五・二〇〇七）。七世紀の議論において、岐阜県丸山窯から提起された大化薄葬令の古墳造営停止の効果についての議論（楢崎 一九五九）が、山田邦和によって東山窯を経由してなされた（山田 一九八二）。これにより、東海地方の須恵器と畿内の須恵器の変化に差があるのか、大化薄葬令の六四五年以降も杯Hが生産されなかったのかなど、古代土器研究会によるTK二一七号窯式の問題につながっていくこと。東山窯は陶邑窯やそれから波及した「地方窯」とは異なるあり方を示し、「陶邑窯」を中心とした須恵器研究を相対的にみる可能性をもっている。

地域史の観点でみてみれば、東山窯が操業している時期でも、特に五世紀後半～六世紀前半は、名古屋台地において断夫山古墳を中心に古墳造営が活発であり、正木町遺跡・伊勢山中学校遺跡などのように渡来系集団の関与が認められる遺跡も登場している。窯業生産でも、東山窯と共通する要素をもった生産地、下原窯・卓ヶ洞窯・上向ィ田窯が東山窯周辺で活発に操業し、東山窯やこれらの窯では、「尾張型埴輪」とよばれる独自の須恵質埴輪が生産された。この時期の尾張を考える上で、東山窯（系）須恵器は、[1]「尾張型埴輪」と共に編年上重要な位置を占める。また、古墳・集落と須恵器・埴輪・知多半島の製塩など手工業生産との関係に赤塚次郎（赤塚 一九九六）などが着目し、近年では、主工業生産を分散的に配置する「首長間分業」の畿内の生産構造とは対照的に、尾張の特徴は「多角的な生産指向（各種手工業生産の複合性）」・「地域首長膝下に完結する生産方式」（早野 二〇〇八：一三一頁）であると早野浩二が的確に論じている。城ヶ谷和広は東山窯の分布や消費地の動向から、生産と流通を尾張国造尾張氏が管理したと考える（城ヶ谷 一九九八・二〇〇七・二〇〇八）。須恵器が尾張の古墳社会を論じる上で重要な素材であることを確認しておきたい。

より広域にみれば、製品の分布も重要である。東山窯の製品は、尾張南部を中心に三河・美濃などに多く分布する（例えば、渡辺 二〇〇六・城ヶ谷 二〇〇七・中里 二〇〇八参照）。それと共に、「古東山道」ルートに沿って、信濃の下伊那にも多量に入っている（例えば、北條二〇〇九参照）。さらに長野市でも、東山窯ないしその影響を受けたと思われる製品が報告されている（風間 一九九八・草野 二〇〇八）。さらには、「辛亥年」銘の鉄剣により暦年代の指標となった稲荷山古墳出土の有蓋脚付短頸壺など関東にも製品が搬入しているといわれる（尾野一九九八）。また、七世紀になると、東山窯ないし猿投窯の製品が飛鳥や難波など畿内の中枢部からも発見されている（尾野二〇〇〇・佐藤 二〇〇三）。このことは、東山窯の編年研究が、単に尾張のみならず、より広域な地域に渡って重要であることを示している。

しかしながら、東山窯の編年研究は、その重要性にもかかわらず、必らずしも活発であったとはいい難い。一つには荒木実らの努力（荒木 一九九四・近藤 二〇〇四）などにより窯分布と遺物採集がなされてきたが、東山窯のある丘陵地帯が早い段階で住宅地として開発されたことなどから、資料面で限界があったことがある。

それと共に研究史を踏まえた上での議論が率直にいって不足したことも問題といわねばならない。どのような見通しがもてて、何が課題であるのかが明確にされてないように思われる。

幸いにも、近年、名古屋大学による東山六一号窯の発掘調査とその報告書の刊行（尾野ほか 二〇一〇）や、東山窯との関係が深い下原窯（浅田 二〇〇六）・上向ィ田窯（森ほか 二〇〇九）の再整理報告がなされ、資料が増加している。鈴木敏則の論考（鈴木 二〇一一）のように、近年の動向にも目配した議論が期待されるところであるが、まず小論としては、古墳時代東山窯について、どのように編年研究を進めていくべきか、研究史を中心に整理しながら、今後活発化すると思われる議論に備えることにし、近年の知見については別途稿を用意したい。併せて、研究史の流れから、話が複雑になるため、小論では、五世紀後半から七世紀初頭の編年研究に軸を置くこととし、東山窯の成立の問題や七世紀の動向については、今後別途論じたい。

一　斎藤編年の見直し

斉藤編年とは

東山窯編年は斎藤、尾野善裕（尾野 一九九七・一九九八・二〇〇〇ほか）、岩崎（岩崎 一九八七ａ）、赤塚（赤塚 一九九一、赤塚・早野 二〇〇一ほか）、瀬川貴文（瀬川 二〇〇四・二〇〇六・二〇〇八）、渡辺博人（渡辺 一九九六）

などによってなされている。近年猿投窯の須恵器編年について尾野編年を利用することが多く、暦年代は別にしても五・六世紀についてもそれに従うことが多い。しかし、五・六世紀に関して筆者の理解では、基本的には斎藤の編年を大枠に、そこに他の窯資料を加味し、細分するという方向性で議論がなされていると考える。斎藤の東山窯編年を、本文では重視したい。

　斎藤の編年は、一九八三年に東山一一一号窯の資料紹介を兼ねた「猿投窯成立期の様相」（斎藤 一九八三）の提示にはじまる。ここでは、東山一一一号窯→東山四八号窯→城山二号窯→東山一一号窯という変遷、各窯の資料紹介及びその特徴の整理、陶邑窯との並行関係を提示した。さらに、東山六一号窯の資料紹介（斎藤 一九八六）、東山五〇号窯、岩崎一七号窯等の紹介と古墳時代から奈良時代への蓋杯の型式変化を論じた「猿投窯第Ⅲ期杯類の型式編年」（斎藤 一九八八）を経て、「古墳時代の猿投窯」（斎藤 一九八九）において、東山一一一号窯→東山四八号窯→城山二号窯

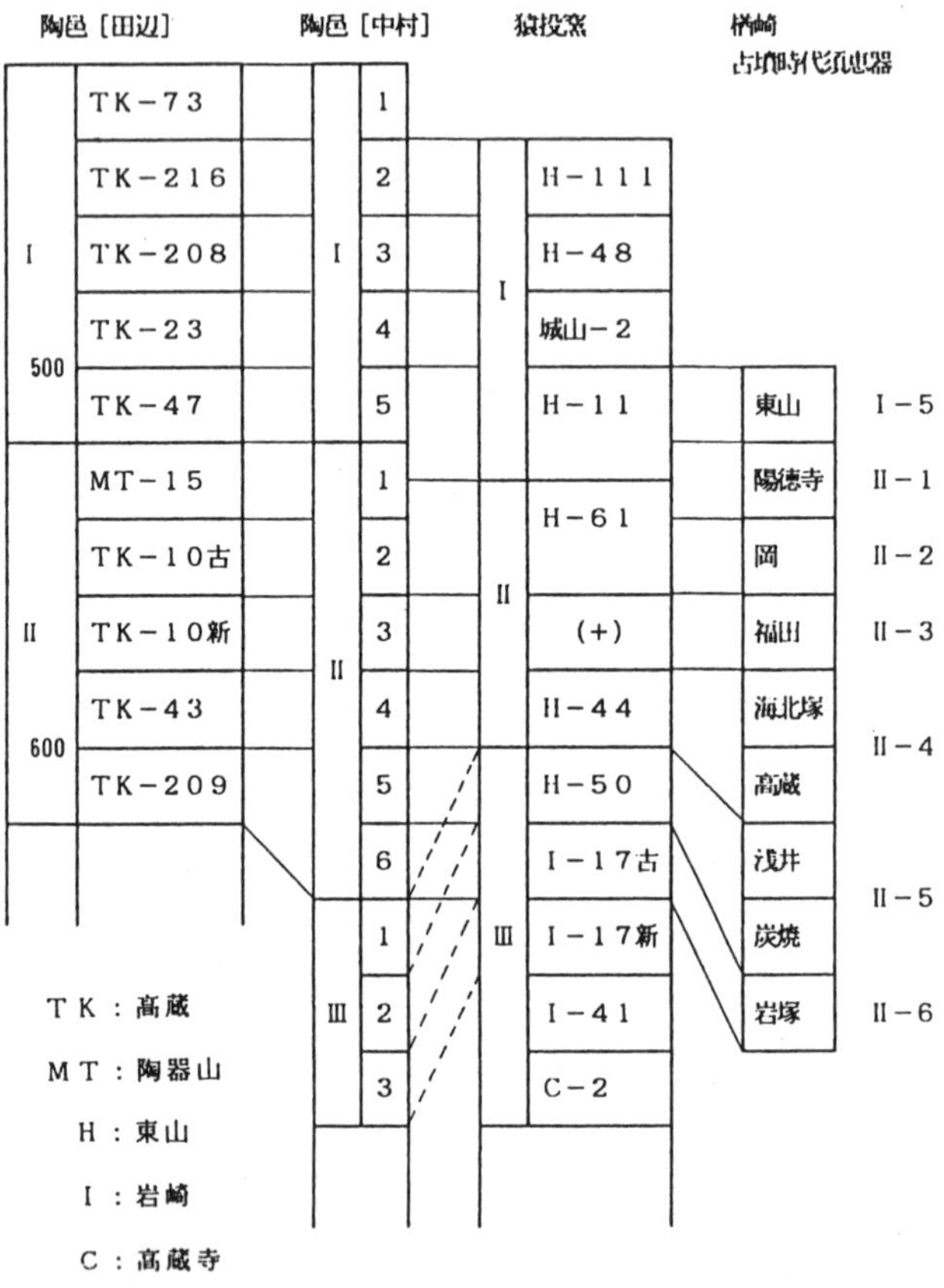

図１　東山窯斎藤編年（斎藤 1989 引用）

→東山一一号窯→東山六一号窯→東山四四号窯→東山五〇号窯→岩崎一七号窯という五～七世紀にわたる編年案と陶邑窯との並行関係を提示し（図1）、各窯の蓋杯・高杯の特徴を整理・紹介した。その中で、対応する窯は見当たらないけれども、東山六一号窯と東山四四号窯の間に型式的なヒアタスがあるとした。斎藤　一九九一論文では、そのヒアタスに東谷山三号墳玄室奥出土須恵器をあてはめた。「猿投　美濃須衛」（斎藤　一九九三）では、暦年代をおおまかに提示した。斎藤一九九五では、編年案の再論と共に、研究史の提示がなされた。

筆者は、基本的に斎藤　一九八九・一九九一論文をもって、古墳時代の東山窯における斎藤編年の事実上の完成と考えており、以下、分析の対象とする。ただし、東山五〇号窯以降は、宝珠形つまみの付く蓋杯が登場し、研究史的にも分けて議論する必要があり、本文の対象から除外する。

斎藤編年の新旧関係

斎藤編年はなにを基準にして編年をたちあげているのか明確化されていない。そこで何をもって東山窯編年が成立したかを再検討する。部分的に根拠が明示されているのは、以下の二点である。

・　東山一一一号窯の位置づけ（東山四八号窯より古いから）

・　東山六一号窯の位置づけ（陶邑編年との対比）

東山一一一号窯は、陶邑窯とは異なる特徴をもち、それゆえに東山窯が陶邑窯とは別系譜で成立したことを示すことになったので、東山一一一号窯の位置づけは、陶邑窯の影響下に入ったとされた東山四八号窯との比較によって新旧関係が説明された（斎藤　一九八三）。それに対して、東山六一号窯は蓋杯・高杯の検討から陶邑編年との対比が行われ、そこからすでに陶邑編年との比較がなされている東山一一号窯との新旧関係が説明されている（斎藤　一九八六）。しかし、東山窯編年全体となると、上記二つだけでは成立せず、東山一一一号窯→東山四八号窯→城山二号窯→東山一一号窯→東山六一号窯という新旧関係は、東山四八号窯・城山窯・東山一一号窯の新旧序列があって

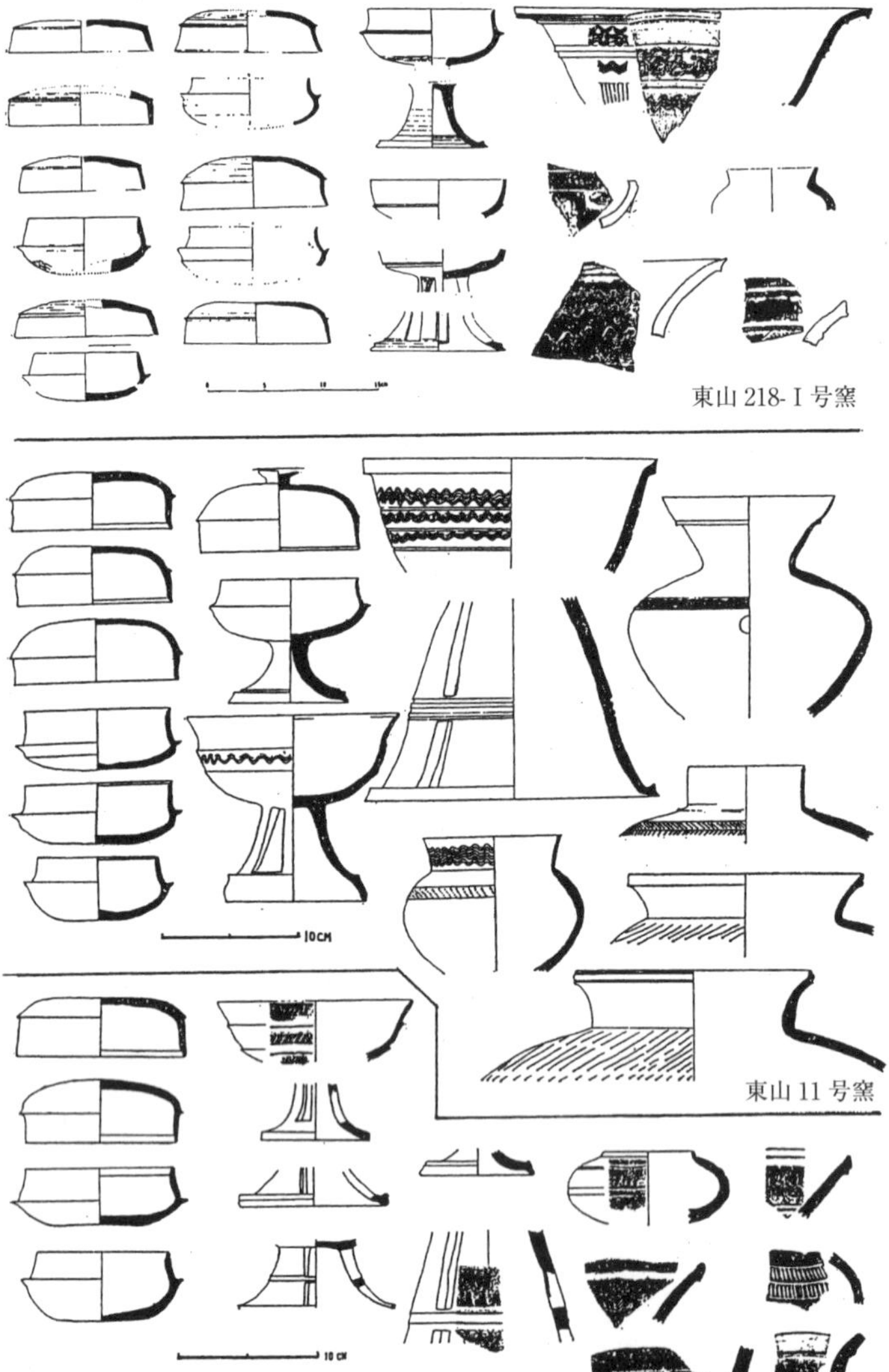

図２　東山窯増子編年（増子 1980 引用）

はじめて成り立つ話である。この新旧関係はどうやってなされたのか。改めて見直すと、斎藤以前に、増子による東山窯の編年（増子 一九八〇）があった（図2）。

そこで提示された東山二一八—Ⅰ号窯（東山四八号窯）→東山一一号窯→東山一〇号窯の方向性は基本的に今日につながる編年案である。陶邑窯とは違う「地域相」があることを早い段階に指摘している点と共に、五世紀の東山窯編年を最初に発表したのは増子康真らの名古屋考古学会であったことは改めて評価されるべきであろう(2)。

この編年では中村浩の陶邑窯編年を意識している。東山二一八—Ⅰ号窯は陶色窯編年のⅠ—二・三期の要素をもつという(3)。東山一一号窯の無蓋高杯には、陶邑Ⅰ期後半の要素がなく、対して、東山一〇号窯には、大形𤭯がなく、高杯脚透孔が狭くなり長脚化する傾向があり、さらに蓋杯の仕上げの手抜きがみられることなどから、東山一一号窯と東山一〇号窯の違いを新旧の時間差とした。そして、東山一〇号窯と下原二号窯を陶邑Ⅰ期からⅡ期の過渡期とした。さらに、城山二号窯の蓋杯の形状は東山二一八—Ⅰ窯と東山一一号窯にまたがり、ＴＫ一〇九—Ⅲ号窯の組成に近似するという。増子編年の構造は、陶邑窯との比較を通じての、各窯資料の新旧序列であった。

斎藤編年では、東山一〇号窯と下原二号窯の評価がなされていないが、斎藤編年の基本的な枠組み、東山四八号窯→城山二号窯→東山一一号窯がこの段階でできていることは注意されよう。斎藤は増子編年を参考文献で掲げるだけで、両者の関係をのべていないが、斎藤はその新旧序列を基本的に踏襲した上で、特に、東山一一号窯の時間的位置づけがなされたと思われる。

その上で、斎藤の東山一一号窯の位置づけと東山六一号窯の位置づけを考えてみると、増子編年にみられる、陶邑窯との比較を通じての、各窯資料の新旧序列という構造がよく似ているのである。筆者は増子編年の方法が斎藤編年に影響を与えた可能性を考慮したい。

増子編年は各窯資料にみられる陶邑窯編年と比較できる要素を抽出し、陶邑窯編年に沿いながら各窯資料を新旧にならべた。増子編年の大枠・方法を斎藤編年も踏襲したとみてよいであろう。そうすると、東山一一号窯をのぞいて、斎藤編年は、窯資料にみられる陶邑窯と比較できる要素を中心に、窯資料の新旧序列を行い、その新旧序列を踏まえた上で、各窯の要素を抽出し、提示したわけである。

斎藤編年の意義と課題

斎藤編年は陶邑窯編年を意識し、窯資料というまとまりを新旧に並べたことになる。この方法は採集資料という量的・質的に資料が恵まれていない窯が多い中で、東山窯編年の方向性を出した点で高く評価されるべきものである。また、斎藤編年が、具体的資料の提示と共に、各窯資料の特徴を述べている点（斎藤　一九八三・一九八六ほか）は、それを土台にして次への議論を行うのに有意義であることを認めたい。しかしながら、東山窯の分析方向を視野に入れてきたとき、二点の原理的な問題が生ずる。

(一)　斎藤自身が認めるように継続的な東山窯の独自性が強調され、さらに陶邑窯との関係を改めて検討することが課題になりうるので、はじめから陶邑窯編年にそって編年を構築することは今日的には問題である。つまり、何が東山窯在地の要素か、何が陶邑窯ないし外部の要素か厳密に検討する時期に入ったのである。

(二)　斎藤編年は、各窯資料を比較し、古い要素・新しい要素のあるなしで、窯資料を新旧に並べ、その上で、議論上の必要から各窯資料の要素が抽出され、特徴が提示される。この方法で新旧序列を行うと、同時期か時期差かという認定が曖昧になる。つまり、各窯の特徴の違いが、時間差か同時期の各窯の個性の違いか把握しづらい[(4)]。さらに、各窯の特徴を抽出すると、実態の窯資料との乖離の問題が生じてくる。その結果、何を根拠にして新旧序列をしていたのかが曖昧となり、前後の窯の特徴との関連が把握しづらくなる可能性が生じ、何をもって細分すべきか等混乱を招く。

編年の再検討に向けて

斎藤編年の枠組みから、どのように東山窯編年を再検討する基盤を作るか。

筆者としては、斎藤編年の標識窯の新旧関係を前提に、提示された標識窯資料のうち杯身の形態的・技法的特徴をまず把握整理したい。ただし、東山四八号窯については、東山一一一号窯との同時性が尾野によって指摘され（尾野 一九九七）、城山二号窯については、そもそも東山窯ではなく、加えて両窯共に底部を残す杯身がないので（七原ほか 一九七八）、ここでの検討は、保留とする。また、東山六一号窯と東山四四号窯の間の空白期を埋める資料として検討された東谷山三号墳出土須恵器の分析についても、消費地資料という点と同時期とされる蝮ヶ池窯資料が近年提示されており、話が煩雑になることから、ここでは取り上げない。結果として、新旧関係において今日の共通認識になっている東山一一一号窯、東山一一号窯、東山六一号窯、東山四四号窯という流れの中で、それぞれの窯の杯身をまず分析しようと考える。

二　杯身の分析

東山一一一号窯杯身

東山一一一号窯は名古屋市昭和区伊勝町一―一二に所在し、昭和五八（一九八三）年、名古屋大学考古学研究室が灰原を発掘した。ここで扱う杯身はこのとき検出され、斎藤 一九八三で紹介されたものである（図3、以下図番号に対応）。なお、対象資料は愛知県陶磁資料館蔵。実測図の出典は、斎藤 一九八三である。

（1）口径に比べて深い体部を有し、立ち上がりは短くやや内傾する。実測図から平底と思われる。口縁部が残っていないが、羽釜形に近いものと理解されている。なお、筆者は実見していない。

（2）口径の二分の一以下残存。焼成不良。色調は黄褐色。体部が強く張り出して、立ち上がりは内傾しやや短い。口端部を丸く仕上げる。底部は平底で、体部と底部の境はやや明瞭。体部と底部の回転ヘラケズリは別々に

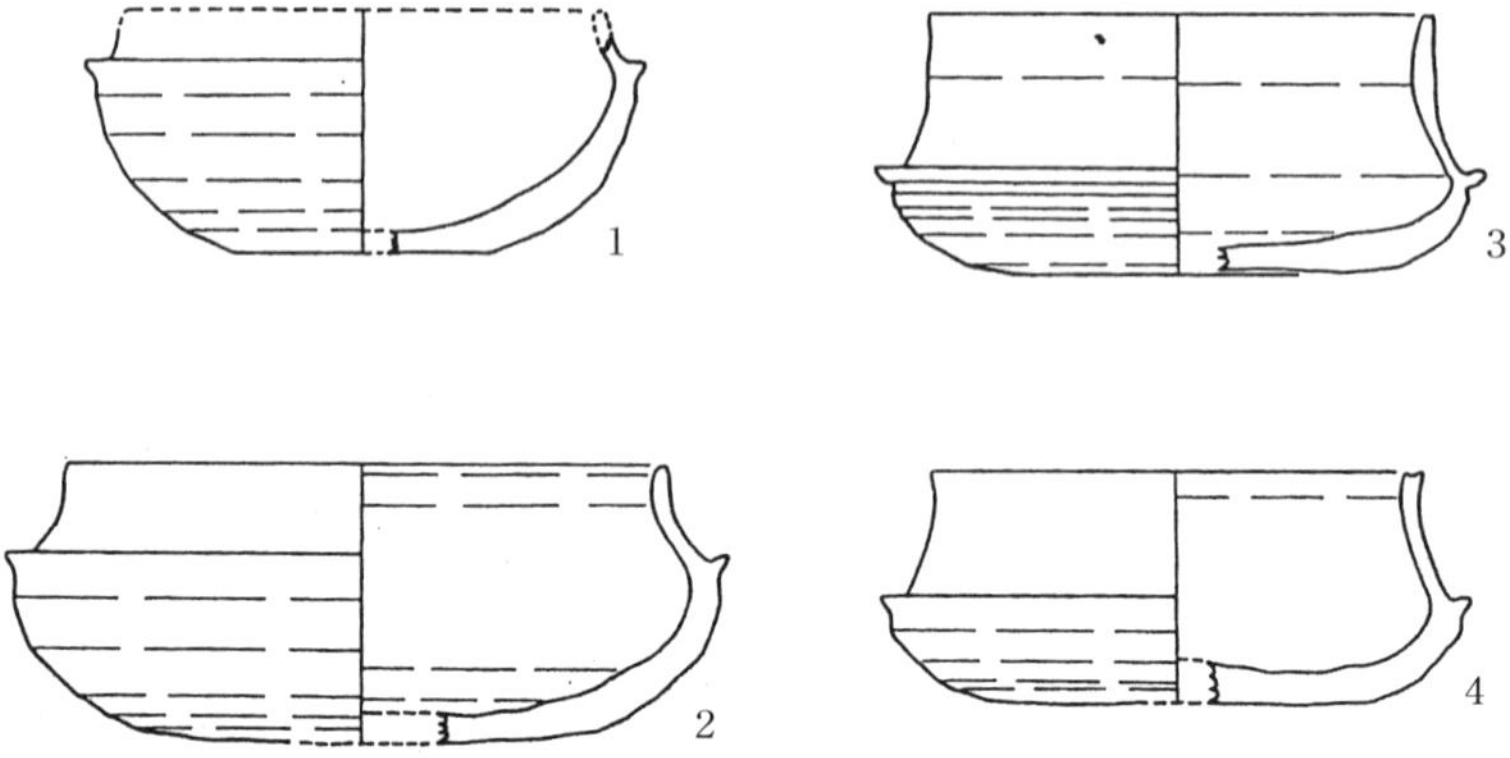

図３　東山 111 号窯杯身（斎藤 1983 引用　S ＝ 1/3）

なされていると思われる。体部の二分の一以上をヘラケズリが三周する。

（３）口径の二分の一以下残存。立ちあがり外面に自然釉。焼成良好。平底で、低く扁平な体部から、受け部で内側を強く屈曲させ、長く直立する立ち上がりにいたる。口縁端部中央がくぼむ。受け部下に沈線が一周する。底部は体部と底部の境はやや明瞭。体部と底部の回転ヘラケズリは別々になされていると思われる。体部のほとんどをヘラケズリする。

（４）口径の二分の一以下残存。平底で、低く扁平な体部に、長く直立する立ち上がりがつき、口縁端部中央が強くくぼむ。受け部下に沈線が一周する。底部は平底で体部と底部の境はやや明瞭。体部回転ヘラケズリと底部回転ヘラケズリは別々になされていると思われる。体部のほとんどをヘラケズリする。内面底部には強く不定方向ナデがみられる。

東山一一一号窯の杯身は斎藤によって三分類に分けられている。斎藤の分類枠を踏襲する。「口径に比して深い体部を有し立ち上がりが短くやや内傾する羽釜形に近いもの」をｉ類（１）、「体部が強く張り出し立ち上がりの端部を丸く仕上げるもの」をⅱ類（２）、「低く扁平な体部に長くほぼ直立して中央部が肥厚する立ち上がりを有し端部は平坦に仕上げるが中央が明瞭に凹むもの」をⅲ類（３・４）とする（斎藤　一九八三）。三者共に

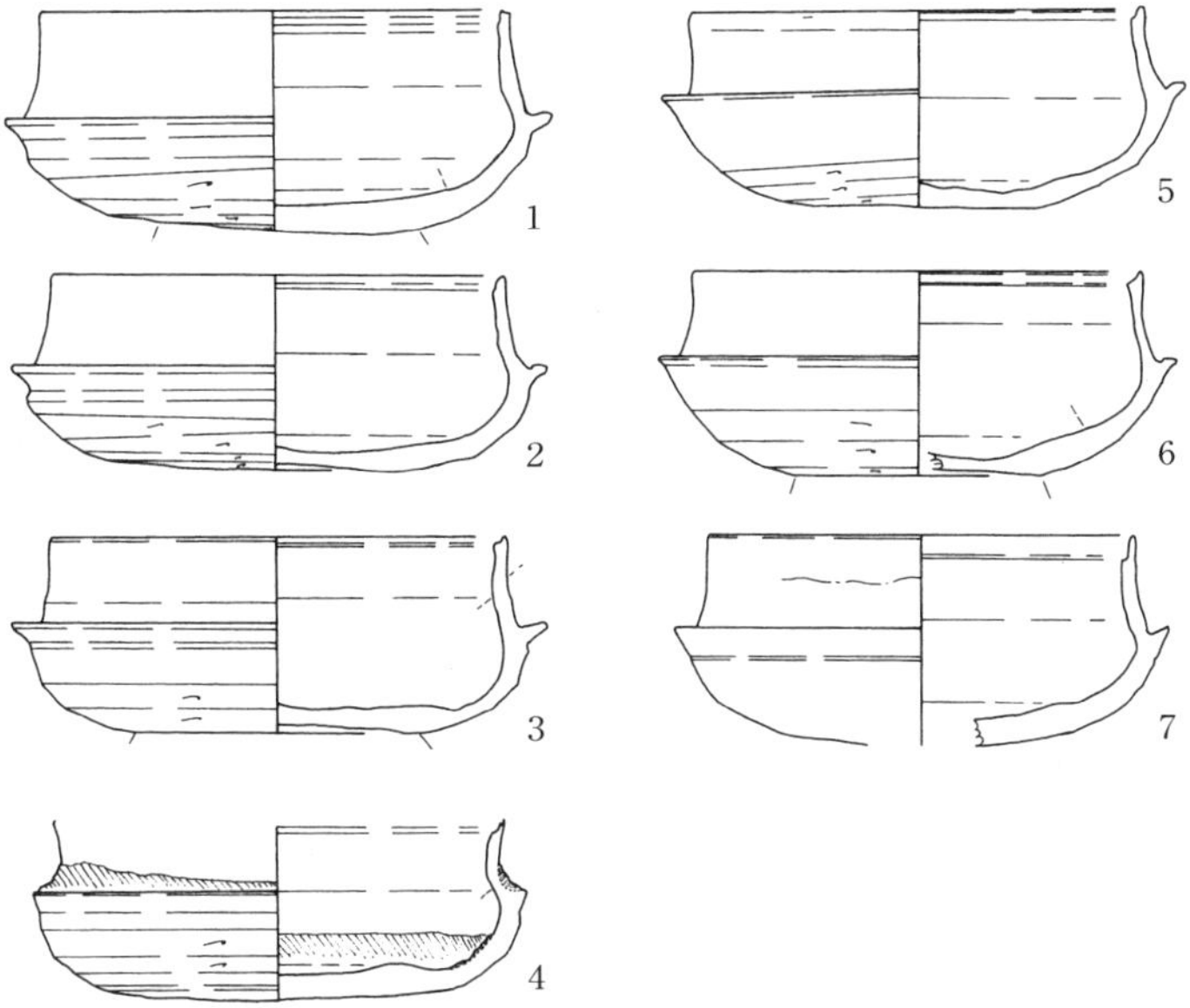

図4　東山11号窯杯身（S = 1/3　筆者作成）

平底である。

東山一一号窯杯身

名古屋市千種区清水町二―三〇に所在し、荒木実や楢崎彰一らによって須恵器が採集された。資料所蔵先は、愛知県陶磁資料館と荒木集成館である。斎藤編年で対象となったのは、愛知県陶磁資料館所蔵資料である（図4―3・4・7、以下図番号に対応）が、多くの研究者が荒木集成館資料を観察しているので、ここでは荒木集成館所蔵資料（図4―1・2・5・6）も分析対象とする。

（1）「三浦山六」と注記がある。完形品。色調はチョコレート色。焼成不良。自然釉はみられない。胎土良好。厚みのある平底で、やや広い底部内面を有し、緩やかに斜外方に立ち上がる体部をもつ。受け部から内湾しながら、長く直線的な立ち上がりを経て、口縁部に至る。受け部外側直下に段を有するが甘い（焼成不良のためか）。口縁部内面は弱い沈線が一周し、口縁端部は、半周のみくぼむ。底部と体部を別々に回転ヘラケズリするが、底部と体部の境は不明瞭である。体部回転ヘラケズリは三周ほどである。砂粒の移動から、体部の回転ヘラケズリは反時計回りにロクロをまわしたと思われる。底部内面は特にナデはみられないが、平坦である。体部から立ち上がりにかけて、内面を回転ナデするが、凹凸が顕著ではない。

（2）赤字で「三浦山窯層」、黒字で「11―4」注記がある。完形品。色調はチョコレート色。焼成は良好であるが、自然釉は見られない。砂粒を少し含むも、胎土良好。広い平底で、体部はやや張りがある。受け部から内湾しながら、長く直線的な立ち上がりに至る。受け部外側直下に明瞭な段を有している。口縁部は丸みをもちつつも端部が平らで、内面下に、沈線を有し、段となっている。底部と体部を別々に回転ヘラケズリするが、底部と体部の境は不明瞭である。体部の回転ヘラケズリは三周ほどで、段の近くまでなされている。砂粒の移動痕から、体部の回転ヘラケズリは反時計回りにロクロをまわしたと思われる。底部内面は中央がやや盛り上がるも、比較的平らで、中心部分を一周ほどナデている。一方底部外面は、中心部分がへこむ。

（3）口径の二分の一弱残り、実測図は反転実測。色調は立ち上がり部分がオレンジ色、体部が赤褐色、底部が青灰色、内面が薄紫掛かった灰色。蓋が被され、正位に置かれて焼成されたことを推測させる。焼成は良好であるが、自然釉はみられない。胎土は砂粒を少し含むも良好。平底。底部と体部の境が内外面で対応しない。内面の底部と体部境のくぼみは、全体の形状を挽き上げた後に、体部を内側から押して底部内面を広げたことによって、内面に生まれ、底部が広くなったのだろう（木立 二〇〇〇参照）。底部内面はほとんど平らである。体部から、垂直に、口縁部に至る。全体的な形態はより箱形に近い印象を受ける。受け部外側直下には、明瞭な段を有す。口縁端部はやや内傾に面を有し、若干くぼむ。それに伴うと思われる仕上げの回転ナデが立ち上がり内外面にみられる。底部と体部は別々に回転ヘラケズリがされ、底部と体部の境は比較的明瞭である。底部の回転ヘラケズリは二～三周ほどで、体部の回転ヘラケズリは単位が不明瞭であるが二周以上で、体部下半部に及ぶ。砂粒の移動痕から、体部の回転ヘラケズリは反時計回りにロクロをまわしたと思われる。斎藤 一九八三第13、図14に対応する。

（4）「H―11」と注記がある。口縁端部が欠損し、立ち上がり部分で円周二分の一弱残る。実測図は反転実測。色調は外面が青灰色、内面が淡灰色。焼成は焼きすぎで、特に立ち上がりがゆがみで外傾する。受け部と、底部と体部の内面の境に窯ボロがつくので、正位で置かれて焼成されたのであろう。砂粒を多く含み、やや胎土良好。実測図は正位の状態で実測しつつ、受け部から傾きを加味して、図上復元した。平底で、広い底部を有し、丸みをもちつつ張りのある体部をもつ。受け部から、内湾しながら、立ち上がりに至る。受け部外側直下に段を有す。口縁端部は内傾する面を若干くぼます。底部と体部は、砂の移動痕から別々に回転ヘラケズリがなされたと思われるが、底部と体部の境はゆがみのため、境の屈曲がはっきりせず、不明瞭である。体部回転ヘラケズリは受け部下の段近くまで及ぶ。砂粒の移動痕から、体部の回転ヘラケズリは反時計回りにロクロをまわしたと思われる。底部内面中央は平坦で、その周りが高まり、底部と体部の境が逆にくぼむ。この底部と体部の境内面の凹凸には、強いナデがみられるので、全体の形状を挽き上げた後に、体部側を外側に押して底部内面を広げたのであろう（木立 二〇〇〇参照）。

（5）「11　荒木」と注記がある。完形品。色調は灰褐色、ただし、体部外面が半周以上、黒褐色。蓋が被された状態で、片面に強く淡が当たったことを推測させる。焼成は良好であるが、自然釉はみられない。胎土は良好だが、一～二ミリの砂粒が目立つ。平底で、比較的狭い底部を有し、張りの弱い体部を持つ。体部上方から、受け部、長く直線的に内傾する立ち上がりを経て、口縁部に至る。受け部外側直下には、明瞭な段はないが、ややくぼむ。口縁端部はやや丸みを持ち、内面下に沈線を有し、段となっている。それに伴う仕上げナデが外面を一周する。底部と体部は別々に回転ヘラケズリがされ、底部と体部の境は明瞭である。体部の回転ヘラケズリは三周ほどで、体部下半部に及ぶ。砂粒の移動から、体部の回転ヘラケズリは反時計回りにロクロをまわしたと思われる。底部内面は中央がやや盛り上がり、内面全体に弱いロクロ目がみられる。

（6）「11―(6)」と注記がある。口径二分の一以上残り、実測図は反転実測。色調は体部外面が暗青灰色、立ち上がり部分と内面が青灰色。蓋が被された状態で焼成されたことを推測させる。自然釉はみられない。砂粒を少し含むも、胎土良好。平底でやや狭い底部を有し、斜外方に立ち上がる体部をもつ。受け部下から、長く直線的な内傾する立ち上がりを経て、口縁部に至る。受け部外側直下に明瞭な段はない。口縁端部はやや内傾する面を若干くぼます。底部と体部は別々に回転ヘラケズリがなされ、底部と体部の境は明瞭である。底部回転ヘラケズリは二～三周、体部回転ヘラケズリは三周ほどである。砂粒の移動から、体部の回転ヘラケズリは反時計回りにロクロをまわしたと思われる。底部内面は中央が盛り上がる。体部上方から立ち上がりにかけて、内面を丁寧に回転ナデする。４と比較したとき、底部が狭く、底部と体部の境に厚みが見られる。木立の研究（木立　二〇〇〇）を参照すれば、全体の形状を挽き上げた後の、体部側を外側に押して底部内面を広げる行為が省略ないし、弱いとみたらどうだろうか。

（7）　口径二分の一弱残り、実測図は反転実測。「H―11」と注記がある。色調は淡青灰色。焼成は良好。自然釉が体部外面にかかり、立ち上がり部分にはみられないので、受け部に融着した蓋の口縁部破片と共に、蓋が被されて焼成されたことを推測させる。胎土は砂粒を少し含むも良好。底部が残っていないのでよくわからないが、底部から緩やかに斜外方に立ち上がる体部をもつ。受け部から、長く直線的な内傾気味の立ち上がりを経て、口縁部に至る。受け部外側直下には、沈線が一周し、不明瞭ながら段を有している。口唇部内面はシャープな段となっている。底部の残存状況が悪く、体部外面全体に自然釉がかかるので、回転ヘラケズリの範囲、方向不明であり、底部と体部の関係も不明である。底部内面にナデはみられないが、立ち上がり内面の回転ナデは明瞭である。斎藤　一九八三第13図17に対応する。

東山一一号窯の杯身については、斎藤は端部の形状により、「丸く仕上げるもの」・「丸く仕上げ内面口唇部に明瞭な稜を有するもの」・「平坦に仕上げ内面に稜を有するもの」と三類に分けている。一方で筆者は、今回、斎藤が対象とした愛知県陶磁資料館蔵の東山一一号窯資料のみならず、荒木集成館蔵の東山一一号窯資料をも見渡したとき、大きく二分類することが可能であると判断した。

ｉ類の１～４とⅱ類の５・６である。ｉ類はⅱ類と比べ、底が内外共に広く安定し、底部内面中央が平坦なのに対して、ⅱ類は底部内面中央自体が盛り上がる。この差は、４と６に対比される、木立が指摘する（木立 二〇〇〇）底部内面を広げる行為の有無の違いなのであろうか。底部は共に平坦ではあるが、底部と体部の境をはっきり区別するのはⅱ類である。また、受け部下に段がｉ類にはみられるが、ⅱ類の受け部下はやや凹む程度である。なお、７についでは、底部が明瞭に残っていないので分類の位置づけは不明ではあるが、プロポーションはⅱ類に近いが、受け部には沈線ではあるが段がみられ興味深い。

このｉ・ⅱ類は、岩崎や赤塚がいう東山一一号窯古相・新相の分類（岩崎 一九八七ａ：二六三頁・赤塚 一九九一）に対応すると思われるが、ここでは時間差とするか否かは保留しておく。また、この分類は口縁端部の分類のような部分的な差異ではなく、製作方法の違いに起因する可能性がある。

東山六一号窯杯身

名古屋市千種区不老町の名古屋大学構内に所在し、採集された須恵器が斎藤孝正によって、報告された（斎藤 一九八六）。近年名古屋大学が発掘調査を行われた。ここでは、斎藤一九八六報告分（以下斎藤報告資料とする）をまず紹介し、近年の発掘調査成果と照らし合わせて、東山六一号窯焼成資料の限定とそれ以外の資料に分別する（図５、以下図番号に対応）。

（１） 愛知県陶磁資料館蔵。「Ｈ―61―Ａ 010」と注記がある。口径二分の一弱の残りなので、実測図は反転実測。底部を下にして、受け部径から、口縁部径と傾きを復元した。色調は体部外面が明灰色で自然釉がかかり、内面及び立ち上がり外面が暗褐色。色調の違いから、蓋が被されて焼成されたことを推測させ、受け部に杯蓋の破片

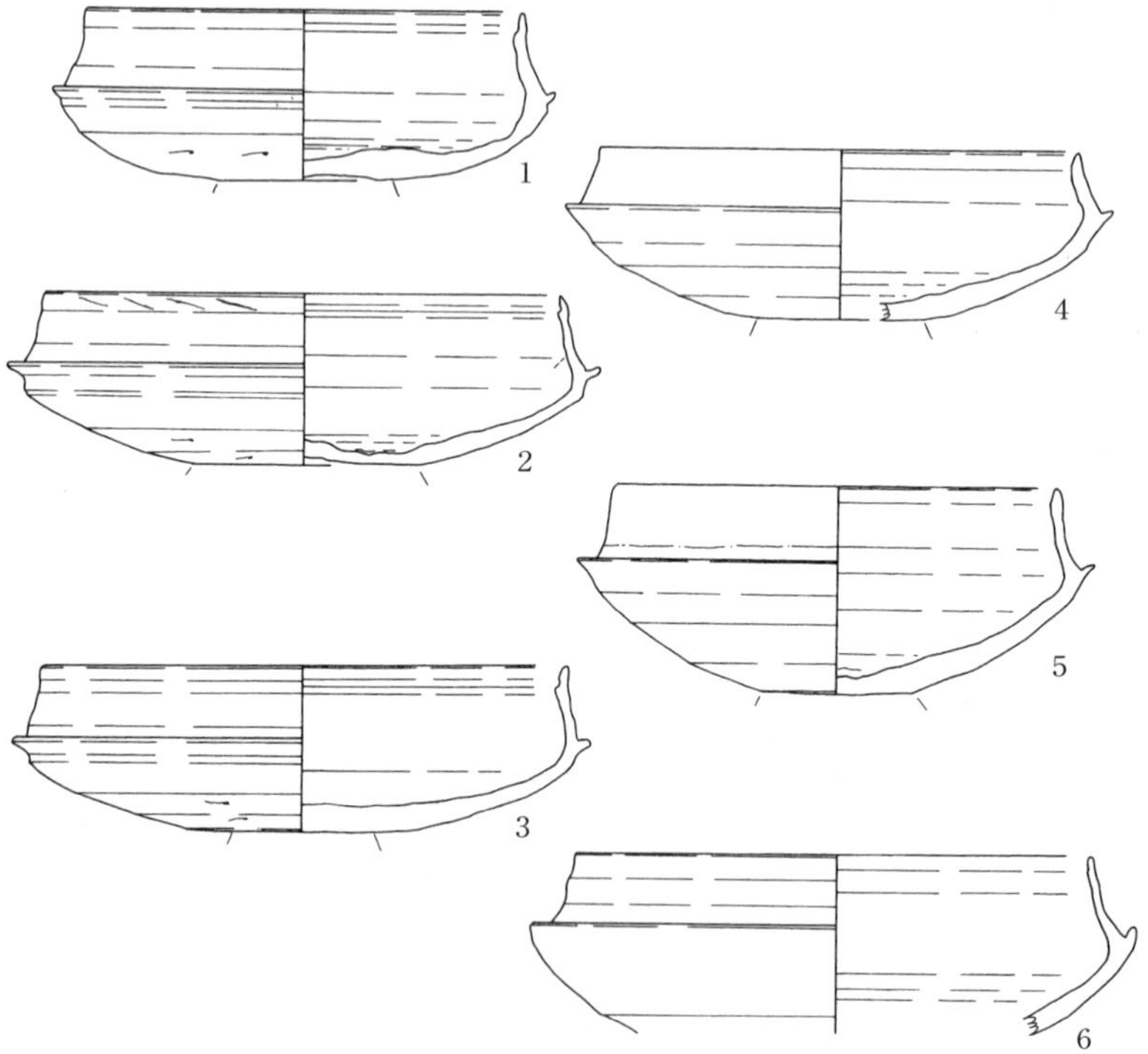

図５　東山61号窯杯身（S ＝ 1/3　筆者作成）

が融着することもそれを支持するが、底部と体部境内面に窯ボロが付着するので、焼成中に被っていた蓋が壊れたのだろうか。焼成良好。胎土良好。口径が広いが、底部内面が広く、体部が偏平に感じられる。底部平底。受け部から内湾しながら、長く直線的な立ち上がりを経て、口縁部に至る。受け部外側直下に段を有する。口縁端部は丸く仕上げ、内面口唇部に沈線を有し明瞭な段となっている。底部と体部は別々に回転ヘラケズリがなされるが、底部と体部の境は不明瞭である。体部の下半分以上に及ぶ体部回転ヘラケズリは、自然釉により、単位が不明瞭である。底部の砂粒の移動から、回転ヘラケズリは反時計回りにロクロをまわしたと思われる。底部外面の範囲は狭いが、底部内面は広い。底部内面中央はくぼみ、その周りが高まり、底部と体部の境が逆にくぼむ。この杯身内面にはロクロ目が残り、特に底部内面から立ち上がりにかけて、板ナデのような回転ナデがある点は注意される。これらの内面の状況は、木立の研究（木立 二〇〇〇）を参照すれば、底部内面中央に高まりがみえないけれども、東山一一号窯杯身4と同様に、全体の形状を挽き上げた後に、体部側を外側に押して底部内面を広げたことによる結果であろう。斎藤 一九八六、図3―5に対応。

（2） 愛知県陶磁資料館蔵。「H―61―A 52」と注記がある。口径が二分の一弱残存し、実測図は反転実測。ゆがみがあるので、残存する口縁部と受け部それぞれから、傾きを復元し、従来の実測図よりも体部が低い図になった。色調は体部外面が黒灰色、内面及び立ち上がり外面がやや暗灰色。色調の違いから、蓋が被されて焼成されたことを推測させる。焼成良好、内側に自然釉がみられる。胎土は、砂粒を少し含むも良好。全体に器壁が薄い。必ずしも底部径は狭くないが、口径が広いので、相対的に狭くみえる。平底の底部から、斜外方直線的に立ち上がる体部をもつ。受け部から、長く直線的な内傾する立ち上がりを経て、口縁部に至る。受け部外側直下に段を有する。口縁端部は丸く仕上げ、内面口唇部に沈線を有し明瞭な段となっている。口縁部外面は内湾し、斜めのしわが入る。底部と体部は別々に回転へラケズリがなされるが、底部と体部の境は不明瞭である。体部回転へラケズリは二周ほどであるが、範囲・単位が不明瞭である。砂粒の移動から、体部の回転へラケズリは反時計回りにロクロをまわしたと思われる。底部内面中央には、ロクロ回転に伴うと思われる渦ができていて、その上をユビで払っている。底部から体部の内面には、ロクロ目と思われる凹凸ができている。立ち上がりには、仕上げナデと思われる回転ナデが見える。底部外面にはへラ記号がある。斎藤 一九八六、図3―7に対応。

（3） 愛知県陶磁資料館蔵。「H―61―A 01」と注記がある。口径二分の一弱なので、実測図は反転実測。口縁部から傾きを出したが、底部にゆがみがあるので、平らに補正して図を作成した。結果、従来の図よりも、口径が広がり、体部が立ち上がりに対して、低くなっている。色調は体部外面がやや暗い青灰色で、内面及び立ち上がり外面が明青灰色で、薄く自然釉が広がっている。焼成良好。胎土良好。補正した図ではあるが、口径が広く、底部内面も広く、体部が偏平に感じられる。底部平底。受け部から、長く直線的な立ち上がりを経て、口縁部に至る。受け部外側直下に段を有する。口縁端部は丸く仕上げ、内面口唇部に沈線を有し明瞭な段となっている。底部と体部は別々に回転へラケズリがなされるが、底部と体部の境は不明瞭である。体部の下半分以上に及ぶ体部回転へラケズリは、二周する。底部の砂粒の移動から、回転へラケズリは反時計回りにロクロをまわしたと思われる。外面の底部回転へラケズリの範囲は狭いが、底部内面は広い。底部内面中央にかすかに渦がある。この杯身内面にはかすかにロクロ目が残る。斎藤　一九八六図3―8に対応。

（4）愛知県陶磁資料館蔵。口径が六分の一残り、実測図は反転実測。口径と受け部径で傾きを復元した。「3H―61―03」と注記がある。色調は明灰色。焼成は良好。自然釉がわずかに受け部にかかる。砂粒を少し含むも、胎土良好。底部径が狭く、口径が大きい。底部平底。受け部から、直線的な内傾する低い立ち上がりを経て、口縁部に至る。受け部外面直下には、段はなく、弱くくぼます程度である。口縁端部は、内面に内傾する面を作る。底部と体部は別々に回転へラケズリがなされたと思われるが、底部の残存状況が悪く、底部と体部の境、体部回転へラケズリの単位、回転へラケズリの方向が不明である。ただし、体部下反部に回転へラケズリの範囲が及ぶ。全体に器壁が厚い。底部から体部の内面には、ロクロ目と思われる凹凸がわずかにできている。斎藤　一九八六、図3―6に対応。

（5）愛知県陶磁資料館蔵。口径が二分の一弱残り、実測図は反転実測。受け部径で大きさを復元した。「H―61・A　53」と注記がある。色調は明灰色。焼成は良好。自然釉が受け部下から立ち上がり外面にかかる。蓋を被せず、杯身同士を重ねた可能性があり、このような焼成方法は不原窯などでわずかに見られる程度で、（浅田二〇〇六：九八頁）珍しい。胎土は良好。底部径が狭いので、口径はあまり大きくないが、相対的に口径が広くみえる。平底の底部から直線的に斜外方に立ち上がる高い体部をもつ。受け部から、直線的な内傾する立ち上がりを経て、口縁部に至る。受け部外面直下には、段はなく、くぼます程度である。口縁端部は、内面に内傾する面を作る。底部と体部は別々に回転ヘラケズリがなされ、底部にヘラが払われた状況がみえる。底部と体部の境は明瞭である。体部回転ヘラケズリは二周ほどで、各単位が広いようだが、単位が不明瞭。体部下反部に回転ヘラケズリが及ぶ。砂粒の移動から、体部の回転ヘラケズリは反時計回りにロクロをまわしたと思われる。底部から体部にかけて器壁が厚いのに対して、体部から立ち上がりにかけて薄い。特に底部と体部の境が厚い。底部が狭く、底部と体部の境に厚みがみられるので、全体の形状を挽き上げた後の、体部側を外側に押して底部内面を広げる行為を省略したとみられる（木立 二〇〇〇参照）底部内面中央には、わずかにロクロ回転に伴うと思われる渦ができている。底部から体部の内面には、ロクロ目と思われる凹凸がわずかにできている。斎藤 一九八六図3―9に対応。

（6） 愛知県陶磁資料館蔵。口径が六分の一残り、実測図は反転実測。口径と受け部径で大きさを復元した。「H―61 51」と注記がある。色調は淡明青灰色。焼成はやや良好。自然釉はみられない。砂粒を含むも胎土は良好。体部が厚い器壁に対して立ち上がりが薄い器壁。受け部から、直線的な内傾する立ち上がりを経て、口縁部に至る。受け部外面直下には、段はなく、くぼみもない。口縁端部は、丸め、内面には、一本筋がみえる程度である。体部には、かすかに回転ヘラケズリがみられるが、詳細は不明。体部の内面には、ロクロ目と思われる凹凸がわずかにみえる。斎藤 一九八六図3―10に対応。

杯身の形態が多様である。これらの資料が同じ窯で生産されたかどうか、同時期のものとしてみなしてよいか問題となろう。斎藤は、東山六一号窯の杯身について、「口縁端部には杯蓋と同様に内傾し、中央がやや凹む明瞭な段を有するもの（1・2・3）と、やや不明瞭な段を有するもの（4・5・6）とがみられる。外面底部はやや中央が平らになるもの（2・5）もみられるが、ゆるやかな丸みを有するものが多」い（斎藤 一九八六：一七六頁、但し番号を本稿の図番号に修正する。）とし、後に、口縁中央がやや凹む段を有し、底部外面がゆるやかな丸みを有するものを古相、口縁の段が不明瞭で、底部中央が平底気味のものを新相とし、二分類に整理し、時間差と捉えた（斎藤一九九三：四五頁）。

近年発掘調査が行われ、報告書によれば、調査区の４トレンチにおいて、東山六一号窯とは異なる窯の灰原が間層を挟んで下層にあるとし、それは、隣接するという東山三九号窯の灰層の可能性があるとされた。また、七世紀に下ると思われる資料も各地点で確認された（尾野ほか 二〇一〇）。

発掘結果を参照すれば、斎藤報告資料の２・３・６が東山六一号窯焼成杯身に該当すると考えられる。つまり、東山六一号窯の基本的な杯身の特徴には、口径が広く、底径が狭く、体部が低く、全体的に扁平であり、口縁端部に内傾する凹線状のもの、内傾する凹線のもの、丸くするものなどがある。多くは受け部下に段を作る。また、器壁が薄い。また、法量分化はみられない。底部に関していえば、２は底部と体部の境が不明瞭ではあるが、３は明瞭といったように違いもみられる。口縁端部や底部に差異はあるが、基本的には、均質なイメージで東山六一号窯杯身は理解されよう。その上で、斉藤報告資料２・３は残存状況もよく、東山六一号窯の杯身の典型資料と再評価できよう。

では、それ以外の杯身（１・４・５）の評価が問題となるが、まず、４トレンチ下層資料の内容について言及したい。図示された下層資料は、杯身六点であるが、さらに、尾野自身が想定するように間層資料（101）と上層資料の一部（119・120）も下層資料と同時期であろう（尾野ほか 二〇一〇・図６）。これらを「４トレンチ下層及び周辺資料」とする。大きく三分類すると、【A類（79・80・82・119・120）】小型で東山一一号窯の杯身に近い様相をもつもの、【B類（84・83・101）】体部が高く張りがなく、底部と体部の境が明瞭なもの、【C類（85）】大型品。

斎藤報告資料の１は東山一一号窯杯身ⅰ類のごとく、底部が広く安定した感じで、受け部下に段をもつが、一一号窯ⅰ類よりも口径が広く、内面全体を板ナデのごとく強い回転ナデがめぐる。形態の特徴が東山一一号窯に近いように古い要素をもち、口径が大型化を指向していると考え、C類に該当する可能性がある。

斉藤報告資料の５は、底部と体部の境が明瞭で、底部が狭く、受け部下はやや凹む程度である。体部が高く張りが弱い。また、口縁端部が内傾する面となっている。これに共通した杯身は、他にも３トレンチから一点出土している

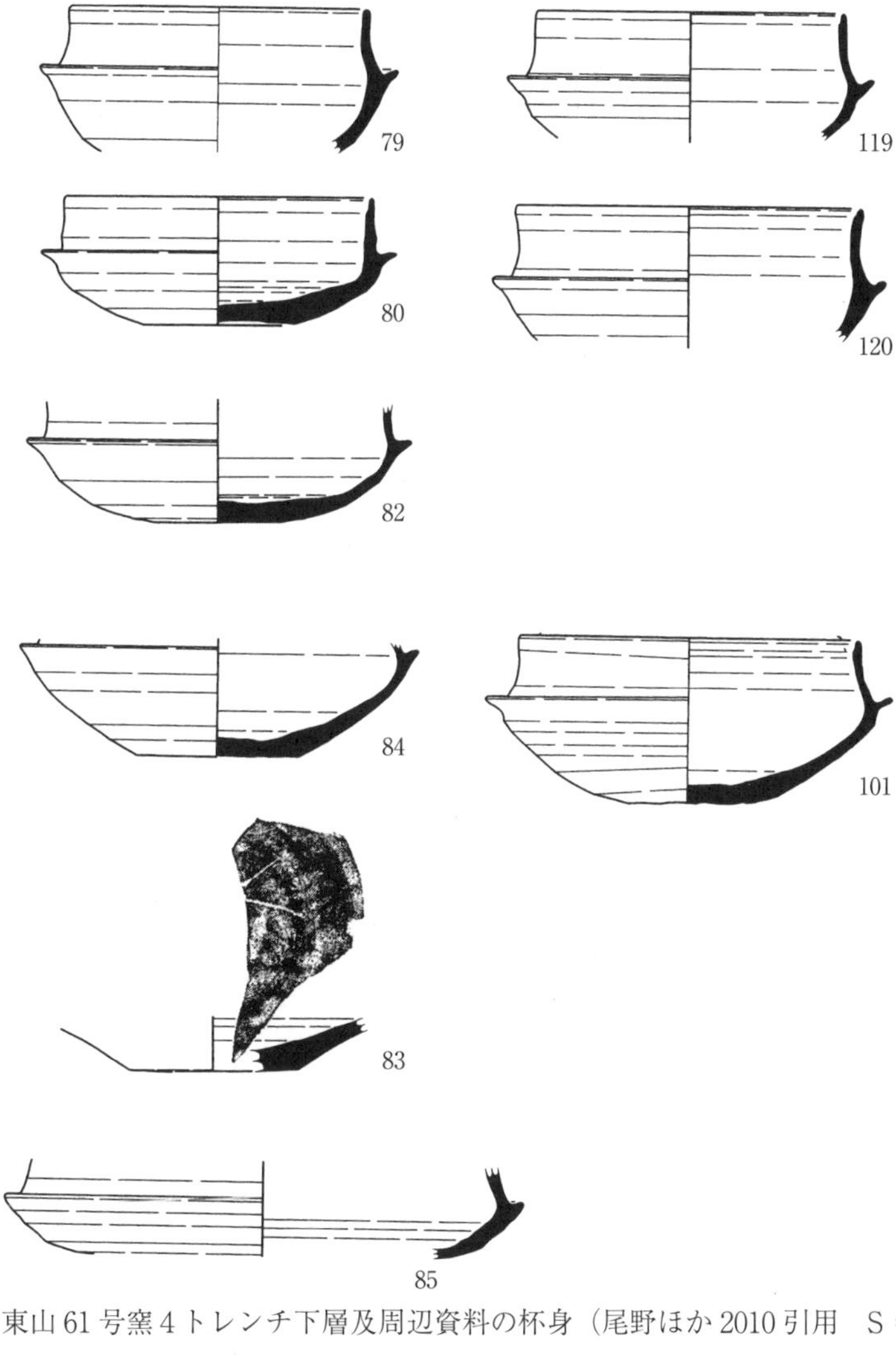

図 6　東山 61 号窯 4 トレンチ下層及周辺資料の杯身（尾野ほか 2010 引用　S ＝ 1/3）

（報告書未掲載）が、3トレンチは層位的に取り上げられていない。「4トレンチ下層及び周辺資料」と比較すると、B類との共通性が高いと思われるが、判断を保留としたい。

斎藤報告資料の4については、尾野自身は東山六一号窯焼成資料と捉えるが、体部が低い点以外はむしろ、「4トレンチ下層及び周辺資料」B類に近い可能性も考えられる。

筆者は、斎藤報告資料の1・4・5については、同資料の2・3・6（東山六一号窯焼成杯身）と同時期ではなく、むしろそれより古い「4トレンチ下層及び周辺資料」の杯身に近い要素を持つ可能性を考えている。尾野は、「4トレンチ下層及び周辺資料」を東山一一号窯から東山六一号窯への変化を理解する資料と評価するが、この議論は、前後の窯資料や消費地資料を交えて今後別途に論じていく必要がある。ここでは、従来の基準資料には東山六一号窯以外の要素が入っており、発掘によって、東山六一号窯杯身の特徴が絞れることを確認しておきたい。

東山四四号窯杯身

名古屋市昭和区滝川町に所在し、光真寺古窯ともいわれた。名古屋市教育委員会が名古屋大学考古学研究室に委託して発掘調査が行われた。窯体と灰原が発掘され、共に杯身を出している（小島　一九七九）。以下出土杯身を検討する（図7、以下図番号に対応）。なお対象資料は名古屋市見晴台考古資料館蔵。

（1）　口径四分の一以下残り、反転実測。「光　灰原A区」と注記がある。色調は黒色、内面は淡黒色。焼成は良好、自然釉がある。蓋を被せて焼成した。胎土は砂粒を含む。底部に対して口径が広い。底部平底。受け部から、垂直な立ち上がりを経て、口縁部に至る。受け部外面直下は沈線が一周し段となっている。口縁端部は丸く、口唇部内面に沈線が一周する。底部と体部は別々に回転ヘラケズリがなされる。底部と体部の境が明瞭。体部回転ヘラケズリの範囲は不明。砂粒の移動から、体部の回転ヘラケズリは時計回りにロクロをまわしたと思われる。底部・体部の内面には、弱いがロクロ目と思われる凹凸ができている。

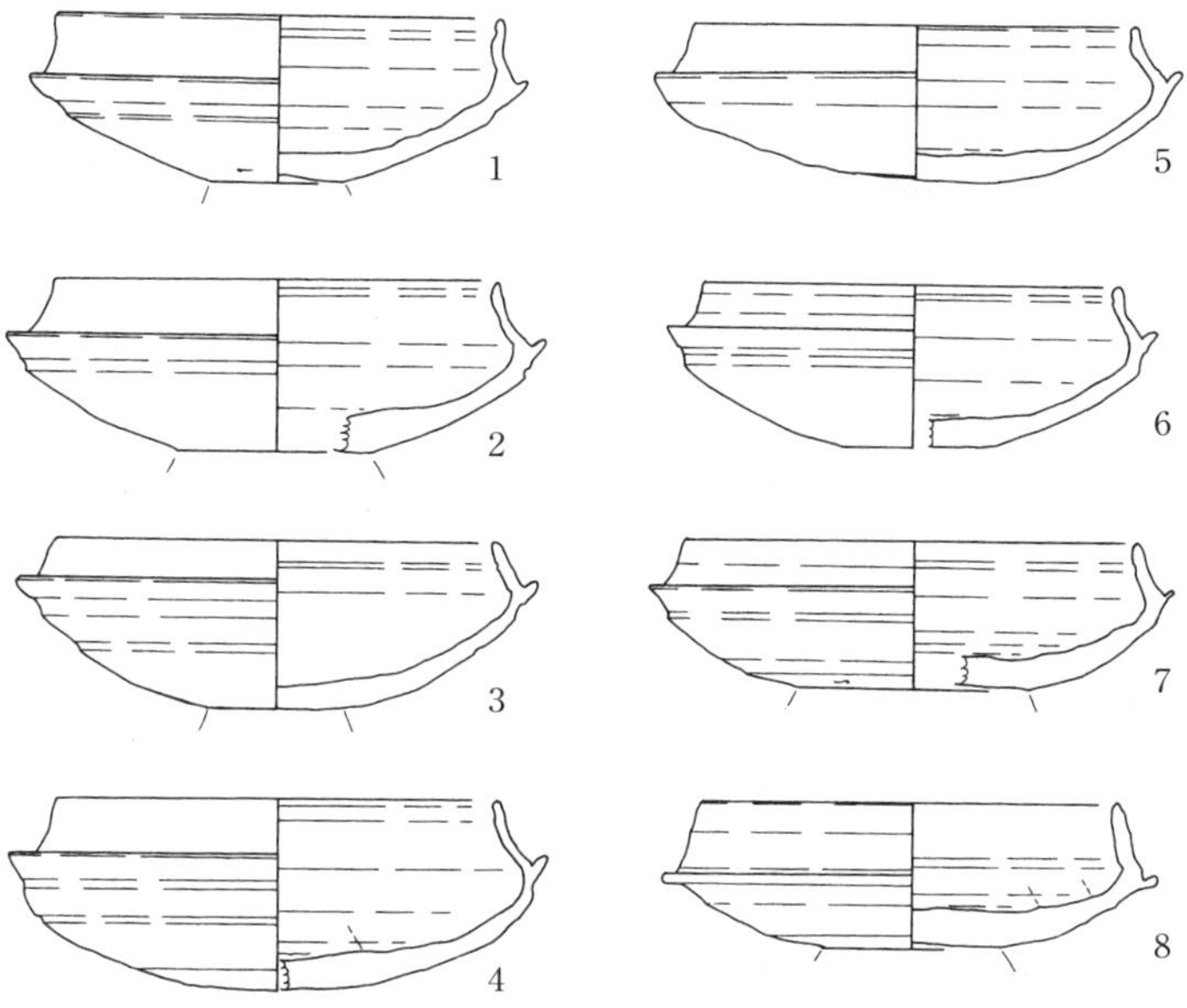

図7　東山44号窯杯身（S ＝ 1/3　筆者作成）

（2）　口径が四分の一弱残り、反転実測。図については、受け部径から大きさを復元している。「光下方再堆」と注記がある。色調は灰褐色。焼成は良好、体部外面に自然釉がある。胎土は砂粒を少し含む。底部に対して口径が広い。底部平底。受け部から、内傾する直線的な立ち上がりを経て、口縁部に至る。受け部外面直下は沈線が一周し段となっている。口縁端部は丸く、口唇部内面に痕跡的な沈線が一周する。底部と体部は別々に回転ヘラケズリがなされる。底部と体部の境が明瞭。自然釉のため、体部回転ヘラケズリの範囲、ケズリの回転方向、単位は不明。底部の器壁が厚い。底部・体部の内面には、弱いがロクロ目と思われる凹凸ができている。

（3）口径が二分の一弱残り、反転実測。「光　灰原」と注記がある。色調は淡青灰色。焼成は良好、体部外面に自然釉がある。受け部に蓋を被せて焼成したことを推測させる破片の融着がある。胎土は砂粒を含む。底部に対して口径が広い。立ち上がりが短く体部が高い。底部平底。受け部から、内傾する直線的な立ち上がりを経て、口縁部に至る。受け部外面直下は段となっている。口縁端部は丸く、口唇部内面に痕跡的な沈線が一周する。なお、体部外面中央に一周沈線がみられる。底部と体部は別々に回転へラケズリがなされる。自然釉により、底部と体部の境が不明瞭。同様に、体部回転へラケズリの範囲、ケズリの回転方向、単位も不明。底部・体部の内面には、弱いがロクロ目と思われる凹凸ができている。

（４）完形。「光　焼成室」と注記がある。色調は青灰色。焼成は良好、融けきれず降灰のガラス化がみられない。胎土は砂粒を含む。底部に対して口径が広い。立ち上がりが短く体部が高い。平底底部。体部上部が張り、受け部から内傾する直線的な立ち上がりを経て、口縁部に至る。受け部外面直下は段となっている。口縁端部は丸く、口唇部内面を軽くくぼませる。なお、体部外面中央に一周沈線がみられるが、ロクロの回転と共に工具によってつけられたというよりも、何かにのせてできた可能性がある。底部と体部の境が不明瞭。ケズリの回転方向不明。体部回転へラケズリの範囲は体部三分の一以下で、単位は一周か。底部に対して、立ち上がり・体部の器壁がうすい。底部内面はくぼみ、体部の内面には、弱いがロクロ目と思われる凹凸ができている。

（５）口径が三分の二以上残る。「光　燃焼　焼成室境遊離」と注記がある。色調は淡青灰色ないし灰褐色。焼成は良好、体部外面に自然釉がみられる。立ち上がりに蓋を被せた痕跡がみえる。胎土は砂粒を含む。底部に対して口径が広い。平底底部。受け部から、内傾する短い立ち上がりを経て、口縁部に至る。受け部外面直下は軽く段となっている。口縁端部は丸く、口唇部内面を軽くくぼませる。底部と体部の回転へラケズリは別々に行われたと思われるが、底部と体部の境が不明瞭。ケズリの回転方向、単位、範囲も不明。底部・体部の内面には、弱いがロクロ目と思われる凹凸ができている。

（６）口径が四分の一残るので、反転実測。「光　灰原Ａ区」と注記がある。色調は灰褐色。焼成は良好、自然釉がある。胎土は砂粒を含み、粗い。底部に対して口径が広い。立ち上がりが短く体部が高い。平底底部。内湾する受け部から、短く内傾する立ち上がりを経て、口縁部に至る。受け部外面直下は、沈線が部分的にみられ、段となっている。口縁端部は丸く、口唇部内面に一周沈線がみられる。底部と体部の境が不明瞭。ケズリの回転方向不明。体部回転ヘラケズリの範囲は体部三分の一以下で、単位は一周か。体部外面の仕上げが雑。底部に対して、立ち上がり・体部の器壁がうすい。底部内面に渦がみられ、体部の内面には、弱いがロクロ目と思われる凹凸ができている。

（7）口径が四分の一残るので、反転実測。「光　灰原A区」と注記がある。色調は灰褐色。焼成は良好、自然釉がある。胎土は砂粒を含み、粗い。底部に対して口径がやや広い。底部から斜外方に立ち上がる体部をもつ。受け部から、短く内傾する立ち上がりを経て、口縁部に至る。受け部外面直下は、軽くおさえくぼみとなりつつ、さらに沈線が一周し段となっている。口縁端部は丸く、口唇部内面に一周沈線がみられる。底部と体部の境が明瞭。体部回転ヘラケズリの回転方向は反時計回りか、単位は一周。体部回転ヘラケズリの範囲は体部三分の一以下か。体部外面仕上げナデがなく、雑。底部・体部に対して、立ち上がりの器壁が薄い。体部の内面には、ロクロ目と思われる凹凸ができている。

（8）口径が三分の一残るので、反転実測。「光　」と注記がある。色調は青灰色。焼成は良好、自然釉がある。胎土は砂粒を含み、粗い。底部に対して口径が広い。低い体部に対して、立ち上がりが高く、東山四四号窯の中でも特異な印象をうける。平底底部。受け部から屈曲して、長くやや内傾する立ち上がりを経て、口縁部に至る。受け部外面直下はくぼみとなっている。口縁端部は丸い。自然釉で底部と体部の境が不明瞭。ケズリの回転方向不明。体部回転ヘラケズリの単位は一周、範囲は体部三分の一以下か。底部・体部に対して、立ち上がりの器壁がうすい。体部の内面には、ロクロ目と思われる凹凸ができている。

東山四四号窯の杯身については、斎藤は口縁端部内面に沈線状の凹線があるかないかという指摘をしているが、実見したところ、発掘調査資料に関しては、凹線が明瞭かどうかは別にして、基本的にみられる。そして、8のように立ち上がりの長く、口縁内面に沈線がない特異なものもあるが、一つのまとまりのある型式的一群として扱い、東山六一号窯の杯身との比較を念頭に、以下の特徴を列挙したい。

ａ）平底
ｂ）口縁端部内面に痕跡程度に沈線を残す
ｃ）受け部下に段を有する
ｄ）立ち上がりが体部に比べ低く、受部付近で屈折する
ｅ）自然釉のため不明な部分も多いが、直接観察ないし推測できるものは回転ヘラケズリが底部と体部一周程度で、範囲が狭く、一部には雑な回転ヘラケズリのため、底部と体部の境が不透明なものがみられる（４・６）

三　編年研究の方向性

東山窯杯身の変遷と編年研究の課題

各窯の杯身の分析から、次に各窯の杯身の関係を検討する。具体的には、対象とする窯資料を、前後の窯資料との比較を通して、個々の特徴を整理し、互いの共通性と差異を把握し、系統関係を検討する（図８）。

東山一一一号窯の杯身は三類に分けられ、その内ⅲ類は、東山一一号窯杯身ⅰ類との共通性がある。底部が広く平底である。しかし、口縁端部が凹線状のものが、斜めに凹線を入れるか、口唇部に沈線をめぐらし段とするものに変化する。さらに、立ち上がりも低くなる。

東山一一号窯杯身は大きく二類に分けられる。底部が広く、東山一一一号窯ⅲ類杯身の流れを汲むⅰ類と、底部を狭め体部の張りを弱めたⅱ類である。共に底部と体部を分けて回転ヘラケズリを行うが、ⅰ類の方が底部と体部の境が不明瞭になるものもある。なお、遺された東山一一号窯資料は採集資料ではあるが、ⅰ類とⅱ類を時間差とするか保留としておきたい。

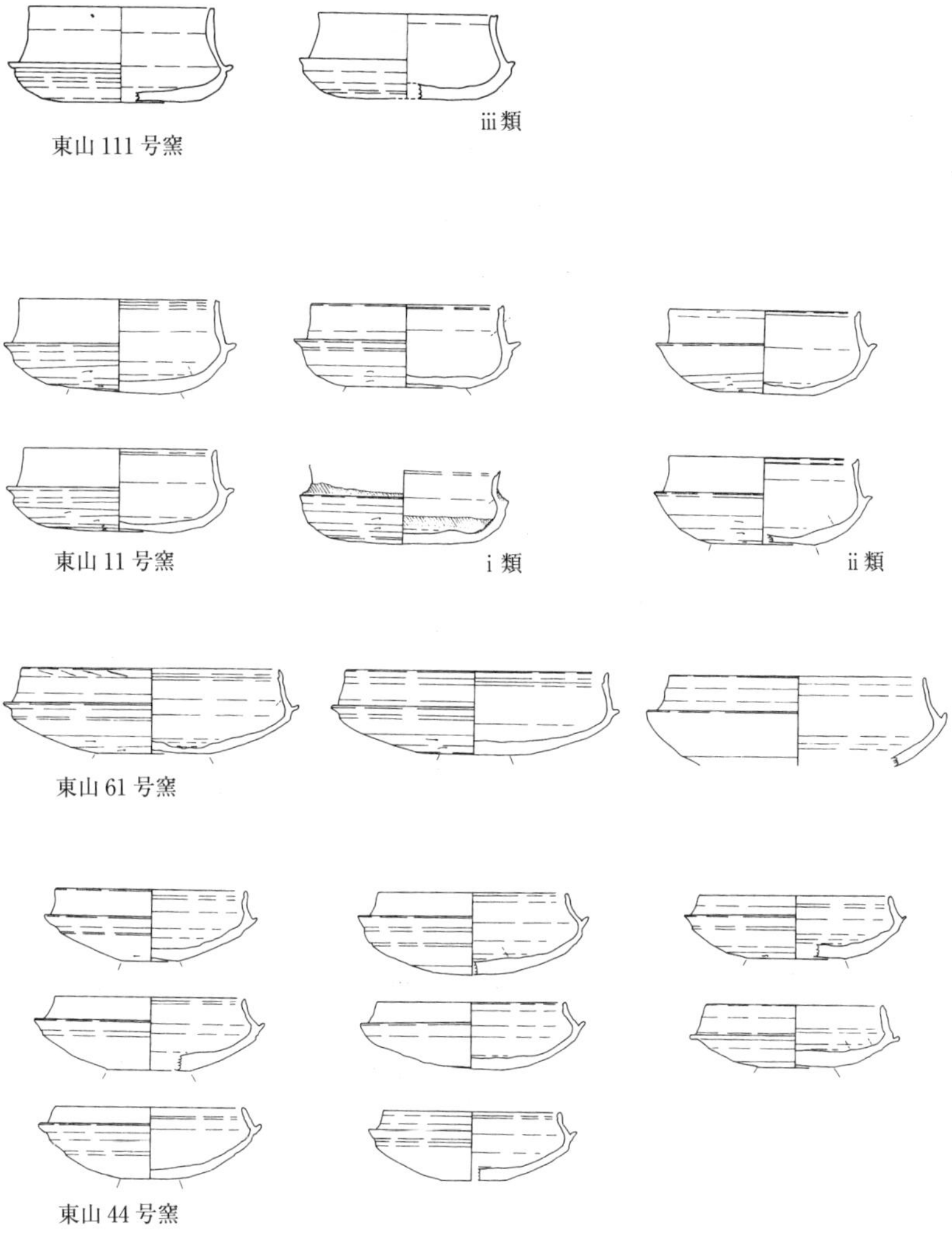

図8　東山窯杯身の変遷（東山111号窯のみ斎藤1983引用　S＝1/5）

斎藤の紹介資料のうち、近年の発掘成果から東山六一号窯の杯身といえるものは、東山一一号窯杯身と同様に口唇部内面が段となっているものや端部を丸くするだけのものがある。発掘資料には、斜めに凹線を入れるものもある。形態は、口径が拡大化する。発掘資料の中には、体部を高くさせるものもみられる。底部は平底である。

東山四四号窯杯身になると、口唇部内面に沈線が不明瞭にある。形態は、口径が縮小し、立ち上がりが内傾し短くなる。底部は平底である。

以上、東山一一号窯、東山一一号窯、東山六一号窯、東山四四号窯の杯身の変遷を再確認し、変遷の中でそれぞれの特徴を提示した。しかし、杯身の変遷を理解しつつも、新旧関係の恣意性は免れない。以下の操作が今後必要となろう。

（1）他器種における検討においても問題はないか

（2）消費地資料からの分類群の妥当性の検討

（3）層位的な観点から新旧関係と同時性が確認できうるか

（4）陶邑窯編年、土師器、埴輪との並行関係による検討

その上で、筆者としては、杯身の型式変遷を時間軸とし、今後各窯資料の様相を把握する編年を組み立てようと考えている。このような型式変遷を重視する操作は以下の利点を持っている。

（1）継続的な東山窯の特徴・独自性を追求し、陶邑窯との違いを意識しているので、消費地で議論がしやすい。

（2）（1）と関連しつつ、各特徴の由来を検討することによる、東山窯の内部・外部の動向の把握。

（3）型式設定の明確化（新旧序列と窯資料の特徴の一致、かつ細分根拠の明確化）。

（4）時間軸をできるだけ簡素化させることで、同時間軸上の各窯の様相差を追求しやすくさせる。

平底杯身と東山窯工人

東山窯杯身の特色は、受け部下の段や、体部と底部の境など岩崎（岩崎 一九八七a）などによっていくつか指摘されてきたが、これらの要素を持たないものも見られる。一方で、陶邑窯との比較を念頭に入れた五世紀に関する小林の議論（小林 一九八七・一九八八）や初期須恵器に関する伊藤の議論（伊藤 二〇〇四）では平底の重要性が指摘されていたが、今回継続的に回転ヘラケズリを体部と底部で分けて行い、平底とする手法が確認できた(5)。

各地の初期須恵器の窯や五世紀代の陶邑窯から分かれた地方窯は単発であり、継続していく窯は五世紀末・六世紀以降の登場である（植野一九九八）一方で、東山窯は初期須恵器の段階から生産を維持させ、杯身においては、丸底杯身の陶邑窯とは異なる独自の製作技術を維持した窯として評価できる。

平底という東山窯杯身の個性は、東山系の窯である下原窯・上向ィ田窯・卓ヶ洞窯（内山 一九七八）の杯身にも基本的なあり方としてみられる。尾張・西三河の須恵器工人が同一の技術を共有していたことを物語ろう。一方で、小林は、五世紀後半の伊勢湾周辺の須恵器窯を杯身の底部という判別要素から、陶邑窯系と非陶邑窯系（＝東山窯）に分け、東山系の窯が尾張・西三河に分布し、その周囲の窯が陶邑窯系統であるという東山窯の閉鎖的な状況を示した（小林 一九八七・一九八八）。さらに、今日では菱田（菱田 二〇〇五など）らによって論じられているように、外部からの技術の導入や外部への技術的影響がなく、工人レベルでも東山窯の孤立が指摘されている。

外部からの影響に関していえば、東山窯では、杯身の口径が拡大する東山六一号窯期前後には、陶邑窯と東山窯の形態変化の連動が考えられるが、杯身の丸底やMT一五窯式以降顕著にみられる杯身の内面同心文当て具痕（江浦一九八六）など陶邑窯の要素が明確に確認されていない以上、陶邑窯の製作技術そのもの移動は考えられない(6)。

一方で、東山窯から外部への影響がある窯は、下原窯・上向ィ田窯・卓ヶ洞窯以外にも何箇所かその可能性が指摘されている。ここでは、二、三紹介し、部分的に検討する。

角脇由香梨は、従来陶邑窯の系統で理解されていた（小林 一九八七・一九八八）常滑市新田（前山）窯を高杯と甕から東山窯との関係を論じた（角脇 二〇〇九）。筆者としては、出土量の大半を占める杯身が実見したところ丸底であり、基本的には陶邑系統の窯で考えればよいと思っている。(7)　しかし、甕片は少量であるが、角脇が指摘するように内面に同心円状の当て具痕がみられない。(8)　東山窯との関係が考えられる。新田窯の評価について、東山窯の系統か陶邑窯の系統かという二者択一の議論ではなく、複数の工人系譜が共存する可能性を視野に入れておく必要があろう。

遠江では、かって岩崎直也が衛門坂窯を東山窯の系統とした（岩崎　一九八七b）。実測図をみると平底らしき杯身もある。また円筒埴輪は尾張系であるという（鈴木　二〇〇三）。一方で甕などには同心円状の当て具痕が残り、陶邑窯的な様相である（東海土器研究会　二〇〇〇）。鈴木敏則は浜松市有玉古窯にも少数ではあるが東山窯の系統の杯身があると指摘するが、杯身内面には東山窯では見られない同心円文がつくものもあるという（鈴木　二〇〇四）。判断を保留としつつ今後検討していきたい。

長野では、風間栄一が長野市上池ノ平二号墳出土須恵器や本村東沖遺跡出土須恵器を「浅川型須恵器」とし、東山窯の影響の在地生産であると評価する（風間　一九九八）。実測図から判断すると、本村東沖遺跡出土須恵器の杯身については、東山一一号窯i類に共通する形態であり注意されるが、上池ノ平2号墳出土須恵器の杯身についてはよくわからないが、有蓋高杯の接合部が東山窯のものより大きいこと、カキ目を使っていること、脚部に透かしがある点(9)は基本的に陶邑窯系統の特徴である。風間の意見に賛同しないが、本村東沖遺跡出土須恵器については注意する必要がある。

現状では、東山窯工人が外部にでていったと確実にいえる資料はない。しかし、五世紀後半から六世紀に「尾張型埴輪」の工人が直接関与したとされる埴輪が淀川流域や琵琶湖周辺で確認されていることを知ると（例えば、辻川二〇〇六）、埴輪と密接な関係が考えられる東山系の窯の工人が須恵器を外部で作ることははたしてなかったのだろうか。須恵器窯での杯身の平底は重要な属性であろう。また、東山窯の杯身以外の器種についてもその個性を追求することが大事であろう。近年、角脇が行っているように、甕の当て具やカキ目の使用を広域にわたって論じ、東山窯とその他の窯との関係を検討する作業（角脇 二〇〇五）や陶邑窯と比較しながら東山窯の甕頸部文様の変遷を検討する作業（角脇 二〇〇六）は、注意されよう。

四　空白期の存在とその検討

東山窯編年の空白期

ところで、杯身の変遷をみればわかるように（図8）、東山一一一号窯、東山一一号窯、東山六一号窯、東山四四号窯それぞれの間には形態変遷の空白期が以前から指摘されている。

そもそも斎藤編年では、東山一一一号窯と東山一一号窯の間に、東山四八号窯と城山二号窯があり（斎藤 一九八三ほか）、東山六一号窯と東山四四号窯の間にも空白期があるとして、東谷山三号墳出土須恵器を当該時期の資料としている（斎藤 一九九一ほか）。尾野は、それを蝮ヶ池窯資料とした（尾野 一九九三）。また、すでに増子（増子 一九八〇）や岩崎（岩崎 一九八七）aによって示唆されていたが、東山一一号窯と東山六一号窯の間に赤塚（赤塚 一九九一）は下原二号窯を、尾野（一九九三）は東山一〇号窯資料をいれた。その後、伊藤禎樹は蝮ヶ池窯の新資料を報告した（伊藤・岩本 二〇〇四）。尾野は東山六一号窯の灰層下層資料が別窯資料であり、東山一〇号窯に該当すると報告した（尾野ほか 二〇一〇）。そして、近年では、東山一一一号窯と東山一一号窯、東山一一号窯と東山六一号窯、東山六一号窯と東山四四号窯の間に空白期があるという理解が共通のものになっている。

ただ、今までの研究の問題をみると、資料不足という問題と共に、何をもって時間差とするかが不明確であった。結果、空白期に該当する時期の資料は名前のみが先行する傾向があった。ここでは、東山六一号窯と東山四四号窯の間の空白期を検討し、従来とは異なる該当時期の具体的資料を提示し、その根拠の提示と関連する問題を少し述べることとする。なお、東山一一一号窯と東山一一号窯の空白期の問題については、東山窯の成立期の問題として、東山一一号窯と東山六一号窯の空白期の問題については、近年報告された東山六一号窯の発掘資料を踏まえながら、別途具体的に論じる予定である。

東谷山一号墳出土杯身

名古屋市守山区の東谷山一号墳出土杯身は、一九六一年に行われた発掘調査のときに、出土した。玄室の袖部付近に蓋杯がまとまって一〇点ほどあり、それ以外にも各所からみつかったようである（寺田・久永　一九六三）。しかし、どの杯身がどこから出土したかは今日では不明である。筆者が実見したのは、瀬戸市埋蔵文化財センター保管資料である（図９、以下図番号に対応）。

1　口径が二分の一以下の残存率なので、実測図は反転実測。底部に「東谷一号墳」と注記があり、ラベル番号12。色調は灰白色。焼成は良好。自然釉はない。胎土は砂粒を含むも良好。底部に対して口径が広い（ただし、図は反転実測なので、実際よりも底が広くなっている）。立ち上がりに対して、体部が高い。平底。受け部外面直下には、段はなく、少しくぼます程度である。口縁端部は丸く、口唇部内面を軽くくぼませ、簡単な段となっている。底部と体部は別々に回転ヘラケズリがなされ、底部と体部の境は明瞭である。体部回転ヘラケズリは二周。回転ヘラケズリの範囲は体部外面三分の一以下。砂粒の移動から、体部の回転ヘラケズリは反時計回りにロクロをまわしたと思われる。全体的に、器壁が薄い。底部内面中央には、ロクロ回転に伴うと思われる渦ができていて、底部から体部の内面には、ロクロ目と思われる凹凸が回転ナデと共にできている。外面にもロクロ目に対応するくぼみがみえる。

2　完形に近い。底部に「四八」と注記があり、ラベル番号18。色調は灰褐色。ただし、体部外面には黒褐色の部分があり、自然釉もあり、蓋を被せた状態での焼成を推測させる。焼成は良好。胎土は砂粒を含むも良好。底部に対して口径が広い。立ち上がりが短く体部が高い。平底。受け部から内湾しながら、短く内傾する立ち上がり

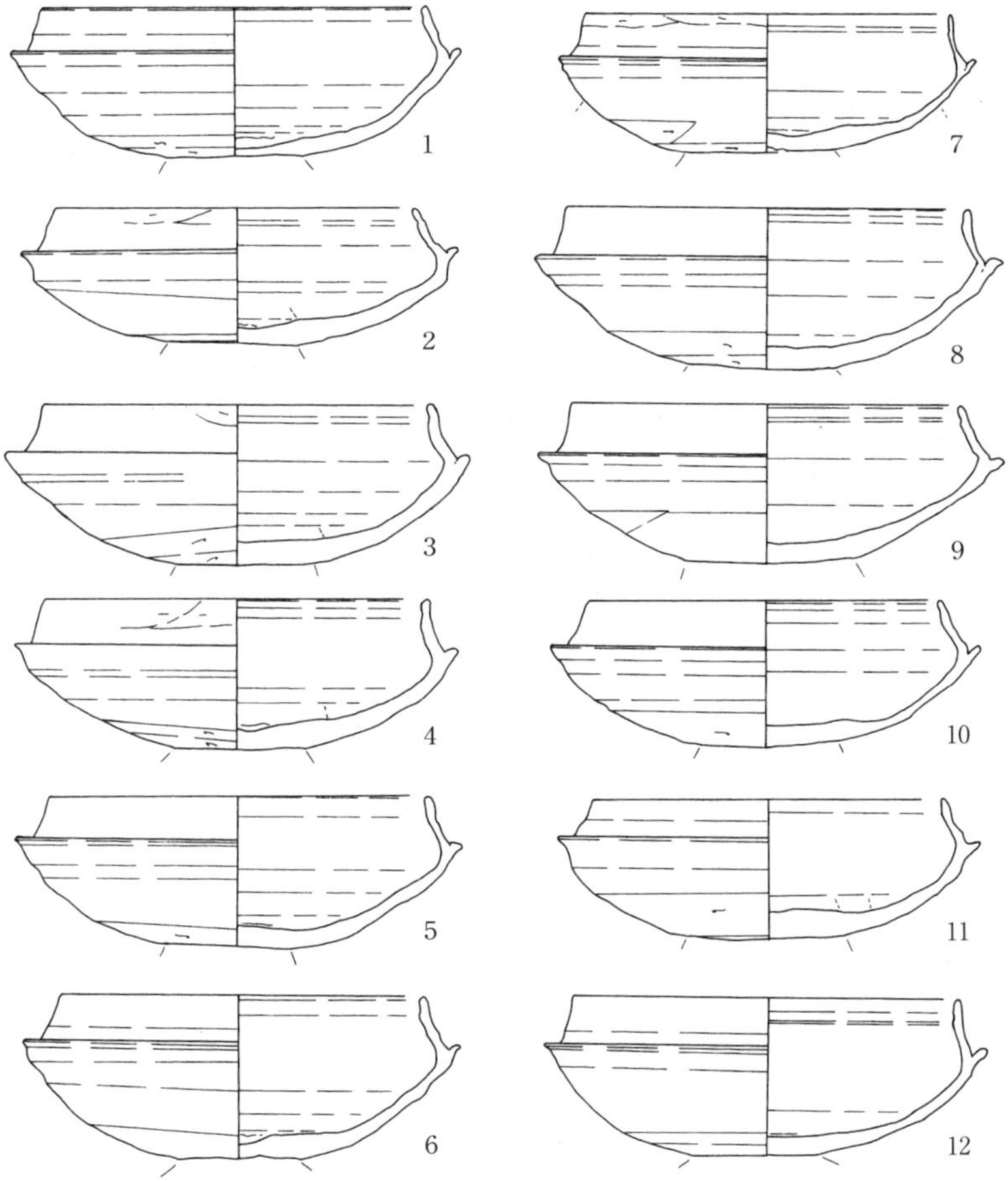

図９　東谷山１号墳出土杯身（S1/3　筆者作成）

を経て、口縁部に至る。受け部外面直下をくぼませて段とする。口縁端部は丸く、口唇部内面に沈線が一周する。底部と体部は別々に回転へラケズリがなされる。底部と体部の境が不明瞭となっている。底部と体部の境外面がくぼむため、体部の回転へラケズリがあたらない部分ができたためと思われる。体部回転へラケズリの範囲は体部外面二分の一以上と思われるが不明瞭で、単位も不明。砂粒の移動から、体部の回転へラケズリは時計回りにロクロをまわしたと思われる。体部や底部の器壁に対して立ち上がりの器壁が薄い。底部内面中央には、つぶれているが、ロクロ回転に伴うと思われる渦ができていて、体部の内面には、ロクロ目と思われる凹凸が回転ナデと共にできている。外面にもロクロ目に対応するくぼみがみえる。

3　立ち上がり部分に欠損がみられるが、ほぼ完形。「37」、「東谷一号墳」と注記があり、ラベル番号16。色調は淡青灰色。ただし、体部外面には黒褐色の部分がある。焼成はやや良好、自然釉なし。胎土は砂粒を含むも良好。底部に対して口径が広い。立ち上がりが短く体部が高い。平底。受け部内面は強く屈曲し、この部分で立ち上がりの一部分が欠損している。２と比較すると、立ち上がりを折り込むとき、この部分をナデて屈曲をなくすべきところを、一段階工程を省略した可能性がある。一方、受け部外面直下はくぼませて段とするのではなく、沈線が半周以上みられ、痕跡的に段をもうけている。口縁端部は丸く、口唇部内面に沈線が一周する。底部と体部は別々に回転へラケズリがなされる。底部と体部の境が明瞭。体部回転へラケズリの範囲は体部外面二分の一前後で、二～三周する。砂粒の移動から、体部の回転へラケズリは反時計回りにロクロをまわしたと思われる。体部や底部の器壁に対して立ち上がりの器壁が薄い。底部内面は、一箇所指を払ったようなくぼみがみられるが、基本的に平坦。体部の内面には、ロクロ目と思われる凹凸が回転ナデと共にできている。外面にもロクロ目に対応するくぼみがみえる。

4　完形。「東谷一号墳」と注記があり、ラベル番号27。色調は淡青灰色。焼成はやや良好、自然釉なし。胎土は砂粒を含むも良好。底部に対して口径が広い。立ち上がりが短く体部が高い。平底。受け部外面直下は仕上げナデでくぼませている。口縁端部は丸く、内面口唇部内面にくぼみがみられるが、部分的なものである。底部と体部は別々に回転ヘラケズリがなされる。底部と体部の境が明瞭。体部回転ヘラケズリの範囲は不明瞭ではあるが、おおよそ体部外面二分の一以下で、一～二周する程度か。砂粒の移動から、体部の回転ヘラケズリは反時計回りにロクロをまわしたと思われる。体部や底部の器壁に対して立ち上がりの器壁が薄い。底部内面には、渦がみられ、体部の内面には、ロクロ目と思われる凹凸が回転ナデと共にできている。外面にもロクロ目に対応するくぼみがみえる。

5　完形。「31A」と注記があり、ラベル番号14。色調は灰褐色。焼成は良好、体部外面に自然釉があり、蓋を被せて焼成したことを推測させる。胎土は砂粒を含むも良好。底部に対して口径が広い。立ち上がりが短く体部が高い。平底。受け部外面直下は気持ちくぼませている。口縁端部は丸く、口唇部内面に面を作る。底部と体部は別々に回転ヘラケズリがなされる。底部と体部の境が明瞭。体部回転ヘラケズリの範囲は体部外面三分の一以下で、自然釉のため単位不明。砂粒の移動から、体部の回転ヘラケズリは反時計回りにロクロをまわしたと思われる。底部の器壁に対して体部や立ち上がりの器壁が薄い。底部内面には、渦がみられ、体部の内面には、弱いがロクロ目と思われる凹凸ができている。

6　完形。「36A」、「東谷一号墳」と注記があり、ラベル番号6。色調は淡青灰色。焼成は良好、体部外面半周強に自然釉があり、蓋を被せて焼成したことを推測させる。胎土は砂粒を含むも良好。底部に対して口径が広い。立ち上がりが短く体部が高い。平底。受け部外面直下は気持ちくぼませている。口縁端部は丸く、口唇部内面をくぼませる。底部と体部は別々に回転ヘラケズリがなされる。底部と体部の境が明瞭。体部回転ヘラケズリの範囲は体部外面二分の一以下で、自然釉のため単位・ロクロ回転方向不明。底部の器壁に対して体部や立ち上がりの器壁が薄い。底部内面には、渦がみられ、体部の内面には、弱いがロクロ目と思われる凹凸ができている。外面にもロクロ目と思われる凹凸がみられる。

7　完形。「東谷一号墳」と注記があり、ラベル番号8。色調は灰色。焼成はやや良好、自然釉なし。胎土は砂粒を含むも良好。底部に対して口径が広い。立ち上がりが短く体部が高い。平底。立ち上がりはあまり内傾しない。受け部外面直下は仕上げナデで気持ちくぼませている。口縁端部は丸く、口唇部内面に沈線が一周する。底部と体部は別々に回転へラケズリがなされる。底部と体部の境が明瞭。体部回転へラケズリの範囲は体部外面三分の一程度で、二周ほどまわる。砂粒の移動から、体部の回転へラケズリは反時計回りにロクロをまわしたと思われる。底部の器壁に対して体部や立ち上がりの器壁が薄い。底部内面には、渦がみられる。体部にはワラ痕がつく。

8　ほぼ完形。「32Ａ」と注記があり、ラベル番号28。色調は青灰色。体部表面が黒く焼けている。焼成は良好、自然釉なし。胎土は砂粒を含むも良好。底部に対して口径が広い。立ち上がりが短く体部が高い。平底。受け部から、直線的な立ち上がりが内傾し屈折する。受け部外面直下は気持ちくぼませ、簡単な段とする。口縁端部は面取りしたような跡があるが、丸く、口唇部内面に沈線が一周する。底部と体部は別々に回転へラケズリがなされる。底部と体部の境が明瞭。体部回転へラケズリの範囲は体部外面二分の一以下で、ケズリは二周する。砂粒の移動から、体部の回転へラケズリは反時計回りにロクロをまわしたと思われる。底部・体部の器壁に対して立ち上がりの器壁が薄い。体部の内面には、回転ナデと共にロクロ目と思われる凹凸ができている。

9　完形。「46Ａ」と注記があり、ラベル番号14。色調は体部、青灰色。立ち上がりと内面、淡青灰色。蓋を被せて焼成したことを推測させる。焼成は良好、自然釉なし。胎土は砂粒を含むも良好。底部に対して口径が広い。立ち上がりが短く体部が高い。平底。受け部から直線的な立ち上がりが内傾し屈折する。受け部上に沈線が一周する。受け部外面直下は気持ち段になっている。口縁端部は丸く、口唇部内面に浅い沈線が一周する。底部と体部は別々に回転へラケズリがなされる。底部と体部の境が明瞭。体部回転へラケズリの範囲は体部外面二分の一以下で、ケズリが二～三周回転する。砂粒の移動から、体部の回転へラケズリは反時計回りにロクロをまわしたと思われる。底部の器壁に対して体部や立ち上がりの器壁がやや薄い。底部内面には、渦がみられ、体部内面には、弱いがロクロ目と思われる凹凸ができている。

10　完形。「40A」と注記があり、ラベル番号25。色調は青灰色。淡青灰色。焼成は良好、自然釉なし。胎土は砂粒目立ちやや粗い。底部に対して口径が広い。立ち上がりが短く体部が高い。平底。受け部から立ち上がりが緩やかに屈折する。受け部外面直下を軽くくぼます。口縁端部は丸く、口唇部内面を軽くくぼます。底部と体部は別々に回転へラケズリがなされる。底部と体部の境が明瞭。体部回転へラケズリの範囲は体部外面二分の一以下で、ケズリが二周ほど回転か。砂粒の移動から、体部の回転へラケズリは反時計回りにロクロをまわしたと思われる。底部の器壁に対して体部や立ち上がりの器壁が薄い。底部内面には、ユビナデがみられ、盛り上がり、体部内面には、弱いがロクロ目と思われる凹凸ができている。

11　完形。ラベル番号26。色調は青灰色。焼成は良好、自然釉なし。胎土は砂粒が目立つも良好。底部に対して口径が広い。立ち上がりが短く体部が高い。平底。受け部から内湾しながら、立ち上がりが内傾する。受け部外面直下はくぼませ、気持ち段になっている。口縁端部は丸く、口唇部内面は軽くくぼませるか、面とする。底部と体部は別々に回転へラケズリがなされる。底部と体部の境が明瞭。体部回転へラケズリの範囲は体部外面二分の一ほどで、ケズリの単位不明。砂粒の移動から、体部の回転へラケズリは時計回りにロクロをまわしたと思われる。底部の器壁に対して体部や立ち上がりの器壁がやや薄い。底部内面は、盛り上がり、体部内面には、弱いがロクロ目と思われる凹凸ができている。

12　完形。「41」と注記があり、ラベル番号29。色調は体部、黒褐色、立ち上がりと内面、青灰色。焼成は良好、体部外面自然釉。蓋を被せて焼成したことを推測させる。胎土は砂粒を含むも良好。底部外面にへラ記号がみえる。底部に対して口径が広い。立ち上がりが短く体部が高い。平底。立ち上がりが垂直に近い。受け部外面直下はかすかにくぼませている。口縁端部は丸く、内面口唇部内面に浅い沈線が一周する。底部と体部は別々に回転ヘラケズリがなされる。体部回転ヘラケズリの範囲は体部外面三分の一以下で、ケズリが二周回転すると思われる。自然釉のため回転方向不明。全体に器壁が薄い。底部内面には、渦のような痕跡がみられ、体部下部の内面には、弱いがロクロ目と思われる凹凸ができている。

東谷山一号墳出土杯身は、平底の底部と体部の境が明瞭で、体部の回転ヘラケズリを二周する。立ち上がりが短く内傾し、体部が高く、口唇部内面に沈線が一周し、一部を除き、受け部下を段ではなく、くぼませるという特徴をもつ一群のまとまりとして理解できる資料である。

東山六一号窯と東山四四号窯の間をめぐって

東谷山一号墳出土杯身は、東山六一号窯の杯身を、口径を縮小させ、立ち上がりを低くさせ、体部を高くさせ、口縁内面の段を沈線にしている。さらに、東谷山一号墳出土杯身の体部を低くさせ、体部の回転ヘラケズリを一周だけにすると、東山四四号窯杯身になる。つまり、この一群の杯身は、東山六一号窯→東山四四号窯という変化の中で、理解することが可能のように思われる。

それでは、当該期の研究についてコメントしておきたい。斎藤は東山六一号窯と東山四四号窯の間に型式的なヒアタスがあるとし（斎藤　一九八九）、東谷山三号墳玄室奥出土須恵器をそれにあてはめ（斎藤　一九九一）、根拠は、杯蓋が天井部が丸いことから、東山四四号窯のものに近いのに対して、杯身が東山六一号窯に近い形態だからとした（斎藤　一九九一）。しかし、東山六一号窯にも天井部の丸い杯蓋がある（尾野ほか　二〇一〇）。斎藤の提示した東谷山三号墳出土須恵器は、むしろ東山六一号窯期に併行するものと思われる。

尾野は、蝮ヶ池窯の杯蓋の口縁端部の開き具合から、東山六一号窯と東山四四号窯の間に位置づけ、「蝮ヶ池窯期」としたが、その後尾野は「蝮ヶ池古窯出土の杯Hと、H―六一号窯出土の杯Hの小型のもの（一三センチ台）を比較してみると、形態的にも共通性が高いことが判る（尾野　一九九七：三四一頁）」とし、東山六一号窯と同じ段階に位置づけ、古相と最新相の差であるとした。しかし、後に東山六一号窯の「杯H蓋・身（杯蓋・杯身）の口径分布域と較べると明らかに小型方向へズレている」として、東山六一号窯の次段階に位置づけた（尾野 二〇〇〇：一五頁）。今後東山六一号窯の発掘資料をしっかり踏まえていく必要がある。

筆者からすると、杯身については、尾野の提示した杯身が少ないので、伊藤の提示した杯身を参照すると（伊藤・岩木 二〇〇四）、東山六一号窯前後の様相に近いことと、複数の窯資料である可能性が高いことなどあげられ（新修名古屋市史資料編編集委員会 二〇〇八）、今日使われる「蝮ヶ池窯期」の設定は見直す必要があると考えられる。

瀬川は、六世紀の蓋杯からは口縁端部の形状に変化が乏しいことから、形状を重視する中で、口径と器高を組み合わせて細分を試みる。そして、標識窯と東谷山古墳群の須恵器を分析、編年を組み立て、蝮ヶ池窯杯身と東谷山一号墳出土杯身をほぼ同時期に扱っている（瀬川 二〇〇八）。筆者としては、口径と器高から分析する方法論に疑問を感じることと、また、蝮ヶ池窯杯身の評価が定まらない現状では、蝮ヶ池窯と東谷山一号墳出土杯身の比較に慎重でありたいと考える。

おわりに

本稿は、東山窯編年研究の基礎的作業として、斎藤編年の検討を行った。各窯資料の総体的な比較から時間差の認定と各標識窯の個別毎の特徴の抽出という斉藤編年の方法論に対して、その意義と問題を論じた。その上で標識窯の杯身の型式変化を検討し、変化の流れ、その流れの中での特徴、東山窯固有の技術の維持などを明らかにした。それと共に、従来空白期とされていた東山六一号窯期と東山四四号窯期の間を検討し、東谷山一号墳出土須恵器が該当する可能性を論じ、今後の編年の細分のあり方を筆者なりに提示した。

かつて筆者が楢崎彰一の猿投窯窯式編年を研究史的に分析し、窯式編年をどのように見直していくべきか論じたことがあった（中里 二〇〇七）。該当する時期、対象とする研究は異なるが、その際、述べた方向性を今回部分的に具体化させたつもりである。今後、東山窯成立期、下原窯・上向ィ田窯・卓ヶ洞窯などを含めた東山六一号窯期前後の様相、七世紀の東山窯を議論する中で、須恵器の型式論の実践と歴史像の提示を進めていきたいと考えている。

注

（1）岩崎はこれらの須恵器を「尾張型須恵器」と呼称した（岩崎 一九八七a）。伊藤が指摘するように、一九八〇年代に陶邑窯に対峙させる言葉を創出した点は高く評価される（伊藤 二〇〇四）。ただし、本稿では、「尾張」・「型」のもつ意味に慎重でありたいため、東山窯（系）須恵器とした。

（2）なお、岩崎が一九七九年に奈良大学に提出した卒業論文が死後公表された。そこでは、陶邑窯田辺編年との比較の中で、各窯の内容を整理しながら、東山二一八―I号窯→城山二号窯→東山一一号窯→下原二号窯→下原四号窯→東山一〇号窯という新旧関係が提示されていた（岩崎 二〇〇三）。

（3）東山二一八―I号窯に関してそれ以前に陶邑窯資料との詳しい対比がなされている（荒木ほか 一九七八）。

（4）この点については、楢崎の猿投窯編年を研究史的に分析した中里 二〇〇七を参考されたい。

（5）ただし、東山四四号窯以後の窯、東山一五号窯（尾野 一九九七）や東山一一五号窯（纐纈 二〇〇七）には回転ヘラケズリの省略化のためか丸底もみられる。

（6）ただし、初期の東山一一号窯と東山一五号窯以降については保留としておきたい。

（7）中野晴久は新田窯の杯身を二つのグループに分け、片方のグループが東山窯との関連性を示唆している（中野 二〇〇〇）が、実見したところ明確に体部と底部を別々にヘラケズリしたものを筆者は確認できなかった。

（8）陶邑窯の甕が内面に深い当て具痕が残るのに、東山窯の甕には、内面の当て具痕がみられない、ないし、ナデ消されているといわれる（岩崎 一九八七a、角脇 二〇〇五）。

（9）五世紀の東山窯の有蓋高杯については、小林（小林 一九八七・一九八八）や斎藤が論じている。「有蓋高杯脚部（短脚）においてスカシ窓を有するものはごく少なく基部径（接合部径）が細いものが主体となる。スカシ窓の形態においても円孔のものはみられず、また脚部にカキ目調整を施すものも認められない」（斎藤 一九八九：四〇頁）。この特徴は、菱田の五世紀の高杯の分布図によってより明瞭となった（菱田 一九九二）。なお、東山六一号窯の段階になると、有蓋高杯は、脚部に透かしが入り長脚化し、中には脚部にカキ目をめぐらすものもみられるようになり、陶邑窯の高杯と連動しつつ独自の変遷をしたと思われる（中里二〇〇八）。

参考文献

赤塚次郎 一九九一「尾張型埴輪について」（『池下古墳』愛知県埋蔵文化財センター調査報告書第二四集 三四―五〇頁 愛知県埋蔵文化財センター）

赤塚次郎 一九九六「断夫山古墳と伊勢の海」（『古代王権の交流四 伊勢湾と古代の東海』名著出版 五五―八六頁）

赤塚次郎・早野浩二 二〇〇一「松河戸・宇田様式の再編」（『研究紀要』第二号 愛知県埋蔵文化財センター 一三―三二頁）

浅田博造 二〇〇六『下原古窯跡群―下原古窯跡第二次・第三次発掘調査報告書』春日井市遺跡発掘調査報告第12集（春日井市教育委員会）

荒木実 一九九四『東山古窯址群』中日出版本社

荒木実ほか 一九七九「東山二一八号窯の古式須恵器について」（『古代人』三三 名古屋考古学会 一―九頁）

伊藤禎樹 二〇〇四「尾張型須恵器の出現」（『韓式系土器研究』Ⅷ 韓式系土器研究会 一五―六〇頁）

伊藤禎樹・岩本佳子 二〇〇四「名古屋市蝮ヶ池窯について」（『三河考古』第一七号 三河考古刊行会 七七―八九頁）

岩崎直也 一九八七ａ「尾張型須恵器の提唱」（『信濃』第三九巻第四号 信濃史学会 二七―四六頁）

岩崎直也 一九八七ｂ「東海及び周辺における須恵器生産の成立」（『第８回三県シンポジウム東国における古式須恵器をめぐる諸問題―第Ⅱ分冊―』北武蔵古代文化研究所・群馬県考古学研究所・千曲川水系古代文化研究所 五〇二―五一五頁）

岩崎直也　二〇〇三『奈良大学文学部史学科　昭和五三年度卒業論文　一九七九年一月提出　東海における須恵器生産の成立』（名古屋女子大学文学部歴史学研究室）
植野浩三　一九八八「初期須恵器窯の解釈をめぐって」（『文化財学報』六　奈良大学文学部文化財学科　二五―三五頁）
植野浩三　一九九八「五世紀後半代から六世紀前半代における須恵器生産の拡大」（『文化財学報』一六　奈良大学文学部文化財学科　八一―一〇二頁）
内山邦夫　一九七八「第七節　卓ヶ洞須恵器古窯址群」（『尾張旭市の古窯』　尾張旭市教育委員会　二七―二九頁）
江浦　洋　一九八六「同心円文スタンプを有する須恵器蓋杯の製作技術」（『兵庫県明石市鴨谷池遺跡』　明石市教育委員会・同志社大学考古学研究会　六〇―八五頁）
尾野善裕　一九九三「猿投窯６世紀の空白をめぐって」（『考古学フォーラム』三　考古学フォーラム　五二―七〇頁）
尾野善裕　一九九七「生産遺跡　尾張・西三河　猿投・尾北・その他」（『古代の土器　五―一　七世紀の土器（近畿東部・東海編）』古代の土器研究会　三三一―四〇三頁）
尾野善裕　一九九八「中・後期古墳時代暦年代観の再検討」（『第六回東海考古学フォーラム岐阜大会　土器・墓が語る―美濃の独自性〜弥生から古墳へ』　東海考古学フォーラム岐阜大会実行委員会　七五―九四頁）
尾野善裕　二〇〇〇「猿投窯（系）須恵器編年の再構築」（『須恵器生産の出現から消滅』第一分冊　九―四一頁　東海土器研究会）
尾野善裕ほか　二〇一〇『東山六一号窯発掘調査報告書』　名古屋大学大学院文学研究科考古学研究室
風間栄一　一九九八「長野市地附山古墳上池ノ平２号墳出土の須恵器」（『信濃』第五〇巻第七号　信濃史学会　四四三―四六一頁）
角脇由香梨　二〇〇五「古墳時代の須恵器生産―東山古窯址群の特質をめぐって」（『きりん』第九号　荒木集成館友の会　一五―一九頁）
角脇由香梨　二〇〇六「東山古窯址群における甕口頸部の一考察―櫛描き列点文とカキ目―」（『きりん』荒木実追悼特別

号　荒木集成館友の会　二三一―二六頁）
角脇由香梨　二〇〇九「新田古窯址の系譜に関する覚書―陶邑古窯址群と東山古窯址群との比較を通して―」（『南山考人』第三七号　南山大考古文化人類学研究会　九五―一〇六頁）
木立雅朗　二〇〇〇「須恵器杯類の製作実験ノート」（『立命館文学』五六五号　立命館大学人文学会）
草野潤平　二〇〇八「第三章考察一　大室第一六八号墳出土須恵器の基礎的検討」（『信濃大室積石塚古墳群の研究Ⅲ―大室谷支群・ムジナゴーロ単位支群第一六八号墳の調査―』　明治大学文学部考古学研究室　六三―六六頁）
纐纈茂　二〇〇七『H―一一五号窯発掘調査報告書　学校法人愛知淑徳学園学校整備工事に伴う発掘調査』（名古屋市教育委員会）
小島一夫　一九七九『光真寺古窯跡発掘調査報告書』名古屋市文化財調査報告Ⅶ（名古屋市教育委員会）
小林久彦　一九八七「水神古窯における須恵器生産の系譜」（『水神古窯』　豊橋市教育委員会　六七―八二頁）
小林久彦　一九八八「伊勢湾周辺における須恵器の地域性―五世紀末から六世紀初頭を中心として―」（『三河考古』創刊号　三河考古刊行会　一一一―一二〇頁）
近藤雅英　二〇〇四『―小説・荒木実集成館物語―土器は我が胸にささやく』　羅針盤
斎藤孝正　一九八三「猿投窯成立期の様相」（『名古屋大学文学部研究論集』史学二九　名古屋大学文学部　六九―一〇三頁）
斎藤孝正　一九八六「東山六一号窯出土の須恵器」（『名古屋大学総合研究資料館報告』二　名古屋大学総合研究資料館　一七五―一八二頁）
斎藤孝正　一九八八「猿投窯第Ⅲ期杯類の型式編年」（『名古屋大学総合研究資料館報告』四　名古屋大学総合研究資料館　一〇五―一一三頁）
斎藤孝正　一九八九「古墳時代の猿投窯」（『断夫山古墳とその時代』　愛知考古学談話会　三六―四九頁）
斎藤孝正　一九九一「須恵器編年　五東海　A愛知」（『古墳時代の研究』第六巻、雄山閣　一七四―一八一頁）
斎藤孝正　一九八三「猿投・美濃須衛」（『季刊考古学四二　特集・須恵器の編年とその時代』　雄山閣　四四―四七頁）

斎藤孝正ほか　一九九五『須恵器集成図録第三巻東日本編Ⅰ』　雄山閣
佐藤隆　二〇〇三「難波地域の新資料からみた七世紀の須恵器編年—陶邑窯跡編年の再構築に向けて—」（『大阪歴史博物館』第二号　大阪市文化財協会　三一—三〇頁）
新修名古屋市史資料編編集委員会　二〇〇八『新修名古屋市史資料編考古1』（名古屋市）
城ヶ谷和広　一九九八「猿投窯における須恵器生産の展開—分布の問題を中心に」（『楢崎彰一先生古希記念論文集』　楢崎彰一先生古希記念論文集刊行会）
城ヶ谷和広　二〇〇七「愛知県下における須恵器生産と流通」（『研究紀要』第八号　愛知県埋蔵文化財センター　四九—五九頁）
城ヶ谷和広　二〇〇八「猿投窯・尾北窯における窯業生産体制」（『日本考古学協会　二〇〇八年度愛知大会研究発表資料集』日本考古学協会二〇〇八年度愛知大会実行委員会　四六七—四九四頁）
鈴木敏則　二〇〇三「淡輪系円筒埴輪二〇〇三」（『第五二回埋蔵文化財研究集会　埴輪　—円筒埴輪製作技法の観察・認識・分析』　第五二回埋蔵文化財研究集会実行委員会　九七—一二二頁）
鈴木敏則　二〇〇四『有玉古窯』　浜松市教育委員会
鈴木敏則　二〇一一「須恵器の編年②東日本」（『古墳時代の考古学1古墳時代史の枠組み』　同成社：一六〇—一七二頁）
瀬川貴文　二〇〇四「資料紹介　稲沢市『大矢遺跡』にかかわる問題」（『名古屋市博物館研究紀要』第二七巻　名古屋市博物館　六五—八〇頁）
瀬川貴文　二〇〇六「古墳時代尾張における須恵器生産の動向」（勢濃尾研第五次年会発表資料　勢濃尾研究会）
瀬川貴文　二〇〇八「尾張における群集墳の展開—東谷山古墳群の再検討」（『名古屋市博物館研究紀要』第三一巻　名古屋市博物館　三七—六〇頁）
田辺昭三　一九八一『須恵器大成』　角川書店
田辺昭三　二〇〇一「須恵器生産の成立」（『韓式系土器研究』Ⅶ　韓式系土器研究会　一—一二頁）

辻川哲朗　二〇〇六「近畿北半部における須恵器系埴輪」（『月刊考古学ジャーナル』五四　ニューサイエンス社　一八―二二頁）

寺田清子・久永春男　一九六三『守山の古墳』　守山市教育委員会

東海土器研究会　二〇〇〇『須恵器生産の出現から消滅』第二分冊生産地編　東海土器研究会

中里信之　二〇〇七「猿投窯編年における窯式の基礎的理解―楢崎彰一の編年研究の分析から―」（『南山考人』三五号　南山考古文化人類学研究会　五三―七一頁）

中里信之　二〇〇八「岐阜県奥美濃地域の遺跡紹介―三―郡上市・古今伝授の里フィールドミュージアム収蔵資料の紹介一　福田一号墳出土長脚一段透かし有蓋高杯の提起する問題」（『美濃の考古学』第一〇号　『美濃の考古学』刊行会）

中野晴久　二〇〇〇「新田古窯の調査」（『常滑市民俗資料館研究紀要Ⅸ』　常滑市教育委員会　三―二五頁）

七原恵史ほか　一九七八『尾張旭市の古窯』　尾張旭市教育委員会

楢崎彰一　一九五九「後期古墳時代の諸段階」（『名古屋大学文学部十周年記念論集』　名古屋大学文学部　四九四―五三四頁）

早野浩二　二〇〇八「尾張型埴輪の成立と展開」（『日本古代手工業史における埴輪生産構造の変遷と技術移転から見た古墳時代政治史の研究』　東京国立博物館　一三〇―一三三頁）

菱田哲郎　一九九二「須恵器生産の拡散と工人の動向」（『考古学研究』第三九巻三号　考古学研究会　二〇―三二頁）

菱田哲郎　二〇〇五「須恵器の生産者―五世紀から八世紀の社会と須恵器工人」（『人と物の移動　列島の古代史ひと・もの・こと四』　岩波書店　二〇三―二四〇頁）

菱田哲郎　二〇〇七『古代日本　国家形成の考古学』　シリーズ：諸文明の起源一四　（京都大学学術出版会）

北條芳隆　二〇〇九『長野県下伊那郡阿智村狐塚一号古墳の調査第一次調査概要報告書』　東海大学文学部歴史学科考古学第一研究室

増子康真　一九八〇「尾張における初期須恵器生産形態の検討」（『信濃』第三二巻第六号　信濃史学会　六〇―六五頁）

森泰通ほか　二〇〇九『上向ィ田窯』　豊田市埋蔵文化財発掘調査報告書第三八集　（豊田市教育委員会）

山田邦和　一九八二「須恵器・その地域性」（『考古学と古代史』　同志社大学考古学シリーズ刊行会　三六一―三六八頁）
渡辺博人　一九九六「美濃後期古墳出土須恵器の様相―蓋杯の型式設定とその編年試案―」（『美濃の考古学』創刊号　『美濃の考古学』刊行会　六二―八七頁）
渡辺博人　二〇〇六「須恵器と横穴式石室の関係」（『東海学セミナー（二）―東海の横穴式石室を考える―』　春日井市教育委員会　二九―五八頁）

須恵器・埴輪併焼窯からみた尾張地域の窯業生産

浅田博造

尾張地域における窯業生産は、五世紀中葉の東山一一一号窯（名古屋市昭和区）を嚆矢とし、古代の瓷器（緑釉・灰釉陶器）、中世瀬戸・常滑窯を経て現代に至るまで、一貫して全国有数の地位を占めている。須恵器・瓷器窯は、尾張東部を南北に縦断する尾張丘陵上の広範に分布するが、庄内川を隔てた地理的区分により南部を猿投山西南麓古窯跡群（猿投窯）、北部を尾北古窯跡群（尾北窯）に大別し、河川水系・丘陵支丘等の立地地形により猿投窯は七地区［東山・岩崎・鳴海（鳴海・有松）・折戸・黒笹・井ヶ谷・瀬戸］・尾北窯は四地区［下原・篠岡・高蔵寺・今井］に細別される。猿投・尾北窯の中核を成す須恵器・瓷器窯は五五〇基以上を数え(1)、猿投窯から派生した中・近世窯を加えた総数は数千基以上に達するとされる(2)。古墳時代以降連綿と続く窯業生産の背景・歴史的展開には、釉薬・焼成技術等の技術革新のほか、尾張丘陵から産する可塑性に優れ、耐火度の高い良質豊富な陶土を擁したことが主要因の一つに挙げられる。

猿投窯は、東山地区（名古屋市千種区・昭和区・名東区・天白区）から東〜東南方向へと生産地域を拡大するが、五〜六世紀代では東山地区の一部（昭和区・千種区）に限定されることから、古墳時代須恵器窯跡群を東山窯とも別称する。尾北窯は六世紀前葉に開窯した下原古窯跡群（下原窯・春日井市）を初源とし、六世紀前半代を中心とする操業期間が想定される。(3)尾張地域における古墳時代の窯業生産は、東山窯・下原窯のほか、地理的にほぼ中間地点に位置する城山窯・卓ヶ洞窯（尾張旭市）を加えた三地区を中心に展開する。(4)城山窯・卓ヶ洞窯は、地理的区分では矢田川を越え、初源期の東山窯と分布域を異にするが、編年上の空白期を充当する城山二号窯はＯＮ四六～ＴＫ二〇八ないしＴＫ二三型式並行の標識窯としても採用されている。(5)

東山窯は後の令制愛智郡、城山窯・卓ヶ洞窯は山田郡、下原窯は春日部郡に属し、各窯の開窯時期・操業期間とほぼ軌を一にする五世紀後半から六世紀中葉にかけて前方後円墳を主体とする熱田古墳群、小幡古墳群、味美古墳群が展開する。特に五世紀末葉から六世紀前葉にかけて当時東日本最大規模を誇る断夫山古墳（名古屋市）を現出し、同墳と墳丘規格・尾張型円筒埴輪（尾張型埴輪）の採用に共通要素を認める味美二子山古墳（春日井市）・白鳥古墳（名古屋市）等が後続し、古墳築造の最盛期を迎える。

尾張型埴輪は、「分割」・「規格」・「回転」を基本動作とする須恵器製作技法を応用し、「製作技法・形態の共通性と一定の分布域をもつ」と定義される。(6)尾張型埴輪の動向（生産・分布）は、古墳築造の最盛期と連動し、最大規模の断夫山古墳（墳長一五〇メートル）から味美二子山古墳（墳長九四メートル）・白鳥古墳（墳長七〇メートル以上）等の前方後円墳、四〇メートル級の円墳から一〇メートル前後の円・方墳に至るまで多様な墳形・規模の古墳に採用され、樹立墳の急増と分布域の拡大傾向を示す。(7)尾張型埴輪は二突帯三段を基本形態とし、樹立墳の規模に凡そ対応した法量差が認められ、概ね器高四五センチを境として突帯条数が追加された三突帯以上の大型が存在する。(8)出土事例による限り、三突帯以上の大型は、前方後円墳・四〇メートル級の円墳に限定的に採用された形態であり、最大規模を誇る断夫山古墳には八突帯九段・復元器高一一六センチを計測する尾張地域最大の円筒埴輪が確認されている。尾張型埴輪の法量・形態差は、樹立墳の墳形・規模に表現された階層性を反映した規格である可能性が高く、埴輪祭祀を含む古墳祭祀の共有と政治的秩序（序列）を表現したものと推定される。(9)断夫山古墳は尾張地域における後期古墳の頂点に位置し、熱田神宮を奉じた尾張氏所縁の奥津城とする見解は文献・考古学とも一致した有力な説とされ、尾張型埴輪の規格性と階層性、分布域の拡大現象は、尾張氏の下にクニが統一する過程を示す有力な事象と推定される(10)。

尾張地域における古墳築造の最盛期と窯業生産の拡大（東山窯の増加、城山窯・下原窯の開窯）は軌を一にする事象であり、背景として尾張型埴輪の需要が急速に拡大したほか、一般集落においても須恵器の供膳具・貯蔵具の出土事例が増加しており、須恵器生産そのものが社会的要請に応えるものであったと考えられる。須恵器の供膳具・貯蔵具の増加と相反するように、六世紀代の内に土師器の供膳具（碗・高坏）が衰退・消失し、須恵器と煮炊具（甕）に特化した土師器の用途別の機能分化(11)は、須恵器の自給体制の確立を示唆する。

尾張地域における窯業生産は、東山一一一号窯の開窯当初から埴輪生産と融合し、須恵器・埴輪の併焼が地域的な特質とされ、窯業生産の歴史的展開には尾張氏をはじめとする地域首長の存在が大きく影響したことが類推される(12)。初期須恵器に相当する東山一一一号窯・四八号窯の段階において、形態・製作技法・器種組成に陶邑窯には存在しない地域色を有し、工人系譜の異同等が推定され、後継型式においても尾張型須恵器あるいは東山系須恵器と概括し得る地域色が明瞭に残る(13)。律令様式の返蓋の出現段階に至るまで坏蓋のヘラケズリ調整は天井の三分の二に及び、天井・口縁部の境界を成す稜は一部沈線化しつつも遺存するものが多いなど、地域色の一つに製作技法・形態の保守性が挙げられ、地域首長が品質管理・技術継承を含め窯業生産全般を掌握した結果と推定される。

東山一一一号窯以降の東山窯およびその系譜に連なる窯跡は、尾張型埴輪が終焉する六世紀中葉に至るまで基本的に須恵器・埴輪併焼窯として展開する。分布域は、後の尾張国の範囲と略一致しており、窯業生産の拡大は首長間の政治的関係を背景とする可能性を示唆し、東山窯とその他地域窯の生産体制が連動していた可能性は、古墳時代の手工業生産・政治的な歴史展開を考える上で重要な視座となる。

本論は、窯道具（焼台）、尾張型埴輪の製作技法（倒立技法・味美技法）、形象埴輪の製作技法を基に、東山窯・城山・卓ヶ洞窯・下原窯を比較検討し、須恵器工人・埴輪工人の製作技法次元での近親性および技法伝播の様相から巡

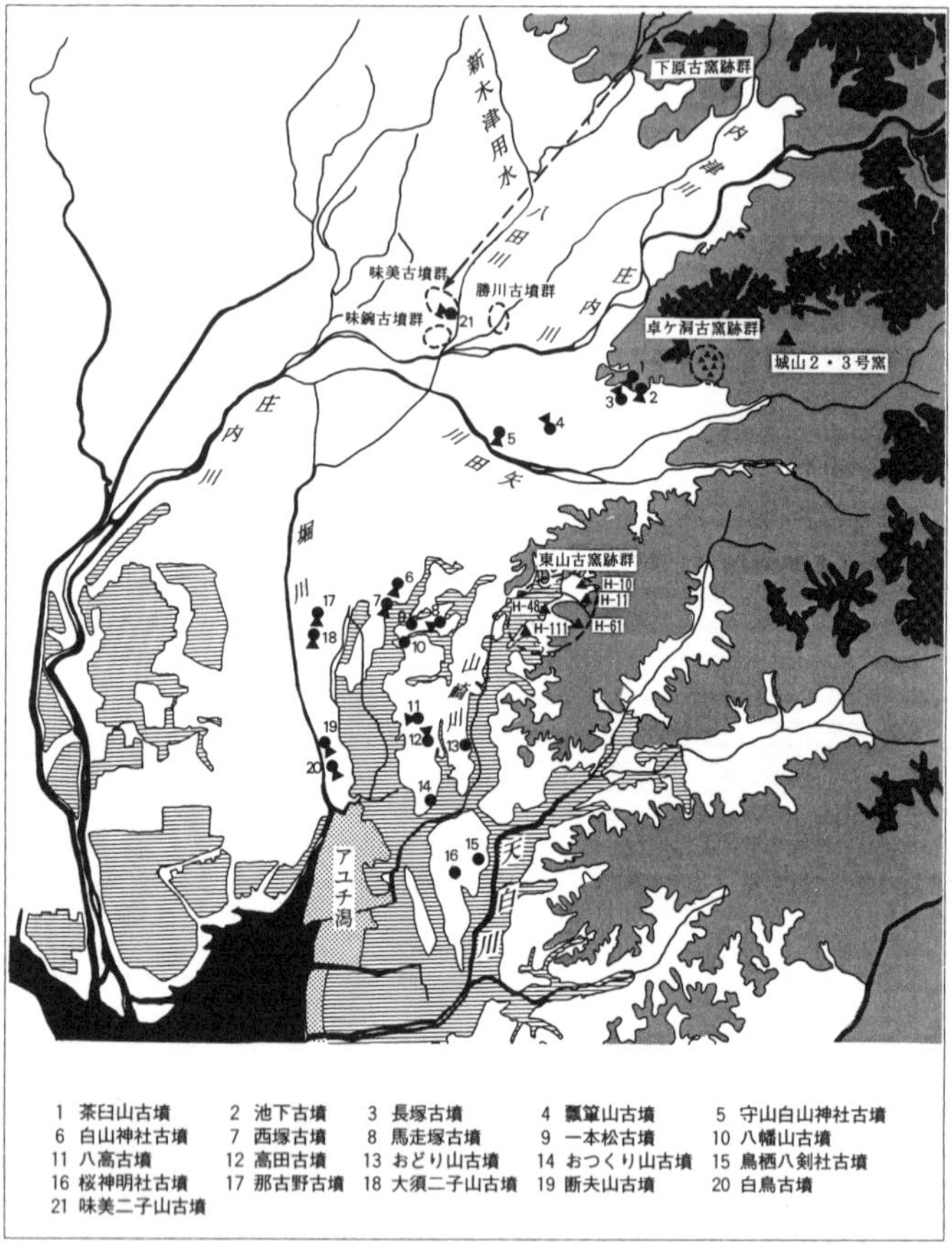

図１　５～６世代における尾張地域の主要古墳と古窯の分布（春日井市教育委員会『企画展 渡来文化と「須恵器」』1996より転載）

回工人の可能性を含めた工人編成について論及したいと考える。結果としては、尾張地域における須恵器・埴輪の併焼という古墳時代窯業生産の特質は、尾張地域の地域圏（クニ）の成立過程を傍証する有力な手がかりであることを具体的な事象を基に再確認することを目的とする。

本論による須恵器の年代観は、東山窯を中心とする窯式編年(14)に依拠し、埴輪の年代観は共伴する須恵器を基に判断したほか、尾張型埴輪の編年(15)を参考とした。

一　須恵器・埴輪併焼窯の事例と生産様相

名古屋市東山地区の丘陵地帯には初源期の窯（東山窯）が集中するが、戦後から高度経済成長期において急速に市街地化が進行し、多くの窯跡が未調査・未見のまま破壊され、東山窯の存在を世に知らしめたのは荒木実氏による地道な分布調査と資料蒐集・公開に負うところが大きい(16)が、現在、古墳時代猿投・尾北窯の総体として、資料の大半が灰原資料（蒐集あるいはトレンチ調査）である。同時期あるいは時期相の異なる窯が近接して築窯され、灰原が重複する事例も多く、厳密に操業期間あるいは焼成機会に一致した灰層を検証し得た調査事例は皆無であるため、須恵器・埴輪併焼窯における生産様相の検討に際しては、「現有資料による制約」を前提とすることが必然である。

管見する限りにおいて、尾張地域における須恵器・埴輪の併焼窯は一〇基（箇所）を確認でき、時期的には東山一一一号窯式期（五世紀中葉）から東山六一号窯式期（六世紀中葉）に比定される(17)。現状では埴輪専焼窯が未見であることから、埴輪生産が須恵器窯での併焼を常態としたとの推定は可能であるが、全ての須恵器窯において埴輪を併焼したとはいい難い。併焼が特定窯に留まる事象であったか否かは今後の課題である。

東山一一一号窯（名古屋市昭和区伊勝町・東山一一一号窯式期）(18)　名古屋大学により灰原の一部が発掘調査され、須恵器［蓋坏・有蓋高坏・無蓋高坏・碗・鉢・器台・壺・甕］・土師器［台付甕］が出土した。このほか、調査地点と

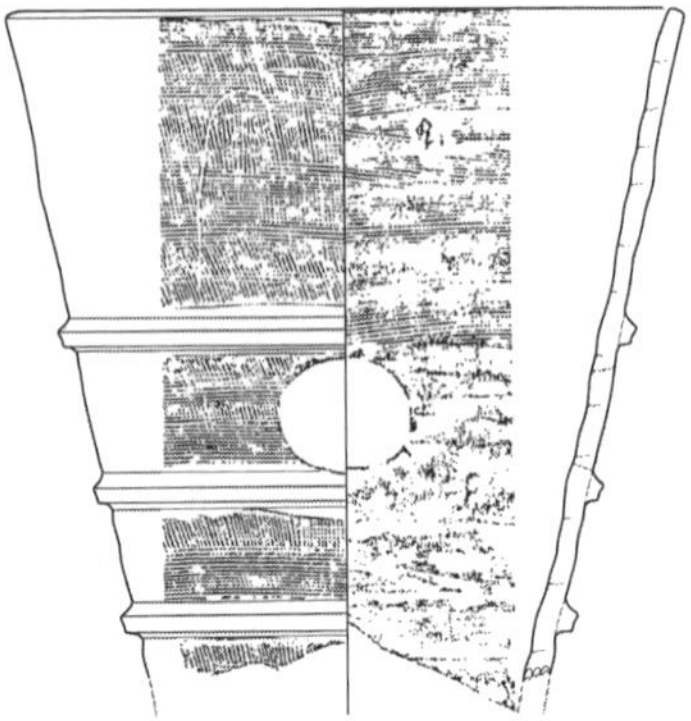

図２　東山111号窯 円筒埴輪（S ＝ 1/8）

図３　東山48号窯 円筒埴輪・美味技法（指ズレ）（財）荒木集成館所蔵

隣接する集合住宅建設工事に伴い円筒埴輪三点が出土し、本窯に伴うものと報告されている。いずれも硬質かつ赤褐色に発色し、最大規模の破片は、口縁部以下三条の突帯が遺存し、円形透かし孔を穿孔する。焼き歪みを生じるが、復元規模は口径三七センチ・高さ三五センチ以上を計測し、本来は三突帯四段、器高は四五センチ前後と推定される。外面調整は縦ハケ後回転横ハケ、内面調整は横ナデ後口縁部のみ回転横ハケであり、成形手順として倒立技法は認めない。二次調整の簡略傾向は編年的に後出する要素であり、出土経緯を勘案し、資料的な位置付けは別窯に伴う可能性を含め再検討が必要と考えられる。

東山四八号窯（名古屋市千種区稲船通・東山四八号窯式期）[19]　会社社員寮建設工事に伴い灰原の一部が露出し、荒木氏らが断面図を作製し、須恵器［蓋坏・有蓋高坏・無蓋高坏・コップ・器台・壺・甕・甑］・円筒埴輪を蒐集した。円筒埴輪は総数約一〇点とされ、いずれも細片化し、全形は不明である。焼き質は硬質なものが多く、色調は赤～橙褐色・灰色がある。同一個体の表裏・断面で色調差を伴うものもあり、灰色系の還元色調は一部の個体に生じた偶発的なものと推定される。口縁部・基底部を除き部位不明であるが、外面調整は縦ハケ後回転横ハケ、内面調整は回転横ハケないし横ナデであり、胴部中位から下位の二次調整を省略した可能性がある。

味美技法による指ズレを伴う個体が二点確認でき、内一点は底面の切り離しに伴う擦痕を明瞭に残す。出土状況に不確定要素を残すが、味美技法として最古相の位置付けとなる。

城山二・三号窯（尾張旭市城山町・城山二号窯式期）[20]　都市公園造成工事中に発見され、七原恵史氏を調査担当とする事前調査により、推定全長七・五メートルの窯体（二号窯）を検出し、灰原層序から北側に近接する別窯（三号窯）を確認した。灰原の一部を重複するが、二号窯（下層）・三号窯（上層）の層序を認め、三号窯の単独灰層と想定される位置からも円筒埴輪が出土した。灰原を中心に須恵器［蓋坏・有蓋高坏・無蓋高坏・碗・壺・甕・甑・紡錘車・異形土器・焼台］・埴輪［円筒埴輪・形象埴輪］が出土した。焼台は窯壁と同一素材によるスサ入り粘土を三角柱状に成形したものである。異形土器として報告されたものが、東山一一号窯などで出土した専用焼台と同一器形の可能性がある。円筒埴輪は全形の遺存するものはないが、二突帯三段と推定され、色調は赤褐色を呈するものが主体とされる。逆台形を呈し外面を粗い斜めハケで調整するものと筒形を呈し外面を縦ハケ後横ハケ調整するものに大別でき（斜めハケ調整には細かいハケ目で筒形を呈するものが客

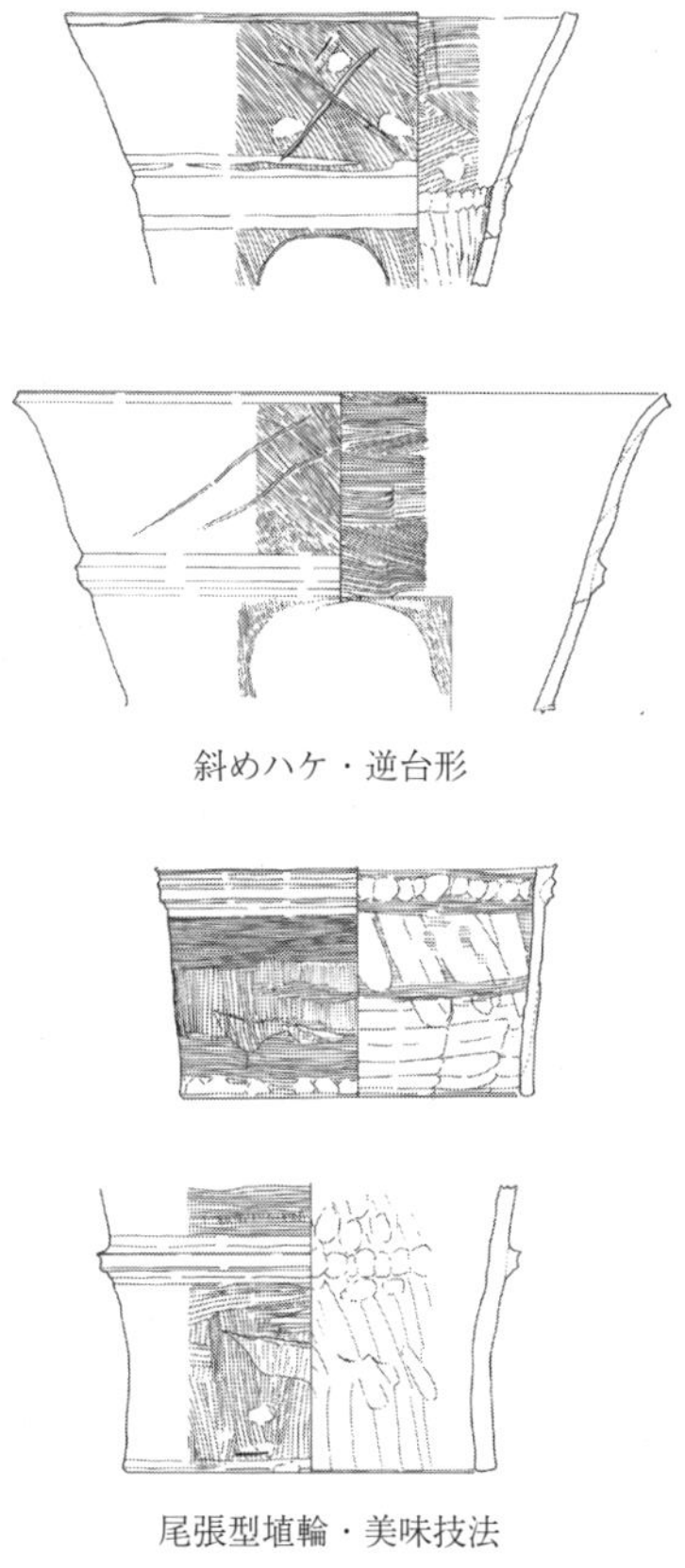

図4　城山2号窯 円筒埴輪（S = 1/8）

体的に存在）、後者は味美技法による紐ズレが確認できる。

東山一一号窯（名古屋市千種区清住町・東山一一号窯式期）[21]　荒木氏の報文では「横の長さ一八メートル・高さ一・五メートルのかまぼこ形の莫大な灰層の断面を出していた」とされ、上部に窯体の一部と推定される焼土が露出していたが、未調査のまま滅失した。荒木氏・名古屋大学が灰原から須恵器［蓋坏・有蓋高坏・無蓋高坏・碗・鉢・器台・壺・𤭯・甕・甑・鍋・焼台］・円筒埴輪を蒐集した。焼台は複数型式が存在し、荒木氏の資料では七点が報告され、私案では形態・調整による三型式がある。名古屋大学の資料では荒木氏資料と同型式の一点が報告され、ほかに少なくとも二個体（型式）が存在する。円筒埴輪は小片二点が報告されているのみで、全形・技法的属性は不明点が多いが、内外面とも回転横ハケ調整である。

東山一〇号窯（名古屋市千種区鹿子町・東山一〇号窯式期）[22]　荒木氏の報文では「どぶ川辺に灰層の黒土が大きく顔を出し……石垣の上に家が建築され……」とあり、その工事中に須恵器［蓋坏・有蓋高坏・無蓋高坏・器台・壺・提瓶・𤭯・甕・甑・鍋・焼台］・円筒埴輪が蒐集された。焼台は口縁部のみの小片であるが、東山一一号窯に同一型式が存在する。円筒埴輪は小片四点が報告されているのみで、全形・技法的属性は不明点が多いが、外面調整は縦ハケ後回転横ハケ、内面調整は二次調整が回転横ハケないし斜めハケである。焼き質は硬質なものが多く、色調は茶灰色である。

下原第二・三・六号窯（春日井市東山町・東山一〇〜六一号窯式期）[23]　昭和三六年に名古屋大学、平成元年以降は市教育委員会が学術調査を断続的に実施している。三号窯をはじめ窯体構造が良好に遺存し、同時操業の可能性を含む複数窯が四〇メートル四方に近接して築窯され、六世紀代・七世紀代・古代に亘って断続的な生産が確認でき、一五〇〇平方メートル以上に及ぶ膨大な灰原を形成する。二〇〇〇キログラムを超す出土遺物があり、一窯跡群で五〜六世紀代の東山窯全体の総量を上回るが、操業機会に相当する灰層の抽出には至らず、灰原の遺物は焼成窯の特定が不可能な状態である。出土遺物には須恵器［蓋坏・有蓋高坏・無蓋高坏・器台・壺・提瓶・横瓶・𤭯・甕・甑・鍋・

陶錘・焼台〕・埴輪〔円筒・朝顔・人物・馬・水鳥・蓋・盾・石見型・家・不明〕があり、製作技法・意匠表現・円筒埴輪のヘラ記号などから、味美二子山古墳との需給関係が確認された。焼台は陶片転用のほか、専用焼台がある。円筒埴輪は、二突帯三段の基本形態と三突帯以上の大型が存在し、基本形態は型式的に後出するものを除き、味美技法により製作され、大型は倒立技法と非倒立が並存する。報告資料（破片点数）に限定した焼成色調は、須恵質八三％・土師質一七％で、形態区分可能な個体に限定すると、大型は一〇〇％須恵質、基本形態は須恵質五八％・土師質四二％であり、大型の須恵質偏在傾向が顕著となる。形象埴輪は種類によって異なり、人物は須恵質七三％、馬は須恵質四四％、水鳥は須恵質五〇％、蓋は須恵質九〇％、盾は須恵質七五％、石見型は須恵質九五％、家は須恵質五五％である。形象埴輪の製作においても分割成形・轆轤成形（整形）が多用され、人物埴輪の胴部、蓋形埴輪などに轆轤整形に特化した地域性の強い形態が認められる。全体的な意匠表現として、立体的貼付表現・写実的表現が顕著であるが、線描表現は低調である。

下原第四・一〇号窯（春日井市東山町・東山一〇号窯式期）(24)　二・三・六号窯と同一丘陵上の西側約二五〇メートルに位置する。一〇号窯は四号窯の直下に位置し、一〇号窯後四号窯の築窯と推定されるが、灰原の出土遺物からは同一型式に収まる近接した操業期間が想定される。出土遺物は未報告のため詳細不明であるが、須恵器〔蓋坏・有蓋高坏・無蓋高坏・壺・甕〕・円筒埴輪があり、二・三・六号窯に比して形象埴輪の出土割合が少ない可能性など生産様相には小差が認められる。

東山六一号窯（名古屋市千種区不老町・東山六一号窯式期）(25)　従前の名古屋大学による灰原蒐集資料に加え、食堂建替えに伴い灰原のトレンチ調査が実施され、須恵器〔蓋坏・有蓋高坏・無蓋高坏・器台・壺・䓖・提瓶・横瓶・甕・甑・鍋・陶錘・焼台〕・円筒埴輪が出土した。焼台は鼓形の粘土塊で、全体に粗雑な調整である。

円筒埴輪は、突帯の突出度が高く突帯間隔が狭いもの、タタキに類似した圧痕を残すものがあり、大型（多条突帯）の可能性を有する個体を含む。口径三六センチに復元された口縁部破片は二突帯三段と推定され、焼成はやや軟質で

水鳥形埴輪頭部のソケット状成形
人物埴輪掌のソケット状成形
尾張型埴輪・味美技法
尾張型埴輪・倒立技法

図５　下原古窯跡群（2・3・6号窯）出土埴輪
（形象埴輪Ｓ＝1/4・円筒埴輪Ｓ＝1/8）

ある。大型の可能性のある破片の一部は、焼台への転用に伴い降灰・融着が顕著である。

卓ヶ洞一号窯（尾張旭市霞ヶ丘町・東山六一号窯式期）(26)　久永春男氏を担当者として東海古文化研究所等がトレンチによる発掘調査を実施した。窯体は耕地開墾に際して破壊されていたが、灰原は層厚四〇センチに亘って遺存し、須恵器［蓋坏・有蓋高坏・無蓋高坏・器台・𤭯・提瓶・甕・土錘］・埴輪［円筒・朝顔・形象埴輪］が出土した。埴輪の詳細は未報告であるが、須恵質埴輪とされる。一号窯の南東約二〇〇メートルに二号窯が位置し、東山五〇号窯式期の遺物が主体的であるが、円筒埴輪片二点と東山一〇号窯式期の蓋坏が数点混在することから、未見の須恵器・埴輪併焼窯が近在した可能性が推測される。

上向イ田三・四号窯（豊田市亀首町・東山六一号窯式期）(27)　猿投町（現豊田市）誌編さんに伴い窯体・灰原（灰原は一部のみ）が調査され、須恵器［蓋坏・有蓋高坏・無蓋高坏・器台・壺・𤭯・提瓶・横瓶・甕・甑・鍋］・埴輪［円筒・朝顔・動物・盾・家・不明］が出土した。三・四号窯は約二メートルの間隔でほぼ平行し、三号窯の実相は六世紀代に廃窯した窯（一次窯）に重複して七世紀代の別窯（二次窯）を築窯した二基の窯である。地理的には矢田川の支流水系に位置し、三河地域に属するが、須恵器・尾張型埴輪の様相から猿投窯（東山窯）の影響下に成立した窯とされる。形象埴輪・円筒埴輪の一部に在地的な調整・表現手法があり、工人編成には複合的要素を認める。

円筒埴輪は二突帯三段で、三突帯以上のものは未確認である。焼成色調は、円筒埴輪の還元炎焼成と酸化炎焼成の比率が概ね二：三、形象埴輪は九割以上が酸化炎焼成である。尾張型埴輪に分類される一群では、回転横ハケ・回転ヘラケズリ（底部調整）を特徴とするが、味美技法の痕跡は紐ズレを有する一点のみであり、ヘラケズリ後指オサエを入念に行う等の手順的相違が認められる。

須恵器・埴輪併焼の技術拡散の実態

調査・蒐集資料の差異は認めるが、およそ生産実態を反映したものと推定され、灰原資料の出土比率による判断では、窯業生産（須恵器生産）に占める埴輪生産の割合は客体的である。さらに、形象埴輪の出土事例が限られる点は、埴輪祭祀の時代相のほか、損耗率（＝焼成方法）の相違を反映したものと推定され

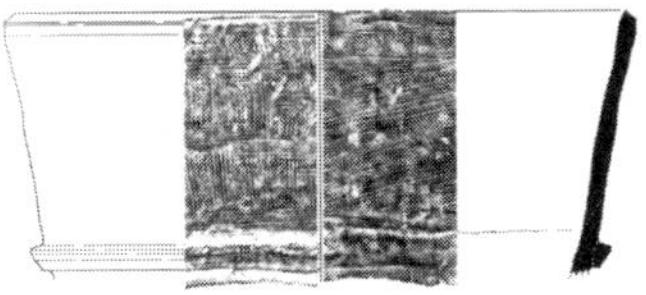

図6　東山61号窯　円筒埴輪（S = 1/8）

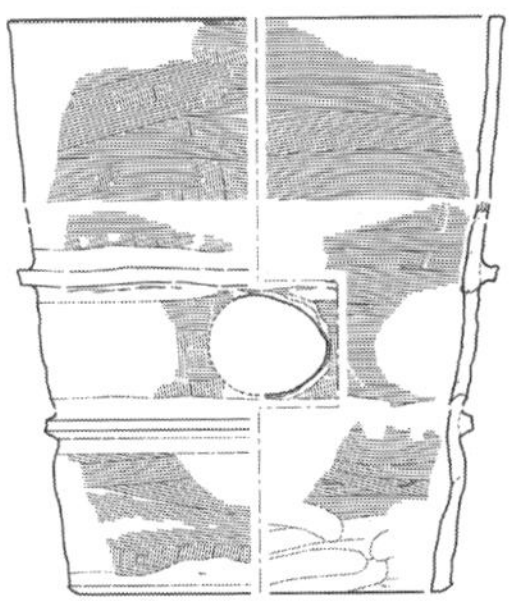

尾張型埴輪

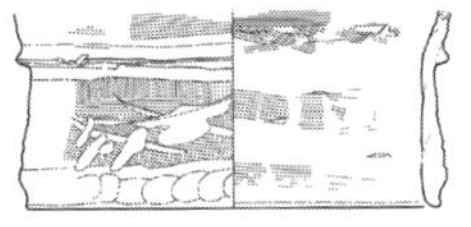

美味技法（紐ズレ）

図7　上向イ田窯　円筒埴輪（S = 1/8）

る。円筒埴輪の焼成方法として、二突帯三段の基本形態と三突帯以上の大型では、酸化炎・還元炎焼成の比率が異なる。基本形態において酸化炎焼成が主体を占める点は、赤褐色を呈する埴輪本来の色調を意識したもの、大型において還元炎焼成が一定割合を占める点は、製作工人の相違＝須恵器工人の直接製作・焼成による可能性を示すものと推定される。尾張型埴輪の技法的要素として、轆轤回転惰力を利用した回転横ハケ・ケズリ調整は全ての窯跡において認められるが、複数個体の同時成形を手順とする製作痕跡としての味美技法・倒立技法は、確認例が限定的である。小片では認定困難であり、実相を反映したものとはいい難いが、味美技法は東山四八号窯・城山窯・下原窯・上向イ田窯、倒立技法の確実な事例は下原窯での確認に留まる。倒立技法は、円筒埴輪編年によると東山一一号窯式並行期において出現したとされ、断夫山古墳の築造を契機とした可能性が推定される。味美技法の窯跡での確認例は上向イ田窯を東限とするが、確認例が一点と少なく、在地的要素を含む複数系統の中の一手法に留まるものであり、円筒埴輪（二突帯三段）の大部分が味美技法による下原窯とは生産様相が異なる。尾張型埴輪の指標の一つである回転横ハケ・ケズリ調整は、あくまで轆轤成形（整形）による製作工程の一部に過ぎず、基底部成形から完成に至る全工程を反映した製作痕跡である味美・倒立技法とは自ずと性格を異にするものである。下原窯と上向イ田窯の様相差が典型であるように、味美技法・倒立技法の拡散の背景には、技術の直接移入（工人の移動）を伴う可能性が高いものと推測する。

二　猿投窯と尾北窯を巡る工人集団―焼台からみた工人分派あるいは巡回の可能性―

五～六世紀代の猿投・尾北窯における焼台の使用例・確認例は少数に留まるが、比較的まとまった下原窯の出土事例によると、専用・転用、素材、用途・使用法による分類が可能と考えられる。陶片転用焼台は、甕の胴部・円筒埴輪など大形・厚手の器種を五～二〇センチ大に破砕して使用する。須恵器のみ・須恵器と埴輪・埴輪のみと重ねる陶片に区別はなく、三～四段程度を重ね、高さにして約五センチのかさ上げが確認できる。壺・甕の口頸部のくの字形の屈曲あるいは口縁部の曲面を利用して床面傾斜を微調整した例もある。窯壁転用焼台は、剥落した部位による壁厚四～七センチ程度の差があり、塊～板状を呈する。窯壁同士を重ねる事例は未確認である。粘土塊は、未焼成粘土塊により製品を直接固定する焼台的使用法と焼台の補助的な固定材とする場合がある。製品と床面・焼台同士は直接重ねることはなく、粘土を適当な塊～扁平に成形し、製品・焼台の固定、隙間の充填による安定あるいは融着防止を図ったと推定される。木目細かい粘土に微粒砂～粗粒砂・小礫を大量に混ぜ、一部に破砕した須恵器片・窯壁片を含むものがある。一過性の使用に限られ、焼成後の状態は焼結が弱く、脆い。城山二号窯では三角柱状に成形した粘土塊を焼台として使用し、器形・規模に応じた法量差を認める。

陶片転用焼台・粘土塊の主たる使用法は、製品の支持固定材・融着防止材と理解する方が実態に適合するものと考えられる。須恵器全般の形態・法量による多様性を勘案する限り、専用焼台の使用は普遍的な焼成法とは考え難く、特殊品に限定したものと推定されるが、窯道具である焼台（専用焼台）の類似性は、窯詰めから焼成に係る一連の手順の類似性を示唆し、その背景として製作した工人集団の類縁性あるいは共通性を傍証する有力な資料と推定される。専用焼台は、荒木氏が東山一〇・一一・一九号窯の事例を報告し、当初底抜けの不明器種とされたが、斜傾する底部を確認するに至り、焼台であることが判明した(31)。東山一一号窯・下原窯において複数型式が確認でき、城山二号窯の異形土器が類例の可能性を有する。型式差は基本的に外面調整と形態上の偏差によるものであり、製作工人（工人集団）の相違に起因するものと推定され、工人編成の一端を示すものとも考えられる。

形態・法量　円筒形を基本形態とし、口径と底径規模の差により側面観が逆台形と長方形（方形）に大別できる。各形態には口縁部を水平面とした場合、底部が平行するものと斜傾するものがある。全形を欠く事例もあり、口径を基に比較すると、城山二号窯［約九・五センチ］・東山一〇号窯［六・八センチ］・東山一一号窯［七・四～一一・八センチ：七点平均約九・三センチ］・東山一九号窯［八・二～八・四センチ：二点平均八・三センチ］、一一点の平均は約九・五センチとなる。下原窯の事例では六・三～八・九センチ、一八点の平均は七・六五センチと偏差が縮小し、東山窯に比して小規模な傾向が窺える。

全体的な様相としては、口径八～九センチが標準的な規模と想定される。最小・最大で二倍近い口径・直径規模の差は、組み合わせる製品の直径規模に対応したものと推定される。焼台の法量には大径なものが大型・小径なものが小型というような直径規模と器高には相関性が認め難いことから、器高差および底部形態の差は、かさ上げの程度や窯詰めの位置を予め考慮したものと推定される。

製作技法　成形は粘土紐積み上げによるもので、器壁は規模に比して分厚く、口縁部を除き粘土紐接合痕が表出し、特に内面は成形時の粘土の凹凸が明瞭に残る粗略な調整を特徴とする。口縁部は他の部位と一線を画する丁寧な仕上げ調整（内外面とも回転横ナデ）により平滑な器表面と上面観が正円を呈し、製品との密着性・接触部の均一化を意図したものと推定される。底部は粘土紐の基底部を回転台に密着させるため、分厚くつくられ、未調整の内面に肥厚するものが多く、回転台から離脱する際に底面を切り離した痕跡が鋭利な擦痕として残る。斜傾する底部は切り離した後に倒置し、段階的に切り取り、傾斜面を整形するものと推定され、複数の手動的な擦痕の切り合いが認められる。

焼成法（使用痕跡）　窯内の原位置を保持した資料は存在しないが、窯詰めを示唆する痕跡は東山一一号窯に好例がある。底部の水平・斜傾の区別なく粗砂混じり粘土を環状（可能性としては円板状もあり得る）に貼り付けて床面に固定する。製品の安定性確保・転落防止のため、粘土塊での固定が焼台（陶片転用焼台含む）の有無を問わず必須手順とするならば、焼台を使用する意図はかさ上げにあると推定される。特に、垂直方向への重ね焼きには製品の水平保持が前提となるが、煙道側を床面接地した場合、必然的に焚口側の方が床面からの距離が長くなり、より多くの固定粘土を必要とする。この点から専用焼台の底部が斜傾する意図は、底部に一定の傾斜を設けて床面と略平行させることによる固定粘土の縮減効果と推定される。二五～三〇度前後の焼成部床面に比して、焼台底部の傾斜は一〇度前後と緩傾斜であることから、底部形態の差を問わず、床面への固定は粘土の使用・微調整を前提としたものと推定される。焼成する器種については、下原窯に無蓋高坏坏部が倒置状態で融着した事例を認めるが、焼台の口縁部が欠損した状態であることから、二次使用の可能性があり、高坏専用（高坏の伏せ焼き）との結論には至っていない[32]。基本的傾向として、口縁部を中心に自然釉の未着部分を発生した事例が多く確認でき、焼台に対して被覆するような固定法が推定される。少なくとも丸底の壺類の安定に供したとの考えは否定的であり、焼台の口径規模を大きく上回る大形器種も物理的には除外される。敢えて専用の焼台を使用し、相応の手間をかけるに値する特殊かつ希少品と仮定した場合、筒形器台・連結坏などの装飾須恵器が候補として挙げられる[33]。基本的な使用法・状態として、初回の焼成に際して、未焼成の焼台と製品の組み合わせ、あるいは焼成後の焼台と未焼成の製品の組み合わせが想定でき、前者は一過性の使用、後者は複数回の使用の可能性があり得るため、焼台そのものの使用法・損耗率とも密接に関係する。自然釉の再融解による融着、焼台自体の焼き歪み、焼台の成形・調整の省略傾向等を勘案する限り、一過性の使用・消耗品と推測するが、傍証過程において自然釉の発生状況や製品と焼台の接触部分の詳細な観察が課題といえる。そのほか、焼成に関係する可能性として胴部中央付近に一箇所のみ小穴を穿孔する事例があり、窯詰め状態を底部の傾斜を基に判断すると、窯体の主軸方向に対して直交することになる。焼台から製品内部への炎の循環を意図したものとすると、窯体の主軸方向に一対で開口した方が効果的であり、対案として焼台内のガス抜きに供した可能性を推測するが、穿孔の有無・機能については課題として残る。

焼台の型式分類と窯跡間の関係性

側面形態と外面調整を基に四型式に分類する。器高の高低差、底部形態の差は、焼台の本来的な機能差を反映したものであり、基本的に各型式に存在するものと推測する。口縁部の形態は方角状を呈するものを基本とするが、ナデ調整の角度・強弱等により、口縁端面が水平・外傾するもの、内外面が緩やかに凹面を成し口縁端部が相対的に肥厚するものなどがある。現時点では、資料の実見・未報告資料の図化を完遂していないため、詳細分類は留保し、大局的な把握を意図した暫定的なものとして提示する。[34]

長方形・横ナデ型［1〜4］　口径・底径規模の差が少なく、長方形（方形）を呈するもの。外面は回転横ナデによる調整を行う。

逆台形・横ナデ型［5〜13］　口径・底径規模の差が大きく、逆台形を呈するもの。外面は回転横ナデによる調整を行う。

逆台形・横ハケ型［14］　口径・底径規模の差が大きく、逆台形を呈するもの。外面は回転横ハケによる調整を行う。8は一部縦ハケを確認でき、一次調整として縦ハケ、二次調整として横ハケを行った可能性がある。

逆台形・縦ヘラナデ型［15・16］　口径・底径規模の差が大きく、逆台形を呈するもの。外面は縦ヘラナデ（ヘラケズリの可能性もあり）による調整を行う。15は実測図の調整表現から判断したもの。

私案により分類した焼台四型式の動向は、東山一一〜一〇号窯式期の比較的短期間での趨勢を特徴とし、東山窯・下原窯（＝猿投窯・尾北窯）において複数事例が確認できる事象として重要である。実測図を比較する限り、須恵器の型式差・生産地域を超えて、製作技法・使用法を反映した形態上の共通要素が指摘でき、窯道具という性格上、基本的に同一工人あるいは、極めて近親性の強い工人間の関係性を示すものと推定される。東山窯に後出する下原窯の成立に際しては、東山窯の影響下において生産体制の整備が図られたと推定される。工人編成については、東山窯からの下原窯への分派、[35]あるいは同一工人の巡回（季節的あるいは応需に対応した窯場の移動）が想定できる。操業期間中における現象としては、須恵器生産を常態とし、埴輪生産などの短期的応需に対して直系窯の工人の合流による折衷的な形態も想定され、須恵器・埴輪の併焼を特徴とする尾張地域では工人編成は窯跡毎に固定されたものではなく、大規模古墳の築造を契機とする工人の再編成や複数窯からの製品供給の可能性も十分考慮すべき事象と推測する。大規模築造を契機とする工人の分派・巡回の二者択一的な結論は現時点では性急であるが、いずれの形態を採る

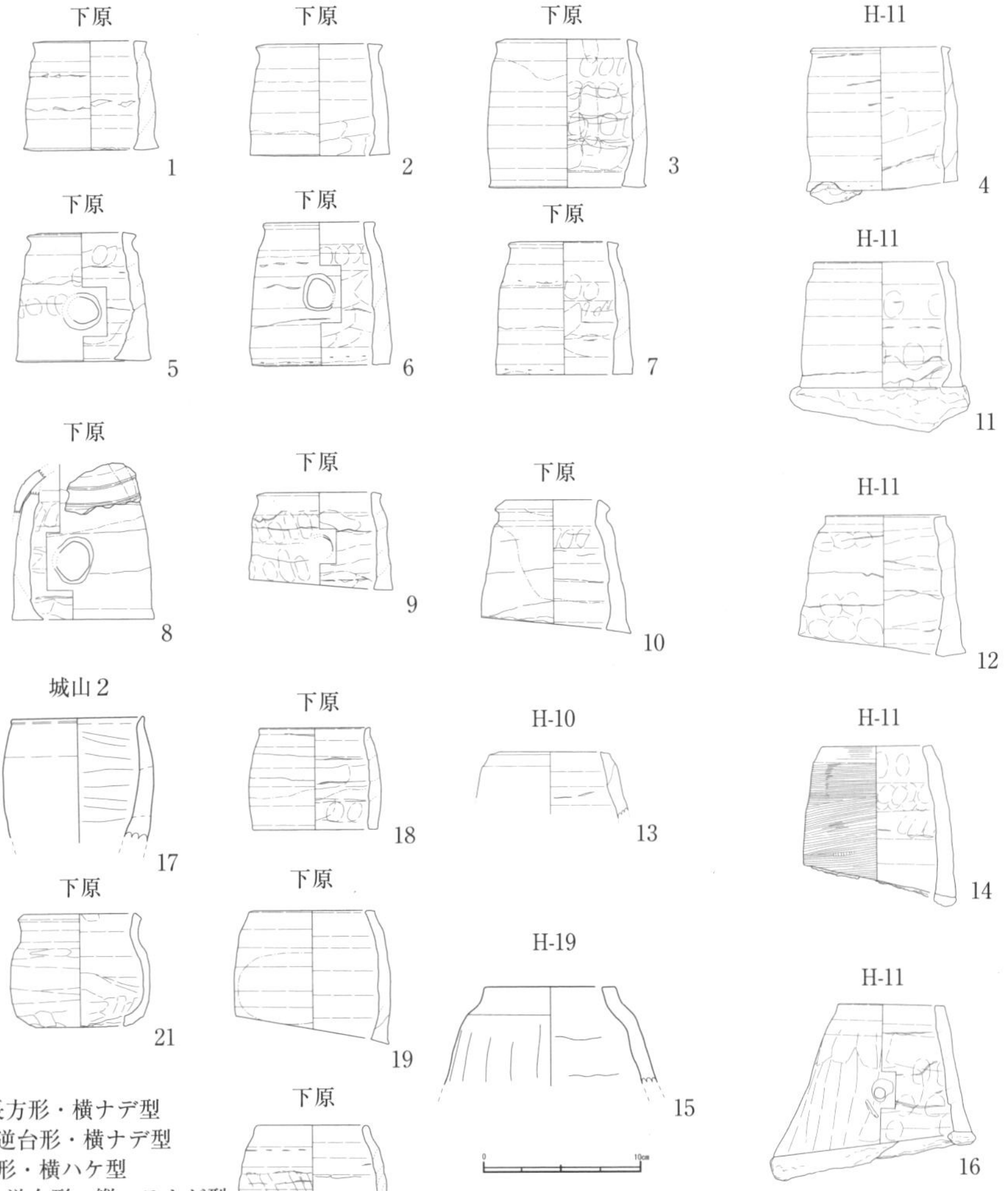

1～4：長方形・横ナデ型
5～13：逆台形・横ナデ型
14：逆台形・横ハケ型
15～16：逆台形・縦ヘラナゲ型
17～21：その他

図８　専用焼台の諸型式(S ＝ 1/6)

11・12・16：愛知県陶磁資料館所蔵 浅田実測
4・13・14：荒木集成館所蔵 浅田実測

図９　専用焼台（逆台形・横ハケ型）(財)荒木集成館所蔵

と仮定しても、東山窯では四型式の焼台が確認できるが、下原窯では二型式＋その派生型式の可能性のある変容形態の確認に留まることからも、生産体制の全てが移動した可能性は低いと推定される。焼台が特殊品の焼成に関係するものとの仮定では、焼台の製作工人は指導的立場に位置した熟練工の可能性が高いものと推測する。

飛躍的推論を重ねるが、焼台四型式の製作工人が東山窯の代表的な工人あるいは工人集団によるものとした場合、東山窯から二工人が移動し、下原窯を開窯した可能性が推測される。下原窯では灰原が良好に遺存し、報告資料に限定しても一八点の焼台を確認することができ、数量的には一窯跡群で東山窯の確認事例（報告事例）を上回ることからも、本来的に逆台形・横ハケ型、逆台形・縦ヘラナデ型は存在しない可能性が高いと推定される。分派・巡回の結論については、今後の課題であるが、須恵器の一般的器種として量産された蓋坏・高坏、大形器種の口縁部などに工人の個人的所作が体現するものと考えられ、詳細な型式分類によって一定の結論が得られるものと推測する。

三　埴輪生産と須恵器生産の近親性

猿投窯産と推定される初期須恵器段階の製品に土師器の形態を模倣した須恵器（無蓋高坏）があり、在地の土師器製作者が生産に関与したことを示す一例である(36)。窖窯導入以前の埴輪製作者の実態については不明点が多く、尾張型埴輪の成立に伴い在地の従来型の埴輪生産が如何に変遷・変容したのかは、古墳出土の埴輪編年や系譜、窯業遺跡の出土資料からも追認することは困難である(37)。轆轤成形による初源的様相を示すB種横ハケ調整を伴う一群は、有黒斑では五世紀前半の高塚古墳（北名古屋市）において好例があり、円筒埴輪編年の定点を示す資料と位置付けられる。問題は窖窯焼成によるB種横ハケ調整を行う一群と尾張型埴輪の系譜的整合性であり、中間型式として五世紀中葉の一本松古墳（名古屋市）出土資料が位置付けられるが、形態・製作技法上の乖離が著しい。東山窯からの拡散・拡充期に相当する城山二号窯において、尾張型埴輪のほかに形態・調整手法が異なる逆台形・斜めハケを特徴とする異系譜の円筒埴輪が存在し、名古屋城三の丸遺跡二号墳・扇田町遺跡ＳＤ17（名古屋市）・長坂第二号墳（尾張旭市）等に出土事例を確認でき、城山二号窯を含む特定窯（未見の東山窯を想定）との需給関係によって成立したものと推定される。後続する東山一一号窯式期以降は、終末期の粗略化した型式を除き、尾張型埴輪に統一されることから、窯業生産の拡大＝尾張型埴輪の拡散過程において、在来・在地の土師器（埴輪）製作者を取り込みつつ窯業生産の生産体制を整備した段階から、より専業的な生産体制が確立したものと推定される。尾張型埴輪の生産体制の中で、土師部が担ったとされる祭祀的側面が欠落・変容したのか、生産部門を須恵器工人が分業したのか、窯業生産を含む手工業生産の再編の可能性は今後の検討課題である。少なくとも轆轤成形・窖窯焼成による生産資源を須恵器生産に依存した生産形態を採ることからは、埴輪生産が独立した体制を保持していた可能性は低いと推定される。

須恵器工人が埴輪を製作した可能性については、轆轤を多用した製作手法と窖窯焼成などからも蓋然性の高いものと推定されるが、製作手法に関係する具体的な痕跡として、埴輪の製作工程の中に須恵器製作の要素、あるいは須恵器製作工程の中に埴輪製作の要素を抽出し、工人像を検討する。

須恵器工人が円筒埴輪を製作した痕跡＝倒立技法

倒立技法は、三突帯以上の形態を採用した尾張型埴輪の主要な製作技法の一つに位置付けられ[38]、基本的には大量需要・量産化を背景とした製作工程の効率化を意図し、須恵器の分割成形を応用した成形単位の上下反転（倒立）を手順上の特徴とする。倒立後の粘土紐積み上げの再開に際しては、倒立前の底部外面にタタキ調整を行うことが基本的な手順である。調整工具はタタキ板が平行条線、当て具は無文と考えられ、外面の平行条線は粘土紐積み上げに伴うハケ調整が重複し、確認が困難となる。内面の当て具は、本来的に器壁への凹凸が残りにくい上に丁寧な擦り消し調整を行っており、痕跡を確認することはほぼ不可能となる。タタキ板の条線圧痕は、味美二子山古墳・南東山古墳（春日井市）の一部に意図的に表出させたものも存在するが、内面の擦り消し調整は基本的な手順として遵守する傾向にある。タタキ調整の内面擦り消し調整は、猿投系須恵器の特徴の一つであり、倒立技法にみる成形手順上の所作は、壺甕類の製作手順そのものといえ、製作工人の出自を端的に示す事例といえる。

三突帯四段の大型円筒埴輪は、需給関係が確認された下原窯・味美二子山古墳にまとまった出土事例があり、円筒埴輪・大甕に共通する口縁部形態が認められる点も、倒立技法の保持者が須恵器工人であることを傍証する。

大型円筒埴輪の口縁部形態・突出度の高い突帯は、直口・低平化傾向を示す型式変化に逆行するものであり、いずれも高火度焼成に伴う焼き歪みを予防するためのものと推定され、大型円筒埴輪に還元炎焼成による焼き質が多い点とも整合性を有する。轆轤成形の難易度からしても大型円筒埴輪や須恵器の大甕などの大形器種については一定の技術水準に達した熟練工人が従事したと推定され、倒立技法は通常の製作工程による個体と一定割合で併存するが、この差異は基本的に恒常的に従事した生産品目の相異あるいは製作工人の技量を反映した可能性が高いと推定される。

須恵器工人が形象埴輪を製作した痕跡

東山窯での形象埴輪の出土事例は、報告資料による限り皆無であり、城山二号窯（尾張旭市）に数点の報告事例があるが、生産様相の一端が窺えるまとまった出土事例は下原窯（春日井市）を除いて存在しないため、古墳出土資料を交えて、形象埴輪における須恵器製作の要素について検討する。下原窯・味美二子山古墳（春日井市）・能田旭古墳（北名古屋市）・長塚古墳（名古屋市）・本地大塚古墳（瀬戸市）出土の人物埴輪における体躯の特徴は、轆轤成形に特化した筒形寸胴形態に認められ、手首・腕を別づくりとし、ソケット状の基部を成形して中空の腕、肩部に挿入する差し込み技法が確認される(39)。局所的な身体表現（指先・爪など）、服飾・器物の表現（衣服の縫製・提げ物など）は、実物に即して製作した写実性を有し、全体（体躯）と局所の製作意匠に均衡を欠いた表現が特徴である。同様な特徴は飾馬でも認められる。蓋形埴輪は、笠部の製作に轆轤成形を多用した事例が下原窯・味美二子山古墳（春日井市）・断夫山古墳（名古屋市）などで確認でき、軸受部の口縁部は須恵器の壺と同様な形態を呈するものがある。写実的な意匠表現と分割成形・轆轤成形を応用した製作手順は、本来的な埴輪工人による所産ではなく、轆轤成形に長けた須恵器工人が形象埴輪製作にも関与したこと示すものと推定される。

埴輪工人が須恵器を製作した痕跡＝焼台の外面調整

専用焼台は、尾張型埴輪の最盛期と一致する東山一一～一〇号窯式期に複数型式が確認でき、須恵器生産と埴輪生産の関連を示唆する痕跡として、逆台形・横ハケ型が注目される。ハケ調整を埴輪工人の所作と即断することは性急ではあるが、猿投系の須恵器生産においては甕の口縁部・提瓶の胴部等の特定器種を除き、ハケ調整自体が低調であることに加え、本来的に粗略な調整を特徴とする焼台に丁寧なハケ調整を確認できることが異例と考えられる。一部には、縦ハケ後横ハケの埴輪製作に準じた手順が認められ、焼台の製作者が恒常的に埴輪生産に関与した可能性を示すものと推測する。

焼台全般に関係する製作痕跡として、轆轤回転台からの切り離しによる鋭利な擦痕があり、味美技法の技法痕跡とされる「極微妙な段」[40]と同様な痕跡を生成した事例も認められる。猿投系の蓋坏の形態的特長として、六世紀前葉までは底部の平底、天井の平天井が主体を成しており、轆轤回転台からの切り離しを製作工程に有するものと推定され、須恵器の一般的な製作手順として存在する。円筒埴輪にみる味美技法の技法痕跡は、金属刀子による切断痕跡であり[41]、須恵器・埴輪併焼の生産体制においては、日常的な製作手順（分割成形・回転ヘラケズリ・底部切り離し・一時乾燥）の中に味美技法の技法痕跡（＝複数同時による製作手順）を案出する素地が存在したと推測される。

個別事象のみから、須恵器・埴輪併焼による生産体制全体を推測することは困難であるが、尾張型埴輪（円筒埴輪・形象埴輪）は須恵器との製作手順上の共通要素や轆轤成形に特化した変容形態などを数多く認め、埴輪生産に須恵器的要素が融合して案出した技法が味美技法・倒立技法であり、大量生産を前提とする埴輪製作の手順を確立した生産体制上の画期であったと想定する。一時乾燥を製作単位とする同時並行による大量生産は、結果的に製品の規格化をより一層鮮明なものとし、断夫山古墳を頂点とする法量規格による階層性の確立・大量需要と相まって、窯業生産の一大盛期を現出したと推定される。製作者の性格として、規格品の大量生産は須恵器工人の得手とした分野であったことは想像に難くないが、少なくとも一部の熟練工人にとって埴輪は、「須恵器の一器種」として製作した可能性が高く、大型円筒埴輪は、成形（回転・分割成形）から焼成（還元炎焼成）に至るまで須恵器（＝大甕）製作の手順を一貫したものと推定される。須恵器・埴輪の併焼による生産体制においては、須恵器・埴輪の製品あるいは製作工人の明瞭な区分が存在しない、須恵器生産そのものとも換言できる。窯業生産の需要拡大、技術的・生産体制の成熟と製品需要として埴輪が一定割合を占めた時代相を反映したものといえる。(42)(43)

まとめにかえて

律令体制の萌芽と窯業生産の変容

尾張型埴輪の終焉と軌を一にする六世紀中葉において、下原窯・卓ヶ洞窯は一旦廃絶し、その後生産地域は猿投窯東山地区・岩崎地区に集約され、須恵器のみの専焼窯となる。背景として、政治的・社会的変化に対応し、生産地域と生産体制を再編成した可能性が推定され、七世紀代以降の律令制の萌芽期から成立期において、官需に伴い須恵器専焼窯は飛躍的に増大し、尾北窯では新たに篠岡地区が中心となる。生産形態の一部に瓦陶兼業窯が存在する点は、官衙・寺院向けの官窯としての性格を具備したものと推定され、古墳時代から律令体制への移行期における窯業生産の様相変化は、社会的要請と時代相が如実に反映したことを示し、五～六世紀代における窯業生産（須恵器・埴輪併焼窯）の拡大は、埴輪生産が一定の比重を占めたことを傍証する。(44)

須恵器・埴輪の併焼が物語る歴史像

尾張型埴輪の成立（＝須恵器・埴輪の併焼による生産体制の成立）とその生産窯の分布動向は、従来の埴輪祭祀および生産体制からの刷新であり、技術的な画期としても捉えられる。名古屋台地（熱田）を本拠地とする尾張氏は、いち早く窯業生産のほか、製塩などの手工業生産を掌握し[45]、尾張型埴輪の分布動向と階層性から、各地域の首長層とは技術供与と埴輪祭祀の共有を通じて連携したと推定される。須恵器・埴輪の併焼は、生産体制そのものの反映であり、本論では複数型式に亘る継続的な生産様相を重視し、尾張型埴輪の生産を通じて各地の窯跡は工人・技術の直接的な移入（＝分派あるいは巡回）という形で拡散したものと推測した。

須恵器・埴輪併焼における生産体制では、埴輪も須恵器の一器種と換言でき[46]、首長層の窯業生産の掌握を通じて、東山一一号式期には古墳築造の最盛期と連動して生産体制を確立し、技術的にも成熟の域に達したものと推定される。生産体制の掌握とは抑圧的な意味ではなく、工人の身分保証を通じた生産体制の維持・確立であったと想定する。尾張型埴輪（円筒埴輪）以外に、形象埴輪においても尾張型と称すべき[47]独自の製作手法や意匠表現は、その全てと断定できないまでも、従来の埴輪生産に規制されない須恵器工人の自由な発想と技術力が相まって誕生したものと推測する。東山窯と城山・卓ヶ洞窯、下原窯の製品（須恵器・埴輪）が製作技法・意匠表現の共有を背景として、経時的変化の連動性を認めることは、基本的に東山窯（猿投窯）を拠点とする工人の波状的な分派あるいは巡回工人の存在の可能性を含めた工人間の交流が頻繁に行われていたことを傍証する。

須恵器・埴輪の併焼の確立と展開、工人の技術交流は、首長間の連携と地域圏の成立を歴史的背景とした可能性が高く、文献資料に登場する尾張氏による尾張のクニの統一過程が深く関係していたことは、考古学的見地からも一定の裏付けが可能と考えられる。

註

（1）齊藤孝正・後藤健一『須恵器集成図録』第3巻　東日本編Ⅰ（雄山閣出版　一九九五）

（2）愛知県史編さん委員会『愛知県史』別編　窯業２　中世・近世　瀬戸系　二〇〇七

（3）春日井市教育委員会『下原古窯跡群』―下原古窯跡群第２次・第３次発掘調査報告書―　春日井市遺跡発掘調査報告第12集　二〇〇六

（4）常滑市前山（新田）窯は、北勢に分布する陶邑系の窯跡との関連で評価されることが多いが、報告資料の中には東山窯に類似する平底の坏身が確認でき、埴輪の可能性がある破片二点を伴う。猿投（東山）系須恵器・埴輪併焼窯の可能性もあるが、本論では取り扱いを留保した。位置付けについては今後の課題とする。中野晴久「新田古窯の調査」（『常滑市民俗資料館研究紀要』Ⅸ　常滑市民俗資料館　二〇〇〇）

（5）ＯＮ四六～ＴＫ二〇八型式並行は、斎藤孝正「猿投窯成立期の様相」（『名古屋大学文学部研究論集』ＬＸＸＸⅥ（史学29）一九八三）ＴＫ二三型式並行は、尾野善裕「古墳時代猿投窯編年の再検討」（『第４回三河考古合同研究会資料　古墳時代の猿投窯と湖西窯―分類・編年・西暦年代の再検討―』　三河考古刊行会　一九九九）がある。

（6）赤塚次郎「第５章　考察　1．尾張型埴輪について」（『池下古墳』　愛知県埋蔵文化財センター調査報告書第24集　財団法人愛知県埋蔵文化財センター　一九九一）

（7）浅田博造「断夫山古墳と階層構成～墳丘と尾張型埴輪を中心に～」（『墓場の考古学』第13回東海考古学フォーラム実行委員会　二〇〇六）

（8）名古屋市教育委員会『長塚古墳（第３次・第４次）』名古屋市文化財調査報告80　埋蔵文化財調査報告書63　二〇一一

（9）前掲註７

（10）前掲註６

（11）城ヶ谷和広「愛知県下における須恵器生産と流通」（『研究紀要』第８号　財団法人愛知県教育・スポーツ振興財団愛知県埋蔵文化財センター　二〇〇七）

（12）齊藤孝正「猿投窯成立期の様相」（『名古屋大学文学部研究論集』ＬＸＸＸⅥ（史学29）名古屋大学文学部　一九八三）

(13) 前掲註12によるほか、岩崎直也「尾張型須恵器の提唱」(『信濃』第39号第4巻　信濃史学会　一九八七)、小林久彦「第6章　考察　1．水神古窯における須恵器生産の系譜」(『水神古窯』豊橋市埋蔵文化財発掘調査報告書第7集　豊橋市教育委員会　一九八七)

(14) 前掲註1

(15) 前掲註6

(16) 荒木実『東山古窯址群』一九九四

(17) 東山六一号窯式期に後続する蝮ヶ池窯において、須恵器のほか円筒埴輪(形象埴輪基底部の可能性のある個体含む)が報告されている。単独灰層による一括遺物と評価されるが、蓋坏の型式による限り、東山一〇号窯式期の遺物が混在し、埴輪が前型式に伴う可能性を内包する。本論では対象事例から除外したが、須恵器・埴輪併焼が蝮ヶ池窯式期に降る可能性は重要な知見であり、今後の検討課題とする。伊藤禎樹・岩本佳子「名古屋市蝮ヶ池窯について」(『三河考古』第17号　三河考古刊行会　二〇〇四)

(18) 前掲註12

(19) 前掲註16

(20) 東海古文化研究所『尾張旭市の古窯』一九七八

(21) 前掲註12・16

(22) 前掲註16

(23) 春日井市教育委員会『春日井市遺跡発掘調査報告』第9集―春日井市埋蔵文化財発掘調査概報―　一九九四、春日井市教育委員会『下原古窯跡群』春日井市遺跡発掘調査報告第12集　二〇〇六

(24) 同右

(25) 齊藤孝正「東山61号窯出土の須恵器」(『名古屋大学総合研究資料館報告』2　名古屋大学総合研究資料館　一九八六)、名古屋大学大学院文学研究科考古学研究室『東山61号窯発掘調査報告書』二〇一〇

(26) 前掲註20、七原恵史「尾張旭市卓ヶ洞第2号窯出土遺物について」(『研究紀要』第12集　愛知県立守山高等学校　一九八六)
(27) 豊田市教育委員会『上向イ田窯』豊田市埋蔵文化財発掘調査報告書第38集　二〇〇九
(28) 浅田博造「尾張型円筒埴輪の製作手順と規格化現象―味美技法の解釈をめぐって―」(『伊藤秋男先生古希記念考古学論文集』伊藤秋男先生古希記念考古学論文集刊行会　二〇〇七)
(29) 前掲註6
(30) 前掲註23
(31) 前掲註16
(32) 前掲註23
(33) 専用焼台の口縁部調整・底部の形態差は、予め焼成器種の組み合わせ・窯詰め位置を想定した可能性が推定されるが、底部の形態差を積極的に捉えるならば、焼成部の傾斜面（急傾斜）を想定した斜傾形態に対して、水平形態は平坦面（緩斜面）を想定した可能性があり、焼成部の最前列あるいは燃焼部の後列付近が位置的な候補として挙げられる。高温・温度変化によるリスクを伴うため、希少・優良品の焼成には不向きではあるが、降灰・自然釉の発生を意図的に利用したと仮定した場合には、一つの製品として企図した可能性が残される。この場合の焼台の用途は残灰に埋没しない程度のかさ上げであったと想定される。原始灰釉の初源が相当遡る可能性を含め、焼台の自然釉の発生状況、消費地における自然釉の発生事例との整合性は検討課題である。
(34) 城山窯の異形土器は口縁端部が外方に屈曲し、細く窄まる点、底部が欠損するため全形が不明である点に不確定要素を残すが、分類基準を適合すると長方形・横ナデ型に属する。本論による位置付けとしては、専用焼台の初源型式の可能性の指摘に留める。このほか、東山五〇～岩崎一七号窯式期に相当する東山二七号窯・八三号窯においても専用焼台が確認でき、胴部に小孔を穿孔するなどの類似点を認めるが、同一系譜上に後続する変容型式との判断については、今後の検討課題とする。

(35)　東山窯を猿投窯の直系窯、下原窯は猿投窯の傍系窯と仮定した場合においても、窯跡間の関係は主従ではなく、特定古墳の築造による埴輪生産の応需など、実際の生産実態（生産量・生産品目から製作技術を含む）は、傍系が直系を上回ること、供給先として両窯の製品が混在することも想定上はあり得る。
(36)　柴垣勇夫『東海地域における古代中世窯業生産史の研究』（真陽社　二〇〇三）
(37)　三突帯四段の円筒埴輪は、中社古墳・南社古墳（名古屋市）・青塚古墳（犬山市）・高塚古墳（北名古屋市）など四世紀後葉から五世紀前半にかけて散見するが、基本的には単発的な事例に終始し、古墳群あるいは地域としての連続性は欠如しており、広域的・継続的な尾張型埴輪の登場は埴輪祭祀・支配秩序の上で大きな画期を成す現象と推定される。
(38)　前掲註6
(39)　白井秀明・鈴木徹「「尾張型埴輪」の新例―愛知県西春日井郡師勝町熊之庄東出古墳の埴輪―」（『埴輪研究会誌』第6号　埴輪研究会　二〇〇二）
(40)　前掲註6
(41)　犬塚康博「『味美技法』批判」（『名古屋市博物館研究紀要』第17巻　名古屋市博物館　一九九四）
(42)　前掲註28
(43)　鈴木敏則「淡輪系円筒埴輪2003」（『第52回埋蔵文化財研究集会　埴輪―円筒埴輪製作技法の観察・認識・分析―』第52回埋蔵文化財研究集会実行委員会　二〇〇三）
(44)　前掲註11
(45)　赤塚次郎「尾張の土器と埴輪」（『継体大王と尾張の目子媛　新王朝を支えた濃尾の豪族たち』森浩一ほか編　一九九四）
(46)　須恵器・埴輪の同時焼成を示す確実な痕跡は未確認であり、併焼＝窯の共用現象に留まる。窯詰め・焼成手順の差が存在した可能性、または埴輪の応需に対して一時的に須恵器の製作を中断した可能性も須恵器・埴輪の同時焼成が存在しない理由として想定される。

(47)　前掲註39

参考文献

愛知県教育委員会　一九八三『愛知県古窯跡群分布調査報告』（Ⅲ）（尾北地区・三河地区）付・猿投窯の編年について
春日井市教育委員会　一九九六『企画展　渡来文化と『須恵器』』
新修名古屋市史資料編編集委員会　二〇〇八『新修名古屋市史　資料編　考古1』
藤井康隆　二〇〇六「尾張における円筒埴輪の変遷と「猿投型円筒埴輪」―「尾張型埴輪」の再構築―」（『埴輪研究会誌』第10号　埴輪研究会）
穂積裕昌　二〇〇五「伊勢における窖窯出現以降の埴輪生産～その系統と工人編成～」（『考古学フォーラム』17　考古学フォーラム）

松崎遺跡と知多半島の土器製塩

早野浩二

はじめに

松崎遺跡の調査・研究

東海市指定文化財である松崎遺跡（「松崎貝塚」）[1]は、明治末年、名鉄常滑線（伝馬―大野間）建設時に貝層が露出したことによって発見された。以後、一九七六年、二〇〇四年に東海市教育委員会、一九八八・一九八九年、二〇〇八・二〇〇九年に愛知県埋蔵文化財センターによって発掘調査が実施された（杉崎他一九七七・一九八四、福岡他一九九一、立松・永井二〇〇五、川添二〇〇九）。

約一世紀に及ぶ調査・研究の歴史上、最初に特筆すべき事績は、杉崎章が「特殊台脚付土器」として注目した松崎遺跡と下浜田遺跡の土器を近藤義郎が製塩土器であることを立証したことである（杉崎一九五六、近藤一九六五）。これを受け、杉崎章と立松彰は遺跡から出土した製塩土器の型式学的研究に積極的に取り組み、知多式製塩土器の編年を確立した（杉崎他一九七七、立松一九八四・一九九四・二〇一〇ａ）。

その後、遺跡を通じて土器製塩の具体的な工程を明らかにする研究が展開する。福岡晃彦は製塩土器廃棄層の層位

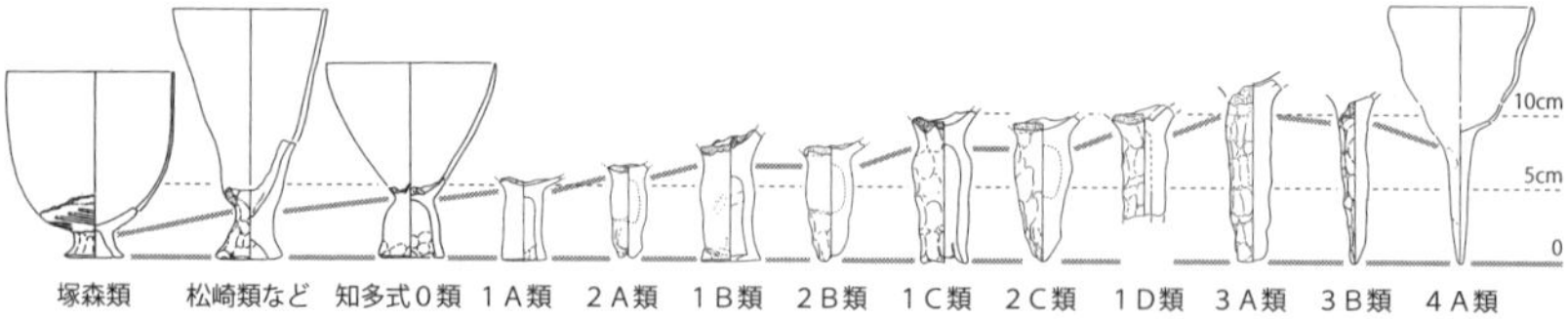

図１　知多半島における製塩土器の変化

発掘と知多式製塩土器４類の詳細な型式分類を通じて土器製塩の具体的な工程を明らかにした（福岡　一九九一）。同時に、森勇一は海藻に付着する珪藻から古代製塩における海藻利用をはじめて実証し（森　一九九一）、渡辺誠は微小貝類・ウズマキゴカイを通じて「藻塩焼く」と万葉集に詠われたところの採鹹方法を実証した（渡辺　一九九一）。その他、個別具体的な研究も数多く蓄積され、近年には松崎遺跡と土器製塩研究を総括する研究集会も開催された（考古学フォーラム　二〇一〇）。

以上に列記したように、松崎遺跡の調査・研究は土器製塩研究の流れと不可分の関係にあるだけでなく、古代生産史研究における記念碑的事績を数多く残している。これら数多くの優れた調査・研究を受け、早野浩二は古墳時代における製塩遺跡、あるいは臨海の集落遺跡としての全体的把握を試みた（早野　二〇〇五ａ・二〇〇七・二〇一〇）。本論ではそれらを再構成し、遺跡や地域社会をより俯瞰する視点を加味しつつ、松崎遺跡の形成過程と構造、その歴史性について改めて論じることとする。

知多半島における製塩土器の諸型式

製塩土器の分類・編年は立松彰による研究に従い、知多半島における変化の過程を図１に示した。

知多半島を含めた東海地域における古墳時代前期までの製塩土器は、大阪湾沿岸地域や備讃瀬戸地域の脚台式製塩土器に類似する。知多半島北端の塚森遺跡などで出土している塚森類は、Ｕ字形の杯部に叩き調整を施した備讃Ⅳ式（大久保　一九九四）に類似する脚台式製塩土器であるが、地域的、時期的にも局限される。

古墳時代中期後半には松崎遺跡などで脚台式製塩土器の松崎類を含む不定型な一群が認められ、知多式０類（立松・永井　一九九九）を介して円筒脚の知多式１類が出現する（森二〇〇五）。知多式1類は脚端部が平坦で自立する1A類、やや長脚化した1B類、さらに長脚化し、脚端部を尖らせた自立しない1C類へと変化する。およそ1A類が五世紀後葉、1B類が六世紀前半、1C類が六世紀後半に対応する。脚先端を閉じ合わせた知多式2類も1類と同時期の所産とされる。七世紀には棒状脚の知多式3類に変化し、それと前後して、製作に軸芯を用いた1D類（立松二〇一〇b）も認められる。さらに七世紀後半には棒状脚が小型化した知多式4類へと変化する。古墳時代の土器製塩を扱う本論は、主として知多式3類に対応する七世紀までを論述の対象とする。

松崎遺跡の形成過程

「アユチ潟」の遺跡と塚森類製塩土器

知多式製塩土器に先行する塚森類の製塩土器は、「アユチ潟（年魚市方）」（『万葉集』）とも呼ばれる干潟に面した砂丘上に立地する塚森遺跡、長光寺遺跡、ト丶メキ遺跡などで出土している。塚森遺跡とト丶メキ遺跡は、製塩土器が出土しない近隣の菩薩遺跡などを含め、弥生時代中期から継続する遺跡で、古墳時代前期後半頃、自然発生的な集落に土器製塩技術が移植されたものと理解される。「アユチ潟」を臨む鳴海丘陵、笠寺台地においても、古墳時代前期後半の遺跡が分布し、笠寺台地には鳥栖八剣社古墳（円墳・径約六〇メートル）、知多丘陵の北端には兜山古墳（円墳・径約四五メートル）、斎山古墳（円墳・径約三〇メートル）が築造される。つまり、古墳時代前期を通じて、「アユチ潟」に面した幾つかの地域社会は、比較的穏やかな発展を遂げていたと考えられる。

しかし、塚森類による土器製塩は短期間で途絶し、長期間安定して継続していた塚森遺跡、ト丶メキ遺跡は集落そのものも廃絶する。以後、七世紀までこの地域において土器製塩が行われることはなかった。一方、同じ砂丘上の菩薩遺跡は集落が継続し、丘陵上のカブト山遺跡では古墳時代中期後半に集落が形成される。カブト山遺跡では、大型の管状土錘が出土していることから、集落に居住した集団は干潟漁業にも従事していたことが知られるが、土器製塩

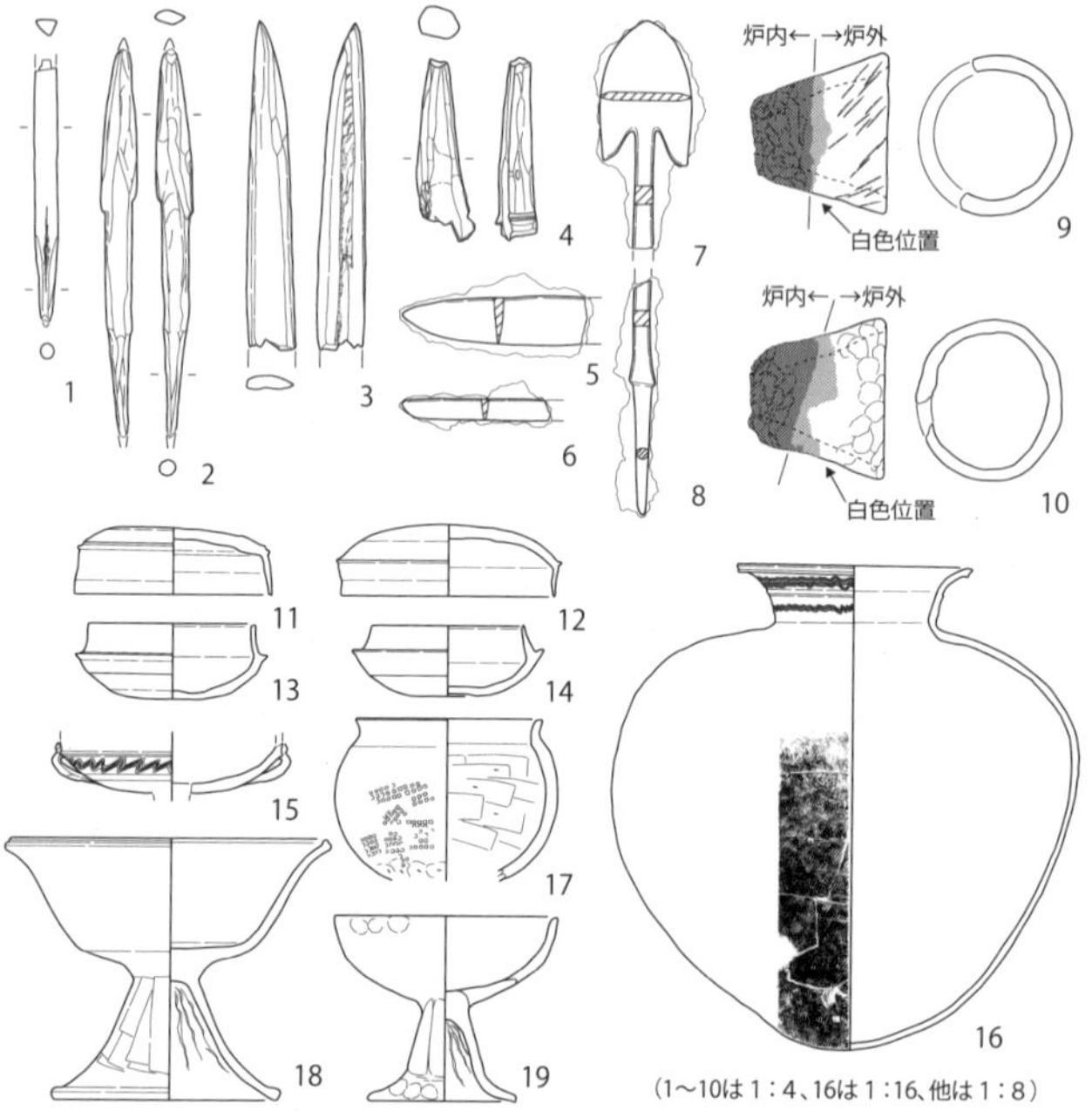

図２　法海寺遺跡出土遺物

に関与した痕跡は認められない。

渡来系集団による地域開発と法海寺遺跡　古墳時代中期後半、知多半島西岸に特徴的な遺跡が形成される。松崎遺跡の南約三キロ、同一の砂丘上に立地する法海寺遺跡である（渡辺他一九九三）。法海寺遺跡では、五世紀後半の貝層から鞴羽口２点、鉄滓、鉄鏃や刀子などの鉄製品、骨鏃や刀子などの骨角製品、加工段階の骨角素材などが出土している（図２）。同形同大の鞴羽口２点は薄手軽量化した専用羽口で、同時期、畿内を中心として広く普及する型式である（真鍋 二〇〇三）。出土土器には東山111号窯式（ＴＫ216型式からＯＮ46型式）を主体とする初期須恵器も多く、韓式系土器も出土していることから、遺跡には五世紀後半、渡来系工人が関与しつつ最新の鉄器製作技術が移植されたと推測される。

同時期の初期須恵器や韓式系土器は名古屋台地に集中することから、法海寺遺跡における鉄器製作技術の移植には、名古屋台地を拠点とした地域首長が能動的に関与した可能性が想定される（早野 二〇〇五ｂ）。これを示唆する事実が、法海寺遺跡に近接する下内橋遺跡において検出された円墳である。円墳には知多半島としては異例な尾張型

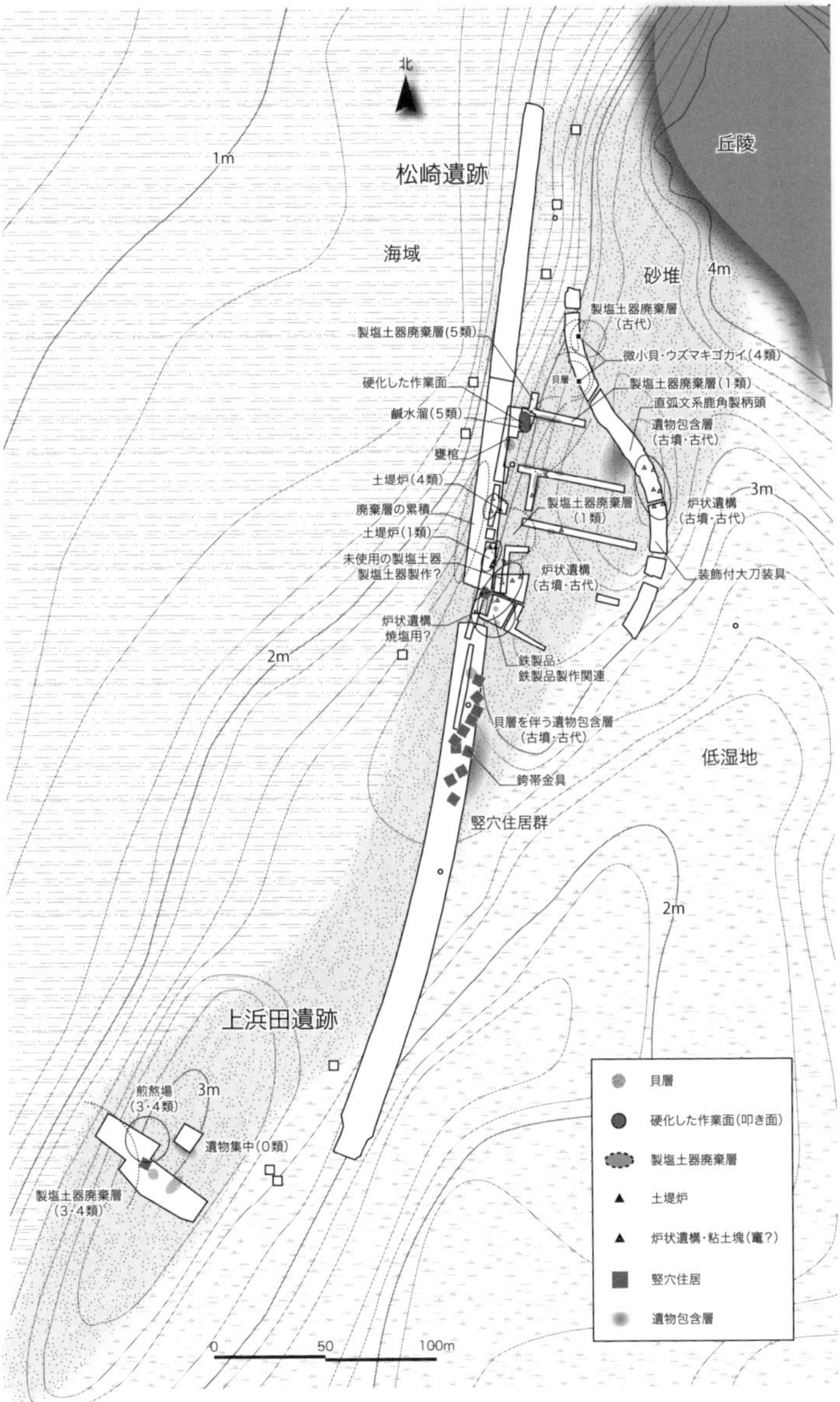

図3　松崎遺跡遺構配置図

埴輪が使用されていた。下内橋遺跡の古墳の築造時期は五世紀末葉、東山11号窯式期（ＴＫ23型式期からＴＫ47型式期）に求められるが、それ以降、法海寺遺跡は不鮮明化する。また、法海寺遺跡の形成と同時期、近在の細見遺跡において、脚台式製塩土器による小規模な土器製塩が行われるが、それもごく短期間で途絶する。

松崎遺跡の形成　脚台式製塩土器から円筒脚の知多式０・１類製塩土器が案出されて以降、知多式製塩土器が継続する全期間、古墳時代中期後半から平安時代を通じて、土器製塩が大規模に展開した遺跡が松崎遺跡である。

松崎遺跡は知多丘陵によって囲まれた海岸平野の北端に位置し、遺跡の南には上浜田遺跡が連続して立地する（以下、上浜田遺跡を含めて松崎遺跡と呼称する）。遺跡が立地する砂丘は海岸線に沿って断続しながらも総延長四キロの長さにも及び、砂丘上には各時期の製塩遺跡が帯状に分布する。

松崎遺跡が立地する砂丘の規模は、長さ約六〇〇メートル、幅約一〇〇メートルに復原され（図３）、遺跡の範囲も同程度と推定される。砂丘の北端は丘陵に接し、背後には低湿地が広がっている(2)。こうした長大な海岸平野の利用は、塚森遺跡などを含めて、古墳時代前期以前に形成された製塩遺跡が操業規模の拡大、長期的な操業を望むことが難しい丘陵間の狭隘な砂丘上を利用する点とは大きく一線を画する。

また、五世紀前半以前に砂丘上が積極的に利用された痕跡はなく、上浜田遺跡にごく小規模な遺構が確認される程度である。同一砂丘上に立地する烏帽子遺跡などでも同時期の遺物はごくわずかに認められるが、古墳時代中期以前、これらの遺跡が立地する砂丘上の利用はごく低調であったとみてよい。既述した周辺遺跡の状況からも、松崎遺跡・上浜田遺跡が大規模な製塩遺跡として形成されるに際しては、塚森類の途絶と同時に集落が廃絶した知多丘陵北端の遺跡、渡来系集団を伴う生産技術が移植された法海寺遺跡など知多半島西岸の砂丘上に分散して展開した諸遺跡が松崎遺跡に集約される流れを想定することが可能であろう。

知多式製塩土器の成立　上浜田遺跡・松崎遺跡においては、松崎類から不定形な一群を介して知多式０類、さらに知多式１類に型式変化する流れが把握されている（森　二〇〇五）。なお、知多式０類には五世紀後半、城山２号窯

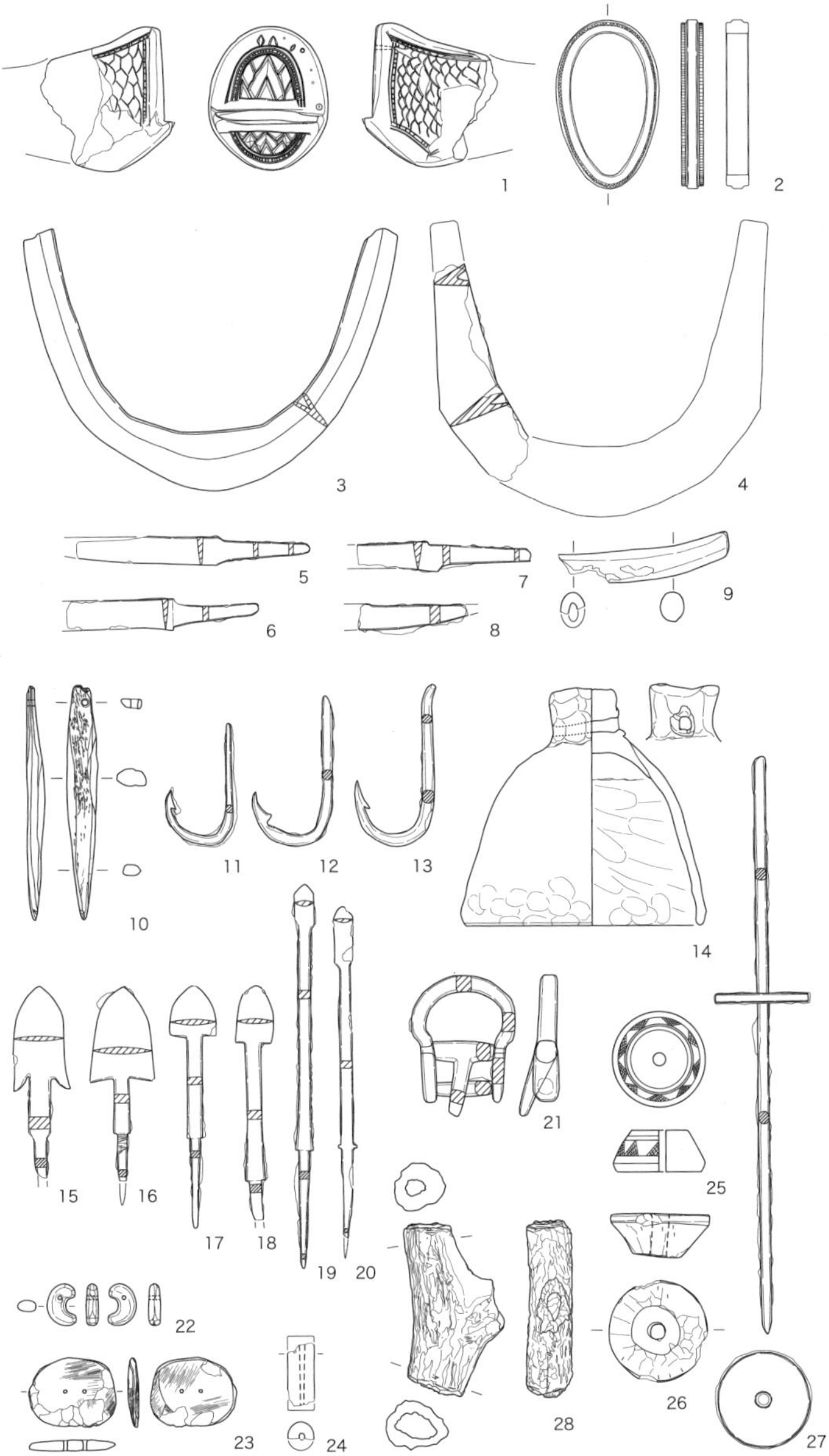
1
2
3
4
5
6
7
8
9
10
11
12
13
14
15
16
17
18
19
20
21
22
23
24
25
26
27
28
(1･2は1：2、他は1：4)

図4　松崎遺跡出土遺物

式期（ＴＫ208型式期）の須恵器が共伴する。知多式０類とそれに後続する１Ａ類は知多半島、知多湾沿岸に点在して分布するが、松崎遺跡の個体数は他の遺跡の比ではなく、松崎遺跡周辺において知多式製塩土器が成立したことは確実である（立松　一九九六・二〇〇一）。つまり、松崎遺跡の形成と知多式製塩土器の成立は契機を同じくする。

遺跡の構造

諸施設とその配置　製塩遺跡を構成する各施設は、製塩作業に直接的に関係する施設、製塩作業に付随する施設、その他作業従事者の居住施設や他種生産部門施設等に大別される。しかし、松崎遺跡においては古墳時代以降も土器製塩が安定して長期間継続し、各施設の整理、更新が絶えず繰り返されるため、古墳時代の遺跡の構造を把握することは容易ではない。以下の記述は後続する時代を含めた諸施設の状況である（図３）。

汀線に面した砂堆の前面には煎熬用の作業施設と考えられる土堤炉、その周囲に製塩土器廃棄層が分布する。ウズマキゴカイ・鹹水産微小貝の検出は、付近において採鹹作業が行われたことを示す。上浜田遺跡においては砂浜に棒状脚の製塩土器（知多式３・４類）を差し込んだと思われる小穴が無数に検出されていることから、この地点において煎熬作業が行われたとも考えられている。製塩土器廃棄層は、知多式１類の廃棄層の上位に自然堆積層を介しつつ、順次、４類、５類の廃棄層が堆積し、土器製塩作業と自然堆積の繰り返しによって高まりが形成される。５類の製塩土器廃棄層には、その周囲に硬化した作業面（いわゆる「叩き面」）と鹹水溜が付随して分布する。

石製支脚を伴う炉状遺構は、焼塩（固型塩）製作用の炉とも推測されているが、使用時期が判然としない。内部に焼土を伴う炉状遺構については、その周囲に製塩土器の粘土材料とも考えられる「粘土分の混じるいわゆる山砂」と未使用の製塩土器（知多式３類）が分布することから、製塩土器の焼成炉の可能性も指摘されている。

製塩土器廃棄層には貝層が重複して分布する。製塩土器廃棄層と互層状に形成される貝層の存在は製塩と貝類加工の作業空間が共有されていたことを示唆する。貝層は古墳時代から古代を通じて形成されるが、獣骨や鹿角は古墳時

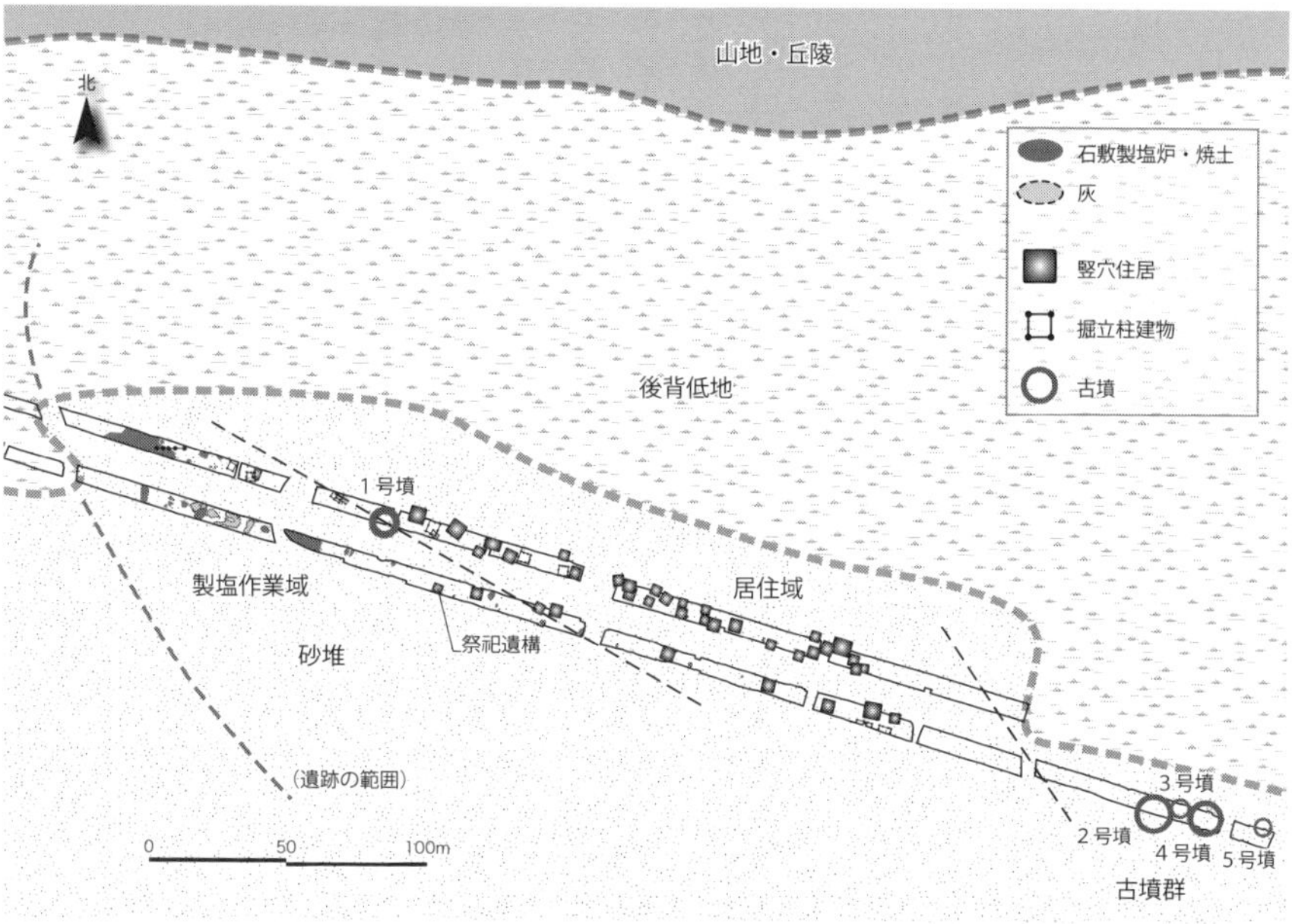

図５　西庄遺跡遺構配置図

代の包含層に伴う傾向がある。製塩土器廃棄層や貝層の直近には鉄製品や骨角素材・製品、鉄製品製作関連遺物がやや集中して検出される地点も認められ、付近には鉄製・骨角製品製作工房様の施設が配されていたことも想定される。

砂丘の背後（丘陵側）の緩傾斜面には土師器・須恵器を多く包含する遺物包含層が形成され、竪穴住居や竈の可能性がある炉状遺構等が検出されることもある。砂丘背後の遺物包含層は、土師器・須恵器を多く包含し、製塩土器の出土は少ない。なお、後述する装飾付大刀装具や直弧文系装飾付鹿角装具といった遺物が低湿地側に近い（主たる生産活動域から隔てた）地点において出土していることから、付近は祭祀域等、特殊な空間として利用された可能性もある。一方、生産域や居住域等の各区域を区画する施設はほとんど認められない。

多様な遺物と生産活動　松崎遺跡において出土する土師器と須恵器、製塩土器以外の遺物については、用途に応じて農具、工具、漁具、武具（馬具）、祭祀具、装身具、紡織具、鉄製品・骨角製品製作関連遺物などに類型化される（図４）。これらの遺物は、既述のように鉄製品、骨角素材・製品、鉄製品製作関連遺物が製塩土器廃棄層や貝層に接してやや多く分布する以外は、居住域に形成された遺物包含層を中心に分布する。

農具（土木具）としてはＵ字形鍬鋤先２点、工具としては刀子３点とその装具として鹿角製把がある。鹿角製把には直弧文を彫刻した鹿角製刀剣装具（小林 一九七六）に系譜する優品も含まれる。直弧文系装飾付鹿角装具は文様の系譜から、およそ六世紀前半の所産と推測される。なお、この鹿角装具表面には水銀朱が残る。

漁具はさらに網具、釣具、刺突具、陥穽具に分類される。網具には土錘、鹿角製針（網針）、釣具には鉄製釣針、刺突具には骨鏃など、陥穽具には土師質飯蛸壺がある。土錘には、管状・球状土錘、有溝土錘等がある(3)。４点の鉄製釣針はいずれも〝し〟の字状単式内アグ釣針（渡辺 二〇〇〇）で、大型の部類に属する。土師質飯蛸壺は釣鐘形１点が出土しているが、大阪湾沿岸域を中心に出土する釣鐘形の飯蛸壺とは相違点も多く、漁具としての積極的な評価は難しい。なお、胎土や製作技法は知多式製塩土器にも類似するので、製塩土器製作者による製作も想像される。

武具としては鉄剣、鉄鏃、装飾付大刀装具、さらに馬具としては鉄製鉸具がある。鉄鏃は７点以上とやや多く、多くは六世紀後半を前後する時期の所産である。装飾付大刀の金銅製責金具は鏨打ちによる鋸歯状の刻み列点（双連珠文）が刻まれている。六世紀後半、ＴＫ43型式期に相当し（大谷 一九九九）、古式の双龍環頭大刀などに伴う可能性がある。

祭祀具としては滑石製勾玉・有孔円板各１点、装身具としては碧玉製管玉１点、紡織具としては陶製・滑石製・鉄製紡錘車各１点がある。鉄製紡錘車については、公的な施設、あるいは貢納を目的とした生産関連遺跡において出土する傾向があるとの指摘がある（東村 二〇〇五）。

その他、生産関連遺物として鞴羽口、砥石、鉄滓、加工段階の骨角製品、骨角素材がある。加工段階の骨角製品にはノミ状工具によって鹿角の枝角を切り落とした痕跡が明瞭に残るもの、骨鏃等の製作過程を示すものなどがある。

以上、各種の漁具は、網漁法、釣漁法、刺突漁、飯蛸漁による漁撈活動の展開、鉄製品、骨角製品とその製作関連遺物は、一貫した工程に沿った各種生産用具の製作を示す。ただ、出土遺物の年代を詳細に検討することは難しく、各生産活動の具体像、時代的な傾向を把握することは難しい。ただ、先述のように、魚骨や獣骨は古墳時代の包含層に伴う傾向があることから、これらの生産活動は古墳時代により活発であったと推測される。武具（馬具）は六世紀後半の武装を反映しているとも把握され、土器製塩に従事する集団が有事には軍事活動に参加したとも推測される。特に、六世紀前半の直弧文系装飾付鹿角装具、六世紀後半の装飾付大刀装具は、それらを保持した人物や集団の社会位置を象徴的に示す。あるいは、遺跡が海洋に関わる祭祀を分掌していた可能性もある。後者の場合、祭祀を主導した勢力の性格が改めて問われなければならない。

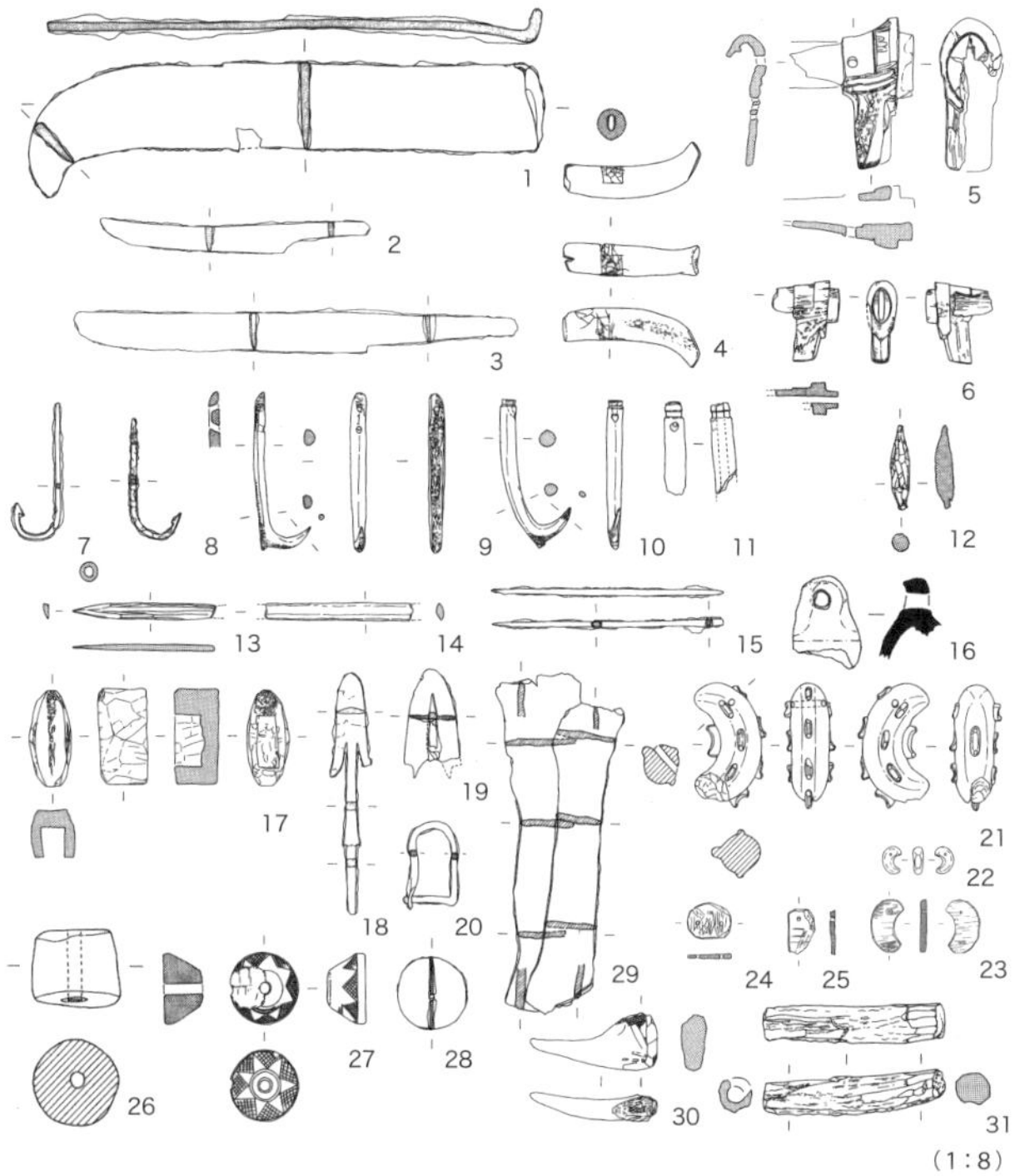

図6　西庄遺跡出土遺物

西庄遺跡と松崎遺跡　松崎遺跡の理解に資する遺跡が、古墳時代の代表的な製塩遺跡、和歌山県西庄遺跡（冨加見他二〇〇三）である。以下、遺構と遺物の両側面から遺跡の構造を比較する。

西庄遺跡は、長さ約五キロの長大な砂丘上に形成された東西約四〇〇メートル、南北三〇〇メートル（遺跡の主要部分は東西三〇〇メートル、南北一〇〇メートル）の範囲に及ぶ大規模な製塩遺跡である。遺跡が大規模化するのは古墳時代中期後葉で、古墳時代後期後半には衰退する。

　西庄遺跡においては、五〇基以上の石敷製塩炉に加えて、竪穴住居三九棟、掘立柱建物一一棟、古墳五基が検出されている。これらの遺構の分布様態から、概ね遺跡南西の微高地上に製塩作業域、微高地から後背低地側のやや低い位置に竪穴住居と掘立柱建物から構成される居住域が配置されていることが判明する（図５）。また、竪穴住居が埋没する過程において、多量の動物遺体を含む貝層が形成されている。

　西庄遺跡では他の生産活動や社会生活に関係する遺物の出土も多い。松崎遺跡における遺物相の類型と対比しつつそれらを列挙すると、農具として曲刃鎌、工具として刀子（鹿角装具）、漁具には網具として土錘（管状土錘・瀬戸内型土錘）、釣具として鉄製・鹿角製釣針、鹿角製疑似餌、刺突具として鹿角製・鉄製ヤス、陥穽具として須恵質飯蛸壺、武具（馬具）として大刀、鉄剣（鹿角装具）、鉄鏃、鉄製鉸具、祭祀具として石製模造品（有孔円板、剣形、勾玉、臼玉、子持勾玉）、装身具として金環、碧玉製管玉、紡織具として土製・石製・鉄製紡錘車、さらに生産に関連する遺物として鞴羽口、砥石、鉄鋌、加工段階の骨角製品、骨角素材がある（図６）。

　以上のように、西庄遺跡は遺跡の立地と規模、形成過程、遺物の構成に松崎遺跡と共通する要素が多い。ただし、松崎遺跡が古墳時代から古代を通じて土器製塩が継続する一方、西庄遺跡は古墳時代後期後半には衰退する。この不均等な動態には、より広域的な生産・流通方式の変化が反映されていると考えられる（岩本・大久保 二〇〇七など）。

製塩遺跡の存在形態と塩の生産・流通方式

製塩遺跡と塩の生産・流通における地域相

　知多式製塩土器の分布は同一の生産技術圏を示す一方、松崎遺跡が大規模製塩遺跡であることを認識すれば、製塩遺跡の構造、存在形態は遺跡や地域によって異なり、生産・流通方式も一様でなかったことは容易に想像される。以下、近隣地域における製塩遺跡とも比較しつつ、古墳時代における塩の生産・流通方式とその地域相についても一定の見通しを示し、松崎遺跡の特質をより鮮明にしておきたい（図７）。

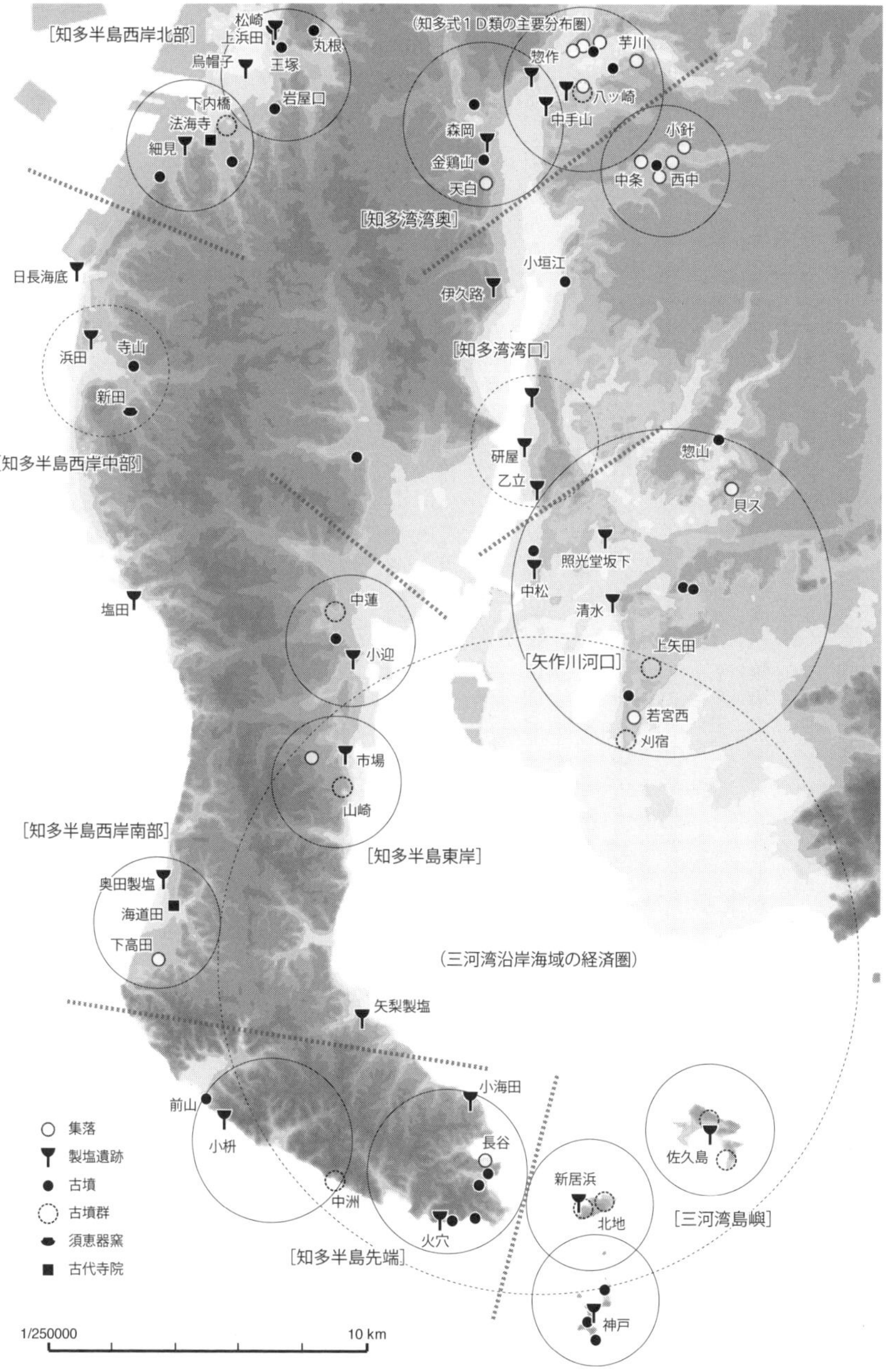

図７　知多半島周辺における生産圏

知多半島西岸　知多半島西岸では、松崎遺跡において土器製塩が大規模に展開し、それに付随して多様な生産活動の痕跡も認められた。生産域背後の居住施設や貝層を伴う遺物包含層は、製塩作業や他の生産活動に従事した相当規模の集団が居住したことを示す。他方、遺跡周囲に同時期の集落はほとんど認められない。また、知多式１・２類の段階の製塩遺跡も少なく、周辺の製塩遺跡の多くが３・４類の段階に操業を開始する。先に古墳時代における周辺集落が松崎遺跡の形成に際して、再編、統合されたことを推察したように、古墳時代には松崎遺跡を中核として集約的な生産活動が行われたのであろう。

しかし、遺跡が長期間継続したことに比して、周辺における古墳の築造は低調である。遺跡の近隣には６世紀後半の王塚古墳が分布する程度で、丘陵上の岩屋口古墳や丸根古墳を含めたとしても、推測される集団の規模からすれば、この程度の古墳の築造状況は決して似つかわしくない。あるいは、背後の丘陵が土器製塩に必要な燃料と粘土を供給する生産関連域として確保され、古墳の築造が抑制されていた可能性も考えられる。

このとき、松崎遺跡における土器製塩と「アユチ潟」に突出する熱田台地上の断夫山古墳（前方後円墳・全長約一五〇メートル）との関連、つまり古墳を造営したことが有力視される尾張氏が上浜田遺跡・松崎遺跡を掌握していたとする想定も導かれよう（後述）。ただ、「アユチ潟」に面した遺跡や那古野・熱田台地上の遺跡においては、古墳時代の製塩土器として知多式１類が尾張元興寺跡から１点が出土しているのみで、こうした状況からは先の想定を確実視するには至らない。加えて、尾張地域においては知多式４類が多数の遺跡から出土しているが、１・２類、３類の出土はごく少ない[4]。知多式１類は西三河地域の集落において比較的多く出土しているが（後述）、尾張地域にほとんど搬出されず、知多半島西岸から専ら西三河地域のみに搬出されたと考えるのも不自然である。流通の実体については全くの不明とせざるをえないが、地域的に不均衡な製塩土器の分布状況からは、後述する矢作川河口域や知多湾沿岸域とは塩の流通方式そのものが異なっていたこと、あるいは、塩の流通が規制されていたことも想定される。

知多半島先端から東岸、三河湾島嶼　知多半島先端では、知多式０・１類の段階から、小桝遺跡や草花遺跡、火穴

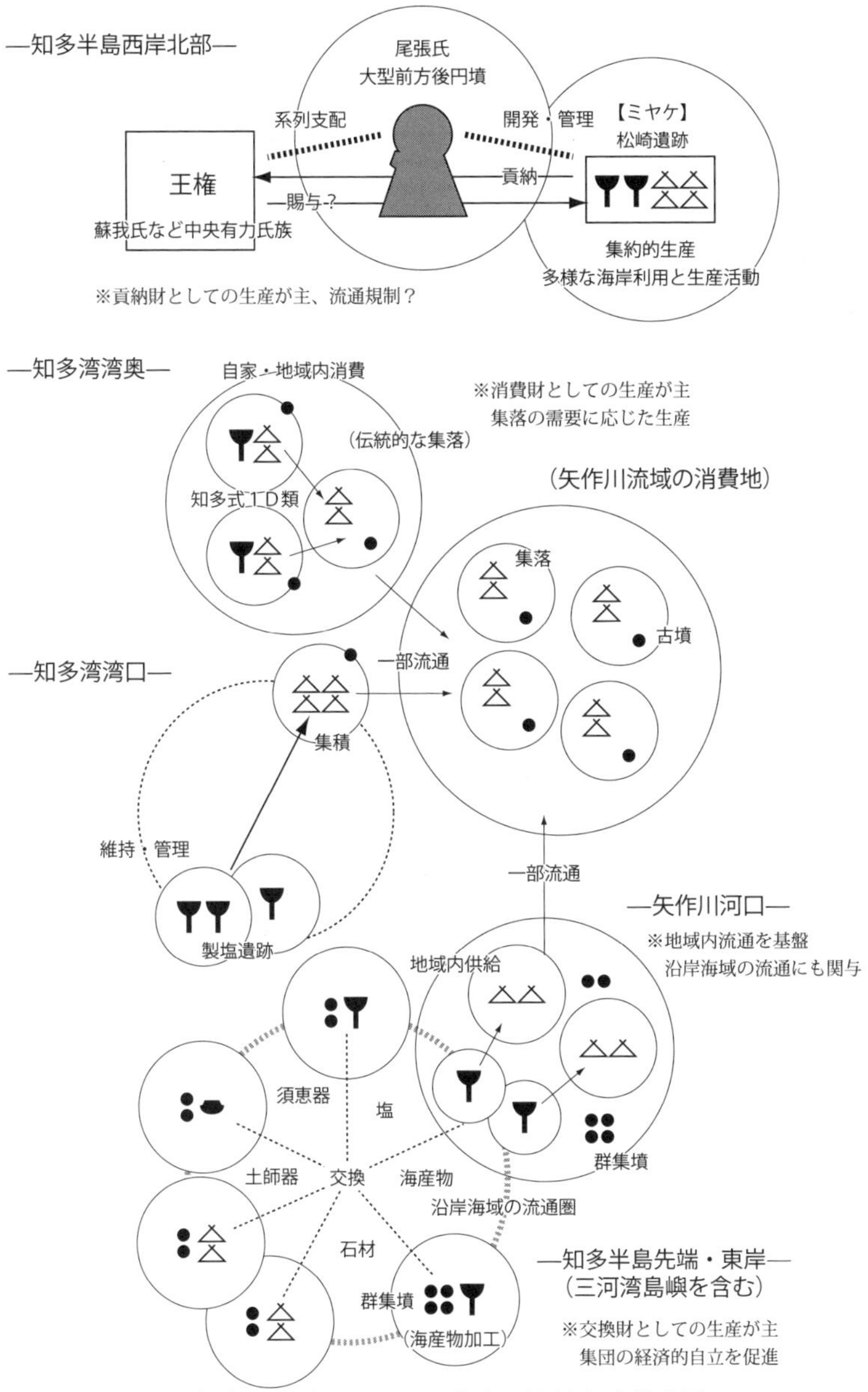
—知多半島西岸北部—
尾張氏
大型前方後円墳
系列支配
開発・管理
【ミヤケ】
松崎遺跡
王権
—貢納
—賜与？
蘇我氏など中央有力氏族
集約的生産
多様な海岸利用と生産活動
※貢納財としての生産が主、流通規制？
—知多湾湾奥—
自家・地域内消費
※消費財としての生産が主
集落の需要に応じた生産
（伝統的な集落）
知多式1D類
（矢作川流域の消費地）
集落
古墳
—知多湾湾口—
一部流通
集積
維持・管理
製塩遺跡
一部流通
—矢作川河口—
※地域内流通を基盤
沿岸海域の流通にも関与
地域内供給
須恵器
塩
群集墳
土師器
交換
海産物
沿岸海域の流通圏
石材
—知多半島先端・東岸—
（三河湾島嶼を含む）
群集墳
（海産物加工）
※交換財としての生産が主
集団の経済的自立を促進

図8　知多半島周辺における生産・流通方式模式図

遺跡など、小規模な海岸平野や丘陵崖下のごく狭隘な海岸に製塩遺跡が分布する。操業もさほど大規模ではなかったであろう。周辺は集落の形成がごく低調な一方、中洲古墳群などの古墳が点在する。

知多半島東岸においても市場遺跡の近在に山崎古墳群、小迎遺跡の近在に中蓮古墳群が分布し、製塩遺跡と数基から構成される古墳群との一定の対応が看取される。山崎古墳には比較的豊富な副葬品中に、岸岡窯産須恵器（脚付短頸壷）が含まれていることからすると、製塩遺跡において生産された塩は須恵器などの物品の対価として沿岸海域に流通した可能性がある。土器製塩も沿岸海域の交易に関与したこれらの古墳の被葬者によって管理されていたのであろう。

三河湾島嶼においては、篠島式製塩土器と呼称される独自の製塩土器を使用して土器製塩が行われていた。日間賀島と佐久島においては、離島としては異常なまでの密度で群集墳が築造されるが、操業規模がさほど大規模でないこと、篠島式製塩土器は島外にはほとんど搬出された形跡がないことから、島嶼における主な生業は海産物生産で、島嶼における土器製塩は海産物生産に付随する自給的な生産であったと推測される。また、日間賀島の北地５号墳にも岸岡窯産須恵器（脚付短頸壷）が副葬されていることから、知多半島東岸と同様、島嶼の生産物は沿岸海域に流通し、古墳を築造した集団の経済的な自立を支えていたと考えられる。

知多湾沿岸、矢作川河口　知多湾沿岸には湾口に北浦恩任寺下遺跡、研屋遺跡、湾奥に惣作遺跡、寺屋敷東貝塚などの製塩遺跡が立地する。遺跡の内容は十分には判明していないが、いずれも古墳時代における土器製塩は継続性に乏しい。

湾口の製塩遺跡については、付近における集落遺跡の形成や古墳の築造は低調で、研屋遺跡（知多式３類以降に操業）も生活の痕跡に乏しい。これらの製塩遺跡の操業、維持管理には、多数の製塩土器が出土している内陸の中条遺跡、西中遺跡群が関与していたことも想定される。

湾奥の製塩遺跡については、天白遺跡、半崎貝塚や八王子神社貝塚など周辺の台地上、段丘面上の遺跡（貝塚）への供給を主目的とした操業であったのであろう。この生産・流通圏を示す一証左が知多式1D類に含まれる芯棒に巻き付けた粘土を握り放しにした一群の製塩土器である（立松 二〇一〇b）。この一群は惣作遺跡、天白遺跡など知多湾湾奥の生産・消費遺跡に多く分布することから、知多式製塩土器の地域的変容型式として評価することも可能で、一部は鹿乗川流域遺跡群や水入遺跡など矢作川流域の遺跡にも搬出されている。注目されるのは、湾奥の製塩遺跡を含めた遺跡（貝塚）の多くは土器製塩の動向とは無関係に古墳時代前期、あるいは弥生時代から比較的安定して集落が継続することである。また、これらの集落に対応する古墳も付近に築造されている。つまり、土器製塩の導入に伴って、集落や集団が再編された形跡はほとんど認められない。

矢作川河口には右岸に照光堂坂下遺跡、左岸に清水遺跡が分布する。近隣の台地上に立地する若宮西遺跡、貝ス遺跡などにおいて竪穴住居に伴って出土している知多式製塩土器はこれらの製塩遺跡から搬出されたものであろう。なお、これらの遺跡間の関係は、清水遺跡、若宮西遺跡、貝ス遺跡において製塩土器に土師器宇田型台付甕、伊勢型甕が伴う特徴的な土器組成にも反映されている（早野 二〇〇五c）。矢作川河口の製塩遺跡は、周辺の集落遺跡に加えて、小針遺跡や神明遺跡など矢作川流域の遺跡、あるいは三河湾島嶼への供給の一端を担ったものと推測され、それを背景として一定の社会的分業、刈宿古墳群などの築造が促進されたのであろう。

生産・流通方式の三態　知多半島西岸の松崎遺跡における土器製塩は生産規模と継続性において隔絶する一方、それとは対照的に古墳の築造は低調で、周辺において生産物としての塩が消費された形跡はほとんど認められない。こうした状況から、生産・流通にはより強力な管理主体が関与していた可能性がある。つまり、貢納生産的な色彩が濃いと考えられる（貢納財としての生産が主体）。それは以下の地域における生産・流通方式と対比することでより鮮明となる。

知多半島先端から東岸では、集落遺跡の分布が希薄でありながら、点在する製塩遺跡に対応する古墳も築造される。群集墳の築造が顕著な三河湾島嶼では独自の製塩土器によって、海産物生産に付随する自給的な塩生産が行われた。古墳に副葬された岸岡窯産須恵器、あるいは佐久石に代表される石棺用材などによっても示される沿岸海域の経済圏（中野 一九九三、森 二〇〇八など）を想起すれば、生産された塩、あるいはそれによって加工された海産物は沿岸海域に流通し、生産者集団の経済的自立を支えていたと推測される（交換財としての生産が主体）。

知多湾沿岸では、概して土器製塩に継続性が乏しい一方、それを消費した集落は安定して継続し、古墳も築造される。このような状況からは、周辺集落の需要に応じた生産が想定される（消費財としての生産が主体）。また、矢作川河口の製塩遺跡は周辺集落における消費、矢作川沿岸や三河湾沿岸海域を通じた流通の双方に関与したものと思われる。

松崎遺跡の歴史性

計画村落としての松崎遺跡

五世紀後半、知多半島西岸では集落が再編され、松崎遺跡に集約化する流れを確認した。遺跡は当初から大規模な操業を意図して新規に形成され、海岸平野の利用形態も従来とは大きく異なっていた。それに先行して、法海寺遺跡には渡来系集団を伴う鉄器製作技術も移植された。これら一連の動態が知多半島の伝統的な集落による自律的な展開とは考えにくい。つまり、政治的意思による計画的な開発志向が作用していたと思われ、松崎遺跡は法海寺遺跡からの流れを含めて、計画村落（直木 一九六八）として成立、展開したと把握される。

これに関連して、計画村落の実例の多くに渡来系集団が関与したとする想定（山尾 一九七九）、U字形鍬鋤先の保有について、「在地首長層」が鉄製農工具を「独占的所有」し、『計画村落』的開発」を実行したとする（石母田 一九七一）考えも想起される。後述する屯倉設置の前提として、計画村落としての遺跡の成立を構想するものである。

一方、知多半島西岸中・南部には、古墳時代の製塩遺跡は小規模で、集落の形成や古墳の築造もごく低調である。しかし、古代には知多半島西岸南部に長大な海岸平野を利用して、南北約五〇〇メートルの長さにも及ぶ奥田製塩遺跡（石畑地点）が形成される。遺跡周辺の開発については、近在の海道田遺跡の古代寺院（奥田廃寺）の造営を契機とするものと思われ、古代寺院の造営を主導した有力な勢力の関与によって地域開発が展開した構図が読み取れる。時代は異なるものの、この構図は松崎遺跡周辺の開発とも通じるものがある。また、古代の知多郡におけるもう一方の古代寺院、知多半島西岸中部の法海寺の周辺についても、製塩遺跡の状況には不分明な点が多いものの、法海寺を開発拠点として、松崎遺跡から続く長大な海岸平野に大規模な製塩遺跡が形成された可能性がある。

松崎遺跡とミヤケ　古代の知多郡の貢進木簡で判明している品目は2点を除いて全て塩である。塩貢進木簡に記載された地名としては、御宅里、贄代里、贄代郷朝倉里、番賀郷花井里、富具郷野間里、富具郷、但馬郷区豆里、□郷須佐里、英比郷が知られている。なお、入海郷も塩を貢進した可能性がある。(5)

野間里を含む富具郷は奥田製塩遺跡、朝倉里を含む贄代郷（里）は法海寺遺跡周辺の製塩遺跡との関連が考えられる。番賀郷花井里の故地は不明であるが、『和名抄』における番賀郷は記載順から贄代郷の北にあったと考えられ、番賀郷花井里は松崎遺跡に関連するとの指摘もある（福岡　一九八九）。ちなみに、古代の三河国において塩を貢進した渥美郡大鹿部里（大壁郷）は、伊勢国の有力氏族である大鹿氏に由来するとされ（岡田　一九九五）、渥美半島の先端、長さ約九・二キロの長大な砂丘上に形成された西の浜製塩遺跡群が関連する可能性が高い。つまり、松崎遺跡周辺を含めた七世紀以前における有力な勢力の関与による長大な海岸平野の開発は、塩の貢納生産と不可分であったことが確かめられる。

但馬郷区豆里と□□郷須佐里は知多半島先端の製塩遺跡が関連し、英比郷と入海郷は衣浦湾西岸の製塩遺跡が関連すると考えられるが、対応する製塩遺跡の実体は不明確である（知多半島先端の小枡遺跡は古墳時代を中心とした操業）。これらの地域において、七世紀以前における大規模な土地開発、あるいは大規模な製塩遺跡は現状では視認されないが、知多半島先端の塩貢進木簡が郷里制、衣浦湾西岸が郷制以降であること、つまり、これらの地域における塩貢進が相対的に後出することとも関連する可能性がある。古墳時代に独自の経済圏を形成していた知多半島先端、周辺集落の需要に応じた生産を行っていた知多湾西岸の地域も段階的に塩の貢納生産を担うようになったのであろう。[6] 一方、古代の三河国の貢進木簡から、三河湾島嶼は贄としての海産物の貢納生産に特化し、古代の三河国の塩貢進は専ら渥美郡（大壁郷）の西の浜製塩遺跡群が担ったことが知られる。西三河（知多湾東岸・矢作川河口域）の製塩遺跡は在地における消費を継続して担ったのであろう。

御宅里については、「御宅」が知多郡における塩の収取を目的として設定されたミヤケの存在を示す遺称であるとすれば、古墳時代に計画村落として開発され、継続的かつ大規模に塩生産を展開し、生産・流通方式が貢納生産的な性格を帯びていた松崎遺跡周辺にミヤケが設置されたことも類推される（早野 二〇〇五ａ）。[7] 松崎遺跡に対比される西庄遺跡が紀国海部屯倉に関係した遺跡として推察されていること（森・白石 一九六八など）もこの類推を裏打ちする。御宅里の比定地を松崎遺跡周辺に求めるとすると、番賀郷花井里との関連が問題となるが、およそ法海寺以南に贄代郷（里）、以北に番賀郷、さらに番賀郷の北に御宅里があった可能性、あるいは御宅里が里制下のみ、番賀郷が郷里制以降、神亀四年の年紀に認められる地名であることから、前代的な遺称をもつ御宅里が郷里制への移行時まで（神亀四年以前）に番賀郷に再編・統合されたとも考えられる。

松崎遺跡と尾張氏、蘇我氏　既述のように、松崎遺跡を含む知多半島西岸の計画村落的開発に名古屋台地の地域首長が関与した可能性があること、遺跡周辺における低調な古墳分布、貢納を主目的とした集約的な生産方式がより強力な管理主体の存在を示唆することから、松崎遺跡の形成と生産活動に尾張氏が関与したことは十分に想定される。さらに、松崎遺跡周辺にミヤケが設置されたことを想定することで、尾張氏との関係をより具象化することが可能となる。

『日本書紀』宣化元年（五三六）五月辛丑朔条の那津官家修造記事からは、尾張国内のミヤケを尾張連が実地で管掌していたことが知られる。その前提として、ミヤケが設置される領域の開発を尾張氏が積極的に推進していたことは十分に予測される。つまり、尾張国のミヤケに継承される開発は、知多半島西岸の塩生産地を含めて尾張氏が推進したものであったと考えられる。

また、『日本書紀』は欽明一七年（五五六）の紀国海部屯倉、吉備児島屯倉の設置を伝えている。これらの屯倉の設置には蘇我氏が関与していることから、蘇我氏は畿内周辺の塩生産地に対する支配を積極的に推進したとみられる。尾張国についても、先の那津官家修造記事が、経済部門における尾張国と蘇我氏の系列関係を示していること、松崎遺跡が紀国海部屯倉との関連が推定される西庄遺跡とミヤケに発展的に継承される過程を同じくしていることから、蘇我氏は知多郡のミヤケの設置にも関与したとも考えられる。このとき想起されるのが、松崎遺跡の装飾付大刀装具である。装飾付大刀の年代は日本書紀が伝える紀伊国海部屯倉などの屯倉設置年次とも近く、装飾付大刀は蘇我氏によって分与された公算も見込まれる。狩野久は、屯倉の設置を直接推進した蘇我氏が、国家の財政基盤の充実を図るため、列島の農業基盤整備事業を展開したことを論じている（狩野　二〇〇一）。尾張に設置されたミヤケも吉備、紀伊と同様、蘇我氏による列島の基盤整備事業に連なるものであったのであろう。

ところで、今津勝紀は令制以前、国造が統率する部集団によって進上された固有税制のミツキ（御調）が律令調制の歴史的前提となったことを論じている（今津　一九九二）。また、『延喜式』祝詞の「出雲国造神賀詞」には、出雲国造の献上物として「生御調」が含まれ、同臨時祭条には、出雲国造の神賀詞奏上に対する「負幸物」として、「金装横刀一口・糸廿絇・絹十疋・調布廿端・鍬廿口」が賜与されていたことが記されている。国造、屯倉、部の諸関係は十分に明らかにされてはいないが、今津が貢進主体とする部集団と国造の関係は、松崎遺跡における生産者集団とそれを管掌する尾張氏の関係にも通じる。さらに出雲国造の貢進に対して賜与された「金装横刀」と「鍬」が、松崎遺跡において出土している金銅製大刀装具、鉄製鍬鋤先にも重なることは示唆的である。

おわりに

松崎遺跡は尾張を代表する製塩遺跡である。本論ではその松崎遺跡を主な題材として、古墳時代中期における集落の再編計画村落としての開発を経て、古墳時代後期以降、ミヤケへと継承されつつ、中央の系列支配が浸透する歴史的過程を素描した。

松崎遺跡を中心として展開した土器製塩は、窯業生産と並ぶ古墳時代から古代を通じての基幹産業として尾張の社会と経済を支えた。その遺跡は地域固有の社会・産業経済史を雄弁に語る存在であることは論を俟たない。同時に、松崎遺跡は遺跡古墳時代から古代にかけて連綿と土器製塩を行った列島でも稀有な生産遺跡でもある。遺跡は古墳時代的、律令社会的な産業構造の両特質を胚胎する貴重な歴史遺産なのである。

註

（1）「松崎貝塚」は東海市指定文化財として登録された名称で、東海市教育委員会による第2次調査まで用いられた。しかし、貝塚とする呼称は製塩遺跡を構成する一要素を示すに過ぎないことから、その後の発掘調査では、遺跡の名称として「松崎遺跡」が用いられることが多い。

（2）遺跡周辺の等高線図の作成、表層地形の解析は鬼頭剛によるもので、以前の解析結果（立松・永井・鬼頭他二〇〇六）を大きく修正したものである。

（3）土錘については時期を判別する手段を欠くが、那古野・熱田台地上の遺跡やカブト山遺跡などにおいて出土している大型の管状土錘はほとんど確認されないことに加えて、長期間継続した遺跡としては土錘の出土総数が際立ったものではない。これらのことから、網漁における大規模な協業を想定することは難しいようにも思われる。

（4）対岸の伊勢地域を含めた場合でも、門間沼遺跡、天王遺跡、白浜遺跡などにおいて出土している知多式1類は脚部の上位を中実とするもので、これらは三河湾島嶼などから搬出されている可能性がある。

（5）知多丘陵北端の「アユチ潟」に面した領域は、鳴海丘陵や笠寺台地を含めた領域と遺跡、古墳の動態が深く関係していることから、古代の愛智郡に含まれると考えられる。

（6）塩の貢進が強力に要請された古代の若狭国の例（岸本　一九九二）からすると、知多郡においても、相互扶助的に塩を入手したり、労働力を提供したりすることがあった可能性も考えられる。

（7）　知多丘陵北端には三宅山の地名があるが、付近は愛智郡に属していた可能性もあって、比定は困難である。貢進された「大塩尻」を『延喜式』の「生道塩」の前身的なものとして、御宅里の故地を中世の生道郷がある衣浦湾西岸に比定する考えも示されているが（福岡　一九八九）、付近には入海郷が比定される可能性が高いので、この推測が成立する余地は少ない。

参考文献

石母田正　一九七一『日本の古代国家』　岩波書店
今津勝紀　一九九二「律令調制の構造とその歴史的前提」（『日本史研究』三五五号　日本史研究会）
岩本正二・大久保徹也　二〇〇七『備讃瀬戸の土器製塩』　吉備人出版
大久保徹也　一九九四「岡山県」（『日本土器製塩研究』　青木書店）
大谷晃二　一九九九「上塩冶築山古墳出土大刀の時期と系譜」（『上塩冶築山古墳の研究』　島根県古代文化センター調査研究報告書4　島根県古代文化センター）
岡田登　一九九五「伊勢大鹿氏について（上）」（『史料』第135号　皇学館大学史料編纂所）
狩野久　二〇〇一「白猪屯倉の設置事情」（『京都橘女子大学研究紀要』第27号　京都橘女子大学研究紀要編集委員会）
川添和暁　二〇〇九「松崎遺跡」（『年報　平成二〇年度』財団法人愛知県教育・スポーツ振興財団愛知県埋蔵文化財センター）
岸本雅敏　一九九二「律令制下の塩生産」（『考古学研究』　第三九巻第2号　考古学研究会）
考古学フォーラム　二〇一〇『東海土器製塩研究』
小林行雄　一九七六「鹿角製刀剣装具」（『古墳文化論考』　平凡社）
近藤義郎　一九六五「知多・渥美地方における製塩土器の研究」（『日本塩業の研究8』　日本塩業研究会）
杉崎章　一九五六「知多半島における古代漁村集落の土器」（『古代学研究』一五、一六合併号　古代学研究会）

杉崎章他　一九七七『松崎貝塚』　東海市教育委員会
杉崎章他　一九八四『松崎貝塚第２次発掘調査報告書』　東海市教育委員会
立松彰　一九八四「知多地方における製塩土器の編年」（『知多古文化研究会』Ⅰ　知多古文化研究会）
立松彰　一九九四「愛知県」（『日本土器製塩研究』　青木書店）
立松彰　一九九六「前方後円墳時代における尾張・三河の土器製塩」（『知多古文化研究』10　知多古文化研究会）
立松彰　二〇〇一「知多式製塩土器の派生」（『伊勢灣考古』一五　知多古文化研究会）
立松彰　二〇一〇ａ「伊勢湾と三河湾の製塩土器」（『東海土器製塩研究』考古学フォーラム）
立松彰　二〇一〇ｂ「知多式製塩土器・筒形脚の展開」（『伊勢湾考古』二一　知多古文化研究会）
立松彰・永井伸明　一九九九『上浜田遺跡発掘調査報告』　東海市教育委員会
立松彰・永井伸明　二〇〇五『松崎遺跡確認調査報告』　東海市教育委員会
立松彰・永井伸明・鬼頭剛他　二〇〇六『松崎遺跡周辺古地形ボーリング調査報告』　東海市教育委員会
直木孝次郎　一九六八『奈良時代史の諸問題』　塙書房
中野晴久　一九九三「脚付扁平広口坩考～須恵器における地域性の考察～」（『知多古文化研究』７　知多古文化研究会）
早野浩二　二〇〇五ａ「臨海の古墳時代集落―松崎遺跡の歴史的素描―」（『研究紀要』第６号　財団法人愛知県教育サービスセンター愛知県埋蔵文化財センター）
早野浩二　二〇〇五ｂ「ミヤケの地域的展開と渡来人―東海地方における朝鮮半島系土器の考察から―」（『考古学フォーラム』17　考古学フォーラム）
早野浩二　二〇〇五ｃ「伊勢湾沿岸と三河湾沿岸における土器製塩の展開―松崎遺跡と清水遺跡を中心として―」（『三河考古』第一八号　三河考古談話会）
早野浩二　二〇〇七「伊勢湾沿岸と三河湾沿岸における臨海の集落と古墳」（『第56回埋蔵文化財研究集会　古墳時代の海人集団を再検討する―「海の生産用具」から二〇年―』（発表要旨集）　埋蔵文化財研究会・第56回埋蔵文化財研究集会

実行委員会）
早野浩二　二〇一〇「製塩遺跡の空間構成についての基礎的研究」（『東海土器製塩研究』　考古学フォーラム）
東村純子　二〇〇五「律令国家形成期における鉄製紡錘車の導入と紡織体制」（『洛北史学』第7号　洛北史学会）
冨加見泰彦他　二〇〇三『西庄遺跡』　財団法人和歌山県文化財センター
福岡晃彦　一九九一「知多式製塩土器4類」（『松崎遺跡』　愛知県埋蔵文化財センター調査報告書第二〇集　財団法人愛知県埋蔵文化財センター）
福岡晃彦他　一九九一『松崎遺跡』（愛知県埋蔵文化財センター調査報告書第二〇集　財団法人愛知県埋蔵文化財センター）
福岡猛志　一九八九「古代」（『新修　半田市誌』本文篇上巻　半田市）
真鍋成史　二〇〇三「鍛冶関連遺物」（『考古資料大観　7　弥生・古墳時代　鉄・金銅製品』　小学館）
森浩一・白石太一郎　一九六八「紀淡海峡地帯における古代漁業遺跡調査報告」（『紀淡・鳴門海峡地帯における考古学調査報告』　同志社大学文学部考古学調査報告第2冊）
森崇史　二〇〇八「三河湾三島（佐久島・日間賀島・篠島）の古墳」（『海人たちの世界―東海の海の役割』　中日出版社）
森泰通　二〇〇五「愛知県における脚台式製塩土器の研究」（『考古学フォーラム』17　考古学フォーラム）
森勇一　一九九一「松崎遺跡における古代製塩法について」（『松崎遺跡』愛知県埋蔵文化財センター調査報告書第二〇集　財団法人愛知県埋蔵文化財センター）
山尾幸久　一九七九「県の史料について」（『論究日本古代史』　日本史論叢会　学生社）
渡辺誠　一九九一「松崎遺跡におけるブロック・サンプリングの調査報告」（『松崎遺跡』　愛知県埋蔵文化財センター調査報告書第二〇集　財団法人愛知県埋蔵文化財センター）
渡辺誠　二〇〇〇「鉄製釣針の研究」（『考古資料ソフテックス写真集』　名古屋大学文学部考古学研究室）
渡辺誠他　一九九三『法海寺遺跡Ⅱ』（知多市文化財資料第三一集　知多市教育委員会）
※　遺跡文献は考古学フォーラム二〇一〇を参照

三河湾三島の海部による海産物貢納

森　崇史

三河湾には、篠島、日間賀島、佐久島という三つの島（以下「三島」という。）があり、古くから伊勢・志摩〜三河間の海上交通の要所として知られていた。篠島の神明社貝塚、日間賀島および佐久島の古墳群、主として三島に分布する篠島式製塩土器など特徴的な遺跡、遺物もあり、これまでに多くの研究が行われてきた。

現在、行政上は篠島及び日間賀島は愛知県知多郡南知多町、佐久島は愛知県西尾市に属しているが、平城宮跡などから出土した木簡によって、三島とも奈良時代には参河国播豆郡に属し、『神鳳鈔』や『東鑑』などの記述から、中世には篠島及び佐久島は志摩国に属していたことが知られている。また、篠島は、伊勢神宮とのつながりが強く、遅くとも平安時代末には行われていたと考えられている神饌干鯛の奉納（「御幣鯛」といわれ、腹に塩を詰めた鯛を海水で洗ってから天日干しにしたもの。この干鯛五〇八尾を六月の月次祭、一〇月の神嘗祭、一二月の月次祭の年三回に分けて伊勢神宮に奉納する）は現在も続けられており、[1]また、篠島の神明神社は伊勢神宮内宮東宝殿の古材を利用して、伊勢神宮の式年遷宮の二年後にご遷宮が行われている（最近では平成七年一〇月に行われた）。一方、日間賀島では、近世には島東部の漁民が将軍家へ、島西部の漁民が尾張藩へそれぞれ鯛やこのわたを献上していた。[2]

三島から納められた贄貢進荷札木簡についての研究は、昭和三八年の平城宮跡発掘調査で「篠嶋」および「析嶋」

関係の荷札木簡が出土して以来、多くの研究者によって研究が続けられ、貢納された海産物をはじめ多くのことが明らかにされている。本稿では、三島から貢納された贄の荷札木簡から推定されることを述べることにより、当時の三島から贄として貢納された海産物について考えてみたい。

一　三島関係の荷札木簡

藤原宮跡から出土した三島関係の木簡（三島関係の木簡と推定されるものを含む）として次のものがある。(3)

A　「三川国波豆評篠嶋里□□（大塩カ）一斗五升」

B　「篠嶋多比□（枝カ）魚□」

C　「佐□（古カ）嶋伊支須十五斤」

Aの木簡の出土によって、大宝令施行以前には、現在の篠島が当時里制に組み入れられ、税（塩か）を納めていたことが判明した。また、B・Cの木簡の出土により、篠島、佐久島から藤原宮に海産物を納めていたことが推定されている。

次に、平城宮跡、平城京跡出土の三島関係の荷札木簡をみると、三島の海部が海産物を贄として平城宮に貢納していたことがわかる。三島の海部は、古くからの部民制の遺制の下、集団で贄を貢納していたと考えられているのであるが、木簡として最古のものは、平城宮跡西北辺にある佐紀池南辺における調査区の木屑・木炭層から和銅年間（七〇八～七一五年）～養老六年（七二二）の年紀がある木簡群とともに出土した次の木簡が知られている。(4)

D　「参河国芳豆郡比莫嶋海部供奉四月料大贄黒鯛六□」

また、平城宮東半部の基幹水路と考えられている溝SD二七〇〇から「比莫嶋」と書かれた木簡が出土している。

E　「参河国芳図郡比莫嶋海部供奉九月料御贄佐米六斤」など数点

ＳＤ二七〇〇の最下層からは、養老七年（七二三）や神亀元年（七二四）などの年紀があるものが出土しており、ＤとＥの木簡の郡名の表記が類似していることから、かなり似通った時期（奈良時代初め頃）の木簡であることが推定されるが、この時期の篠嶋、析嶋関係の荷札木簡はまだ知られていない。

しかし、平城宮跡ＳＫ八二〇や平城京跡ＳＤ五一〇〇、ＳＤ五三〇〇など天平期と推定される遺構から出土する荷札木簡には篠嶋および析嶋関係の荷札木簡が大量に出土している反面、比莫嶋関係の荷札木簡がみられなくなっている。未発見ということも考えられるが、それにしてもこれほど大量の荷札木簡が発見されているにもかかわらず、比莫嶋関係のものが全く認められないというのは不思議である。

これら篠嶋・析嶋関係の荷札木簡の年代をある程度推定できるものとしては、二条大路の南側・北側をそれぞれ大路に沿って東西に走る溝状遺構であるＳＤ五一〇〇（南側）およびＳＤ五三〇〇（北側）から出土した木簡群[5]と、内裏外郭内にある一辺約三・八メートル、深さ約一・七メートルの土壙ＳＫ八二〇出土の木簡群[6]、推定第一次内裏地区に西接する南北溝ＳＤ三八二五の木簡が挙げられる[7]。

ＳＤ五一〇〇およびＳＤ五三〇〇から出土した荷札木簡のうち、年紀があるものは天平三年（七三一）〜天平一一年（七三九）のものであり、このうち特に天平七年（七三五）、同八年（七三六）のものが多い。そして、ＳＤ五一〇〇から出土した篠嶋・析嶋関係の荷札木簡は数が多く、篠嶋、析嶋ともに年間を通じて贄を納めていることがわかっているほか、ＳＤ五三〇〇からも数点ではあるが、六月、八月、九月に贄を納めたことを記す木簡が出土している。

一方、ＳＫ八二〇から出土した木簡は養老二年（七一八）〜天平一九年（七四七）の年紀をもつものであるが、天平一八年（七四六）前後のものが多いことが報告されている。そして、篠嶋、析嶋関係の荷札木簡は正月料のものが一点認められるほかは、五月〜八月のものが圧倒的に多い。また、ＳＤ三八二五から出土した木簡には、析嶋の海部が天平一八年一二月の月料として鮫の乾肉を翌天平一九年に納めたという荷札木簡が含まれている。今泉隆雄氏は、両遺構出土の木簡はほぼ同じ時期であること、両者には同筆のものがあることから、両遺構の木簡を一括して考えることができるとしている。(8)

これら諸国から貢納された贄が保管された場所や使用された場所については、鬼頭清明氏の研究がある。(9)鬼頭氏は、平城宮跡および平城京跡における贄貢進荷札木簡の出土地点が推定第二次内裏・第一次内裏とその周辺のほか、造酒司関連遺構推定地、東院とその周辺地域、長屋王邸等の宅地内および邸宅に隣接する二条大路上の長大土坑であることに注目し、そのうち推定第二次内裏・第一次内裏とその周辺での贄は、「内裏外郭内にあったと思われる大膳職ないしは内膳司、あるいは『延喜式』のいう内裏の贄殿に相当する施設で保管され、使用の際にそこから搬出されて、不要となった贄貢進荷札が投棄されたものと推定される」としている。そして鬼頭氏は、「旬料・節料という贄物をおさめる仕方が一致していること」および「貢進する諸国が一致していること」を理由に、『延喜式』の「内膳式」にみえる諸国貢進御贄が「宮内省式」にみえる諸国所進御贄に相当するらしいことを認め、さらに、諸国貢進御贄は、「奈良時代にあっては大膳職に保管されたものと推定され、宮中の祭儀その他の儀式や天皇の供御に供されたのではないかと思われる」とした。

さて、SD二七〇〇から一点、SD五一〇〇およびSD五三〇〇から二点ずつ、「篠嶋郷」「析嶋郷」と書かれた荷札木簡が出土し、奈良時代に篠嶋郷、析嶋郷が存在することが判明した。

F　「参河国播豆郡篠嶋郷□部少人調□□」　（SD二七〇〇出土）
G　「参河国播豆郡篠嶋郷」　（SD五三〇〇出土）
H　「参河国播豆郡析嶋郷海部供奉七月料御贄鯛楚割六斤」　（SD五一〇〇出土）
I　「豆郡析嶋郷海部供奉八月料御贄佐米楚割六斤」「海部古相佐米」　（SD五一〇〇出土）
J　「参河国播豆郡析嶋郷海部供奉八月料御贄鯛楚割六斤」　（SD五三〇〇出土）

『延喜式』により析嶋郷の存在は確認されていたが、この時期には析嶋郷のみならず篠嶋郷が存在していたことがこれらの木簡から判明したのである。これまでは篠嶋・比莫嶋ともに析嶋郷に含まれると考えられていたのであるが、篠嶋郷の存在により問題が複雑になってきた。

鬼頭清明氏は、「篠嶋郷□部少人調□□」の事例から、三島の住民は、集団による贄の貢納制度という古くからの部民制の遺制とあわせて、律令的な個別人身支配も受けていたと考え、三島にも律令的な支配が貫徹していたことを指摘した(10)。これは、三島の人々が二重の課税を受けていた可能性を指摘するもので当時の人々の重い税負担が想定される。また、比莫嶋の属する郷名がみられないことから、この時期の郷域についての研究もみられる。例えば、樋口知志氏は、律令制下の郷名は二字で表記することが原則であり「比莫嶋郷」の存在は考えにくいとしたうえで、三河湾の三島が二郷に編成されたとしても、三島のみで二郷分の人口が優にあったとは考えにくく、比莫嶋は知多半島の先端部とともに篠嶋郷に含まれていたのではないかとした(11)。これに対し、山中章氏は、木簡の製作技法の研究から、それぞれの島において独自の技法があったことを指摘し、また歴史的、地理的条件などから比莫嶋が他の郷に吸収されたという考え方には承服できないとしている(12)。この問題については、多くの研究者により論じられていることであるが未決着のようである。ただ、このことについて私見を述べておきたい。三島には、古墳時代後期の古墳が、日間賀島には三五基、佐久島には四六基知られている。そして、日間賀島・佐久島の古墳の中には組み合わせ式石棺をもつものも多く、三河湾を取り囲む地域にこの石棺が広く分布していることから、一つの文化圏をつくっているかのようである。また、篠島式製塩土器と言われる三島独特の製塩土器は、三島以外での出土は少数例が知られているにすぎない。塩は籠に入れられて運ばれたと考えられており、三島で作られた塩がどこに持ち運ばれたかは定かではないが、篠島の神明社貝塚からは甑が出土しており、農地のない篠島には塩や海産物の交換として米などがもち込まれていた可能性もあり、他の二つの島においても同じような状況であったのかもしれない。もしそうであるとするならば、古墳時代には、三島は海産物のほか、塩や海産物との交換によりもたらされた米などの食料があり、現在よりも気温は低かったものの(13)、比較的住みやすい気候であったはずであるから人口が少なかったとは考えにくい。そして、奈良時代に入っても、例えば北地古墳群においては追葬が行われており、また、この時代の遺跡もほかに確認されていることから、ある程度の人口はあったと思われ、狭小な島であるため単独の島では五〇戸を構成できないから比莫嶋を他の島の郷へ編入したというようなことではなかったのではないかと考えている。森浩一氏は、平成一六年五月一九日の中日新聞の「東海学事始め」の中で、郷や里は兵制や税制のための人為的な区分であって、自然集落とは一致しないということを述べているが、このことを三島にあてはめると、仮に比莫嶋がほかの郷に編入されたとしても、それは二字好字令により比莫嶋を他の島同様「比莫嶋郷」とはできないので、税制その他やむをえない理由で他の郷に編入したというものであり、狭小で人口が少ない故に他の郷に編入されたというものではないと考えられる。鬼頭清明氏は、郷里制が三島に行われていたとしても、贄の貢進は海部集団という厨的贄貢納集団を基礎にして行われていたと考えられるので、三島の贄貢進については、里制が前提にあるとは考えていないことを述べている(14)。比莫嶋の海部も天平期以前には贄を貢納していたことが木簡から判っているので、天平期も引き続き贄を集団で貢納していたと考えるのが自然である。もしそうであるならば、今後「比莫嶋海部」の記述がある木簡が発見される可能性もあるのではなかろうか。今後の資料の増加に期待したい。

二　三島から貢納された海産物

平城宮跡、平城京跡から出土した木簡の文字により、三島から幾種類かの海産物が贄として納められたことがわかっている。表1は、平城宮跡、平城京跡出土の三島関係の木簡に記載されたことを基にして、海産物の月ごとの貢納状況を海産物の種類別・島別に示したものである。

表1に示した海産物のうち、「佐米」はサメ、「鯛」はマダイ、「黒鯛」はクロダイ、「須須岐」「須々岐」等はスズキというように分かるものもあれば、「赤魚」「宇波賀（加）」「毛都」のようにはっきりとは分からないものもある。

表1　平城宮・平城京出土の荷札木簡による三河湾三島海部の月別・島別・海産物種類別貢納状況一覧

	佐米				鯛				黒鯛				須須岐			
月	篠嶋	比莫嶋	析嶋	不明	篠嶋	比莫嶋	析嶋	不明	篠嶋	比莫嶋	析嶋	不明	篠嶋	比莫嶋	析嶋	不明
1													1			
2			1													1
3	2															
4			3							1						
5	4															
6	1		5													
7	4		1	4			1									
閏7					1											
8			5	1			1									
9	2	1			1											
閏9																
10																
11													2			
12			1													
不明	1		1	1				1								1
小計	14	1	17	6	2	0	2	1	0	1	0	0	3	0	0	2
合計	38				5				1				5			

	赤魚				宇波賀(加)				毛都				不明			
月	篠嶋	比莫嶋	析嶋	不明	篠嶋	比莫嶋	析嶋	不明	篠嶋	比莫嶋	析嶋	不明	篠嶋	比莫嶋	析嶋	不明
1	1															
2								1			2					
3	1				1		2									
4																
5													1			1
6															1	1
7																2
閏7																
8													1		2	
9														1		1
閏9								1								
10											1				1	
11													1			
12																
不明												2	13	1	12	4
小計	2	0	0	0	1	0	2	2	0	0	3	2	16	2	16	9
合計	2				5				5				43			

このほかに、贄として貢納されていないため表1に記載はないが、「伊支須」が貢納されたことを示す木簡もあり、これはイギス（海草）と推定されている。

サメ漁は、日間賀島北地第四号墳、同第五号墳、同第九号墳からサメ漁で使用したと考えられる鉄製釣針が出土していることから、その当時に行われていた漁法の一つと考えられるが、釣針の大きさは長さ七センチ前後とそれほど大きくなく、その対象となったのは、ドチザメやホシザメのような体長一～一・五メートル前後の小形のサメではないかと思われる。愛知県美浜町にある南知多ビーチランドに聞いてみたところ、現在伊勢湾・三河湾内にみられるサメではドチザメが多く、人食いザメともいわれる大形のサメが湾内に入ってくるのは珍しいとのことであり、現在の状況を千年以上前の状況に当てはめるのは疑問があるかもしれないが、篠島、日間賀島の遺跡から出土する魚骨は、現在の伊勢湾・三河湾で獲れるものと変わらないので、それほど無理なこととも思えない。

マダイは、篠島では古代より伊勢神宮に神饌干鯛として奉納していたとともに、クロダイ、スズキとともに篠島、日間賀島に所在する遺跡からも骨が多数出土するなど、この地方では、古くからよく捕られていた魚である。

イギスは海草である。潮間帯の岩上または岩にはえた他の短い海藻に付着して生長するもので、採取に適した時期は夏である。平城宮出土木簡には「参河国宝飫郡篠束郷中男作物小擬六斤　天平十八年九月廿日」（SK八二〇出土）や「参河国播豆郡□□部□調小凝六斤」（SD五一〇〇）、「佐古嶋山鹿部酒人伊支須」（SD二七〇〇出土）など、いずれもイギスと思われる海産物を納めたことを示す木簡がある。

では、「赤魚」「宇波賀（加）」「毛都」はどんな海産物であろうか。このことについては、これまでに多くの研究者が推定しており、次にその説について紹介したい。

「赤魚」は、過去にはマダイのことではないかという説もあったが、平城宮跡、平城京跡の調査が進むにつれ「鯛」「多比」等の文字が書かれた木簡が発見されたことから、鯛とは別種として理解すべきとのことになり、伊勢湾・三河湾一帯において「アカイオ」と呼ぶ紅カサゴのことではないかという説で決着しているようである。

「宇波賀（加）」は、「ウハカ（ガ）」あるいは「ウワカ（ガ）」と呼べばよいと思われるが、そうであるとするとどの種の魚のことを指すのかはよくわかっていない。伊勢湾・三河湾一帯では、メバルを「ワガ」と呼ぶため、「宇波賀（加）」はメバルであるという説が今のところ有力である。(15)

「毛都」は、「モツ」「モヅ」「モズ」と呼べばよいと思われるが、「宇波賀（加）」とともにわかっていないものである。出土した荷札木簡には「毛都楚割」とあるので魚類には間違いないと思われるが、伊勢湾・三河湾一帯において、「モツ」等の呼び名がある魚はない。また、呼び方の似るムツを「毛都」に当てる考えもある。高知ではムツを「モツ」と呼ぶなどの事例もあるためその可能性もあるとは思われる。しかし、ムツは深海性の魚であり、「毛都」が平城宮に納められた二月、一〇月に近い時期に当たる一一月から三月頃にかけて産卵のためやや浅い場所に移ることから捕獲しやすかったのかもしれないが、最大水深三〇数メートル程度の伊勢湾・三河湾でみられるのは幼魚のみであり、(16)また、木簡に書かれた他の魚類が、伊勢湾・三河湾一帯で捕ることのできるものであることから、ムツを当てるのは難しいようにも思われる。このような状況の中、山下勝年氏は、アイナメ、クジメなどアイナメ科の魚のことを伊勢湾・三河湾一帯で「モウオ（モイオ）」と呼び、また、三重県南部ではアイナメを「コモズミ」と呼ぶこと、鳥取地方ではアイナメ、クジメ等を「モズ」と呼ぶこと、伊勢湾・三河湾一帯がアイナメの好漁場であり、篠島、日間賀島などではアイナメを冬の魚として賞味することなどから、「毛都」はアイナメではないかとする説を示している。(17)日間賀島の新井浜貝塚においては、平成九年の発掘調査で検出したSK六出土の魚骨の鑑定を行ったところ、全体の約四七％がアイナメ科の魚骨であった。新井浜貝塚は、これまで弥生時代の貝塚と考えられてきたが、平成九年の調査では、古墳時代後期から古代にかけての遺構、遺物が確認された。これら遺物の中には、サメ、スズキ、マダイ、カサゴなど荷札木簡に書かれた魚類をはじめ、伊勢湾・三河湾一帯で捕獲できる多数の種類の魚骨が確認されている。(18)新井浜貝塚の事例は、当時からアイナメ科の魚類をよく捕っていた証拠であり、冬の魚としてよく食べられたアイナメ科の魚類を「毛都」とする考えは、十分あり得る説であると思われる。

次に推定される各島の海産物の貢納状況を述べてみたい。

表1からは、三島の海部が佐米、鯛などの海産物を貢納していることが読み取れるが、比莫嶋関係の木簡は、郡名表記が「芳豆郡」「芳図郡」となっているなど、天平期の篠嶋、析嶋関係木簡と時期が若干異なること、さらに篠嶋・析嶋の木簡が出土した遺構から確認されていないことなどから、三島を同様に扱うことはできないと考えている。よって、ここでは篠嶋、析嶋関係の木簡について考えてみることにする。

まず表1をみると、篠嶋・析嶋の二島からは年間を通じて贄を貢納していたような状況を読み取ることができる。

表2　SD5300出土の荷札木簡による三河湾三島海部の月別・島別・海産物種類別貢納状況一覧

	佐米			鯛			不明			合計
月	篠嶋	析嶋	不明	篠嶋	析嶋	不明	篠嶋	析嶋	不明	
1										0
2										0
3										0
4										0
5										0
6		1								1
7										0
8		1	1		1			1		4
9	1			1						2
10										0
11										0
12										0
不明							1	1		2
小計	1	2	1	1	1	0	1	2	0	9
合計	4			2			3			9

このうち最も多く貢納されている海産物は「佐米」であり、特に四月から九月までの期間が多い。一方「赤魚」「須須岐」「宇波賀」「毛都」は一月から三月、一〇月、一一月料としてみられる。また、「鯛」は七月から九月にみられる。以上のような状況からは、両島の海部が年間を通じて海産物を貢納していたとすれば、四月から九月に佐米を中心とした海産物を貢納し、他の時期にはその他の海産物を奉納していること、鯛は佐米と時期をほぼ同じくして貢納していたという状況が読み取ることができる。

では、この当時それらをどのような規則にもとづいて貢納していたのであろうか。

このことについては、すでに篠嶋関係の荷札木簡は奇数月のものが多く、析嶋関係の荷札木簡は偶数月のものが多いということから、隔月交互貢納説（以下「隔月交互貢納

表3　ＳＤ５１００出土の荷札木簡による三河湾三島海部の月別・島別・海産物種類別貢納状況一覧

	佐米			鯛			須須岐			赤魚			宇波賀			毛都			不明			合計
月	篠嶋	析嶋	不明	篠嶋	析嶋	不明	篠嶋	析嶋	不明	篠嶋	析嶋	不明	篠嶋	析嶋	不明	篠嶋	析嶋	不明	篠嶋	析嶋	不明	
1							1															1
2									1								2					3
3	2									1			1	2								6
4		3																				3
5																						0
6	1	1																		1	1	4
7	1		1		1																1	4
閏7				1																		1
8		3																		1		4
9																						0
10																	1			1		2
11							2												1			3
12																						0
不明	1					1												2	6	4	1	15
小計	5	7	1	1	1	1	3	0	1	1	0	0	1	2	0	0	3	2	7	7	3	46
合計	13			3			4			1			3			5			17			46

の規則」と呼ぶ。）が唱えられている。[19] しかし、木簡の中には篠嶋の海部が偶数月に、析嶋の海部が奇数月に貢納したことが記されたものもあり、貢納規則に合っていないことを説明するため、例えば多くの海産物が必要とされた際の臨時的な貢納[20]や、一方の島の海部が何らかの理由により貢納できないときの他方の島の海部による代納、閏月の関係による貢納する月の入れ替わりなどの理由が推定されているが、はっきりとはわかっていないようである。

そこで、天平期における篠嶋、析嶋の海部の海産物の貢納規則を考えるにあたり表2～4を作成してみた。これらは各遺構における贄の毎月の貢納状況を海産物の種類別・島別に示したものである。以下この表を基に考えていきたい。

表2～4によれば、複数の海産物を貢納した月が少なくないことが分かる。もちろん複数年にかけて貢納したものが重なった結果という可能性もあるのだが、ＳＫ八二〇出土の「参籠」の表記のある木簡により複数の籠に入れた海産物を一度に貢納していたことや、同筆関係にあることにより同時期のものと考えられる複数の木簡

表4　ＳＤ８２０出土の荷札木簡による三河湾三島海部の月別・島別・海産物種類別貢納状況一覧

	佐米			須須岐			赤魚			宇波賀			不明			合計
月	篠嶋	析嶋	不明	篠嶋	析嶋	不明	篠嶋	析嶋	不明	篠嶋	析嶋	不明	篠嶋	析嶋	不明	
1							1									1
2																0
3																0
4																0
5	4												1		1	6
6		3														3
7	2		3												1	6
8		1											1			2
9	1															1
閏7												1				1
10																0
11																0
12																0
不明		1	1			1							5	5	2	15
小計	7	5	4	0	0	1	1	0	0	0	0	1	7	5	4	35
合計	16			1			1			1			16			35

が存在することから、篠嶋や析嶋の海部が月料としてまとまった量の海産物を貢納していたと考えたほうが自然である。三島関係の木簡には「〇〇（海産物名）楚割六斤」の表記が多いことや、ＳＫ八二〇出土木簡に「参籠」「籠別六斤」の表記のある木簡があることなどから、おそらく海産物を六斤（約三・六キロ）ごとに複数の籠に入れて、それぞれの籠に荷札を付して貢納していたのではないだろうか。そうであれば、表３、４にみられるように同一の月にそれぞれの島ごとに同一の海産物が記された複数の荷札木簡が存在するのも、篠嶋、析嶋の海部が月料としてまとまった量の海産物を貢納していた結果によるものと思われる。

　延喜式の宮内省式、内膳式には、参河国から諸国所進御贄、諸国貢進御贄として節料や年料が納められ、主計式上には調として参河国からは「雑魚楚割」二五五一斤、「鯛楚割」九〇斤、「鯛脯」一〇〇斤が納められることになっていたことが記述されている。かなりの量の海産物であり、もし仮に月ごとに分けて貢納したとして、単純に一二か月の平均を取ったとしても、「雑魚楚割」二五五一斤は一か月あたり約二一三斤、「鯛楚割」九〇斤、

「鯛脯」一〇〇斤は一か月あたり各七斤～八斤、合計二三〇斤ほどとなり、それでもなお、かなりの負担量である。贄と調は性格を異にするものであるとはいうものの、天平期において篠嶋・析嶋の海部が贄として貢納していた海産物は、延喜式にみえる参河国の調である「鯛」や「雑魚楚割」に近いものであることは、樋口知志氏が指摘しており(21)、また、小林芳規氏は、木簡の佐米楚割は養老令の賦役令の「雑魚楚割」の「雑魚」に当たると考えている(22)。そうであれば、天平期にも延喜式同様に、貢納する海産物の種類や量が定められていたことはあり得ることと思われ、どれほどの量の海産物を貢納していたかはわからないが、両島の海部にとっては相当の負担となる。もちろん参河国全体の貢納量を篠嶋、析嶋で負担したわけではないと思われるので、両島の海部が貢納した量はより少なくなるであろうが、それでも過半を両島の海部が負担した可能性はある。

篠嶋、析嶋の海部が貢納した海産物に付けられた荷札木簡には「六斤」の記載があることが一般的であるが、毎月の海産物の貢納が一籠（六斤）のみであったとすると前述の貢納量には及ばず、延喜式にみられるような都で必要とされた量を賄うのに十分な量とは考えられない。したがって、篠嶋、析嶋の海部は月料として相当量の海産物の貢納を課せられていたと考えられるのであるが、日々の暮らしのために海産物を捕り、さらに多量の海産物を楚割等の形に加工して毎月貢納し続けるのは大きな負担であり、それ故、篠嶋、析嶋の海部が隔月で交互に貢納するようになっていたのではなかろうか。そして、篠嶋の海部が奇数月に、析嶋の海部が偶数月に隔月交替で海産物の貢納に務めることや、何らかの理由により各月料として決められた量の海産物を当番の島の海部が確保できなった場合に、当番でない方の島の海部がその不足分を貢納することなどが定められていたのではなかろうか。ＳＫ五〇七四出土の析嶋関係の木簡は、七月料として「佐米」を貢納したことが書かれたものであるが、荷札型式は析嶋関係のものとしては唯一となる〇三二一型式のものであった。析嶋関係の木簡は〇三一型式のみであり、篠嶋関係の木簡には〇一一、〇三一、〇三二の各型式が確認されているが、ＳＫ五〇七四出土の当該木簡は、篠嶋の当番月であった七月に篠嶋で確保できなかった分を析嶋の海部が代わりに貢納したことを示すものかもしれない。また、ＳＤ三八二五出土の析嶋の海部が「去天平一八年一二月料」として「佐米□（楚カ）腊」を貢納したことが書かれた荷札木簡は、天平一八年一二月に海産物貢納の当番であった析嶋の海部が、翌一九年以降に未納の海産物を貢納したことを示すものであると考えられるが、これは、篠嶋の海部が協力したとしても定められた量を準備することができず、析嶋の海部が後日追加で貢納したことを示しているのかもしれない。（ただし、これまでのところ三島の海部に関係する一二月料の荷札木簡は確認されておらず、当該木簡については、別の意味があったのかもしれない。）

では、閏月により年間一三か月となる年はどうであったであろうか。これについても、年間または、月ごとに貢納する海産物の総量は定められていたはずであるから、たとえ一三か月あったとしても一か月あたりの貢納量が少なくなるということではなく、閏月の有無にかかわらず、奇数月は篠嶋の海部が、偶数月は析嶋の海部が当番となって、それぞれ定められた量を月料として貢納していたのではなかろうか。閏月は、三河湾三島関係の木簡が少なく、どのように扱われていたかはわからないが、例えば、臨時的に両島が共同で海産物を貢納したり、その都度の命令により海産物を隔月交互貢納の規則とは無関係に貢納したりする月であったり、あるいは、それまでの海産物の貢納量に不足がなければ、貢納しなくてもよい月であったかもしれない。

さて、前述したように天平期には、篠嶋及び析嶋関係の荷札木簡が多く、この時期の比莫嶋関係の荷札木簡がみられないということが指摘されている。比莫嶋の海部は何らかの理由により海産物を貢納しなくなったか、あるいは比莫嶋が「篠嶋郷」「析嶋郷」のどちらかに編入されたことにより、どちらかの島の海部と合同で贄を貢納したため、荷札木簡から「比莫嶋」の表記がなくなったと考えることも可能であるが、後者の場合、元々三島の海部がそれぞれに贄を貢納していた中で、比莫嶋の海部がどちらかの島の海部と合同で贄を貢納するようになったとすれば、単独で贄を貢納することになった島の海部に不公平感が生じたのではないかという疑問もある。したがって比莫嶋の海部は天平期にも引き続き贄を貢納していたと思われるのであるが、そうであると仮定した場合、まず考えられることは、これまでの平城宮跡、平城京跡の発掘調査においては、比莫嶋から貢納された贄の荷札木簡が出土した遺構、土層からは篠嶋および析嶋から貢納された贄の荷札木簡は出土しておらず、また、逆に篠嶋及び析嶋関係の荷札木簡が出土した遺構、土層からは比莫嶋関係の荷札木簡が出土していないという状況であるため、もし天平期においても比莫嶋の海部が贄を貢納していたとすると、何らかの理由により篠嶋および析嶋関係の荷札木簡と比莫嶋関係の荷札木簡は、保管された場所あるいは使用された場所が異なっていたのではないかということが考えられる。もしそうであるならば、今後他の地点または遺構から比莫嶋関係の荷札木簡がまとまって出土することもあり得ると思われる。比莫嶋の海部は、篠嶋・析嶋の海部の贄貢納とどのように関わっていたのか、または無関係に贄を貢納していたのであろうか、それとも今後も比莫嶋関係の木簡はまったく発見されずに、ある時期から比莫嶋の海部は贄の貢納とは無関係になったと考えるしかなくなるのであろうか。その他様々な考え方があろうが、今後の発掘調査等による資料の増加に期待したい。

三　三島からの貢納ルート

三島の海部による海産物はどのようなルートで平城宮まで運ばれたであろうか。

三島の荷札木簡は、郡家段階で作成された可能性のあることが指摘されているが、その運搬には海路を利用したことが想像される。『延喜式』の「主計上」によれば、参河国から平安京までの行程は一一日となっており、伊勢国からであれば四日となっている。このことから考えてみると、平城宮への行程は鮮度の大切な海産物はできる限り早期に届けたかったであろうから、三島からは海路を利用し伊勢国に上陸後、平城宮まで陸路でいくことが最も早いと思われる。三島からは海路で志摩国が近いので、志摩に上陸したという考えもあるが、神島周辺は潮の流れが急に速くなるなど、志摩に至るまでに危険が大きく、かつ、『延喜式』の「主計上」によれば、志摩国から平安京までの行程は六日かかることになっており、伊勢国から行くよりも日数がかかり合理的ではない。

では、伊勢国に上陸したのであれば、どのようなルートにより平城宮まで贄を運んだのであろうか。まず考えられるのは、雲出川河口付近で上陸またはそのまま川を遡り、津市白山町の川口関、塩見峠、伊賀市青山町阿保を経て名張へ至るという伊賀南部を横断してから大和国に入り平城宮に至るルートである(23)。三島からほぼ真西に進めば雲出川の河口に到着し、ここから伊賀南部を横断すれば平城宮まで最短距離で行くことができる。海産物の鮮度を少しでも保つために最短となる、このルートが使われた可能性はある。

もう一つは、安濃川河口付近で上陸またはそのまま川を遡り津市の市村駅を経て鈴鹿駅方面に向かうか、鈴鹿市の天王遺跡近くの金沢川河口あたりに上陸し、陸路で西方の鈴鹿駅に向かい、鈴鹿関を経由し加太越えで伊賀国に入り、柘植、新家駅、京都府笠置町、同木津川市加茂町の岡田駅を経て大和国に入り平城宮に至るという、伊賀北部を横断するルートである(24)。前述のルートより少し距離が長くなるが、天王遺跡は、数回に及ぶ発掘調査の結果より公的な港湾的施設と推定される遺構が確認され、水上交通の物流拠点ではなかったかと考えられている遺跡である(25)。この近くの岸岡山古窯で焼かれた脚付短頸壺が篠島神明社貝塚、日間賀島北地古墳群、武豊町山崎古墳、田原市藤原古墳群等で出土しており、また、三河湾岸で使用された製塩土器が天王遺跡で確認されていることから(26)、古墳時代後期以降、三河湾周辺各地と天王遺跡周辺地域とが何らかの関係をもっていたことが推定されるのであるが、そうであるならば、両者を結ぶ海路が古くから存在していた可能性もある。三島の海部にとっては、潮の流れは熟知していたはずであり伊勢湾内における海路に詳しかったと思われるので、平城宮への贄貢納がどのような体制で行われたかわからないが、三島から海路で伊勢国に渡る際には、三島の海部による舟が利用されたと推定される。そうであれば、金沢川河口や安濃川河口付近から鈴鹿駅、鈴鹿関を経て伊賀北部から平城京に向かうルートも、比較的早期に平城宮に到着できたのではなかろうか。

以上想定されるルートを示してみたが、あるいは他のルートであったかもしれない。ただ、どんなルートにせよ、贄を貢納する関係上、事件や事故などに巻き込まれないようよく知られた主要な道を通ったのではなかろうか。いずれにしても、三島の海部による贄の貢納は、三島から海を渡って伊勢国に入り陸路で平城宮まで海産物を運んだことが推定される。

むすび

本稿では、三島関係の荷札木簡の概要および三島の海部が貢納した海産物の概要やどのように平城宮に貢納したかなどについて、自分なりの考えをまとめてみた。しかし、以上のように仮説をたててみたものの、本稿で推定したことは現段階では説明できたとしても、今後の資料の増加（例えば年代や貢納月を特定できる三島関係の木簡、「比莫嶋海部」の記述のある木簡等）により、矛盾が多くなってしまうかもしれない。また、現段階でも否定的な意見は当然あると考えている。

伊勢湾、三河湾は海産物が豊富で、三島は伊勢から東国に向かう海上交通の要所に位置している。日間賀島の北地古墳群には、サメを捕るための鉄製釣針および「だるま形石錘」と呼ばれる石錘や多量の須恵器、直刀、鉄鏃等の鉄製品のほか、なかには脚付短頸壺、山陰系の平玉などが副葬されている古墳もあり、積極的に他地域と交流をもっていたと考えられている。また、篠島の神明社貝塚や日間賀島の新井浜貝塚等の遺跡からは外海での漁労活動を想定させるような遺物も出土しており、船の操作や漁労活動に長けた人たちであったことが推定されている。このような人たちであったからこそ、平城宮への贄貢納も、三島の海部はそつなく遂行していたと思われるが、今後研究すべきことはまだたくさんあるとも思う。本稿で述べたことは現段階の仮設であり、今後多くの資料が発見されれば、もっとはっきりと判ってくると考えている。

註

（1）伊東久之「篠島の歴史的環境」（『愛知県史民俗調査報告書1　篠島』　愛知県　一九九八）
（2）瀬川清子『日間賀島・見島民俗誌』（未来社　一九七五）
（3）福岡猛志「三河国関係古代木簡について―集成と注釈―」（『愛知県史研究』第2号　一九九八）
愛知県史編さん委員会『愛知県史　資料編六　古代一』（愛知県　一九九九）
愛知県史編さん委員会『愛知県史　資料編七　古代二』（愛知県　二〇〇九）
（4）奈良国立文化財研究所『平城宮発掘調査出土木簡概報（十九）』一九八七
（5）奈良国立文化財研究所『平城宮発掘調査出土木簡概報（二十二）―二条大路木簡一―』一九九〇
奈良国立文化財研究所『平城宮発掘調査出土木簡概報（二十四）―二条大路木簡二―』一九九一
奈良国立文化財研究所『平城宮発掘調査出土木簡概報（二十九）―二条大路木簡三―』一九九四
奈良国立文化財研究所『平城宮発掘調査出土木簡概報（三十一）―二条大路木簡五―』一九九五
奈良国立文化財研究所『平城宮発掘調査出土木簡概報（三十二）―二条大路木簡六―』一九九六
奈良国立文化財研究所『平城宮発掘調査出土木簡概報（三十七）』（二〇〇三）
（6）奈良国立文化財研究所『平城宮木簡一』一九六九
（7）奈良国立文化財研究所『平城宮発掘調査出土木簡概報（四）』一九六七
奈良文化財研究所『平城宮木簡七　解説』二〇一〇
（8）今泉隆雄「貢進物付札の諸問題」（『古代木簡の研究』　吉川弘文館　一九九八）
（9）鬼頭清明「荷札木簡と贄」（『古代木簡の基礎的研究』　塙書房　一九九三）
（10）鬼頭清明「木・紙・書風」（『日本の古代　14　ことばと文字』　中央公論社　一九九六）
（11）樋口知志「二条大路木簡と古代の食料品貢進制度」（『木簡研究』　第13号　一九九一）
（12）山中章「考古資料としての古代木簡」（『木簡研究』第一四号　一九九二）

(13)　財団法人愛知県埋蔵文化財センター「尾張連氏とあゆちの海～埋蔵文化財講演会・第２部パネルディスカッションの記録～」（『年報　平成10年度』　一九九九）
(14)　前掲註９　鬼頭文献。
(15)　磯部幸男「律令制下の南知多」（『南知多町誌』本文編　南知多町　一九九一）
(16)　中島徳男『三河湾産主要魚類図説』（三河教育研究会　一九七九）
(17)　山下勝年「サメを捕った人々」（『日本の食文化に歴史を読む―東海の食の特色を探る』　中日出版社　二〇〇八）
(18)　猪熊樹人「三河湾口部における古墳時代の漁労活動―愛知県新井浜貝塚の動物遺体から―」（『動物考古学』第20号　二〇〇三）
なお、ＳＫ６の魚骨の同定は、名古屋大学大学院新美倫子教授に依頼した。
(19)　前掲註８今泉文献。
(20)　前掲註11樋口文献。
(21)　前掲同右文献。樋口氏は「鯛楚割」は平常宮木簡にもみえることと、「佐米」「赤魚」「宇波賀」等は「雑魚楚割」に相当するものであろうことを述べている。
(22)　小林芳規「表記の展開と文体の創造」（『日本の古代　14　ことばと文字』　中央公論社　一九九六）
(23)　中大輔「伊賀国」（『日本古代道路事典』　八木書店　二〇〇四）を参考に想定してみた。中大輔氏は、伊賀から伊勢に入るために青山峠越えの道が開かれたのは平安時代以降とされていることから、阿保からは霧生―塩見峠のルートだったと推定している。
(24)　前掲同右中大輔文献、新田剛「伊勢国」（『日本古代道路事典』　八木書店　二〇〇四）を参考に想定してみた。
(25)　前掲同右文献。鈴鹿市考古博物館『天王遺跡13次調査』（現地説明会資料　二〇〇四）
(26)　鈴鹿市考古博物館『速報展　発掘された鈴鹿二〇〇四』　二〇〇五

古代尾張国・参河国の手工業

古尾谷知浩

はじめに

現在、愛知県ではものをつくる産業が盛んである。古代でもこの地域は特色ある手工業が営まれていた。本稿では、文献史料から古代尾張国・参河国の手工業生産について概観する。

古代の文献史料に基づく場合、その多くが国家側が書き残したものであるために、律令国家との関係を無視して考えることはできない。しかし、それだけをみていると、律令国家が社会の隅々までを支配していたかのような錯覚におちいることにもなる。国家の支配の外側でも人々が活動していたということを念頭に置きながら、律令国家が手工業生産のどの部分を管理していたのか、どの部分は管理していなかったのか、ということを考えていかなければならない。その際には、原材料の調達、生産施設・道具の維持管理、労働力の確保、労働者に対する給付、製品の供給先、などの観点に着目して、律令国家がこれら手工業を成り立たせている点にどのように関わったのか、あるいは関わらずに製品のみを調達しようとしたのか、などを検討する必要がある。

さて、古代の各地における産物を考える場合、律令の施行細則の一つである『延喜式』が手がかりとなる。このうち、民部省式・主計寮式などには、律令国家が租税その他により各国の産物を徴収する仕組みが規定されている。このほか、諸国における手工業生産のあり方をうかがうことができる史料として、正倉院文書として残された正税帳類がある。正税帳は、諸国の財政収支報告書であり、出挙の利稲を主な財源とする正税が、どのような費目に支出されているのかということがわかる。幸い、尾張国については、天平年間の正税帳が残されていて、貴重な情報を提供してくれる。

本稿では、これらの史料にみえる手工業生産品のうち、尾張国・参河国を代表する産業の一つである窯業[1]のほか、織物や兵器の生産について取り上げる。なお、窯業生産については、製品に篦などの工具で記した文字も重要な史料となる[2]。篦書文字は、製品を焼く前、土が軟らかいうちに記すものであるから、窯業生産の過程で書かれた文字であると言える。法制史料や行政文書が律令国家の支配の枠内で書かれたものであるのに対し、これは製品を作る現場で書かれた文字であるから、より具体的に生産の実態をうかがうことができる可能性を持っている。こうした史料を使いながら、尾張国・参河国の手工業生産の特質と、律令国家の地方手工業生産に対する支配の問題について考えたい。

一　施釉陶器の生産

『延喜式』民部省には、次のような規定がある（［　］内は細字）。

年料雑器

尾張国瓷器。大椀五合［径各九寸五分］。中椀五口［径各七寸］。小椀［径各六寸］。茶椀廿口［径各五寸］。盞五口［径各四寸七分］。中擎子十口［径各五寸］。小擎子五口［径各四寸五分］。花盤十口［径各五寸五分］。花形塩杯十口［径各三寸］。瓶十口［大四口・小六口］。

長門国瓷器。大椀五合［径各九寸五分］。中椀十口［径各七寸］。小椀十五口［径各六寸］。茶椀廿口［径各五寸］。

花盤卅口〔径各五寸五分〕。花形塩杯十口〔径各三寸〕。瓶十口〔大四口・小六口〕。

右両国所レ進年料雑器。並依二前件一。其用度皆用二正税一。

これによれば、尾張国・長門国から年料雑器という名目で瓷器を都に納入することが定められている。瓷器とは、施釉陶器つまり釉薬をかけた焼き物のことで、ここでは緑釉陶器のことを指すと考えられている。これは輸入陶磁器ほどではないにしても国産品としては高級な焼き物である。

この瓷器の生産にあたっては、必要物資を正税つまり国の財源から支出することになっていた。尾張国・長門国では、国が財政的に直接関与する形で瓷器を生産し、都に進上していたのである。また、技術者養成の面でも瓷器生産には律令国家が大きく関与していた。『日本後紀』弘仁六年（八一五）正月丁丑条によれば、「造瓷器生尾張国山田郡人三家人部乙麻呂等三人、伝習成業。准二雑生一聴二出身一。」とある。尾張国出身の者に国家が技術を伝えて登用したことがわかる。尾張国は、古墳時代以来須恵器生産が盛んで、窖窯を用いた窯業生産の技術が存在していたが、これを基盤として、新しい瓷器生産技術を国家主導で移転したのである。

さて、瓷器が都に進上された後の供給先はどのようなものだろうか。『延喜式』内膳司によれば、天皇に対する「供御料雑器」という項目の中に、金銀器、漆器などと並んで、「瓷雑器」がみえる。実態としては、もちろん寺院や貴族など他の供給先もあったはずであるが、法制史料の上では京進された瓷器の主たる用途は天皇への供御用だった。

同様のことは、愛知県内で出土した灰釉陶器に記された文字からもうかがえる。猿投窯の黒笹九〇号窯跡（九世紀後半）で出土した灰釉盤の底部外面に「内竪所」と箆書した資料がある。[3]「内竪所」とは、平安時代、天皇の側近くで奉仕した部署の名称である。この資料は、灰釉陶器を生産する時点で、供給先が天皇周辺であることが認識されていたことを物語っている。

二　須恵器の調納

以上、高級な焼き物である瓷器について検討したが、次に須恵器の調達方法について考えてみよう。

九世紀に成立した儀式書の一つである『儀式』や、『延喜式』神祇・宮内省には、践祚大嘗祭関係の記載があり、その儀式の中で必要な須恵器の調達についての規定が含まれている。践祚大嘗祭とは、天皇が即位した後、一度限り行う祭儀で、新穀を天皇が神とともに食べることを中心とするものであるが、食料品のほか、食膳具をはじめとする調度類も新調して進上させるのである。

践祚大嘗祭における土器調達方式にはいくつかあるが、その中に「供進雑器」という項目がある。この調達手続は、河内、和泉、尾張、参河（『延喜式』宮内省では美濃）、備前の各国に太政官符（太政官からの命令下達文書）を出し、宮内省から下級官人の史生を派遣して徴発するというものである。対象となっている国々は、いずれも須恵器の主要産地であるから、徴発されたのは須恵器であろう。つまり、中央政府の役人が直々に尾張・参河などの生産地まで赴いて須恵器を調達することになっていたのである。

しかし、これは祭儀用という特殊な用途であり、穢れのない、浄い物資を特別に調達する必要から取られた措置であろう。中央政府が直接生産地まで管理しようとするあり方は一般的とは言えない。それでは、通常の須恵器調達方式はどのようなものだったであろうか。

律令国家が須恵器を調達する方法の一つに、調という税目により民間で生産された製品を徴収するというやり方がある。しかし、『延喜式』では、奈良時代・平安時代初期に須恵器の一大生産地であった尾張国・参河国について、調として須恵器を徴収することは規定されていない。しかし、実態を検討すると、須恵器の調納は行われていたようである。

愛知県長久手市の丁字田窯跡・市ヶ洞一号窯跡（いずれも七世紀後半）から、近年、次のような箆書須恵器が出土している[4]。

・丁字田窯跡

〔瓫ヵ〕
「□」（須恵器甕頸部）
「尾治瓫五十戸黒麻呂」（須恵器甕頸部）
〔太ヵ〕
「見□　□」（須恵器器種不明脚部）

・市ヶ洞一号窯跡

「瓫五十戸佐加之」（須恵器甕頸部）
「戸人佐加之」（須恵器甕頸部）
「瓫五十」（須恵器甕頸部）
「瓫人小□之」（須恵器壺頸部）
「瓫□［　］」（須恵器壺頸部）
「瓫」（須恵器壺頸部）
「瓫止己皮」（須恵器無台杯底部外面）
「瓫」（須恵器すり鉢底部外面）
「□」（須恵器壺体部外面）

ここにみえる「五十戸」とは、後の律令制下の行政単位である「里」にあたる。つまり、これらは尾治（尾張）の「瓫五十戸」なるサトの名と「黒麻呂」「佐加之」などの人名を記しているのである。

ちなみに、古代の地方行政単位の表記は、七世紀の天武朝までは「国・評・五十戸」、天武朝の終りからこれと併存しながら「国・評・里」に移り変わり、大宝元年（七〇一）施行の大宝令制では、「国・郡・里」となった。その後、霊亀三年（養老元、七一七）に「国・郡・郷・里」となり、天平一二年（七四〇）からは「国・郡・郷」になるという変遷をたどる。

さて、先に挙げた箆書須恵器は窯跡出土資料であるから、不良品などの理由で生産地で廃棄されたものであり、どこへ向けて供給されたのかという点はわからない。しかし、奈良県にある七世紀の宮殿施設である石神遺跡においても「㐂五十戸」と箆書きした須恵器短頸壺が出土している。つまり、サトの名を箆書きした須恵器は、都への進上品にも用いられているのである。

生産地の窯跡と消費地である都の遺跡から同一のサトの名が記された須恵器が出土している事例はほかにもいくつかある。尾張国関係のみを挙げよう。[5]

・愛知県春日井市高蔵寺C二号窯出土須恵器甕
「岡本里瓦人ア×」（「ア」＝「部」）

・愛知県春日井市高蔵寺C三号窯出土須恵器甕
〔岡ヵ〕
「□本五十戸東万瓺」

・愛知県東郷町鳴海三二号窯出土須恵器横瓶
「□春ア岡本」

・愛知県名古屋市高針原一号窯出土須恵器甕
「黒見田五十戸」

・愛知県名古屋市NN一〇五号窯（戸笠一号窯）出土須恵器鉢
「黒見田」
・愛知県名古屋市小幡遺跡出土須恵器甕
「黒見田□□」
・愛知県名古屋市正木町遺跡出土須恵器長頸瓶
「黒見田」
・奈良県石神遺跡出土須恵器
「岡本」（杯）
「黒見太」（盤）
・愛知県春日井市神屋一号窯出土須恵器甕
「□□春ア之奴支」
・平城宮跡出土須恵器甕
「斯野伎×」
「□野伎五十戸瓺」

これらにみえる「春ア（部）」は尾張国春部郡（評）を指し、「岡本里」や「之奴支」「斯野伎五十戸」は、後の『和名類聚抄』にはみえないが、それぞれ春部郡の岡本郷（里）、篠木郷（里）にあたる。「黒見田五十戸」「黒見田（太）」も評（郡）名は不詳であるが同様にサトの名を示す。律令行政単位と、一部には人名を記した箆書須恵器が、生産地の尾張国でも、消費地である都城遺跡でも出土しているのである。

以上のことから、須恵器の生産と都への進上が律令行政単位を基にして行われていたことをうかがわせるが、その仕組みについては具体的に示されているわけではない。そこで、他地域の類似の例からこれを考えてみたい。

・福岡県大野市牛頸ハセムシ窯跡出土箆書須恵器甕(6)

「筑紫前国奈珂郡
　手東里大神マ得身
　□
　□□
　并三人
調大瓺一隻和銅六□」

これは、「筑紫前国（筑前国）奈珂郡手東里」に属する三名が、和銅六年（七一三）分の調として、大瓺一隻を貢納することを示した箆書である。調は、計帳に登録された成人男子から徴収する建前になっているが、計帳は戸籍と同様に国・郡・里といった律令行政単位を基準に編成されており、調の徴収には、少なくとも律令国家の帳簿上は納入者がどこの行政単位に属しているのか（本貫）が問題となるのである。愛知県内出土のサト名箆書須恵器も、牛頸ハセムシ窯跡出土の資料と同様に、調として進上することを生産段階から予定して記銘したのであろう。なお、「黒見田」銘須恵器が、離れた窯跡から出土していることからもわかるように、行政単位名は窯跡の場所を示すものではない。あくまで本貫を指すものであるから、生産あるいは貢納に関わった人の所属を示すものである。

このほか、次のような箆書須恵器が愛知県七曲一号窯跡（九世紀前半）で出土している(7)。

・愛知県豊田市七曲一号窯跡出土須恵器甕

「調『勘』」（『　』内は筆跡が異なる）

この資料は、「調」字を箆書きした後、別の人が「勘」と箆で書き加えているものである。この甕を生産する段階で、調として納入することを前提に、「調」と記し、さらに別の人物が焼く前に勘検（チェック）していることを示している可能性がある。

以上のことから、『延喜式』に規定はなくても、七世紀後半から九世紀前半にかけて、尾張国・参河国では調として納入することを予定して須恵器が生産され、さらに都へ進上されていたことがうかがえる。

三　須恵器の交易

ここまで取り上げた事例だけをみると、民間で生産された須恵器を律令国家が調という名目で強制的に徴収して国家の需要を満たしていたようにみえ、律令国家が窯業生産を強力に管理していたかのような印象を与える。そうした側面があったことは確かであるが、国家は須恵器の生産・流通を全面的に支配していたわけではない。民間でも調納以外の流通経路は存在し、国家の需要も調のみで満たされていたわけではない。須恵器は市場で交易（売買）されていたのである。次の篦書須恵器はそのことを示すものである。

・愛知県日進市岩崎二四号窯跡出土須恵器短頸壺（九世紀後半）(8)

「□□□直米二斗五升
　□□十合直米□　五升
　　□□□升
　　　二升」
　　　（三行目は「□升升升」の二・三字目に「□□」を重ね書き）

「直」とは値段のことで、当該須恵器の価格を米に換算して記しているとみられる。これらの篦書によって、須恵器について米を対価として交易することを、その生産段階で予定していることがわかる。

この他、天平六年度（七三四）尾張国正税帳(9)をみると「缶価貳拾束」という記載がある。これは、稲二〇束を対価として、尾張国が須恵器の一種である「缶」を交易して調達したことを示している。国も流通している須恵器に依存して需要の一部を満たしていたことがわかる。

なお、尾張・参河ではないが、同様に須恵器の大生産地である和泉についてみると、天平九年度（七三七）和泉監（後の和泉国）正税帳に、「依民部省天平九年九月廿二日符、交易進上調陶器□」という記載がある[10]。このときは疫病が流行しており、減税措置として調が免除されていたため、本来調として徴発すべき須恵器を和泉監が交易により調達して都に進上したのである。つまり、調納用の須恵器と流通している須恵器とは、製品として互換可能であった。

先に触れた律令行政単位を記す篦書須恵器は、七世紀、八世紀初頭という古いものに偏っているが、それは建前上調であっても、国衙財政の充実により須恵器が正税で調達できるようになった結果、実際には交易で調達するようになったため、調納用の須恵器をことさらに区別する必要がなくなったことを示している可能性がある。

国が須恵器を調達する場合のほか、荘園でも稲を対価として須恵器を調達している例もある。天平勝宝七歳（七五五）五月三日越前国使解[11]（桑原荘券第二）をみると、越前国にある東大寺領桑原荘では、稲により瓱、缶、田杯を交易していることがわかる。

須恵器が売買されていたのは、地方の諸国に限らない。正倉院文書をみると、都の周辺で須恵器が銭貨で交易されている事例が頻繁にみられる。また、奈良県では次のような資料も出土している。

・奈良県明日香村阪田アオナシ遺跡出土須恵器長頸壺（一〇世紀初頭）[12]

「土□□直一升」

土器の価格を記した篦書須恵器が、生産地でも消費地でも出土しているので、広範に須恵器が流通していたことがうかがえる。

以上のことを総合して考えると、須恵器は民間に生産技術があって、製品は広範に流通しており、律令国家はそうしたあり方を前提として、製品の一部を調として徴発するほか、正税を支出して購入していたとみることができる。

政府が直接生産を管理しようとしたのは、祭儀用の特別品の須恵器のほか、高級品である瓷器の場合に限られるとすべきであろう。[13]

四　織物の生産

『延喜式』主計寮をみると、尾張国の調として両面（錦）、各種の羅（うすもの）、綾などがみえる。建前の上では、民間での生産物の一部を調として徴収するという形を取ってはいるが、これらは高級織物であって、本来は民間に生産技術が存在したわけではない。古代の法令を集めた『類聚三代格』巻六、弘仁一三年（八二二）閏九月二〇日太政官符をみると、正税から食料を支給すべき技術者が挙げられているが、そこに「調綾師」「調綾生」が含まれている。調として進上する建前の綾であっても、国主導の下で技術を指導して生産させていたことがうかがえる。以下、しばらく、時期をさかのぼって尾張国における高級織物の生産体制についてみていくことにする。

特殊な技術を要する錦や綾などの高級織物の生産は、律令規定では中央政府の大蔵省の下部組織である織部司が担っていた。しかし、奈良時代のはじめ、その技術を地方に移転して各地で生産させる政策が採られることになった。[14]

『続日本紀』和銅四年（七一一）閏六月丁巳条には、「遣㆓挑文師于諸国㆒、始教㆔習織㆓錦綾㆒。」とある。「挑文師」と呼ばれる技術者を諸国に派遣して、錦や綾を織る技術を伝えたのである。これに続いて、同五年七月壬午条をみると、尾張を含む二一箇国で錦綾を織らせていることがわかる。こうした政策を受けて、尾張国では実際にどのような生産体制が作られていたのであろうか。

天平六年度（七三四）「尾張国正税帳」[15]には、次のような錦・綾などの生産に関わる記述がある（〔　〕内は細字）。

錦并綾生伍拾陸人食料稲伍伯玖拾捌束肆把

錦生肆人、織綿（錦）参匹、単壹伯壹拾肆日、食
料稲壹伯捌拾貳束肆把　［日別一束六把］
綾生伍拾貳人、織綾伍拾貳匹、単壹阡肆
拾日食料稲肆伯壹拾陸束　［日別四把］
（中略）
錦参匹料紫糸捌絢参両壹分　染料紫壹拾
壹斤　直稲参伯参拾束　［斤別卅束］
（中略）
修理綾綜壹拾漆具料糸壹拾陸斤捌両
直稲玖伯玖拾束　［斤別六十束］
少宝花有綾文貳具料糸参斤
无綾文綜参具料糸参斤
散花有綾文綜貳具料糸貳斤捌両
无綾文綜伍具料糸参斤捌両
少車牙无綾文綜貳具料糸貳斤
磯形无綾文綜参具料糸貳斤捌両

正税の支出項目の中に、工人である錦生や綾生に支給する食料、錦に用いる紫糸用の染料の紫、織機の修理に用いる糸などの費用が計上されている。つまり、国衙で、生産手段の維持管理・原材料・技術者に給付する食料について、国の財源である正税を支出して生産させていたことが判明するのである。

以上のように、錦や綾については、中央政府から技術を移転し、国の財政を基礎として生産が行われていたという

ことができる。しかし、これは高級織物の場合である。一般的な製品である絹織物や麻布については民間に技術が存在し、国家は製品の一部を調などで徴収する形をとっていたのである。

五　兵器の生産

律令制下では、一般民衆は兵役を課せられ、諸国の軍団で兵士として服務することになっていた。その際の装備は、建前の上では自弁する定めであった。『養老令』軍防令七条備戎具条の規定によれば、弓・刀・征箭・胡籙などの基本的な個人装備は本人が調達することになっていた。

こうした兵士自弁の兵器とは別に、官の兵器も存在したことが、『養老令』軍防令四一条出給器仗条、四二条従軍甲仗条、四三条軍器在庫条、営繕令八条貯庫器仗条のほか、『延喜式』兵部省、諸国器仗条などからわかる。また、『養老令』軍防令四四条私家鼓鉦条によれば、弩（いしゆみ）などの特殊な兵器については、私的に所有することを禁じられていた。

さて、こうした兵器はどのように生産されたのであろうか。官の兵器については、先にも述べた『類聚三代格』巻六、弘仁一三年（八二二）閏九月二〇日太政官符をみると、兵器製作技術者である「造年料器仗長」が国ごとに一人置かれ、一般の労働者である「造年料器仗丁」多数を使役して生産にあたっていたことがうかがえる。一方の兵士の兵器については、兵士が自弁するといっても、それぞれが独自に調達していたのでは性能にばらつきが生ずるし、何よりも一般民衆が独自に必要な兵器のすべてを入手できたとは思われない。兵士が自ら備える兵器と官の兵器は別々に生産されるのではなく、「様」と呼ばれる製品見本に基づいて、兵士を使役して製作され、兵士自弁の分は、兵士が対価を払って配給を受けていたのだと考えられている(16)。法規定の上でも、『延喜式』兵部省、諸国器仗条には、「凡諸国司造㆓官器仗㆒之日、不㆑得㆑造㆓私器仗㆒。」とあって、官の兵器を生産することは優先されるが、同じ工房で私有の兵器の生産も行われていたのである。

こうした兵器生産の実際のあり方を、尾張国を例にみてみよう。天平六年度（七三四）「尾張国正税帳[17]」をみると、次のようにある（［　］内は細字）。

営造兵器用度価稲陸伯玖拾肆束玖把

挂甲陸領料稲陸伯束　壹領料稲壹伯束

横刀鞘壹拾陸口料稲壹拾玖束貳把壹口

料稲壹束貳把　［生糸一分二銖直］

弓肆拾張料稲陸束　壹張料稲壹把伍分

［握纏鹿韋一枚　長六尺一寸　広二尺五寸　張別方五寸直］

箭伍拾具料稲漆束伍把　壹具料稲壹把伍分　［生糸一銖直］

胡禄伍拾具料稲肆拾伍束　壹具料稲玖把

［生糸三銖　直稲四把五分　緒鹿洗革長二尺　広三寸　直稲四把五分］

靭肆拾巻料稲壹拾漆束貳把　壹巻料稲

肆把参分　［鹿韋長九寸　広五寸　直稲三把三分　緒鹿洗皮長二尺三寸　広五分　直稲一把］

以上のように、「営造兵器用度」として、挂甲・横刀鞘・弓・箭・胡禄（胡簶）・靭（靫）などの製作に必要な費用が計上されている。「交易」とはなっておらず、また、材料費の内訳が記されているので、国では兵器の製品を購入するという形ではなく、原材料を調達して、国の工房で生産させていたのである。

もっとも、正税帳には国が生産を管理した部分しかみえてこない。『延喜式』にあるように、国の兵器を生産する以外の時期に私有の兵器が作られていた可能性は十分にあろう。

さらに、兵器の素材である鉄について、国は独占的に管理していたわけではない。「尾張国正税帳」自体には兵器用の鉄についての記載は残っていないが、天平九年度（七三七）および天平一〇年度の「駿河国正税帳」[18]をみると、刀など兵器を作るための鉄の対価として稲が支出されていることがわかる。「尾張国正税帳」でも、兵器以外の用途のために稲を対価として鉄を購入している。つまり鉄は一般に流通していたのである。しかも、鉄の価格についてみると、天平六年度「尾張国正税帳」では鉄一斤＝稲六束、天平九・一〇年度「駿河国正税帳」では、鉄一斤＝稲四・五束もするのに対し、鉄の主要産地である中国山地に近い周防国では、天平一〇年度「周防国正税帳」[19]によれば鉄一斤＝稲〇・二五〜〇・三束となっており、価格差が甚だしい。尾張国や駿河国では高い対価を払わされて鉄を購入していることになり、鉄の流通を国家が統制できているようには思われない。資源の偏在による価格差を利用した民間での鉄の遠距離交易に依存する形で国は鉄を調達していたのである。

ただし、私的所有を禁じられた弩については、尾張国の例ではないが、天平六年度「出雲国計会帳」[20]に、天平五年八月二〇日節度使符「為教習造弩追工匠二人状」が掲載されており、中央政府主導で工人に製作技術を教習していたことがわかる。

おわりに

以上、古代の尾張・参河国における焼き物、織物、兵器の生産を例にとり、律令国家と手工業生産の関係を検討した。一般的な品については、民間に生産技術が存在し、製品は広範に流通しており、律令国家は、そのことを前提として、一部は調などの形で徴収し、あるいは対価を払って調達していたのである。律令国家が主導して技術を移転し、原材料・生産施設などを直接管理して生産を行わせていたのは、瓷器・錦綾などの高級品、天皇用、祭儀用などの特殊品、弩などの強力な兵器といった、特別な品に限られるとみるべきであろう[21]。

註

（1）古尾谷知浩「律令制下における土器の生産と流通」「焼成前刻書土器再論」（いずれも『文献史料・物質資料と古代史研究』塙書房　二〇一〇　それぞれ初発表二〇〇六・二〇〇八）を参照。
（2）巽淳一郎（研究代表者）『記号・文字・印を刻した須恵器の集成』（平成九年～一一年度科学研究費補助金（基盤研究C2）研究成果報告　二〇〇〇）を参照。愛知県内出土のものについては、『愛知県史』資料編四、飛鳥～平安、考古四　二〇一〇　に墨書土器・刻書土器（篦書土器）の集成が収録されている。
（3）愛知県教育委員会『愛知県猿投西南麓古窯址群』一九五七
（4）長久手町教育委員会・（財）瀬戸市文化振興財団『丁字田窯跡・市ヶ洞一号窯跡』二〇〇七
（5）前掲註2巽文献、『愛知県史』資料編四、飛鳥～平安、考古四を参照。
（6）大野城市教育委員会『牛頸窯跡群総括報告書Ⅰ』二〇〇八
（7）豊田市教育委員会『明蓮一～四号窯跡・七曲一号窯跡』二〇〇七
（8）日進町教育委員会『愛知県日進町株山地区埋蔵文化財発掘調査報告書』一九八四
（9）正倉院古文書正集一五、『大日本古文書』（編年文書）第一巻　六一六頁（以下、正集一五、『大日古』一―六一六のように略記）。なお、この天平六年度尾張国正税帳は、『愛知県史』資料編六　古代一　一九九九　に一六八号として収録されており、付録として写真版が付されている。
（10）正集一三、『大日古』一―七八
（11）尊勝院文書、『大日古』四―五二～五八
（12）明日香村教育委員会『明日香村遺跡調査概報平成六年度』一九九六
（13）尾張国・参河国の事例ではないため、本文中では触れなかったが、この他、土器生産を官司が直接管理する場合として、天皇またはそれに準ずる者に直接奉仕する機関における生産が挙げられる。また、前代の部民制的生産の流

れをくむ畿内での土師器生産のあり方も（但し名目は調）、天皇への供御・祭儀用についてみられる。しかし、官司が土器工人を直接把握しているのは、天皇周辺に限られるのであって、一般的には、本文で述べたように、国家・官司が土器を調達する方式は、調納または交易・購入であった。よって、土器工人を国家的に編成して生産を行っていたとする見解や、神部などによる部民制的生産が一般に行われていたとする見解には従えない。詳細は、前掲註1古尾谷文献を参照。

なお、鷺森浩幸「陶邑と陶部」（栄原永遠男編『日本古代の王権と社会』塙書房、二〇一〇）は、雄略期あるいはそれ以後に陶部が陶邑における須恵器生産を管理していたことを指摘する。その点は首肯できるが、鷺森も認めるように、七・八世紀の段階では陶部の痕跡は確認できない。また、鷺森も神部による部民制的須恵器生産については否定的である。

(14)　前掲註1古尾谷文献「家産制的手工業の歴史的展開」

(15)　正集一五、『大日古』一―六〇七～六一三

(16)　下向井龍彦「日本律令軍制の基本構造」（『史学研究』一七五、一九八七）、中村光一「令制下における武器生産について」（虎尾俊哉編『律令国家の地方支配』吉川弘文館　一九九五）。このほか、関連する論考として、岡部雄「律令国家における武器生産管理」（『歴史研究〈愛知教育大学歴史学会〉』三六・三七合併号　一九九一）

(17)　正集一五、『大日古』一―六一二

(18)　正集一五、『大日古』二―六八～六九、正集一八、『大日古』二―一一八

(19)　正集三五・三六、『大日古』二―一三八・一四〇

(20)　正集三〇、『大日古』一―五九三

(21)　古代の手工業生産全般については、前掲註1古尾谷文献を参照。本稿では論旨に直接関係する先行研究しか挙げていないため、重要な業績でも取り上げていないものがある。研究史全体の整理に関してはこちらを参照されたい。また、本稿で取り上げた文献史料のうち、尾張国・参河国に関わるものは、『愛知県史』資料編六、古代一一九九九に収録されている。あわせて参照されたい。

補論

註1古尾谷文献「律令制下における土器の生産と流通」に対しては、高橋照彦「銭貨と土器からみた仁明朝」（角田文衞監修・財団法人古代學協會編『仁明朝史の研究』思文閣出版　二〇一一）が批判を加えている。もっとも、本稿で述べた、「国家・官司が土器を調達する方式は、調納または交易・購入であって、土器工人を国家的に編成して生産を行っていたとする見解や、（天皇等の家産機構を除き）官営工房で土器を生産していたとする見解は妥当ではない」、という部分については、高橋「「律令的土器様式」再考」（森郁夫先生還暦記念論文集刊行会編『瓦衣千年』真陽社一九九九）などによれば、共通の理解として良いと思われる。したがって、本稿で述べた論旨には影響はないが、批判を受けた点については言及しておく必要があろう。

拙稿では、西弘海の遺著『土器様式の成立とその背景』（真陽社　一九八六）で提唱された「律令的土器様式」が成立した背景についての議論、およびこれに続く研究史における議論を批判した。「律令的土器様式」とは、法量に規格性があること、法量の差による多様な器種分化がみられること、土師器と須恵器に同じ法量、形態のものがあり、互換性が確立したこと、などの特徴をもつ七世紀後葉から八世紀の土器様式を指す。これが成立した背景には、律令制導入に伴う大量の官人層の出現と彼らへの給食体制の成立があるとし、法量の格差は、儀式、宴会における身分制の顕示という機能があると主張されているのである。

これに対し、拙稿では、土器を使用するのは官人層に限られず、また、土器の大きさが身分を示すという根拠はなく、むしろ反証があることから、前記の「背景」は成り立たないと批判し、国家・官司が土器を調達する方式が、調納またはこれと連動した交易・購入であることから、土器の規格性は使用時点を規制するものではなく、生産流通に関わる調納、交易における規格の基準が必要だったためであると考えた。

以上のような拙稿に対し、高橋は、古尾谷による「律令的土器様式の背景」批判は決定的ではなく、また、調負担における基準化の議論も疑問であるとした上で、多様な法量分化の背景には需用者側の要請があったとみるべきであるとした（①）。その上で、法量分化の理由を、上級官人に限らない広範な給食体制と、そこでの配膳の文化があり、用途に応じて供膳具の使い分けがあったことに求めている（②）。

①の点については、妥当な批判であると考える。このことは、既に高橋から口頭で伝えられており、前掲註1古尾谷文献　一七二頁の補論一（この部分の初発表も二〇〇六）で受け入れている。その上で、次の課題として土器の使用時点のあり方が課題となるのであるが、その高橋の解答が②ということになろう。もちろん、①に関わる論点においては、拙稿と高橋は相違するのであるが、おおもとの部分では共通しているのではないかと考える。すなわち、両者とも、食膳具の使用においては、盛りつける食事の種類、量が重要なのであって、それに応じて異なった法量・数の土器が用いられると主張しているのだと思う。言い換えれば、土器に細分化された法量規格があること自体に意味があるのではなく、中身に意味があるということである。土器自体に身分表示機能があるわけではなく、食事の種類、量が本質的要件で、土器の法量構成はそれに結果として従属するという点では一致していると思われる。

また、これとは別に、調納を示す須恵器の篦書銘が奈良時代初頭以前の古いものに偏る点について、拙稿が、土器の流通が活発になり、調納須恵器が交易により調達できるようになった結果、生産段階で交易用と区別して調納用に記銘する必要性がなくなっていったためであるとしたが、高橋はこれも批判し、奈良時代初期以前から須恵器の流通は活発であるため私見は成り立たず、新制度である調納制の始期にことさらに刻書されていたという可能性を指摘する。篦書銘がなくなっていく理由は一つに限る必要はなく、当然高橋の提示する可能性もある。一方、拙稿の趣旨は、正税交易が活発化したことを想定してのことであったが、その意図を示すためには「土器の流通が活発」になったと表現したのは不適当であった。「国衙財政の充実により須恵器が交易により調達できるようになった結果」と訂正したい。それであれば、私見が成立する余地はあろう。

第3部　尾張・三河における古代寺院の出現と展開の諸相

尾張地域における古代寺院の動向

梶原義実

はじめに

愛知県西部、尾張地域では現在まで、四〇余の古代寺院（瓦出土遺跡）の存在が知られている。この数は一国あたりの地方寺院数としては、かなり多い部類に入る。しかしながらそれらの寺院のほとんどは、わずかの瓦出土が知られるのみで、その実態はあきらかではない。個々の寺院について考古学的に解ることは、発掘調査がおこなわれ伽藍構造や多くの出土遺物が確認されているわずかの寺院を除いては、驚くほど少ない。

筆者は別稿（梶原 二〇一〇c）（梶原 二〇一一）において、古代寺院の立地景観や周辺諸遺跡との関係をモデル化し比較検討することで、古代寺院の造営背景について論じた。このような視点は古代寺院の解明にあたってきわめて重要であると考えられ、隣国の三河地域でも、永井邦仁氏により、碧海台地周辺の集落群の動向が、宗教施設も含め論じられる（永井 二〇一〇）など、今後注目すべきテーマといえよう。

尾張地域においても、寺院の立地と周辺諸環境・諸遺跡についての総合的な分析をおこなうことで、個々の遺跡のもつデータ量の僅少さを克服し、当地の寺院造営の事情に迫ることができると考える。

一　尾張の地勢と交通路

尾張地域は、東部および北東部の丘陵地帯から派生する台地群および、西方に流出する大小の河川の営為によって濃尾平野の沖積部が形成されている。とくに該期の遺跡密度としては、尾張北西部の濃尾平野の河川堤防など微高地上に、集落跡をはじめとする多くの遺跡が確認されており、また尾張北東部～東部に広がる犬山扇状地や熱田台地・名古屋台地なども遺跡密度が濃い。さらに東方・北方の丘陵部には、猿投窯・尾北窯など窯業地域が展開しており、南東部の知多半島沿岸部には製塩遺跡が多く形成される。

尾張国は、令制下においては東海道に属するが、七世紀末頃までは東山道に属していたという説も提示されており〔田中 一九八〇〕、美濃と尾張の間には、各時期を通して多くの連絡路の存在が指摘される。これらの諸道はいずれも現地形や古墳・寺院など遺跡の所在地から復原されたものであり、東海道の本道を含めたルートの確定は実際の道路遺構や駅家遺跡の検出を俟たねばならないものの、いちおう図上では、これまでの諸論〔金田 一九七八〕〔北條 二〇〇四〕〔木下 二〇〇九〕〔天野 二〇一〇〕など）をもとに、おおむね現時点での見解を提示した。

二　尾張北西部（葉栗郡・丹羽郡・中島郡・海部郡）の寺院立地（図1・表1）

まずは、尾張北西部の寺院立地についてみていく。

葉栗郡では黒岩廃寺・音楽寺・東流廃寺の三寺が確認されている。いずれも犬山扇状地末端、木曽川沿いの緩扇状地を選地しており、木曽川の水運を強く意識した選地であることがわかる。音楽寺は複数の堂宇の遺構が検出された尾張では稀有な例であり、金堂と塔が東西に並ぶ法起寺式または川原寺式の伽藍配置をとる。黒岩廃寺は約七〇基の

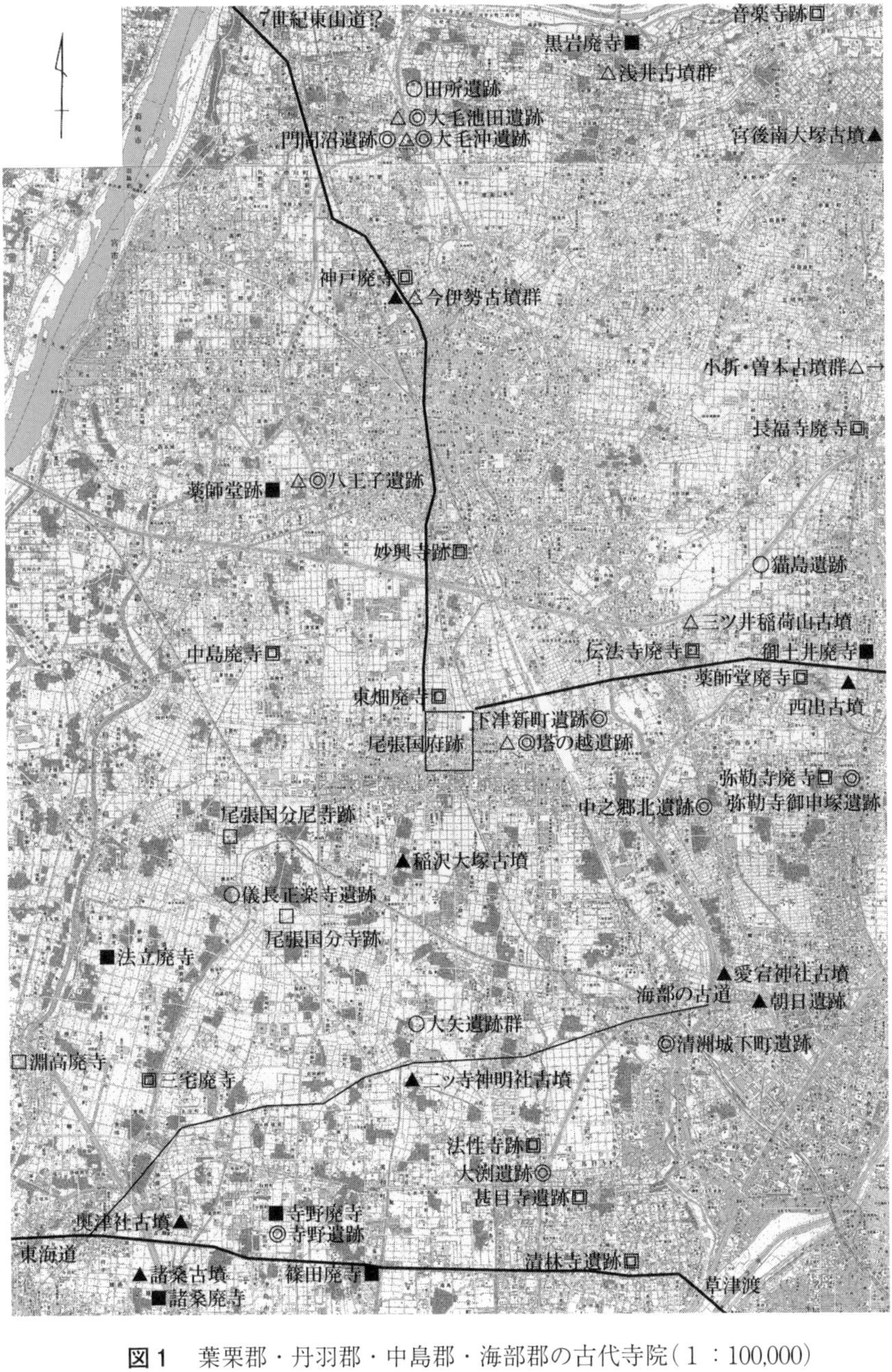

図１　葉栗郡・丹羽郡・中島郡・海部郡の古代寺院（１：100,000）

奈良後期（国分寺造営以降）	地形	諸地形・諸施設との関係（○：隣接　△：近接）								
		古道（距離）	古道（比高差）	河川・湖沼	山地	他寺院	官衙	集落	前・中期古墳	群集墳
	緩扇状地			○						○
	緩扇状地			○					△	
	河川堤防			○						
特殊文軒平	扇端部			○						○
複弁（平安期）	下位段丘								△	
	河川堤防	○？	なし	△		△		△	○	
	河川堤防	○？	なし	○		△		△	○	
大安寺式・均整唐草	河川堤防	○？	なし					△		○
尾張国分寺式	河川堤防	○？	なし	○			○			△
尾張国分寺式	河川堤防	△？	なし	△						
	河川堤防	○？	なし	○					○	○
	河川堤防			△				○		○
中島廃寺式	河川堤防			○						
	河川堤防			○						
	河川堤防			○						
大安寺式・尾張国分寺式・中島廃寺式	河川堤防			○				△		
	河川堤防			○				△		
尾張国分寺式	河川堤防			○						
	自然堤防	△	なし	○					○	
	河川堤防			○						
	自然堤防	△	なし	○				○		
	自然堤防	○	なし	○						
	自然堤防			○				○		
中島廃寺式	河川堤防			○		△		○		
尾張国分寺式（平安期）	河川堤防			○		△		○		
	河川堤防	○	なし	△		△				
中島廃寺式	河川堤防			△				○		
	下位段丘			△						
細弁・均整唐草	山林				○					
細弁	低位面			○			○		△	○
	中位段丘	○？	なし	○		△			○	
文字瓦・（国分寺式）	中位段丘	△？	なし	○		△		○		
	谷底平野			○	○		○	○		
大安寺式	中位段丘	△	なし	△		△				
	中位段丘	△	なし	△		△			△	
大安寺式・宝相華文	中位段丘	△	なし	○			○	○	△	○
平城宮式・尾張国分寺式	中位段丘			○				△		
	丘陵			○						
	海岸平野			○				△	△	
尾張国分寺式	海岸平野			○				△	△	
細弁・一本作り素弁・均整唐草・中島廃寺式	砂堆							△		
一本作り有稜素弁・均整唐草	丘陵			○	○					

表1　尾張地域の寺院立地と出土瓦

遺跡名	旧郡	所在地	年代（出土瓦）		
			白鳳前期	白鳳後期	奈良前期（国分寺造営以前）
黒岩廃寺	葉栗	一宮市浅井町黒岩		川原寺式	
音楽寺	葉栗	江南市村久野町寺町		素弁	細弁
東流廃寺	葉栗	羽島市笠松町東流		近江湖東式	
長福寺廃寺	丹羽	一宮市千秋町加納馬場		長福寺系素弁・軽寺式・細弁・簾状重弧	
勝部廃寺	丹羽	犬山市角池		素弁	
御土井廃寺	丹羽	岩倉市稲荷町御土井		坂田寺式	
薬師堂廃寺	丹羽	岩倉市川井町薬師堂		坂田寺式	藤原宮式
伝法寺廃寺	丹羽	一宮市丹陽町伝法寺字塔塚		坂田寺式・素弁・複弁	
東畑廃寺	中島	稲沢市稲島町東畑・北屋		長福寺系素弁・軽寺式・坂田寺式・川原寺式	有稜素弁・平城宮式・新羅系
妙興寺跡	中島	一宮市大和町妙興寺		素弁・細弁	
神戸廃寺	中島	一宮市今伊勢町目久井		素弁	細弁
薬師堂跡	中島	一宮市大和町苅安賀字薬師堂		変形細弁	
中島廃寺	中島	一宮市萩原町中島字戌亥		素弁	
三宅廃寺	中島	稲沢市平和町下三宅		素弁・細弁・単弁	「額田部寺」銘瓦
法立廃寺	中島	稲沢市平和町法立		素弁	
尾張国分寺	中島	稲沢市矢合町椎ノ木・中椎ノ木			
尾張国分尼寺	中島	稲沢市法花寺町熊ノ山			
淵高廃寺	海部	愛西市渕高町平太			
諸桑廃寺	海部	愛西市諸桑町東浦		単弁	
宗玄坊廃寺	海部	愛西市宮地町大倉		素弁	
寺野廃寺	海部	津島市寺野町郷東		法隆寺式？	
篠田廃寺	海部	あま市篠田			
砂山廃寺	海部	愛西市須依町砂山			
法性寺跡	海部	あま市新居屋		有稜素弁	
甚目寺遺跡	海部	あま市甚目寺		重圏文縁有稜素弁・山田寺式・簾状重弧	一本作り素弁
清林寺遺跡	海部	あま市坂牧		素弁	
弥勒寺廃寺	春部	北名古屋市弥勒寺西二丁目		素弁	細弁
観音寺廃寺	春部	西春日井郡豊山町豊場			藤原宮式・一本作り素弁
大山廃寺	春部	小牧市大山			藤原宮式・一本作り素弁・平城宮式
勝川廃寺	春部	春日井市勝川町五丁目		川原寺式	藤原宮式・平城宮式
小幡西新廃寺	山田	名古屋市守山区西新			素弁・簾状重弧
小幡花ノ木廃寺	山田	名古屋市守山区小幡南1丁目			
品野西遺跡	山田	瀬戸市品野町四丁目ほか		簾状重弧	
古観音廃寺	愛知	名古屋市昭和区長戸町			
極楽寺	愛知	名古屋市昭和区村雲町		花文叩き平瓦	
尾張元興寺	愛知	名古屋市中区正木四丁目	奥山廃寺式・重圏文縁素弁・忍冬蓮華文・簾状重弧	山田寺式・川原寺式・法隆寺式	
鳴海廃寺	愛知	名古屋市緑区鳴海町本町			
西大高廃寺	知多	名古屋市緑区大高町西大高畑		細弁	
トドメキ遺跡	知多	東海市名和町ト、メキ		重圏文縁単弁・細弁	
名和廃寺	知多	東海市名和町岡前			
法海寺	知多	知多市八幡平井		素弁・有稜素弁	
海道田遺跡	知多	知多郡美浜町奥田字海道田		単弁・複弁	

大規模な後期・終末期群集墳である浅井古墳群に隣接しており、音楽寺も付近には中期の前方後円墳である宮後大塚古墳や、後期の円墳である音楽寺古墳が存在する。

丹羽郡では五寺が確認されている。御土井廃寺・薬師堂廃寺・伝法寺廃寺はいずれも五条川右岸の河川堤防上に位置している。周囲は七世紀の集石墓群が検出された岩倉城遺跡や、古墳前期の集落である元屋敷遺跡、平安期の集落遺跡である三ツ井遺跡、平安期の墨書土器が出土した猫島遺跡など、墳墓や集落が集中する。長福寺廃寺は犬山扇状地の最末端、五条川が沖積低地部へ流れ出る緩扇状地上に位置する。伽藍の詳細は不明だが、塔心礎が確認されている。付近には小折・曽本古墳群など大規模な群集墳が所在する。軒瓦の文様から、かつては尾張最古の寺院として位置付けられてきたが、縄叩き平瓦の共伴などから、近年ではやや年代を下げて考えられている（梶山　一九九七ａ）。勝部廃寺は犬山扇状地端部付近の下位段丘上に位置しており、掘立柱列が検出されたとの伝聞がある。文様的に古式の素弁蓮華文軒丸瓦が出土している。南西方には尾張二位の墳長の青塚古墳を含む青塚古墳群が存在する。

中島郡では尾張国分寺を含めて八寺が確認されている。東畑廃寺は三宅川右岸の河川堤防上に位置しており、すぐ南には平安期の尾張国府跡や、陶硯や瓦塔などが出土し、前期国府とも考えられている塔の越遺跡が所在しており、塔の越遺跡では古墳後期の円墳二基も確認されている。古代尾張の中心地に所在する寺院であり、伽藍についても、金堂・塔・講堂と複数の基壇建物が確認されており、法起寺式伽藍配置をとる。出土瓦は七世紀後半から平安期まで多岐にわたるが、八世紀中葉以降の瓦は尾張国分寺との同笵関係を多くもつ。川原寺裏山遺跡や橘寺など大和の諸寺と酷似する塼仏が出土することも特筆できる。神戸廃寺は日光川右岸の河川堤防上に位置しており、周囲は今伊勢古墳群など、古墳時代前期から続く古墳の集中地帯である。確認されている出土瓦は少ないものの、大和姫寺や美濃山田寺との同文関係が注目される。薬師堂跡は日光川左岸の河川堤防に位置している。隣接する八王子遺跡からは、六世紀からの古墳群およびＬ字形に配置された掘立柱建物群が検出されており、有力層の居住地と推定されている。中島廃寺は三宅川支流の旧河道付近の河川堤防上に位置しており、発掘調査により新旧二時期の基壇跡が確認されている。中島廃寺と薬師堂廃寺の中間付近に展開する萩原遺跡群は、古墳時代における尾張北西部の拠点とされている。

中島郡南部では、三宅廃寺は三宅川右岸、法立廃寺は日光川左岸の河川堤防上に、それぞれ位置している。三宅廃寺からは「額田部寺」銘の一枚作り平瓦が出土している。尾張国分寺は三宅川右岸、河川がちょうど蛇行する地点に形成されたやや広めの河川堤防上に位置しており、その中でも南北に長い微高地全体が寺域に想定されている（北條二〇一二）。金堂・塔・講堂・回廊などが確認されており、塔を回廊外の東に配する国分寺式の伽藍配置をとる。国府からは南西に約四キロとやや離れている。三宅川の西側対岸の儀長正楽寺遺跡からは瓦塔や浄瓶などが出土しており、寺院関連遺跡と想定されている。尾張国分尼寺は国分寺の北西方、三宅川右岸の河川堤防上に推定されており、礎石や瓦片が確認されている。

海部郡では九遺跡が確認されている。淵高廃寺は日光川右岸の河川堤防上に位置しており、尾張国分寺式の軒瓦・鬼瓦が出土する。宗玄坊廃寺は旧佐屋川右岸の河川堤防上に位置している。諸桑廃寺・寺野廃寺・篠田廃寺・砂山廃寺は、いずれも地勢上は氾濫平野と海岸平野の境界からやや海岸平野側に入りこんだあたり、おそらく当時の汀線付近の海岸砂堆であり、平安期の東海道推定路に近接した場所に並んで位置している。海部郡南部のこの付近には、奥津社古墳や諸桑古墳などの前中期古墳も多く所在し、また寺野遺跡・埋田遺跡・蜂須賀遺跡・諸桑遺跡など、古墳時代から古代にかけて、安定的に集落遺跡が形成されている地域である。低湿地上の微高地ごとに、古墳や集落、寺院が散在する景観であったと思われる。甚目寺遺跡・法性寺跡・清林寺跡は、五条川右岸、新川との合流地点付近の微高地上に並んで位置している。甚目寺遺跡では掘立柱建物一棟および竪穴住居二棟が検出され、掘立柱の柱根の年輪年代測定により、六五〇±五〇年という絶対年代が与えられている。清林寺では基壇および根石の痕跡が確認されている。甚目寺遺跡と法性寺遺跡の中間に所在する大渕遺跡からは、六世紀から一〇世紀にかけての掘立柱建物や総柱建物が数多く検出され、竪穴住居がないことおよび陶硯や墨書土器の出土から、官衙系遺跡または寺院関連遺跡と想定されている。古代海部郡の中心となる場所の一つと思われる。

三　尾張南東部（春部郡・山田郡・愛知郡・知多郡）の寺院立地（図２・表１）

春部郡では四寺が確認されている。弥勒寺廃寺は五条川左岸に形成された氾濫低地の微高地を選地している。遺跡の東側には、陶硯などが出土した弥勒寺御申塚遺跡が、またやや離れた西方には竪穴住居などが検出された集落遺跡である中ノ郷遺跡および、七世紀に築造された宇福寺古墳が所在している。観音寺廃寺は現在の名古屋空港の位置、旧来は岡山と呼ばれた小丘陵の南麓一帯に所在したとされる。大山廃寺は小牧市東方の山中の南斜面に所在する山林寺院である。古代～中世にかけて多くの平坦地が形成されており、そのうち南向きの尾根筋を開析した平坦地群からは、礎石建の塔跡や複数の掘立柱建物跡、石積列など、複数の基壇建物が確認されている。創建年代については複数説があるが、筆者は出土瓦の製作技法から八世紀第２四半期頃と想定している。勝川廃寺は庄内川右岸、河畔の沖積低地を見下ろす低位段丘上に位置する。寺域と考えられる東西二二七メートル×南北一四六メートルの区画溝内には、時期を違えた多くの掘立柱建物は立ち並ぶものの、基壇建物の伽藍の痕跡はみつかっていない。高蔵寺瓦窯で焼成された藤原宮同笵・同文の軒瓦などが出土している。勝川廃寺を含む勝川遺跡では、掘立柱建物や竪穴住居が多く検出され、また沖積低地部の自然流路からは、人形や墨書土器など祭祀遺物も出土しており、春部郡衙にも推定されている。付近には味美二子山古墳をはじめとした味美古墳群、群集墳としては勝川古墳群が所在する。

山田郡では三寺が確認されている。小幡西新廃寺は矢田川右岸の沖積低地を見下ろす中位段丘上に位置しており、六世紀前半の前方後円墳とされる守山瓢箪山古墳の南にほぼ接する形で造営されている。小幡花の木廃寺はおなじく矢田川右岸の中位段丘端、小幡西新廃寺の東方約一キロに位置し、「黒見田」銘須恵器などが出土する小幡遺跡に隣接して造営されている。品野西遺跡は尾張から美濃へと続く瀬戸街道の要衝の山麓に所在する掘立柱建物群であり、付近には墨書土器が多く出土する上品野蟹川遺跡や、おなじく掘立柱建物群が検出された上品野遺跡・落合橋南遺跡などが存在し、交通の要衝に築かれた大規模な官衙系施設群と考えられる。品野西遺跡の南東部の一角から、簾状重弧文軒平瓦などの瓦類が出土しており、この周辺に仏堂の存在が想定されている。

愛知郡では四寺が確認されている。尾張元興寺は熱田台地の西端に位置し、寺院の西側にあゆち潟の低地面を広く臨む場所を選地している。創建が七世紀中葉に遡る尾張最古の寺院とされる。伽藍の明確な遺構は検出されていないものの、金銅製水煙の出土などから塔の存在は確認されており、のちに定額願興寺として尾張国分寺にも転用されていることからも、一定以上の規模をもった大寺院であろうと考えられる。近接する正木町遺跡は古墳時代中期以降に開発が進められた遺跡であり、古代の遺構としては六棟の掘立柱建物や大溝、竪穴住居群などが確認されている。羊形硯なども出土することから、愛知郡衙などにも比定されている。その他にも金山北遺跡、伊勢山中学校遺跡、東古渡町遺跡など、官衙系遺跡や集落遺跡が密集しており、古代の愛知郡の中心であったことは疑いない。またおなじく熱田台地のあゆち潟沿いには、尾張最大の前方後円墳である断夫山古墳および白鳥古墳が並んで築造されており、尾張元興寺はこれらの古墳と同様、あゆち潟からの水上からの視点を強く意識した選地といえよう。また高蔵古墳群などの後期群集墳も近くに存在する。極楽寺は瑞穂台地の西端付近に、古観音廃寺はおなじく瑞穂台地の東端付近の山崎川右岸に、両寺近接して位置しており、東海道の推定ルートからも近い。この一帯は八幡山古墳や白山神社古墳、高田古墳など、規模の大きい中期古墳が集中して築造される地帯である。

鳴海廃寺（愛知郡）、西大高廃寺、トドメキ遺跡、名和廃寺（知多郡）はいずれも愛知郡と知多郡との境界、天白川の河口付近を見下ろす高台に、それぞれ近接して造営されている。郡境の交通の要衝であり、あゆち潟およびその周囲の低地面を広く臨む地が選地されたのであろう。付近には斎山古墳や兜山古墳などの前・中期古墳や、木製品や墨書土器などが出土する菩薩遺跡をはじめ、集落遺跡も存在する。

知多郡法海寺は砂堆の東端に位置しており、遺跡の東方から北方にかけて、南北約四キロの広闊な沖積低地を臨む。海道田遺跡は丘陵先端部に位置し、南に山王川および河川沿いに広がる低地部を臨む。

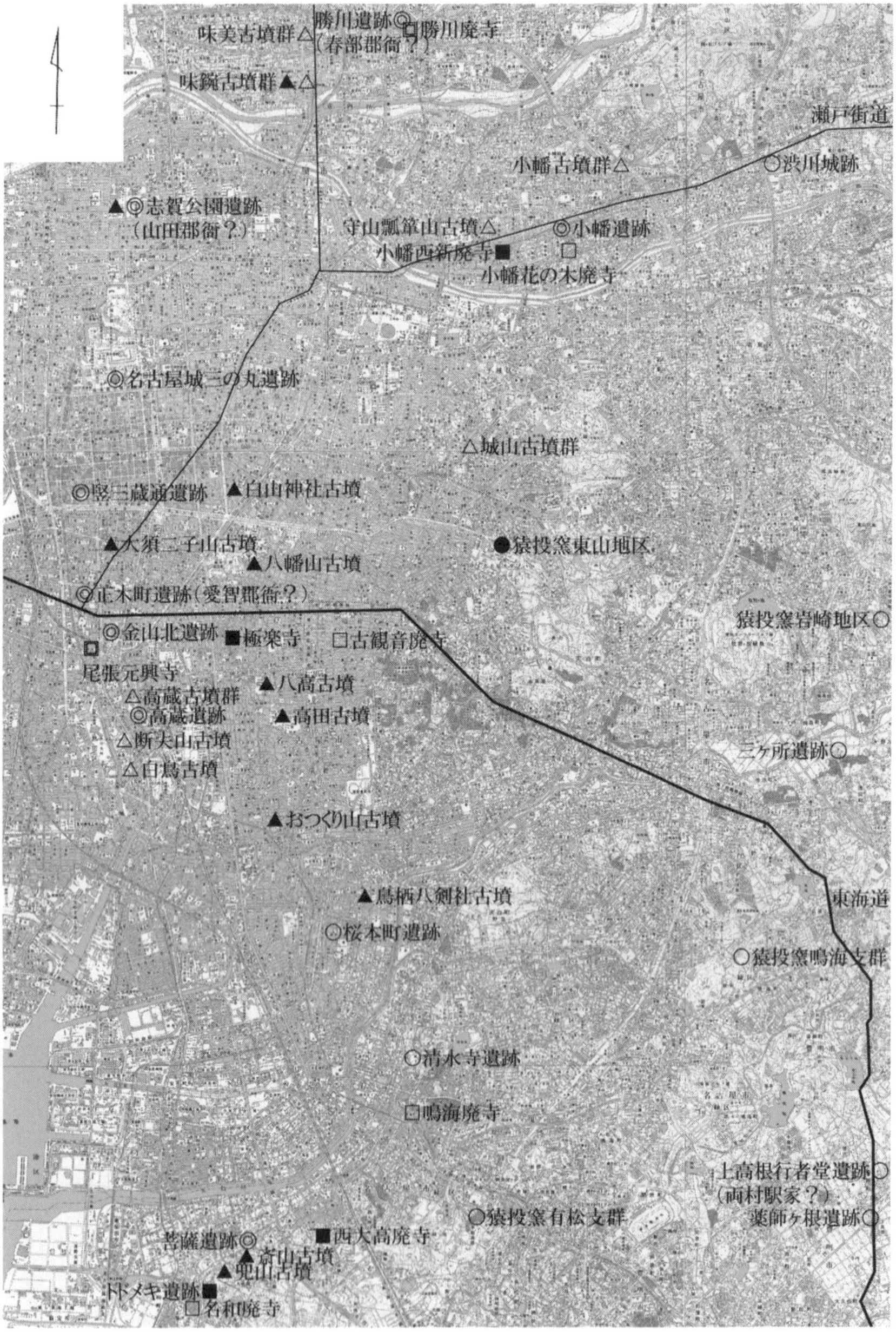

図２　春部郡、山田郡・愛知郡・知多郡の古代寺院（１：100,000）

四　立地の傾向性からみた古代寺院の動向

以上、尾張地域の古代寺院について、その立地・選地という側面を中心にみてきた。ここからは、尾張の古代寺院のいくつかの重要な特徴がみてとれる。

まずは西北部（葉栗郡・丹羽郡・中島郡・海部郡）の低地部を中心とした寺院の様相である。西北部において比較的早く造営された寺院としては、瓦当文様の変遷などからみると、長福寺廃寺、勝部廃寺、東畑廃寺などが古い段階に属する。のちに尾張国府が設置される地に造営された東畑廃寺を除く二寺は、緩扇状地や段丘上など、比較的高燥な場所を選地する特徴がみられる。とくに長福寺廃寺の立地は、犬山扇状地の扇端部、五条川が氾濫低地部へと流れ出ていく境界の地を選んでいる。背後に丘陵部を仰ぎ、低地部への水源（河川・湧水）を扼する、古社の立地などによくみられるいわゆる「川合の地」というのが、寺院の選地にあたっても重要視されていた可能性が指摘できよう。

その後の寺院は、ほとんどが五条川・三宅川・日光川および、濃尾平野を網の目のように巡るその支流の河川堤防や、付近の氾濫低地上の微高地を選地しつつ、低地部から沿岸部へと広く展開していく。しかしこれは、河川という水上交通路への指向としてのみ解釈できない。むしろ黒岩廃寺や神戸廃寺など後期群集墳との近接や、薬師堂跡や甚目寺遺跡・法性寺遺跡などのように官衙・集落に隣接として造営される場合が非常に多いことがわかる。尾張西部においては、氾濫低地に浮かぶ微高地ごとにそれぞれ古墳や集落が点在しており、さらに大毛池田遺跡や塔の越遺跡など大規模な集落遺跡の発掘調査からは、集落に隣接して後期古墳の存在が確認される例が多く、一つの遺跡群として墓域と集落域が存在することがわかる。古墳時代を中心とした濃尾平野の開発の中で、微高地ごとに集落が形成され、それに隣接して墓が造られ、のちにおなじ微高地上に古代官衙・集落や寺院が造営されていくという、古墳時代からの強い継続性が確認できる。

しかしながら、寺院（瓦出土）遺跡の分布はかならずしも官衙や大規模集落の存在と一致せず、集落はあるが瓦が出土しない例も数多い。だが、尾張とくに北西部の寺院の特徴として、発掘調査がおこなわれていないことや開発や氾濫によって地形の改変が進んでしまったこともあるが、明瞭な伽藍をもつ寺院が少なく、また瓦の出土量も僅少な寺院が多いことが指摘できる。先に述べた集落隣接型の特徴からも、尾張北西部の寺院の多くは、集落に隣接して小規模な瓦葺き堂宇が建設された、村落内寺院的な性格をもつものと想定される(1)。これらの施設は、関東地方の調査例などでは、かならずしも瓦葺きでない例も数多くみられており、そのような視点でみるなら、一宮市門間遺跡などでの瓦塔や、一宮市田所遺跡の北端部（北道手遺跡）から出土した「佛」銘墨書土器、また時期はやや降るが清須市清州城下町遺跡における庇付建物などからも、瓦は出土しないものの、これらの大規模集落においても、他の瓦出土の微高地と同様に仏堂的施設が存在したことを強く示唆する。

以上の状況から、尾張北西部の寺院の特徴として、木曽川流域の音楽寺や国府に隣接した東畑廃寺など、きちんとした複数の伽藍をもつ寺院も存在するものの、むしろ集落ごとのあらたな信仰の拠点として、村落内寺院的な性格を強くもちつつ、多くの寺院遺跡や同様の性格の遺構・遺物が展開していくものと考えられる。

それに比して、尾張南西部においては、知多郡やそれに近い愛知郡の南辺部を除いては、寺院密度がかなり低いという傾向が指摘できよう。愛知郡では、尾張最古の寺院として、七世紀中葉に尾張元興寺が造営されており、その壇越は愛知郡一帯に大きな勢力をもっていたと考えられる尾張氏とされている。しかしながら愛知郡の中央部には、多くの中期古墳や古墳時代以降の集落遺跡が存在しており、かなり人口密度の高い地域であったと考えられるにもかかわらず、瓦が出土する寺院としては、尾張元興寺のほかには極楽寺と古観音廃寺がみられるのみである。両寺は造営時期を異にすることから並存していない可能性もあり、また尾張元興寺との瓦の共通性からは、たとえば僧寺と尼寺など、尾張元興寺とセットとなる寺院とも考えられる(2)。

猿投窯東山地区をはじめ多くの窯業地帯が存在し、その管掌者としての尾張氏の影響力が強かったとされる（城ヶ

谷 一九八四・一九九六など）山田郡においても、寺院はほとんど造営されていない。小幡西新廃寺・小幡花の木廃寺の二寺も造営時期を異にしており、西新廃寺から花の木廃寺へと移転した可能性も指摘できよう。西新廃寺が前方後円墳というモニュメントに隣接し、矢田川から守山瓢箪山古墳を眺める視線を意識した選地なのに対し、花の木廃寺のほうは周囲に古墳がない集落隣接型であり、選地意識の変化をみることもできよう。平野部においては、山田郡衙ともいわれる志賀公園遺跡においても、瓦葺建物の痕跡や瓦塔などは確認されていない。丘陵部においても、若王子遺跡など該期の一般集落や、また金萩遺跡や三ヶ所遺跡などでは竪穴住居や掘立柱建物群が検出され、猿投窯製品の集積所とも考えられているが、いずれも瓦や寺院に関する遺構はみつかっていない。

春部郡も尾北窯という一大窯業地帯を抱え、また西山遺跡など製鉄遺跡なども存在する手工業の中心地であるものの、寺院に関しては少ない。とくに庄内川沿いには南気噴遺跡群や神領遺跡群など、該期の集落遺跡が多く確認されているものの、それらの遺跡のうち近接して寺院をもつのは勝川遺跡のみである。先述の山田郡・愛知郡も含めた南西部全般の様相として、微高地の集落ごとに瓦葺寺院や瓦塔、その他仏教施設が存在した北西部とは相反的であるといえよう。猿投窯では瓦塔、尾北窯では瓦など寺院関係遺物が多く出土するが、それらのほとんどは地元で消費されず、尾張北西部の需要に廻されていることも興味深い。

天白川河口部、愛知郡と知多郡の境界付近には寺院が集中してみえるが、これも西大高遺跡と鳴海廃寺、トドメキ遺跡と名和廃寺はそれぞれ造営時期を異にしており、同一壇越による寺院の移設である可能性がある。河口や伊勢湾からの眺望の利く位置を選地しており、おおむね北側からの視点を意識したものであろう。

また、知多半島では該期に土器製塩が盛んにおこなわれており、沿岸部には製塩関連の集落が多く形成されるが、それらの諸遺跡と寺院との関係も濃密とは言い難い。トドメキ遺跡・名和廃寺の西方には、製塩集落である長光寺遺跡が存在するが、両寺は地勢的にはむしろ北方の河口部を意識した選地といえる。それ以南は著名な製塩遺跡である松崎遺跡付近にも寺院は存在せず、法海寺も西方の製塩集落である細見遺跡よりむしろ、東方内陸部の沖積低地を向いた選地である可能性が高い。

以上のように、尾張における寺院立地の傾向性として、微高地ごとに集落隣接型の小堂的施設が多く造営される北西部と、地域拠点のみに少数の寺院しか造営されない南東部という、明瞭な対比が見受けられた。これは一つには、南東部は愛知郡を中心に尾張氏が大きな力を持っており、その拠点以外の寺院造営が必要ないと考えられたのに対し、小勢力が混在する北西部では、勢力ごとに信仰拠点としての寺院を争って造営したという理由が考えられよう。また、窯業・製鉄地帯や製塩遺跡など手工業生産施設と寺院が直結しないという例は近江や豊前などでも確認されており、(3) 古代寺院は基本的には農業生産の開発拠点を中心に造営され波及するという傾向性も指摘できるかもしれない。今後他国の例も含め、さらに検討していく必要があろう。

五　出土瓦との関係

次に、出土瓦の状況から尾張の寺院についてみていく。

過去の諸論考〔梶山　一九八五〕、〔八賀　二〇一〇〕、〔梶原　二〇一〇b〕など）でも触れられているが、尾張においては素弁・単弁系を中心に数系統の瓦が、それぞれ固有の分布域をもって存在する（図３）。

長福寺廃寺でみられる飛鳥寺式の系譜を引く、弁端に珠点をもつ素弁蓮華文軒丸瓦や、軽寺式素弁蓮華文軒丸瓦は、東畑廃寺にも採用されており、尾張北西部で最初に造営された両寺が、造寺組織の面で密接な関係をもっていたことがわかる。おなじく東畑廃寺には、篠岡２号窯で焼成された奥山廃寺Ⅶ型式同笵の軒丸瓦（坂田寺式）が入るが、その系譜を引く瓦群は、伝法寺廃寺や御土井廃寺、薬師堂廃寺など丹羽郡を中心とした分布を示す〔梶山　二〇〇一〕。

海部郡東部では、甚目寺廃寺において、尾張元興寺の影響下に重圏文縁有稜素弁蓮華文軒丸瓦が採用され、さらにそれに山田寺式の単弁意匠が融合し、やや文様を退化させつつ、近傍の法性寺・清林寺へと広がっていく。

葉栗郡の音楽寺では、弁端が丸みを帯びた素弁蓮華文軒丸瓦が出土しているが、この同文瓦は中島郡北西部の神戸廃寺や中島廃寺でも確認されている。音楽寺と神戸廃寺はのちにも大和姫寺式の瓦をともに採用しており、関連の深さがうかがえる。葉栗郡の他の二寺については、黒岩廃寺は美濃系の川原寺式、東流廃寺は近江系の湖東式と、尾張の瓦との直接の繋がりは見受けられない。

中島郡南部では、三宅廃寺の重圏文縁素弁六弁蓮華文軒丸瓦が、宗玄坊廃寺や海道田遺跡でみられるなど、海部郡や知多郡との繋がりがうかがえる。三宅廃寺でのちに採用される弁端の尖った細弁蓮華文は法立廃寺や諸桑廃寺、海道田遺跡にも類例がみられ、外縁線鋸歯文の細弁蓮華文も、西大高遺跡、トドメキ遺跡との同笵が確認されている。中島郡南西部〜海部郡西部〜知多郡と、おそらく伊勢湾の水運を媒介とした瓦工人の密接な共有関係がみてとれる。また図示していないが、春部郡の弥勒寺廃寺と知多郡の法海寺でも瓦の同文関係が存在する（梶山　一九九六）。

春部郡では、勝川廃寺で採用された藤原宮式軒瓦が、大山廃寺や観音寺廃寺など、郡内一帯に広く分布しており、丹羽郡の薬師堂廃寺にも入る（梶山　一九九九）。また文様は異なるものの、山田郡小幡西新廃寺の瓦も、これらの瓦と製作技法が共通するとされる（梶山　一九九五）。

以上みてきたように、七世紀後半から八世紀初頭の尾張の寺院においては、郡境を越えながらも、広さ的には、例外はあるものの多くは一郡もしくは半郡程度という比較的狭い分布域をもって、またその分布域は互いに重なりをもちつつ、同文瓦が存在することがわかる。当地の寺院造営にあたって、拠点的な寺院を中心とし、地縁や地理的近接を基軸としつつ、造瓦組織の柔軟な共用がおこなわれていたと考えるのが妥当であろう。これは分布域の広狭こそあれ、該期の全国的な様相ともほぼ一致する。

それに対して尾張元興寺は異なった様相を呈する。尾張元興寺においては、七世紀半ばの創建時に素弁系および野中寺式宝相草文の瓦を採用し、その後も山田寺式や川原寺式、法隆寺式忍冬唐草文、奈良期に入ってからは大安寺な

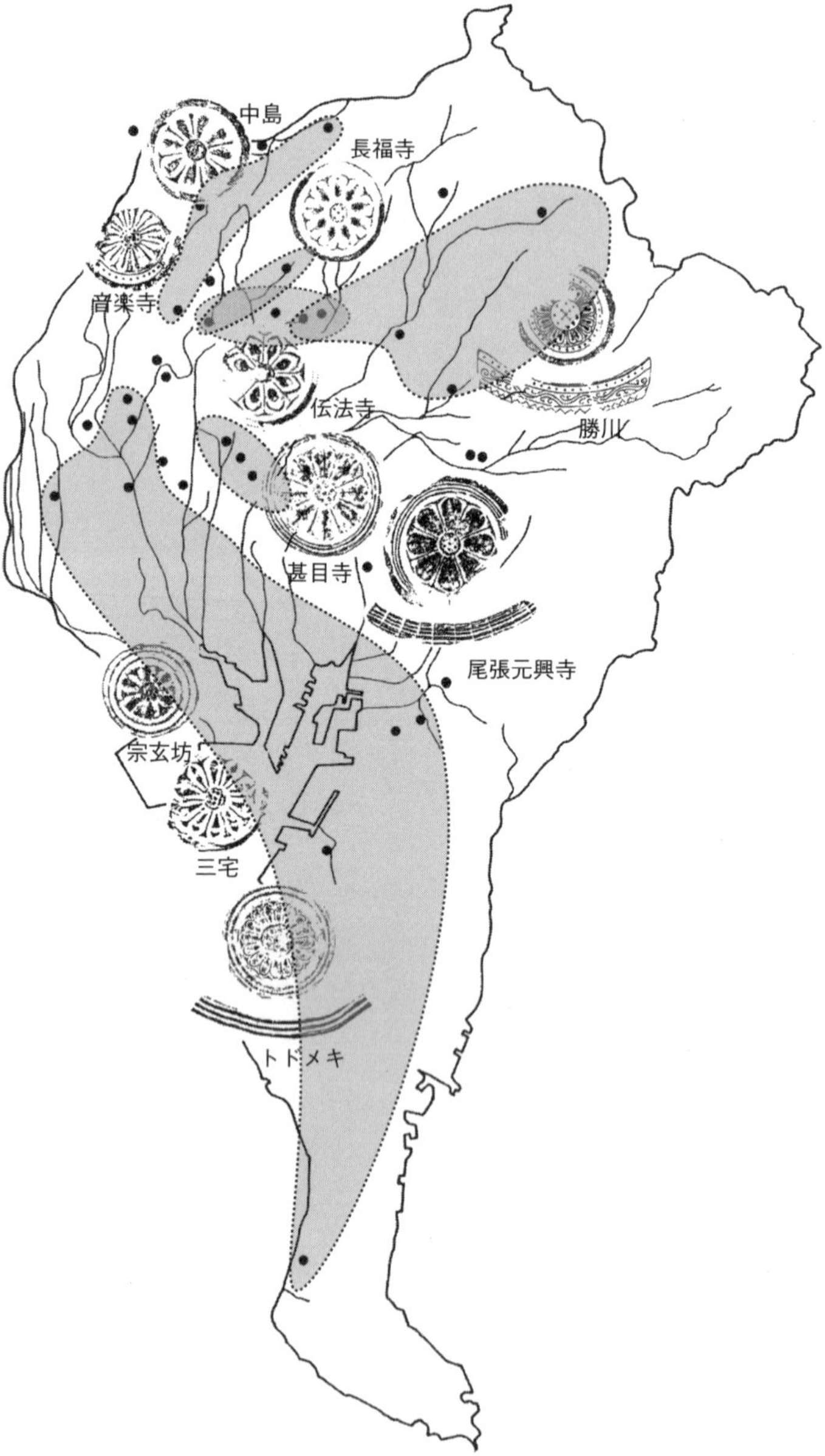

図3　尾張における同文瓦の分布

ど、中央の大寺院と直結する瓦を多く採用しているが、それらのほとんどが、尾張元興寺のみでしか使用されず、周囲の諸寺に面的に分布していかないという特徴をもつ。簾状重弧文が長福寺廃寺などにも採用され、宝相華文軒丸瓦は甚目寺廃寺でも小片が確認されているなどの例はあるが、尾張元興寺の創建期の瓦であり、もっとも数多く出土する重圏文縁素弁蓮華文については、先述のとおり甚目寺廃寺の創建瓦にその影響がみられるほかは、尾張国内や周辺地域の諸寺にまったく影響を与えていない。むしろこの瓦は、飛騨寿楽寺廃寺や信濃明科廃寺など、遠く尾張国外へと展開していくことが指摘される（山路　二〇〇四）。これは、隣国の三河において、尾張元興寺とほぼ同時期に造営された北野廃寺式の瓦が、矢作川沿いを中心に西三河の諸寺で広く採用されていく（梶山　一九九七ｂ）のとは好対照である。先述の愛知郡など尾張南東部における寺院遺跡の僅少さも相俟って、尾張氏による寺院造営のあり方、寺院観というものを強く示唆するものであろう。

白鳳期においては、上記のように地域ごとの特徴が顕著であったが、八世紀以降には、さらに特筆すべき様相がみられる。

尾張地域は先にも述べてきているとおり、全国的にみても多くの寺院が造営されており、その多くが村落内の小堂的な寺院であった可能性を指摘したが、尾張の場合、七世紀後半を中心とした時期に造営されたそれらの寺院群の多くから、後述の国分寺系瓦を含めた八世紀以降の修造瓦が出土しているか、もしくは近傍に八世紀代の瓦で創建された寺院がみられるという特徴がある。つまり、八世紀代に修造または移建がおこなわれ、法灯を保っている寺院が多いことを示すと考えられるが、これは全国的にみて、かならずしも一般的な状況とは言い難い。『続日本紀』霊亀二年（七一六）条のいわゆる寺院併合令には、この時期すでに修造をされない寺院の荒廃が進んでいることが記されており、実際、これまで検討してきた吉備地域（梶原　二〇一〇ｃ）や近江（梶原　二〇一二）においても、創建期である七世紀後半代の瓦のみしかみられず、修造がおこなわれていない可能性のある寺院が大半を占めているという状況がみられる。尾張におけるこれら村落内寺院は、モニュメント性の低い小規模なものながらも、いやむしろそれゆえ

図４　尾張における国分寺系瓦の分布

に、集落ごとの仏教拠点として、存在し続けていた様子がうかがえる。

さらに八世紀後半になると、寺院ごと小地域ごとの軒瓦の独自性が薄れ、尾張国分寺系瓦が国内諸寺に波及していくようになる。

図４は尾張国分寺系瓦が採用された諸寺の一覧図である。主要型式であるＭⅢ・ＭⅣ・ＨⅠ・ＨⅢ型式のほか、当初は尾張元興寺所用瓦として、愛知郡の若宮瓦窯で焼成されたと考えられるＭⅤ型式など大安寺式の瓦、また中島廃寺などでみられる四弁を基調とした変形蓮華文軒丸瓦も、対応する軒平瓦が尾張国分寺ＨⅣ型式の系譜を引くと考えられることから、広義の尾張国分寺系の瓦とした。

これらの瓦の波及についてはすでに、梶山勝氏により、おもに尾張南部を中心に分布することが示されている（梶山　一九九一）。このことについてさらに詳細にみていくなら、寺院密度が高かった北西部においては、国分寺系瓦は特定の寺院に選択的に導入されている一方で、寺院密度の低い南西部では、ほぼすべての寺院で尾張国分寺系瓦が採用され、結果として国内全体で比較的均等な分布状況になっていることがみてとれる。図４をみると、北西部の拠点である尾張国分寺・東畑廃寺を中心に、中島郡の中島廃寺および妙興寺、海部郡西部の淵高廃寺、海部郡東部の法性寺・甚目寺廃寺、春部郡西部の弥勒寺廃寺、丹羽郡の伝法寺廃寺と、所在郡的にも寺院間の距離的にも、ほぼ均等に散在していることがわかる。南西部における拠点寺院である尾張元興寺を中心にみても、海部郡の法性寺・甚目寺、春部郡の弥勒寺廃寺、山田郡の大永寺、愛知郡東部の古観音廃寺、愛知郡南部の鳴海廃寺、知多郡の名和廃寺、法海寺と、ほぼ均等に寺院が配されている。

国分寺系瓦の国内波及については、かねては国分寺造営に協力した郡司層への報償説などが有力であったが（森　一九七四など）、近年では、定額寺制などを媒介とした、国司・国師による地方寺院の統括・監察が強まった状況を示すものという見解が提示されてきている（菱田　二〇〇二、梶原　二〇一〇ａ）。尾張においても、国司の強い規制力のもとで、それまでとくに北西部を中心に村落内寺院が乱立する様相を呈していた国内の寺院群を、計画的に統廃合しつつ整備し、また必要な寺院の再置がおこなわれていったものと推測される。

おわりに

以上、尾張地域における古代寺院について、その選地と周辺景観、諸遺跡との関係、出土瓦の様相など、多方面からの分析検討をおこなうことで、この地域の寺院造営のあり方について考察した。

七世紀から八世紀にかけて、律令国家の政策として寺院造営が奨励され、地方においても多くの寺院が造営されていく。しかしながらひとくちに古代寺院と言っても、古代前半期においてはほとんどすべての寺院が、中央地方の諸氏族を壇越とする氏寺である以上、その造営背景は突き詰めれば各個の壇越の個別的事情にもとづくものであり、安易に一括りにして論じられるものではない。実際、古代寺院の立地や周辺遺跡との関係は、時期的にも地域的にも多様な様相を示している。

しかし、ただ多様性を強調するだけでは。本質的な問題の解決とはならないことも事実である。本稿などで試みたことを、多くの地域において総合化していく作業を引き続きおこなうことで、古代における寺院選地について、いくつかの傾向性を見出していくことができ、ひいてはそれが、古代社会における寺院への認知のあり方を復原していくための重要な手掛かりとなるのではと考えている。

註

（１）立地の諸傾向からみた古代寺院の性格に関しては、別稿（梶原 二〇一一、二〇一二）を参照されたい。

（２）近接する複数寺院の関係性については、上原真人氏によって僧寺と尼寺というような役割の違いをあらわす可能性が指摘され（上原 一九八六）、また小笠原好彦氏も同笵瓦をもち近接する二寺について、上原説を引用しつつ密接な関係を想定している（小笠原 二〇〇七）。

（３）櫃本誠一氏は播磨において、印南郡や加古郡などの古代寺院と、印南郡に多い須恵器窯との間に密接な関係がある可能性を論じている（櫃本 二〇〇九）。手工業生産と寺院との関係は、今後他地域においても検討していく必要があろう。

参考文献

天野暢保 二〇一〇「交通路・駅家」『愛知県史　資料編４　考古４　飛鳥～平安』愛知県史編さん委員会
上原真人 一九八六「仏教」『岩波講座日本考古学４　集落と祭祀』岩波書店
小笠原好彦 二〇〇七「同笵軒瓦からみた古代の僧寺と尼寺」『考古学論究―小笠原好彦先生退官記念論集―』真陽社
梶山　勝 一九八五『尾張の古代寺院と瓦』名古屋市博物館
梶山　勝 一九九一「尾張国分寺軒瓦とその同型瓦の分布をめぐって」『名古屋市博物館研究紀要』14
梶山　勝 一九九五「小幡廃寺出土の遺物をめぐって」『名古屋市博物館研究紀要』18
梶山　勝 一九九六「法海寺と弥勒寺廃寺の同文・同笵軒瓦」『知多古文化研究』10　知多古文化研究会
梶山　勝 一九九七ａ「長福寺廃寺出土軒瓦の再検討」『名古屋市博物館研究紀要』20
梶山　勝 一九九七ｂ「西三河の古代寺院―北野廃寺系軒丸瓦を中心として―」『愛知県史研究』創刊号
梶山　勝 一九九九「観音寺廃寺の軒瓦―尾張における藤原宮式軒瓦の展開―」『瓦衣千年―森郁夫先生還暦記念論文集―』
梶山　勝 二〇〇一「尾張の坂田寺式軒丸瓦をめぐる二、三の問題」『名古屋市博物館研究紀要』24
梶原義実 二〇一〇ａ『国分寺瓦の研究―考古学からみた律令期生産組織の地方的展開―』名古屋大学出版会
梶原義実 二〇一〇ｂ「軒瓦」『愛知県史　資料編４　考古４　飛鳥～平安』愛知県史編さん委員会
梶原義実 二〇一〇ｃ「選地からみた古代寺院の造営事情」『遠古登攀―遠山昭登君追悼考古学論集―』真陽社
梶原義実 二〇一一「豊前地域における古代寺院の諸相―選地・周辺環境と瓦当文より―」平成23年度九州史学会大会発表資料

梶原義実　二〇一二「古代寺院の選地に関する考察―近江地域を題材として―」予定稿
城ヶ谷和広　一九八四「七、八世紀における須恵器生産の展開に関する一考察―法量の問題を中心に―」『考古学雑誌』70‐2　日本考古学会
城ヶ谷和広　一九九六「律令体制の形成と須恵器生産―7世紀における瓦陶兼業窯の展開―」『日本考古学』3　日本考古学協会
木下　良　二〇〇九『事典　日本古代の道と駅』吉川弘文館
金田章裕　一九七八「尾張国」『古代日本の交通路　Ⅰ』大明堂
田中　卓　一九八〇「尾張国はもと東山道か」『史料』26　皇學館大学史料編纂所
東海埋蔵文化財研究会　一九九二『古代仏教東へ―寺と窯―』
永井邦仁　二〇〇六「東海地方の古代瓦塔研究ノオト」『愛知県埋蔵文化財センター研究紀要』7
永井邦仁　二〇一〇「碧海台地東縁の古代集落」『愛知県埋蔵文化財センター研究紀要』11
八賀　晋　二〇一〇「寺院」『愛知県史　資料編4　考古4　飛鳥～平安』愛知県史編さん委員会
八賀　晋ほか　二〇一〇『愛知県史　資料編4　考古4　飛鳥～平安』愛知県史編さん委員会
菱田哲郎　二〇〇二「考古学からみた古代社会の変容」『日本の時代史5　平安京』吉川弘文館
櫃本誠一　二〇〇九「播磨における古代氏族の検討」『兵庫発信の考古学―間壁葭子先生喜寿記念論文集―』
北條献示　二〇〇四「尾張国」『日本古代道路事典』八木書店
北條献示　二〇一一「伽藍配置と寺院地」『尾張国分寺跡総括報告書』稲沢市教育委員会
森　郁夫　一九七四「平城宮系軒瓦と国分寺造営」『古代研究』3　元興寺仏教民俗資料研究所考古学研究室
山路直充　二〇〇四「甲斐における瓦葺き寺院の出現―天狗沢瓦窯出土の鐙瓦の祖型をおって―」『開発と神仏のかかわり』帝京大学山梨文化財研究所

図版出典・凡例

図1・図2：国土地理院発行二万五〇〇〇分の一段彩陰影図（岐阜・竹鼻・一宮・小牧・津島・清洲・名古屋北部・瀬戸・弥富・蟹江・名古屋南部・平針・鳴海・知立）を使用。なお地形の名称に関しては、国土地理院発行二万五〇〇〇分の一土地条件図を参考とし、若干の変更を加えている。

図1・2凡例：■白鳳期寺院　回白鳳期・奈良期の軒瓦をもつ寺院　□奈良期寺院　●白鳳期官衙集落・生産遺跡　◎白鳳期〜奈良期の官衙集落・生産遺跡　○奈良期官衙集落・生産遺跡　▲前中期古墳　△後期古墳

図3・図4：梶山勝氏作成の原図（東海埋文研　一九九二）を下図とし、筆者が上書きをおこなった。

三河における古代寺院の成立——西三河を中心に——

永井邦仁

はじめに—古代の西三河地域について

愛知県の東半部を占める三河地域は、東三河と西三河に区分して認識されることが多い。これは三河地域の地理的環境とそれに影響を受けた歴史的変遷によるところが大きいといえる。地理的にみた三河地域は、三河高原に代表される山間部が大半を占めており、平野が大半を占める尾張地域とは対照的である。そしてその山間部を断ち割るようにして東に豊川、西に矢作川が南北に流下し、それぞれに平野を形成している。この平野同士は接するところがなく、三河湾の海上交通と山間部を縫うように延びる、例えば東海道のような陸路でのみ繋がっている。このような両者の関係が、東・西三河地域それぞれの歴史的環境を醸し出す基底となっている。

三河地域の平野部は、洪積台地と沖積低地で構成される。弥生時代以降に農耕が発達すると平野部が社会や文化の中心となり、やがてそこを基盤とする政治的集団を形成するに至ったと思われる。それが、より大きな外部の政治的集団であるヤマト政権によって、一定の行政的領域として認定された形跡が文献史料で明らかになるのが、およそ五〜六世紀代とみられる東三河の穂国造と西三河の三河国造の成立である（西宮 二〇一一）。

その後七世紀後半から八世紀初頭に成立した令制三河国によって東・西三河地域は統合されるが、その国府は、穂国造がいた東三河地域に置かれた。しかし採用された国名は、西三河地域の三河国造に由来しており、律令政府にとって西三河地域が決して小さな存在ではなかったことが、現代の私たちにも伝えられるのである。

その象徴的存在とも思える岡崎市北野廃寺は、矢作川に面した洪積台地上に立地し、まさに西三河地域の中心にある。同廃寺はこれまでの発掘調査や瓦の分析によって、七世紀半ばに創建された三河地域最古の古代寺院であることが知られている。そして北野廃寺を起点として、同一の瓦製作技法を採用する古代寺院が西三河地域に展開し、同類の瓦がやがて国府建設のために東三河地域へと進出する過程が明らかになってきた。

本稿では、七世紀後半から八世紀前半に創建された、西三河地域の古代寺院を中心に記述し、東・西三河地域の比較からその成立背景について踏み込んでみたい。

一　西三河古代寺院の立地と規模

まず、東・西三河地域における古代寺院跡の分布状況について確認したい。考古学的にみたときの古代寺院跡は、基壇や心礎・礎石などの遺構が、地表面や発掘調査で確認されることが一般的であるが、古代の瓦が一定量出土する地点についても「廃寺」と呼んでその可能性があるものとして認識している。ただしその中には、瓦を生産した瓦窯や官衙の遺跡や、掘立柱建物や竪穴建物のみ検出される遺跡が含まれている点に留意しておく必要がある。とくに後者は、村落内寺院(1)の一類型と評価され、逆に近年では、瓦の出土がなくとも仏具や「寺」墨書土器などの遺物によってその存在が認められるようになってきた。なお西三河地域では、「寺」を含む墨書土器が豊田市水入遺跡、岡崎市小針遺跡・安城市別郷下り遺跡などで出土しているが、いずれも八世紀後葉以降であり、本稿の対象とする年代より下るものがほとんどであることから、別の機会に検討することとしたい。

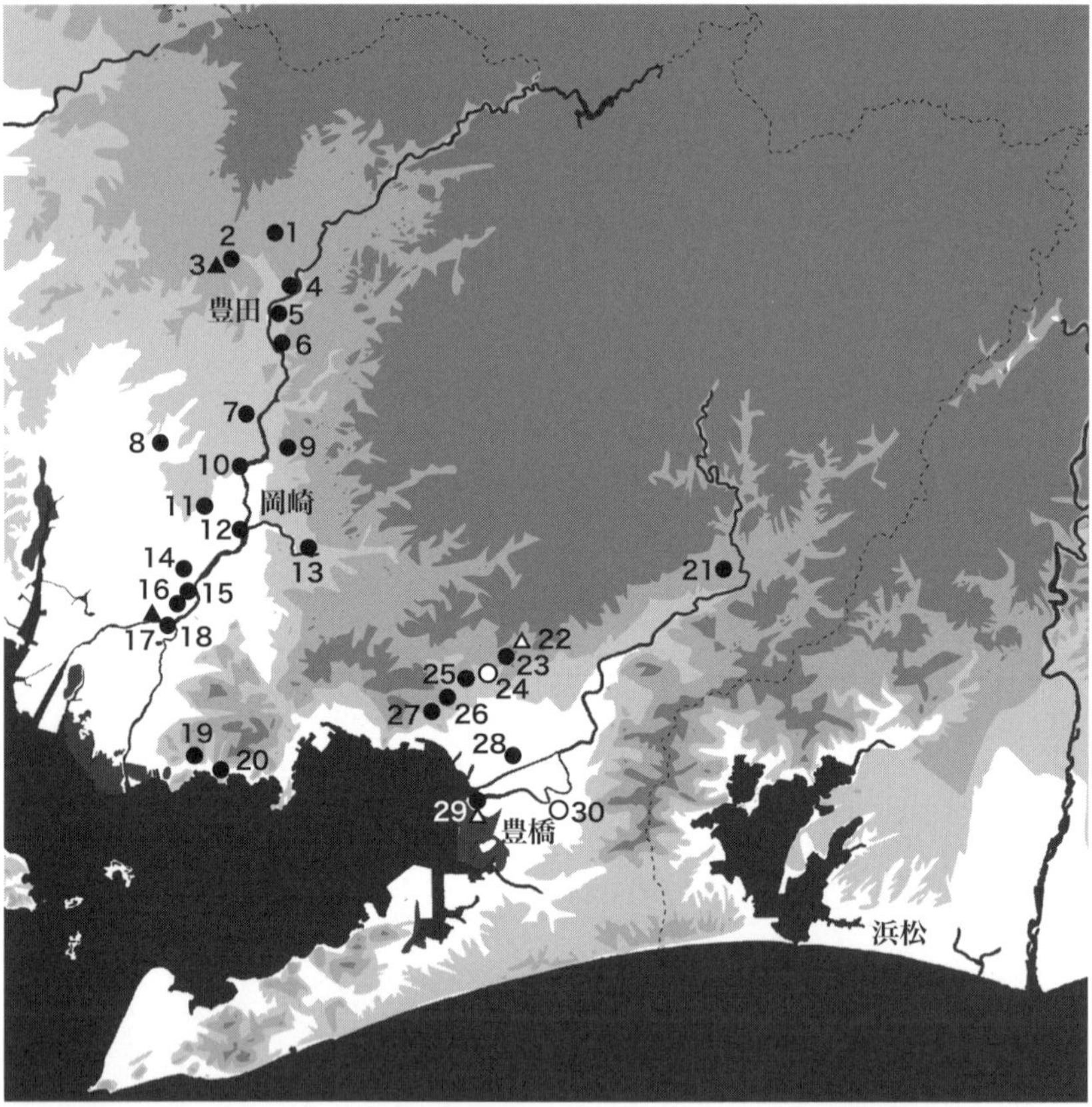

1　舞木廃寺・舞木古窯
2　伊保古瓦出土地
3　K-91 号窯（下り松古窯）
4　上小田古瓦出土地
5　勧学院文護寺跡
6　牛寺廃寺
7　神明遺跡・神明瓦窯・郷上遺跡
8　駒場瓦窯（伝・慶雲廃寺）
9　真福寺東谷遺跡
10 北野廃寺・大門遺跡
11 別郷廃寺
12 能光遺跡
13 丸山廃寺
14 塔ノ元遺跡
15 下懸遺跡・加美遺跡・大久根遺跡
16 寺領廃寺・惣作遺跡
17 雨堀古窯
18 志貴野廃寺・大郷窯跡
19（鳥羽）神宮寺跡・北迫遺跡（古窯）
20 寺部堂前遺跡（寺部廃寺）
21 塚田遺跡
22 赤塚山古窯
23 伊知多神社遺跡
24 三河国分僧寺・尼寺
25 白鳥遺跡（三河国府）
26 山ノ入遺跡
27 弥勒寺跡
28 医王寺廃寺
29 市道遺跡・市道１・３号窯
30 飽海遺跡

図１　三河地域の古代瓦出土遺跡（○は８世紀後半以降、△は瓦窯）

さて東三河地域の瓦出土遺跡では、三河国府や国分寺などの八世紀以降の遺跡が多数を占めており、八世紀前半以前に限定すると遺跡数は七か所で、ほとんどが古代寺院跡と考えられている。その分布は、国府のある宝飫（後の宝飯）郡で集中し、設楽郡（延喜三年に宝飫郡から分置）で一か所（塚田遺跡）、渥美郡で一か所（市道遺跡）である。国分寺以前の拠点的寺院と考えられるのは宝飫郡の医王寺廃寺で、畿内に祖型がある石川寺式や紀寺式軒丸瓦が出土している。ただしそれらの時期は七世紀末であり（梶原 二〇一〇）、本格的な寺院建立が西三河地域に比べて遅れるのはほぼ確実といえよう。

一方、西三河地域では、七～八世紀の瓦出土遺跡は二九か所である。そのほとんどが八世紀前半以前に創建された寺院やそれに瓦を供給した瓦窯と考えられる。また現状では、この中に官衙が含まれる可能性は低く、国府や国分寺に関わる遺跡もない。

古代寺院跡は、矢作川西岸の洪積台地である碧海台地縁辺や丘陵端部に立地するものが大半である。この立地は直下の沖積地と六～八メートルの高低差があり、高台にそびえる寺院建築を低地から見上げたり、川を行き交う舟から遠望できたりしたものと想像される。例えば北野廃寺は、碧海郡（七世紀後半は青見評）の中央部の、台地が岬のように突出した地形の特異点を選地しており、その塔は南側の沖積地だけでなくかなり遠方の台地上集落からも望むことができたと考えられる。同様に碧海郡南端の安城市寺領廃寺でも、塔はより段丘崖線近くに建てられており、その遠望を意図していると考えられる。

このように、視覚的効果を意図して寺院の選地をした可能性は他の地域でも指摘がなされているが（網二〇〇六）、周辺の地形と合わせて考えると他にも様々な意図がうかがえる。いくつか事例を挙げてみよう。

一つ目は台地の開析谷の入口に立地するものである。豊田市舞木廃寺は、矢作川支流の篭川東岸の丘陵端部に立地する。国史跡に指定された塔心礎が著名であるが、その形状から奈良時代と考えられている（岩井 一九八二）。また、多数を占める複弁蓮華文軒丸瓦も八世紀前半であることから、(2) その頃に塔を中心とする大規模な造営がおこなわれた可能性が高い。しかしそれに先行する素弁六弁蓮華文軒丸瓦や鴟尾とみられる瓦片があることから、塔に先行して一堂程度の寺院が七世紀後半に創建されたと推定される（永井 二〇一一b）。ここで注目したいのは、その南側の谷入口を見下ろす位置に寺院が所在している点である（図2上）。この谷には現在溜池があり、その底からは瓦窯（舞木古窯）が検出されている。瓦窯出土の丸・平瓦は、ほぼ八世紀前半造営時の瓦に対応している（永井 二〇一一b）ので、創建時瓦窯は谷中の別地点にあるのかもしれない。また、谷を貫流する小川もあることからこれを水源とした農耕や、工房を設置して谷を開発していた可能性もあろう。

このような谷開発の景観は、『常陸国風土記』行方郡条で語られる、およそ六～七世紀の開発者と在来神（夜戸神）との葛藤の物語を想起させる。この物語には仏教や寺院の関与は認められないが、神と人の境界に杖を立てやがて社を設けたくだりは谷奥部での祭祀行為を思わせ、一方、人の領域である谷入口付近では拠点を設けて徹底的な開発がなされたのであろう。そのような開発の拠点であるからこそ寺院建立に必要な物資も備わったと推察される。それが大規模に進化すると奈良県飛鳥池遺跡のような谷を埋めつくす一大工房になる。このような舞木廃寺と同じ立地の寺院・瓦出土遺跡には、安城市別郷廃寺や豊田市神明遺跡があり、いずれも全長が五〇〇メートル以上の谷入口に面している。碧海台地を入り込んだ開析谷に面する古代集落は、台地縁辺の集落よりもやや遅れて七世紀後半に始まっているとみられ（永井 二〇一〇）、その開発と寺院創建の時期が近い点に注目しておきたい。

もう一つの事例は、矢作川両岸の台地や丘陵地間の距離が比較的短い地点に立地するものである。北野廃寺の所在地は、張り出した台地によって沖積地が極端にくびれる地点でもある（図2下左）。現在の対岸には岡崎市大門遺跡があって、同文の軒丸瓦や平安時代後期から鎌倉時代の軒瓦が出土している。この地点は最小限の渡河で済みかつ河川交通が結束する場所であったと考えられ、四キロ下流には中世から現代の東海道（国道一号）が渡河する矢作橋がある。さらに大門遺跡から約一・五キロ東方には、支流の青木川がつくる段丘と後背に丘陵地が広がり、後期古墳群が展開しその奥には真福寺東谷遺跡が立地する。青木川段丘上の遺跡は不明な点が多いが、北野廃寺との関連が有力

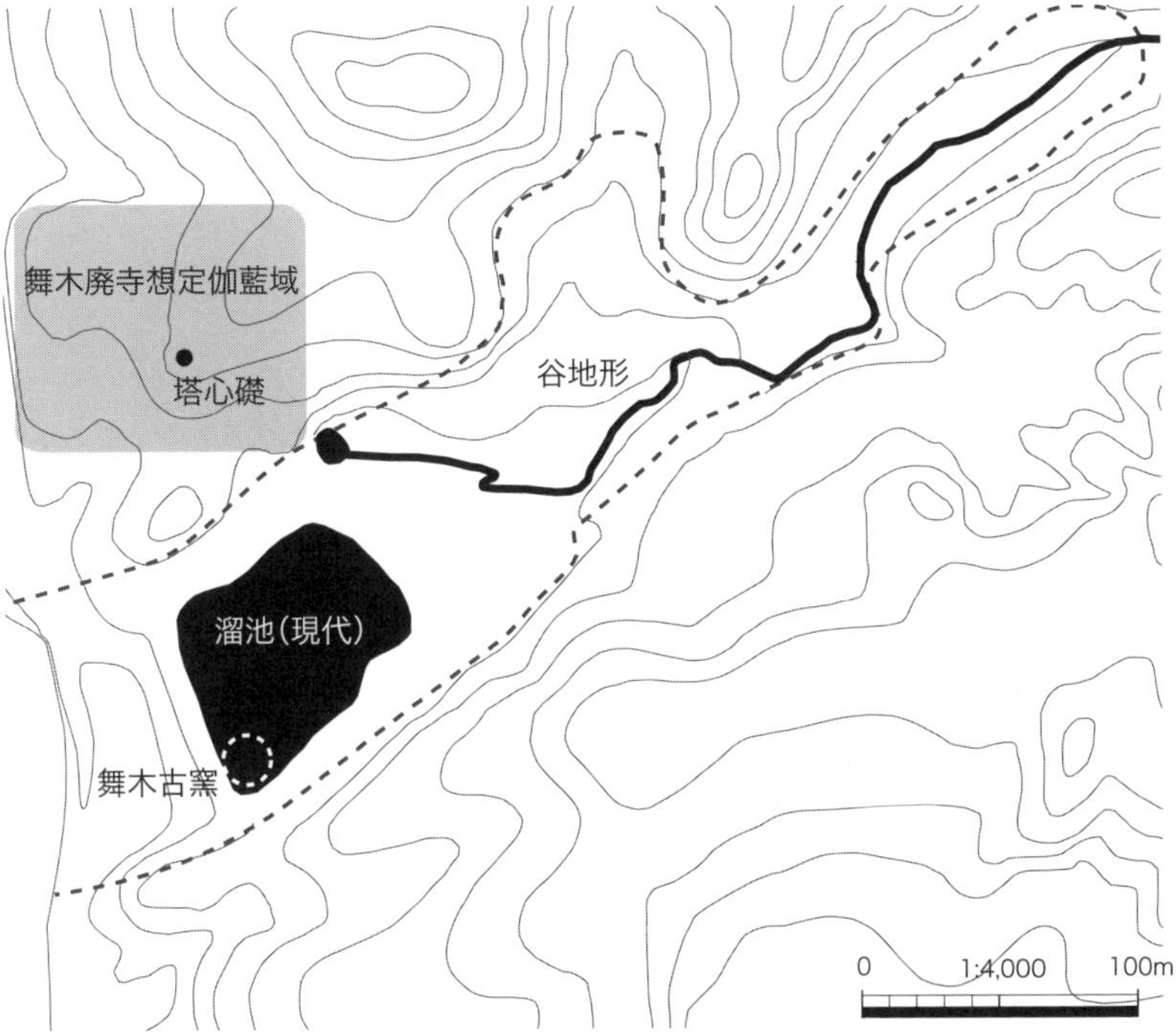

田端1978掲載の舞木廃寺周辺地形図をもとに作成。丘陵西端から入り込む谷地形の北側に伽藍が想定される。谷地形の入り口は現在溜池となっているが、その底からは瓦窯の存在が確認されている。

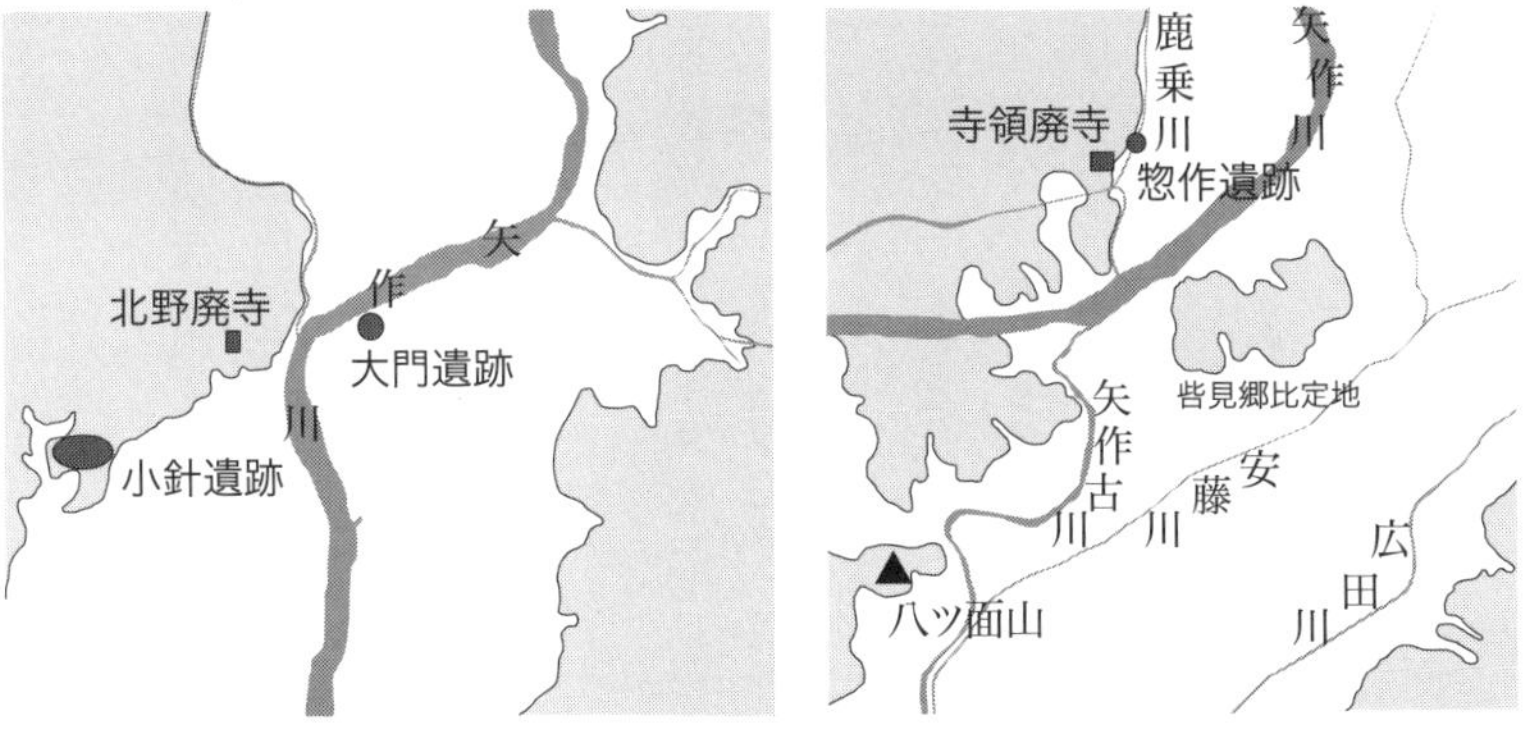

縮尺は1:100,000。台地・丘陵地と沖積地を区分。北野廃寺は、沖積地の東西幅が約2kmまで狭まるところにある。東岸にも段丘があり関連集落の可能性も想定される。また丘陵地には後期古墳群がある。

図２　西三河地域の古代寺院立地

視される小針遺跡が、北野廃寺から南西に約一キロ離れていることを考慮すると、渡河点を中心とする半径数キロ圏内で他にも関連集落が存在した可能性は充分考えられる。

寺領廃寺は主要交通路沿いに立地していないが、独立丘陵が碧海台地と矢作川東岸の丘陵地の間にあって比較的安定的な陸地が飛び石状にみられる地点である（図２下右）。独立丘陵（西尾市東・西浅井町）は、渡来系氏族（呉部氏）の本貫地（呰見郷）と推定されており、その一員とみられる人物名（呉部足国）を記した木簡が寺領廃寺付近の惣作遺跡で出土していることから（永井 二〇一一d）、これら丘陵と台地間での交通があったと想定される。また寺領廃寺は、碧海台地東縁直下を南流する現在の鹿乗川に面しており、そこから上流への交通をコントロールできる位置にあることも注目されよう。

以上、台地縁辺の寺院立地に二種類の理由を探ってみた。これらは後述するように出土瓦から七世紀後半の創建と考えられる。しかし八世紀前半まで視野を広げると、岡崎市真福寺東谷遺跡のような山林寺院や、岡崎市能光遺跡のような沖積地上の瓦葺き建物も含まれてくる。とくに近年は沖積地上での発掘調査が進み、後者の存在が明らかになってきた。例えば安城市下懸遺跡では、自然堤防の頂部付近で丸・平瓦が出土している（池本 二〇〇九）。遺構は未検出であるが、瓦出土範囲が限定的でその量が数十点どころではないことから、瓦葺き建物の存在した可能性が高い。この遺跡の興味深い点は、瓦と併行する時期の土器がほとんど出土していないことである。つまり当該期集落とは離れて瓦葺き建物が単独で立地していたと考えられるのである。このような集落と瓦葺き建物の関係は豊田市神明遺跡でもみられ、七世紀後半から八世紀前半の集落は段丘崖付近に集中しているが、台地上の瓦出土地点は、そこから北へ約一五〇メートル奥まった地点にある。こうしてみると、瓦葺き建物は集落にとって特殊な施設であり一定の距離が重要だったと推察される。ただし、このような建物が寺院として機能していたかどうかは、他の仏教遺物などから検証する必要がある。これに関して例えば伊保古瓦出土地では、八世紀後半の瓦塔が出土していることが寺院の可能性を肯定するものといえる。これらの事例は、先述したいわゆる村落内寺院のあり方とは一線を画するようにみえるが、仏教が集落内へ入り込んでいく過程の時期的な差異ととらえることも可能であり、今後の研究課題である。

二　古代寺院の伽藍と階層性

前節冒頭でふれたように、古代寺院跡と目される瓦出土遺跡にも様々な形態がある。そこで次に古代寺院の構造を俯瞰してみよう。

西三河地域の古代寺院跡で、発掘調査によって伽藍配置の概要が判明しているのは北野廃寺と寺領廃寺である。北野廃寺は、南から塔・金堂・講堂が一列に並び回廊が廻る四天王寺式伽藍配置であり、建物方位は揃っている。また塔心礎は地山を掘り込んで設置する地下式となっている。この伽藍配置と塔心礎工法から畿内の初期寺院に匹敵する古さを感じさせるが、創建年代は、三重弧文軒平瓦の年代観から七世紀半ばを遡ることはないと考えられる（稲垣ほか 一九九一）。

寺領廃寺は、桁行の長い金堂と短い講堂が同方位で南北に並び、金堂東方に離れて方位の異なる塔が配置される。西塔は確定的ではないがもしあったとしたら東大寺式伽藍配置に近いものとなるであろう。塔心礎は、北野廃寺のそれを縮小したものを地山面に設置しその上に基壇を構築している。このように塔がやや古い工法であるのに対し、金堂や講堂の平面形が平城京の奈良時代寺院に近いことや、講堂付近では奈良時代後半の有段式丸瓦と一枚作り平瓦が比較的多く認められることから（川崎・永井 二〇〇四）、最終的な伽藍の完成はかなり遅れたものと考えられる。つまり、寺領廃寺では最終的に複数の堂塔を完成させたものの、北野廃寺のような典型的な伽藍配置による当初からの造営計画があったとは考えにくいのである。

また、舞木廃寺のように塔に先行する堂の存在が考えられる場合もある。堂は塔の北から北西側の平場にあった可能性が高く（図2上）、発掘調査で正確な位置の検出が期待される。塔の造営が奈良時代に下ることを考慮すると、

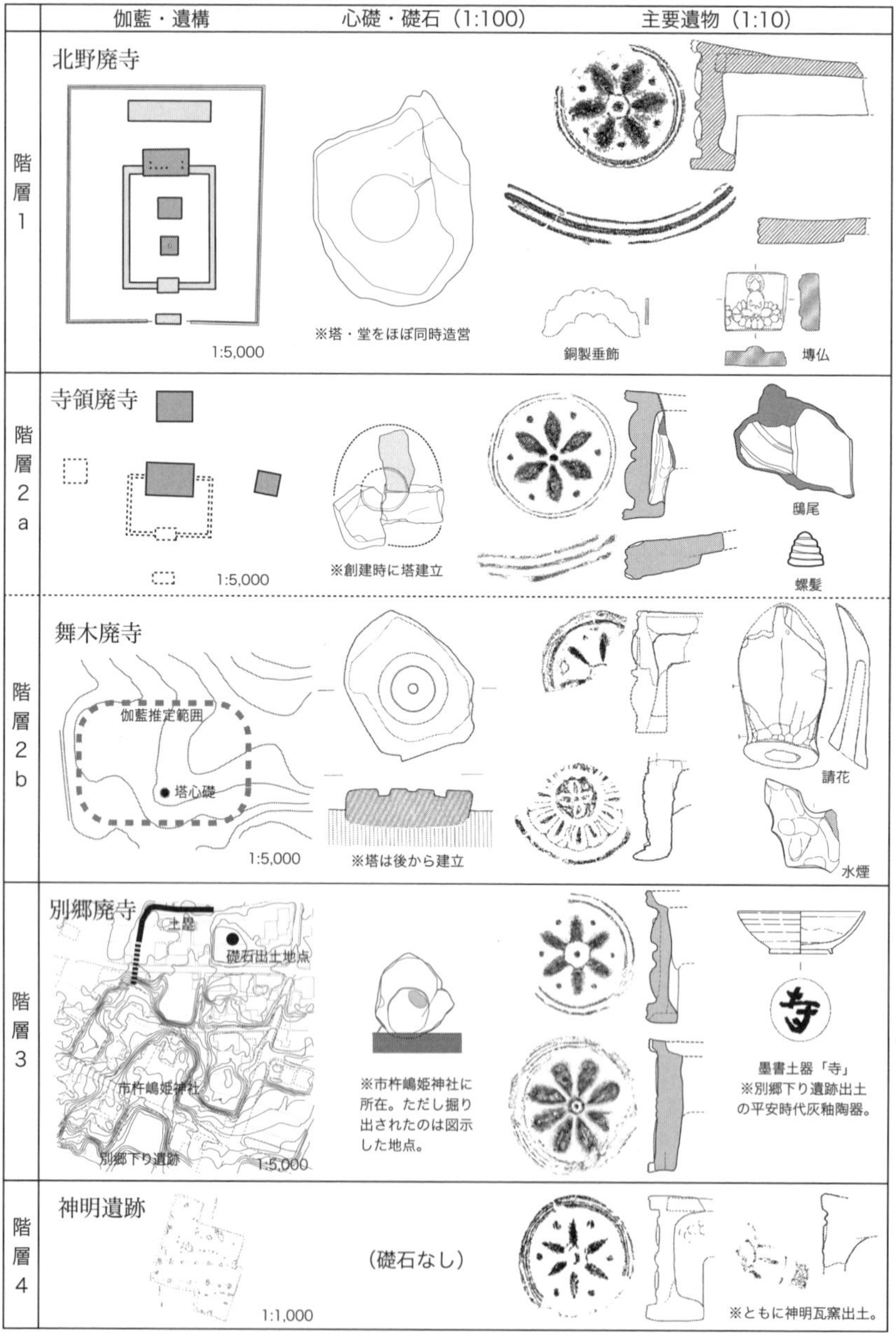

※別郷廃寺地形図は安城市 2004、神明遺跡遺構図は豊田市教委員会 2011 より転載。他は愛知県史編さん委員会 2005 より転載。

図3　西三河地域古代寺院の階層性

これも別個の造営計画であったと考えるべきであろう。こうして伽藍配置だけをみても、北野廃寺には伽藍計画性の高さとその実行力が群を抜いていることが看取され、そこから同寺を頂点とする階層構造の存在が想起されるのである。

そこで地域内における他の古代寺院についても、想定される建物構成から階層的位置を検討してみよう。別郷廃寺では、礎石が出土しているものの心礎がないことから、塔を欠いた伽藍であった可能性があり、一堂程度の寺院だったと考えられる。他には、西尾市志貴野廃寺や同市鳥羽神宮寺跡で遺跡地やその近隣で礎石の存在が知られており、塔のない一堂寺院であった可能性がある。あるいは七世紀後半に限定すれば、舞木廃寺も一堂寺院の範疇に入ることになる。

こうしてみると西三河地域では一堂寺院が最も一般的なタイプであったと考えられ、本格的な伽藍の寺院は限定的だったことになる。とくに塔の有無がその分かれ目であったといってよく、そこに寺院建立者の階層差が表れていると見通すことができよう（図３）。

そしてさらに、発掘調査で瓦が出土するものの礎石建物の可能性が低い豊田市伊保古瓦出土地や同市午寺廃寺、神明遺跡、安城市下懸遺跡では、掘立柱建物の可能性が考えられる。先述のように寺院の可能性については推定の域を出ないものがほとんどであるが、似た要素をもつ遺跡が複数存在する点は重視しておかねばならない。これらは、建物の規模や瓦の出土量から礎石建物より下位に位置づけられよう。

以上のように七世紀後半の西三河地域では、伽藍構成や瓦葺き建物を類型的にみることによって、北野廃寺を頂点とした古代寺院の階層構造が想定されるのである。

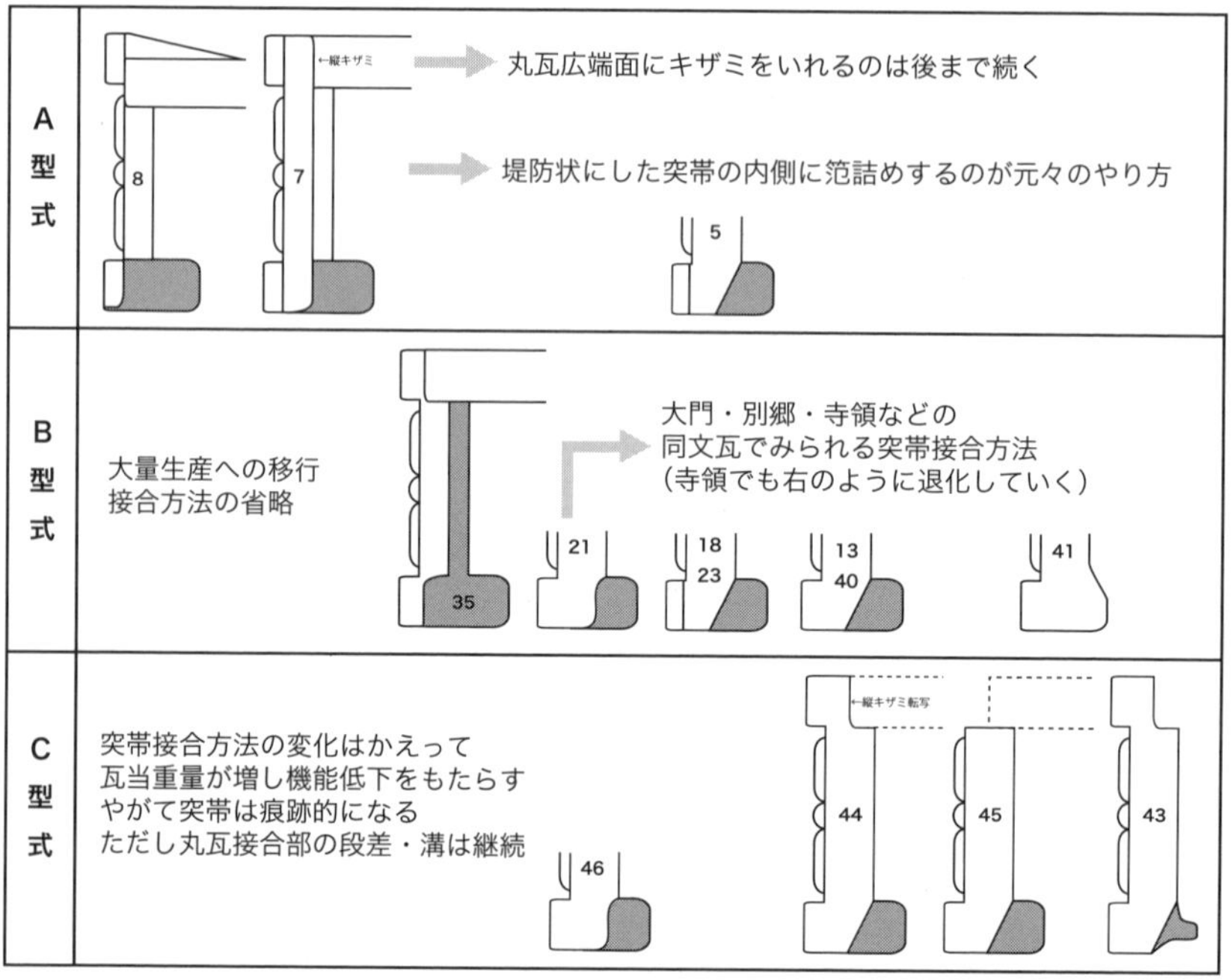
A型式
←縦キザミ
丸瓦広端面にキザミをいれるのは後まで続く
堤防状にした突帯の内側に笵詰めするのが元々のやり方
8
7
5
B型式
大量生産への移行
接合方法の省略
大門・別郷・寺領などの
同文瓦でみられる突帯接合方法
（寺領でも右のように退化していく）
35
21
18
23
13
40
41
C型式
突帯接合方法の変化はかえって
瓦当重量が増し機能低下をもたらす
やがて突帯は痕跡的になる
ただし丸瓦接合部の段差・溝は継続
←縦キザミ転写
44
45
43
46

図4　北野廃寺軒丸瓦第1類の裏面下半突帯の変遷（永井 2011a より）

三　軒丸瓦の系譜からみえるもの

次に、遺構から想定される地域における古代寺院の階層構造に、軒瓦の同笵・同文関係および製作技法の関係から導かれる系譜関係を重ね合わせることで、北野廃寺が地域における階層の頂点であるとともに瓦生産の起点でもあることを確認しておきたい。

西三河地域における軒瓦の系譜関係は、「北野廃寺系軒丸瓦」の用語に示されるように、創建期北野廃寺で使用された軒丸瓦を起点とする同笵・同文および類似関係がその大半を占めている。北野廃寺の軒丸瓦は、アーモンド形の高く丸みのある花弁とその間に珠文を配置し外縁が圏線となる素弁六弁蓮華文である。その独特の文様から高句麗系軒丸瓦と評価されることもあるが、いまだその祖型に定説がない状態である。「北野廃寺系軒丸瓦」は、稲垣晋也や梶山勝によって[3]、西三河地域だけでなく東三河地域や信濃国南部地域にまで分布し、製作技法では（一）瓦当裏面下半突帯と（二）側板連結模骨で成形された丸瓦が特徴として提示されている（稲垣ほか 一九九一・梶山 一九九七）。これを受けて筆者は、同笵・同文関係と同一製作技法に限定して系譜関係を時間軸で動態的に把握することで、七世紀後半段階の西三河地域では、北野廃寺を拠点とする瓦製作者集団の出張によって各地の瓦生産がなされていたことを提示した。（永井 二〇一一b）。その具体的なプロセスを、八世紀前半段階にまで広げて復元すると以下のようになる。

創建期当初の北野廃寺には二つの瓦製作者集団が駐留し、それぞれ北野廃寺第一類A型式と第二類A型式を製作していた。後者は、前者の文様を祖型にしていると考えられるのでその開始は若干遅れたとみられるが、瓦当裏面下半突帯が全くないことから、技法のルーツは全く別のところにあると考えられる。仮に前者を北野一組、後者を同二組としよう。その後北野一組は、新たな笵である同類B型式によって増産を行うが、その過程で裏面下半突帯技法の省略が進行する。この省略は、出土量が少なく補修用とみられる同類C型式でも確認されることから、北野一組が創建期以降も瓦生産を担っていたことがわかる（永井 二〇一一a、図4）。

この間北野一組は、北野廃寺だけでなく舞木廃寺や別郷廃寺などの瓦生産にも関与しており、それらの遺跡では製作技法の共通する同文軒瓦が出土している。ところが、彼らは一定の瓦生産を完了すると北野廃寺へと引き上げたらしく、各地で継続的な瓦生産へ発展した形跡が認められない（永井 二〇一一b）。唯一寺領廃寺では、新たに素弁八弁蓮華文の笵型二種類が追加され、裏面下半突帯の省略を進行させながら瓦生産が継続する。ただしその過程で、突帯のヘラケズリ調整をおこなうなど若干の技法的な違いが生じていることから同一製作者ではないと判断される。したがって、北野一組の一部が分派したか新人に伝習するなどして寺領廃寺を新拠点に瓦生産を開始したものと考えられる。これを寺領組と仮称する。おそらく寺領組の成立までが七世紀第Ⅲ四半期に進んだものとみられる。

ちなみに寺領廃寺や志貴野廃寺では、いわゆるはめ込み技法の軒丸瓦（九弁A類など）も出土しており、明らかに北野一組とは別系譜の瓦製作者集団も存在した。ただしその文様は北野一組の軒丸瓦に影響を受けたものであり、し

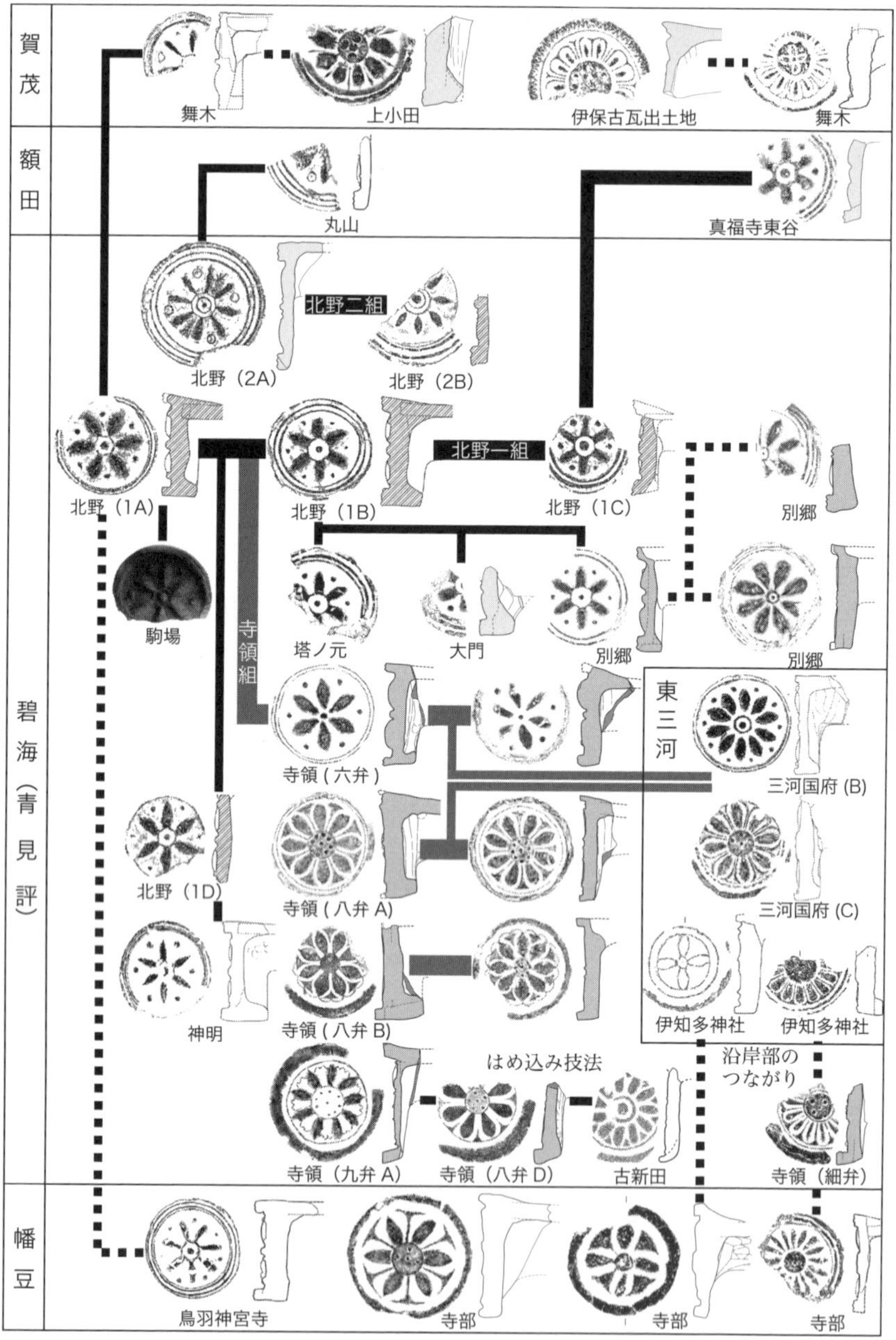

図５　三河地域における北野廃寺系軒丸瓦の展開

動が見出せない。

たがってその後からの参画ということになる。ところで北野二組は、丸山廃寺の造営に参画しているのみで顕著な活

その後北野一組の系譜は、北野第一類C型式と同笵の可能性が高い真福寺東谷遺跡の軒丸瓦に見出すことができる。この段階では瓦当裏面下半突帯はなくなっているが、丸瓦成形に側板連結模骨を使用している。時期は八世紀前半と推定され、世代交替している可能性が高いものの、生産用具を受け継いだ一団であることは確かといえよう。なおこの時期には、碧海郡以外の賀茂郡や幡豆郡でも寺院造営が本格化し、特に賀茂郡では、西三河地域外に祖形をもつ複弁蓮華文軒丸瓦が伊保古瓦出土地など複数の寺院に使用され、郡独自の瓦生産体制が展開している（永井二〇一一c）。一方、幡豆郡に属する寺部廃寺の軒丸瓦には寺領廃寺に似た製作技法が認められることから、製作者の交流や派遣があった可能性が高いと考えられる（川崎・永井ほか 二〇〇四）。このように転入や分派によって西三河地域における瓦製作者集団は増加し、八世紀前半における軒丸瓦の系譜は複数になるが、最も古くかつ影響を与えた系譜の起点に、北野廃寺第一類A型式が位置づけられることは明らかである（図5）。

四　西三河における古代寺院成立の背景

以上、伽藍と軒丸瓦をもとに西三河地域における北野廃寺の圧倒的な優位性を確認したが、そのような地域で最古にして最大規模の寺院が造営された背景を探ってみよう。

そこで前節でみた「北野廃寺系軒丸瓦」生産の特質を二点に整理しておきたい。その第一点は、瓦製作者集団北野一組が、彼らが拠点とした北野廃寺からの出張生産を基本とし、その移動がおそらく他者によって制御されていたとみられることである。第二点は、その活動範囲が七世紀後半の青見評域を中心としながらそれを越える、推定三河国造領域に及んでいたことである。以上二点をまとめると北野廃寺の造営主体は、瓦製作者集団の移動を三河国造領域

で制御できる立場にあったことになる。すなわち造営主体と三河国造の関連が強く示唆されるのである。

しかしながら、国造制が大化五年（六四九）に評制へ全国的に移行したとする説（吉川 二〇〇四）に基づくと、先述のように北野廃寺の創建時期が七世紀半ばを大きくさかのぼることはないのだから、北野廃寺の造営主体はすでに三河国造の任を解かれていた可能性が高い。したがって同寺を三河国造の寺院と表現することはやや難しくなるが、多くの国造が評督へ転身したと考えられており、またそれまで地域に対して有していた国造の実際的な影響力が一日にして消失したわけではないだろう。それが約四半世紀間残存したと見積もるならば、旧三河国造氏族によって企図された北野廃寺の造営と、西三河地域における「北野廃寺系軒丸瓦」を用いた寺院造営を、およそ七世紀第Ⅲ四半期のうちに進めることも可能であったと考えられる。また、青見評域に「北野廃寺系軒丸瓦」の寺院が集中するのは、旧三河国造氏族が青見評督に任命されたためであろう。

以上のように考えると、北野廃寺を頂点とする旧三河国造領域の寺院造立は、あたかも同寺を仏教センターとする支配関係を思わせる。そこには中心となって活躍する僧が存在したのであろうが、残念ながらそれを伝える史料はない。むしろ明らかになるのは、評制施行に伴う領域の解体に直面しながらも、前代までの地域内における力関係を寺院に表象させせようとした旧三河国造氏族の存在なのではないだろうか。加えて、額田郡真福寺東谷遺跡における北野一組系製作者集団による瓦生産は、そこが旧三河国造氏族の奥津城であり八世紀以降に本貫（の地）となっていたからではないだろうか。長岡京跡出土木簡にみえる同郡麻津郷の「三川直弓足」は、三河国造氏族有力候補の一員（西宮 二〇一一）であることからその可能性を示していよう。

このように七世紀後半～八世紀前半の「北野廃寺系軒丸瓦」寺院造立には、常に旧三河国造氏族が関与していたとみることができる。しかしそれも八世紀になり評が郡へと移行する段階になるとその影響力は薄まっていき、ごく限られた範囲にとどまっていくことになる。

五　東三河への進出

最後に「北野廃寺系軒丸瓦」の東三河地域への進出過程を見通しておきたい。当該地域では、三河国府跡（白鳥遺跡）出土の軒丸瓦B型式（素弁十弁蓮華文）や軒丸瓦C型式（素弁八弁蓮華文）と、その同笵・同文関係にある軒丸瓦が豊川市山ノ入遺跡などで確認されている（林・平松 二〇〇三）。軒丸瓦B型式は、文様と裏面下半突帯の存在から「北野廃寺系軒丸瓦」とされ、軒丸瓦C型式も同じ製作者によって生産されたものと考えられている。

そこで「北野廃寺系軒丸瓦」を東西で比較してみる。瓦当裏面に注目すると、北野廃寺第一類A・B型式ではその中央が若干盛り上がるものが多いのに対し、三河国府跡軒丸瓦B・C型式は平坦である。また軒丸瓦C型式Ⅲ段階の突帯高は二センチ以下で低い。これらの特徴は、寺領廃寺の「北野廃寺系軒丸瓦」初期段階から突帯が低くなる第二段階（川崎・永井ほか 二〇〇四）に最も近い。このことから、三河国府跡出土軒丸瓦が、北野一組よりも寺領組によって生産された可能性の方が高いと考えられる。また、これまで軒丸瓦C型式の文様系譜は東三河在地系とされてきたが（前田 二〇〇二・梶原 二〇一〇）、これも寺領廃寺の八弁A類が祖型になったと考えられ、その後地域内に広まり在地化したとみることもできよう。

しかし三河国府跡の丸瓦は、側板連結模骨を使用しない有段式丸瓦が大半を占めるという大きな違いがある。これについては、寺領組を動員するにあたって、動員側である国府が生産用具を用意したからと考えておきたい。ちなみに寺領廃寺では、顎部に縄タタキ痕のある無文軒平瓦や、同様に縄タタキ痕を消さない薄手の有段式丸瓦といった三河国府跡出土瓦に類似する一群が出土している。これらは少量であることから第三段階（補修期）に位置づけたが（川崎・永井ほか 二〇〇四）、東三河地域から帰還した寺領組によって生産されたのかもしれない。

課題はその年代観であるが、三河国府跡第七次調査Gトレンチで検出された廃棄土坑SX二〇一の中・下層で、岩崎二五号窯期から鳴海三二号窯期の須恵器に共伴して瓦が出土しており、八世紀半ばには瓦の廃棄が始まっていることが確認される。先述のように寺領廃寺の造営は長期間にわたったと想定されるので、寺領組による出張生産も七世紀末から下限は八世紀前半に及ぶ可能性は充分あるが、廃棄までの過程を考えると八世紀初頭を中心とする瓦生産を想定するのが妥当であろう。

この時期は大宝二年（七〇二）に持統太上天皇の三河行幸がある。(4) そのための行宮建設も想起されるが、国府跡で検出された国庁に先行する掘立柱建物SB六〇一の存在も興味深い事実として受け止めることができよう。瓦葺き建物の、行幸もしくは三河国庁整備との関連については今後の課題であるが、三河国造から青見評督あるいは碧海郡司と強いつながりにあった瓦製作者集団を全く異なる地域へ動員する契機には、より上級官司である三河国司の差配が必要だったことには変わらないであろう。

おわりに

本稿では、三河地域における「北野廃寺系軒丸瓦」の動向を軸に、寺院を含む瓦葺き建物が成立した背景を考察した。そこには、国造領域が評に分割されやがて郡として自立していく過程や、国府の動員による新たな生産活動の局面を垣間見ることができた。しかし一方で、信濃南部に及んだ同系瓦の位置づけや沿岸部を介した尾張・伊勢や遠江地域とのつながりについてはほとんどふれることがなかった。今後の課題としていきたい。

註

（1）須田　一九八五。ただし須田　二〇〇六では「村落寺院」と言い換えている。本稿では定着した感のある前者を使用する。

（2）賀茂郡域では、伊保古瓦出土地やK―九一号窯にみられる複弁蓮華文軒丸瓦が主体である。これらの年代観は七世紀末から八世紀前葉で、舞木廃寺の複弁蓮華文軒丸瓦はそれを模倣したと考えられることから、さらに新しいものと評価される。

（3）信濃国南部地域の伊那郡域では、北野廃寺軒丸瓦の文様を模倣した軒丸瓦がいくつかの瓦出土遺跡で確認されている。丸瓦部は側板連結模骨成形であり、そのルーツが北野廃寺にあると考えられる（梶山 二〇〇〇）。ただし瓦工房跡での共伴関係をみると、軒平瓦に二段簾状文と三重弧文が混在している（佐々木・小林 一九九六）。前者は尾張北東部（名古屋市守山区小幡廃寺・瀬戸市品野西遺跡）や東三河地域からの影響を考慮する必要があり、伊那郡域での需要に応じて各地から製作者が集められたようである。その時期は須恵器から八世紀前半であり隔たりがあるが北野一組の系譜の可能性が考えられる。これに関して、三信国境にある長野県下伊那郡根羽村で、古瓦（縄タタキ）が採集・保管されていることを長田友也氏にご教示いただいた。伝播ルートを示す重要な資料になる可能性がある。

（4）『続日本紀』大宝二年一〇月一〇日条。

参考文献

愛知県史編さん委員会　二〇一〇『愛知県史』資料編四考古飛鳥～平安時代　愛知県
網　伸也　二〇〇六「景観的見地からの伽藍配置」『月刊考古学ジャーナル』五四五号　ニューサイエンス社
安城市史編集委員会　二〇〇四『新編安城市史』一〇資料編考古　安城市
池本正明　二〇〇九『下懸遺跡』愛知県埋蔵文化財センター発掘調査報告書第一四四集
稲垣晋也ほか一九九一『北野廃寺跡』岡崎市教育委員会
岩井隆次　一九八二『日本の木造塔跡』雄山閣考古学選書二〇
梶山勝　一九九七「西三河の古代寺院―北野廃寺系軒丸瓦を中心として―」『愛知県史研究』第一号　愛知県
梶山勝　二〇〇〇「三河の高句麗系軒丸瓦」『古代瓦研究』Ⅰ　奈良文化財研究所

梶原義実　二〇一〇「第一章第三節　編年及び編年表」『愛知県史』資料編四考古飛鳥～平安時代　愛知県
鎌田元一　二〇〇一『律令公民制の研究』塙書房
川崎みどり・永井邦仁ほか　二〇〇四『寺領廃寺』　安城市埋蔵文化財発掘調査報告書第一二集
佐々木嘉和・小林正春　一九九六『上野遺跡・金井原瓦窯址』　飯田市教育委員会
須田勉　一九八五「平安初期における村落内寺院の存在形態」『古代探叢』Ⅱ　早稲田大学考古学会
須田勉　二〇〇六「古代村落寺院とその信仰」『古代の信仰と社会』　国士舘大学考古学会
田端勉　一九七八『豊田市埋蔵文化財調査集報』第六集寺院址　豊田市教育委員会
豊田市教育委員会二〇一一『平成一九年度埋蔵文化財発掘調査概要』　豊田市教育委員会
永井邦仁　二〇一〇「碧海台地東縁の古代集落」『研究紀要』一一　愛知県埋蔵文化財センター
永井邦仁　二〇一一a「北野廃寺の伽藍と造瓦」『考古学フォーラム』二〇　考古学フォーラム
永井邦仁　二〇一一b「北野廃寺は三河国造の寺か」『考古学フォーラム』二〇　考古学フォーラム
永井邦仁　二〇一一c「三河国賀茂郡の古瓦」『豊田市史研究』第二号　豊田市
永井邦仁　二〇一一d「安城市下懸遺跡・惣作遺跡出土の木簡について」『研究紀要』一二　愛知県埋蔵文化財センター
西宮秀紀　二〇一一「三河国造の時代から青見評の時代へ」『考古学フォーラム』二〇　考古学フォーラム
林弘之・平松弘孝二〇〇三『三河国府跡確認調査報告書』　豊川市教育委員会
前田清彦　二〇〇二「三河国府系軒瓦の素描」『三河考古』一五　三河考古刊行会
吉川真司　二〇〇四「律令体制の形成」『日本史講座』Ⅰ　東京大学出版会

あとがき

尾張と三河は衣浦湾に注ぐ境川を境界として、平野と丘陵が展開する起伏の緩やかな西部の尾張と、三河高原が発達する山がちな東部の三河に分けられ、それぞれに異なった風土や文化、社会を育んできた。この地は、継体天皇の擁立に関わった尾張連草香、戦国の世を天下統一に導いた三英傑を輩出したように、歴史の表舞台に幾度となく登場した。豊かな恵みをもたらした伊勢湾・三河湾、多くの人びとや物資が行き交った東海道もこの地の歴史の演出には欠かせない。本書は、こうした尾張・三河の地の歴史性を、古代国家形成期を射程として、さまざまな角度から考察したものである。

編者の赤塚次郎氏は、尾張犬山の城下町界隈に生を受け、高校生以来今日に至るまで、四〇年を超える長きにわたって、愛知県内における発掘調査と考古学の研究に取り組み、多くの指針を示されてきた。特に、東海系土器や前方後方墳の調査・研究を通じて、古墳時代の幕開けにこの地が果たした役割に新たな光を当てられたことは氏の大きな業績の一つである。今や古代国家形成期における尾張・三河の地域史は学会の重大な関心事となっている。こうした気運もあって、赤塚氏を中心に本書の企画がまとまり、この度の刊行に結実することになった。なお、企画の発端には「東海の古代」シリーズ既刊の美濃・飛騨編、伊勢・伊賀編の企画・編集を担われた早川万年氏に加わって頂いた。

本書の執筆者は、二十代から四十代の若い世代で、その多くが愛知県内の大学・博物館、自治体の文化財担当部局に職を得ている。各執筆者は、大学教育、発掘調査や博物館・文化財関係業務の担い手の中心で、日常的な業務に携わる傍ら、今まさに各々が取り組んでいる課題をより深く掘り下げて考察するように努めた。もとより、この地域の古墳時代・古代史の諸問題を網羅しているわけではないし、今後の調査・研究の進展によって、更なる検討が要請されることもあろう。されど若い世代の私どもはこれを機に、今後も面壁九年の研鑽を重ねる所存である。

「東海の古代」シリーズは本書の刊行をもって完結をみるが、掉尾を飾る本書がこれからの古代史・考古学会の取り組むべき課題を数多く示したことも本シリーズの完結にはふさわしいものと信ずる。本シリーズが刊行される間、市町村合併などに伴って地域の枠組みは大きく変わり、その空気は今なお時代の閉塞感とともに地域社会を覆っている。本シリーズが改めて地域固有の歴史性、国家と地域社会の関係について再認識する一助となれば幸いである。

なお、困難な出版情勢のなか、本書の刊行にご理解をいただき、積極的に進めて下さった同成社の山脇洋亮社長に心から感謝申し上げる次第である。

二〇一二年二月

早野浩二

執筆者紹介（執筆順。『　』は書名、「　」は論文名）

赤塚次郎（あかつか　じろう）
一九五四年生。奈良教育大学教育学部卒業。現在、（公益）愛知県教育・スポーツ振興財団愛知県埋蔵文化財センター副センター長兼調査課長。
〈主要著作論文〉
「古墳文化共鳴の風土」（『研究紀要』第七号、愛知県埋蔵文化財センター、二〇〇六年）、『狗奴国を旅する』（風媒社、二〇〇九年）

村木　誠（むらき　まこと）
一九六七年生。京都大学大学院文学研究科修士課程修了。現在、名古屋市博物館学芸課。
〈主要著作論文〉
「人を序列化するしくみ―パレススタイル土器群の検討―」（『考古学研究』第五一巻第二号、二〇〇四年）。「伊勢湾地方における台付甕の作り方―弥生時代後期を中心に―」（『日本考古学』第二一号、二〇〇六年）。

深谷　淳（ふかや　じゅん）
一九七九年生。関西大学大学院文学研究科修了。現在、名古屋市教育委員会文化財保護室。
〈主要論文〉
「金銀装倭系大刀の変遷」（『日本考古学』第二六号、二〇〇八年）。「断夫山古墳の周濠」（『名古屋市見晴台考古資料館研究紀要』第一一号、二〇〇九年）。「横穴式石室の奥壁隅に土師器を据える行為」（『古代学研究』一八九、二〇一一年）。

伊藤明良（いとう　あきら）
一九七四年生。南山大学大学院文学研究科文化人類学専攻博士後期課程（文学博士）。現在、北名古屋市歴史民俗資料館。
〈主要著作論文〉
「古代エジプトにおける住居形態の変化とその背景―アマルナ住居プランの成立―」『古代文化』第三〇巻第八号、二〇〇二）。「アマルナ住居の空間構成―反復される空間構成―」（屋形禎亮編『古代エジプトの歴史と社会』同成社、二〇〇三年）。

西島庸介（にしじま　ようすけ）
一九八二年生。明治大学大学院文学研究科博士前期課程修了。現在、安城市教育委員会文化財課。
〈主要著作論文〉
「琴柱形石製品の研究」（『考古学集刊』第三号、明治大学文学部考古学研究室、二〇〇七年）。「安城における梨栽培史調査報告」（『安城市歴史博物館研究紀要』第一五号、安城市歴史博物館、二〇〇八年）。「西三河の中世城館を探る」（『徳川家康の源流　安城松平一族』安城市歴史博物館、二〇〇九年）。

瀬川貴文（せがわ　たかふみ）

一九七七年生。大阪大学大学院文学研究科修士課程修了。現在、名古屋市博物館学芸課。

〈主要著作論文〉

「木曽川の水運と石室・石棺のひろがり」（『東海の古墳風景』雄山閣、二〇〇八年）。

中里信之（なかさと　のぶゆき）

一九八三年生。南山大学大学院人間文化研究科博士前期課程修了。現在、長野県下伊那郡阿智村教育委員会社会教育係。

〈主要著作論文〉

「猿投窯編年における窯式の基礎的理解—楢崎彰一の編年研究の分析から—」（『南山考人』南山考古文化人類学研究会、第三五号、二〇〇七年）。

岩原　剛（いわはら　ごう）

一九六八年生。立命館大学文学部史学科卒業。現在、豊橋市教育委員会美術博物館。

〈主要著作論文〉

「東海の飾大刀」（『立命館大学考古学論集Ⅱ』立命館大学考古学論集刊行会、二〇〇一年）。「三河の横穴式石室—三河型横穴式石室の生成と伝播を中心に」（『吾々の考古学』和田晴吾先生還暦記念論集刊行会、二〇〇八年）・

浅田博造（あさだ　ひろなり）

一九七二年生。南山大学文学部卒業。現在、春日井市教育委員会文化財課。

〈主要著作論文〉

「断夫山古墳と階層構成～墳丘と尾張型埴輪を中心に～」（『墓場の考古学』第一三回東海考古学フォーラム、二〇〇六年）。「尾張型円筒埴輪の製作手順と規格化現象—味美技法の解釈をめぐって—」（『伊藤秋男先生古希記念考古学論文集』伊藤秋男先生古希記念考古学論文集刊行会、二〇〇七年）。

早野浩二（はやの　こうじ）

一九七二年生。筑波大学第一学群人文学類卒業。現在、（公益）愛知県教育・スポーツ振興財団愛知県埋蔵文化財センター調査研究主任。

〈主要著作論文〉

「臨海の古墳時代集落—松崎遺跡の歴史的素描—」（『研究紀要』第六号、愛知県埋蔵文化財センター、二〇〇五年）。「東海」（『古墳時代の考古学1　古墳時代史の枠組み』同成社、二〇一一年）。

森　崇史（もり　たかし）

一九六三年生。南山大学大学院文学研究科博士前期課程修了。現在、南知多町教育委員会社会教育課。

〈主要著作論文〉

「日間賀島の古墳」（『伊勢灣考古』一五、知多古文化研究会、二〇〇一

年）。「三河湾三島（佐久島・日間賀島・篠島）の古墳」（『海人たちの世界―東海の海の役割―』中日出版社、二〇〇八年）。

古尾谷知浩（ふるおや　ともひろ）
　一九六七年生。東京大学大学院人文科学研究科博士課程単位取得退学。博士（文学）東京大学。現在、名古屋大学大学院文学研究科准教授。
〈主要著作論文〉
『律令国家と天皇家産機構』（塙書房、二〇〇六年）『文献史料・物質資料と古代史研究』（塙書房、二〇一〇年）。

梶原義実（かじわら　よしみつ）
　一九七四年生。京都大学大学院文学研究科博士後期課程中退。博士（文学）京都大学。現在、名古屋大学大学院文学研究科准教授。
〈主要著作論文〉
『国分寺瓦の研究―考古学からみた律令期生産組織の地方的展開―』（名古屋大学出版会、二〇一〇年）。

永井邦仁（ながい　くにひと）
　一九七二年生。早稲田大学大学院文学研究科考古学専攻修了。現在、（公益）愛知県教育・スポーツ振興財団愛知県埋蔵文化財センター調査研究主任。
〈主要著作論文〉
「西三河の古代集落」（『比較考古学の新地平』同成社、二〇一一年）。「碧海台地東縁の古代集落」（『研究紀要』第一一号、愛知県埋蔵文化財センター、二〇一一年）。

東海の古代③

尾張《おわり》・三河《みかわ》の古墳《こふん》と古代社会《こだいしゃかい》

2012年3月15日　発行

編　者　赤　塚　次　郎
発行者　山　脇　洋　亮
組　版　㈲　章　友　社
印　刷　モリモト印刷㈱
製　本　協栄製本㈱

発行所　東京都千代田区飯田橋4-4-8
（〒102-0072）東京中央ビル内　㈱同成社
TEL 03-3239-1467　振替 00140-0-20618

ISBN978-4-88621-591-8 C3021

東海の古代②

伊勢・伊賀の古墳と古代社会

八賀 晋 編

三八六頁・定価八四〇〇円

【本書の目次】

序 伊勢・伊賀の古代史―研究の現状と課題―（八賀晋）

第Ⅰ部 古墳文化の展開

前方後円墳以前（竹内英昭）／南伊勢の古墳（下村登良男）／櫛田川下流右岸地域の古墳分布と神三郡の分置について（杉谷政樹）／御墓山古墳への道（山本雅靖）／群集墳と横穴式石室の普及（竹内英昭）／三重県における「陵墓」治定と古墳の修補（吉村利男）／高茶屋大垣内遺跡（山中由紀子）／宝塚一号墳の発掘調査について（福田哲也）／城之越遺跡の発掘調査（倉田直純）／伊勢における淡輪系埴輪の成立とその意義（穂積裕昌）

第Ⅱ部 古代社会の様相

斎宮跡の井戸と建物構成（駒田利治）／伊勢国府（新田剛）／律令制以前のヤマトと伊勢（早川万年）／古代の伊勢における土師器生産について（上村安生）／経塚と中世墓（谷本鋭次）／御墓山窯跡と宮殿形陶製品（笠井賢治）

弥生時代の考古学

全九巻

設楽博己・藤尾慎一郎・松木武彦編

B5判・①は六三〇〇円、他は五二五〇円

最新の年代観にもとづく斬新な時代像を提示。これからの弥生時代研究の指標となる気鋭の諸論考を全九巻に収録。

①弥生文化の輪郭
②弥生文化誕生
③多様化する弥生文化
④古墳時代への胎動
⑤食糧の獲得と生産
⑥弥生社会のハードウェア
⑦儀礼と権力
⑧集落からよむ弥生社会
⑨弥生研究のあゆみと行方

古墳時代の考古学

一瀬和夫・福永伸哉・北條芳隆編

国際的比較研究、隣接諸科学との協同、古墳時代と現代との関わりを理論的・実践的に展望するなど、諸課題に大胆に挑み、総括的古墳時代像を提示する。

全十巻刊行中（既刊は白ヌキ数字）

B5判・六三〇〇円

❶古墳時代史の枠組み
②古墳出現と展開の地域相【続刊】
❸墳墓構造と葬送祭祀
④副葬品の型式と編年
⑤時代を支えた生産と技術
⑥人々の暮らしと社会
⑦内外の交流と時代の潮流
❽隣接科学と古墳時代研究
⑨21世紀の古墳時代像